高职高专规划教材

汽车美容与装潢

主　编　孙　斌

副主编　吴　双　俞海红

ZHEJIANG UNIVERSITY PRESS
浙江大学出版社

内容提要

本书是为满足汽车服务等专业,完成项目化教学任务而编写的。作者总结归纳了车身修复、美容和装饰的实践经验,配以通俗、简洁的语言,全面、系统的地介绍了汽车美容的基础知识及实际操作方法。主要内容包括:修复篇(轿车车身修复技术、涂装基本工艺);美容篇(汽车美容基础、汽车美容护理设备与工具、汽车美容系列用品、汽车美容项目操作);装饰篇(汽车内外装饰、汽车精品的选装)。

本书可作为高等院校汽车类专业相关课程的教材,也适合汽车美容与装饰专业人员及汽车爱好者等阅读。

图书在版编目(CIP)数据

汽车美容与装潢 / 孙斌主编. —杭州:浙江大学出版社,2009.6(2021.10 重印)
高职高专汽车类规划教材
ISBN 978-7-308-06874-1

Ⅰ. 汽… Ⅱ. 孙… Ⅲ. 汽车－车辆保养－高等学校:技术学校－教材 Ⅳ. U472

中国版本图书馆 CIP 数据核字(2009)第 104001 号

汽车美容与装潢

主 编 孙 斌

丛书策划	樊晓燕 王 波
封面设计	刘依群
责任编辑	王 波
出版发行	浙江大学出版社
	(杭州天目山路 148 号 邮政编码 310028)
	(网址:http://www.zjupress.com)
排 版	杭州好友排版工作室
印 刷	广东虎彩云印刷有限公司绍兴分公司
开 本	787mm×960mm 1/16
印 张	20.25
字 数	420 千
版 印 次	2009 年 6 月第 1 版 2021 年 10 月第 8 次印刷
书 号	ISBN 978-7-308-06874-1
定 价	49.00 元

高职高专汽车类专业规划教材

编委会名单

总　　序

汽车行业的国家"十一五"规划的重点之一是解决发展规模和速度问题。关于"十一五"汽车发展愿景,比较权威的信息是:1000 万辆左右的年产量,10％左右的增长速度;5500 万辆左右的汽车保有量,40 辆/千人左右的汽车化水平;工业增加值占 GDP 的比重提高到 2.5％。而面对当前国内汽车行业的现状,我们可以看出,汽车工业要在"十一五"期间短短 5 年里实现如此巨大的增幅、如此强劲的增速,对汽车人才的需求十分迫切。据中国汽车人才研究会 2006 年预测,未来 5 年,根据汽车发展的水平和需要,汽车后服务技能型人才供求矛盾不是渐增,而是激增,这意味着人才供求的结构性矛盾非常突出,不是哪类人才比较重要,而是各类人才都很重要;不是哪类人才紧缺,而是全面紧缺。理性地看,汽车研发人才重要、汽车制造业人才重要、汽车维修业人才重要,而汽车营销和服务技能型人才等同样重要。

2005 年教育部在高等职业技术学院设置指导意见中专门设立了汽车类专业,把汽车检测与维修技术、汽车电子技术、汽车技术服务与营销等专业划归其中,这为加强我国汽车后服务产业技能型人才的培养提供了一个很好的专业平台。

汽车后服务技能型人才培养的数量重要,质量更重要。所以,在大力发展汽车后服务技能型人才培养的过程中,广泛开展教学改革,认真搞好教材建设,是非常重要的。

为了适应当前汽车后服务技能型人才培养的需要,充分体现高等职业教育的特点,有利于培养出当前以及今后我国汽车行业急需的人才。浙江大学出版社依托浙江省高教研究会及高职高专汽车类专业协作组,在对多年相关专业课程与教材建设及教学经验的认真研讨和总结的基础上,组织编写了这套"高职高专汽车类专业规划教材"。

本系列教材以国家教育部颁发的"高等职业教育汽车专业领域技能型

紧缺人才培养指导方案"为依据,具有以下特点:

1. 以就业为导向,以培养汽车后服务技能型人才为目标,以技术应用能力为主线,注重理论联系实际,注重实用,突出反映新知识、新技术、新设备和新方法的应用。同时,加强实验、实训的内容和要求,加强对学生实际操作能力的培养。

2. 针对当前我国汽车行业各类人才都紧缺的现状,本系列教材的教学对象涉及汽车类专业的各个方向,包括汽车检测与维修技术、汽车电子技术、汽车技术服务与营销等。编写的教材中既有《汽车检测与诊断技术》、《汽车底盘构造与检修》、《汽车发动机构造与检修》、《汽车自动变速箱原理与检修》等技术类的,也有《汽车营销实务》、《汽车信贷、保险与理赔》、《汽车文化》等涉及市场营销及服务类的,符合当前汽车人才培养的新的课程体系。

3. 针对高职高专学生的学习特点,注意"因材施教",教材内容力求通俗易懂,深入浅出,易教易学,有利于改进教学效果,体现人才培养的实用性。

本系列教材的开发与出版将有利于促进高职高专汽车后服务类专业的教学改革、师资建设和专业发展,为我国汽车后服务产业高技能人才的培养作出贡献。

丛书编委会主任
陈丽能
2006 年 9 月

前　　言

为贯彻《关于全面提高高等职业教育教学质量的若干意见》——教育部2006年16号文件精神,积极推进高职高专院校汽车专业的课程改革和教材建设,注重以工学结合、实践能力培养为主线,以汽车美容与装潢项目的操作技能为核心进行编写,这是本教材编写的定位。

教材编写说明:一、凸显项目教学的特点,编写中不注重各学科理论的系统性,理论上以够用为度,重点是围绕钣金、涂装、美容与装饰的主要项目,编写实际操作的具体工艺流程,特别是操作步骤力求详细且图文并茂,只要学生在教师的指导下严格按照操作程序操作就能较好地完成各项目的实际操作任务。二、在理论和具体操作项目的编写中要为后续完成某项具体的汽车美容任务服务。让学生很清楚,有这样的理论基础和具体操作技能的支撑就能很好地完成工作任务。三、编写中做到每篇的教学目标明确、重点突出、难点阐述清楚,充分运用任务驱动的教学方法,引领师生完成项目教学。四、编写中要确保学生在完成诸项目的学习过程后,真正能达到中高级汽车美容师的水平。

教材编写的思路:一是要对汽车专业汽车美容、装饰、钣金、涂装课程合理整合,有利于高职高专的课程建设和改革。二是要总结众多实践经验,把动手能力很强的课程,在理论分析基础上与实践有机结合,能较好地为职业院校项目教学服务。三是要适应工学结合的人才培养模式,在项目教学过程中以任务驱动的方法,使学生在浓厚的兴趣中掌握各项实际操作技能,同时为考取中高级汽车美容师打下良好的基础,为实现双证融合做好准备。四是要达到全书内容新颖,图文并茂,深入浅出,理论联系实际,实用性强,适合作为高职高专院校汽车专业教材;同时,本书也适合车主和汽车美容行业人士阅读。

本书由杭州职业技术学院孙斌任主编,浙江经贸职业技术学院吴双、俞海红任副主编。浙江经贸职业技术学院吴双负责编写第一章和第二章,俞海红负责编写第七章和第八章,杭州职业技术学院孙斌负责编写第三章、第四章、第五章、第六章和全书的统稿工作。

本书在编写过程中参考了大量国内外公开发表出版的资料和文献,并引用了部分科学的操作方法和图表资料,在此向诸多作者和相关组织及企业表示最衷心的感谢。并由衷地感谢浙江大学出版社为本书的出版给予的大力支持。由于汽车美容与装饰涉及的知识面广、操作性强,内容具有可变性和时效性的特点,加之编者水平有限,书中难免有不妥和错误之处,恳请读者和专家批评指正。

编　者

2009 年 4 月

目　　录

修复篇

美 容 篇

装 饰 篇

修复篇

第一章

轿车车身修复技术

应知目标：

1. 了解现代轿车车身结构的特点。

2. 了解现代轿车车身主要零部件的名称、功用与材料。

3. 了解碰撞对整体式车身的影响。

4. 熟悉车辆变形的矫正原理与矫正方法。

5. 了解车身板件的一般更换步骤。

6. 了解车身结构件更换的基本知识。

7. 了解塑料在车身结构中的应用。

8. 了解塑料焊接与金属焊接的基本区别。

9. 了解塑料的焊接原理与焊接方法。

应会目标：

1. 熟悉咬接、制筋、卷边等的操作方法。

2. 掌握常见弯曲类构件的弯曲成形方法。

3. 掌握拱曲件的拱曲方法。

4. 掌握二氧化碳保护焊的操作技术规范。

5. 掌握车身局部变形的各种修复方法。

6. 掌握变形修复后的各种收放方法。

7. 掌握车身锈蚀的修复方法。

8. 掌握车辆变形的测量方法。

9. 掌握车身主要板件的调整方法。

　　轿车车身修复是汽车维修工作中的重要组成部分,科学的车身整形手段,优质的喷涂质量不仅对车身起到很好的保护作用,而且对汽车外观的恢复也有着特殊的意义。车身维修针对的主要是弯曲变形、凹凸、断裂、锈蚀等损伤,引起这些损伤的原因和发生的部位各不相同,其维修方法也不相同,所以,车身维修有其自身的特点和要求。进行车身拆检维修和装配作业时,通常按工艺种类分为木工、钣金工、焊工、缝工、漆工,有时还有铁工等。本章主要介绍车身修复的钣金工内容。

第一节　轿车车身概述

　　汽车发展的100多年历史中,不管是汽车车身的材料,还是汽车车身的外形,都发生了巨大的变化。汽车车身形式在发展过程中主要经历了马车型汽车、箱型汽车、甲壳虫型汽车、船型汽车、鱼型汽车、楔型汽车等几个阶段。

　　汽车车身既是驾驶员的工作场所,也是容纳乘客和货物的场所,能够从外形上满足各种年龄、各种阶层甚至各种文化背景的人的不同需求,使汽车成为真正科学与艺术的结合的最佳表现形象。了解汽车车身的特点,对顺利地从事汽车钣金、涂装和美容是十分必要的。

一、轿车车身的变迁

　　第一批轿车车身和车架制造于1896—1910年之间,它们的造型类似于早期的四轮马车。像四轮马车一样,它们几乎完全由木头制成。

　　车架通常是由重桦木材做成,接合处由铁托架加强连接。车板是雪松木或洪都拉斯桃花心木,厚约9.5mm,它们被胶粘、销钉或铆接到车底框架上。汽车的顶篷用橡胶液浸渍过的帆布或其他织物制成。有的轿车车身制成封闭式驾驶室,车顶由弯曲的木条支撑,形成一个牢固的框架。

　　随着人们对轿车需求的提高,寻找更为快捷的汽车生产方法显得更为重要。那时的钢板是由手工成型的,但是人们知道,利用简单的模具可使大片金属板冲压成型。为了使钢板形成车身镶板,钢板厂引入了机械冲压机。最初,钢板不能形成复杂的形状或轮廓线。而且最初的车身非常方正,带有尖角,没有曲线过渡。框架和内部结构的大部分依然是木制的。大约在1923年,人们首次尝试了制造全钢车身,但是这种尝试并不能令人们满意,因为其设计原理类似于木质框架的车身设计。全钢车身的真正实现开始于1927年,这时已能用冲床生产大量复杂形状的面板,这就是大规模生产时代的开端。20世纪30年代,大多数汽车生产公司开始使用金属制造整个车身,汽车开始大量生产。

　　由于私人运输需求的持续提高,汽车公司间的竞争也愈加激烈。因此,车身设计工程师开始把驾驶员和乘客的舒适性要求纳入车身性能中,从而带动了轿车的发展。

二、车身的结构形式

1. 非承载式车身

非承载式车身的主要特征是,车身下面有足够强度和刚度的独立车架。车身由壳体与底架组合而成,大部分载荷几乎全部由车架所承受,车身壳体不承载或只在很小程度上承受由车底架弯曲或扭曲变形所引起的部分载荷。当车身发生较大损伤时,可以拆开分别修理和矫正。相当一部分类型的客车、载货汽车和传统轿车,均采用有车架非承载式车身结构,如图 1-1 所示。

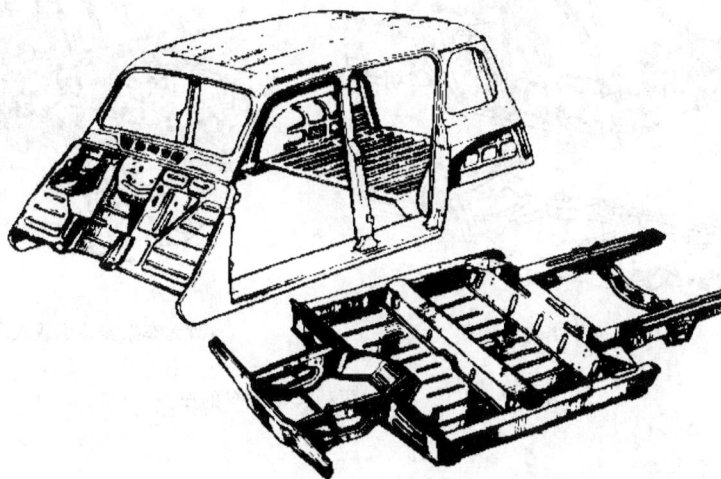

图 1-1　非承载式车身的典型结构

非承载式车身的优点:

①减振性能好。发动机和底盘各主要总成,直接装配在介于车身主体的车架上,可以较好地吸收来自各方面的冲击与振动。

②工艺简单。壳体与底架共同组成车身主体,它与底盘可以分开制造、装配,然后再组装到一起,总装工艺因此而简化。

③易于改型。由于以车架作为车身的基础,易于按使用要求对车身进行改装、改型和改造。

④安全性好。当汽车发生碰撞事故时,冲击能量的大部分由车架吸收,对车身主体能起一定的保护作用。

非承载式车身的缺点:

①质量大。由于车身壳体不参与承载或很少承载,故要求车架应有足够的强度与

刚度,从而导致整车质量增加。

②承载面高。由于车架介于车身主体与底盘之间,给降低整车高度带来一定困难。

③投入多。制造车架需要一定厚度的钢板,对冲压设备要求高而增加投资,焊接、检验及质量保证等作业也随之复杂化。

2.半承载式车身

与非承载式车身不同的是,壳体与车架共同承载。壳体底部直接装配在车架上成刚性连接,蒙皮、骨架与车架共同承载。车架及悬臂架的弯曲和扭转变形直接作用在车身壳体上形成的剪切力,也主要由车身蒙皮来承担,如图 1-2(a)所示。

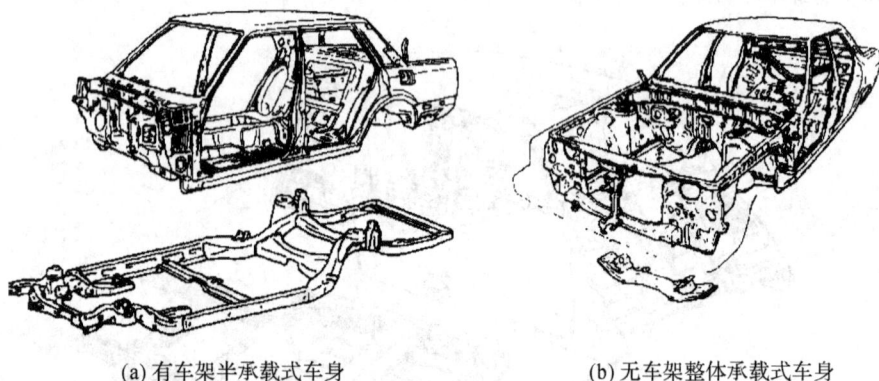

(a) 有车架半承载式车身　　　　　　　　(b) 无车架整体承载式车身

图 1-2　丰田公司的两种典型轿车的车身

3.承载式车身

承载式车身的一个突出特征是没有独立的车架,车身是承担全部载荷的刚性壳体,如图 1-2(b)所示。由于底盘各部件直接装配在车身上,所承受的载荷包括质量、驱动力、制动力以及来自不同方向的冲击、振动等。承载式车身有利于减轻自重并使结构优化。

承载式车身主体与类似于车架功能的车身底板,采用组焊等方式制成整体刚性框架,使整个车身(底板、骨架、内外蒙皮、车顶等)都参与承载。如图 1-3(a)所示,当车身整体或局部承受适度载荷时,壳体不容易发生永久性变形,即刚性节点在正常载荷作用下一般不会永久性变形。而且这个由构件组成的刚性壳体,在承受载荷时"牵一发而动全身",以作用力与反作用力平衡法则,"以强济弱"地自动调节,使整个壳体在极限载荷内始终处于稳定平衡状态。这如同凭握力并不能使鸡蛋破碎那样,外力被鸡蛋完整体结构有效地传送到各部。这种在力学上称之为"应力壳体"的框架如图 1-3(b)所示。

承载式车身的优越性主要体现在:

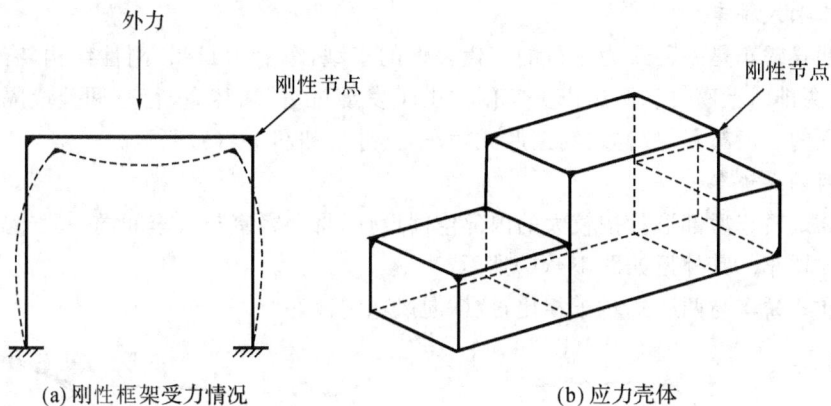

(a)刚性框架受力情况　　　　　　　　　　(b)应力壳体

图 1-3　刚性框架的受力分析与应力外壳

①质量小。由于车身是由薄钢板冲压成型的构件组焊而成,因而具有质量小、刚性好、抗变扭能力强等优点。

②生产性好。车身采用容易成型的薄钢板冲压,并且采用点焊和多工位自动焊接等现代化生产方式,使车身组焊后的整体变形小,且生产效率高、质量保障性好。

③结构紧凑。由于没有独立的车架,使汽车整体高度、重心高度、承载面高度都有所降低,可利用空间也有条件相应增大。

④安全性好。由薄板冲压成型后组焊而成的车身,具有均匀承受载荷并加以扩散的功能,对冲击能量的吸收性好,使汽车的安全保障性得到改善与提高。

承载式车身的缺点是:底盘部件与车身接合处在汽车运动载荷的冲击下,极易发生疲劳损伤;乘客室也更容易受到来自汽车底盘的振动与噪声的影响。为此,需要有针对性地采取一些减振、消噪等技术措施。另外,由事故所导致的整体变形较为复杂,并且会直接影响到汽车的行驶性能。钣金维修作业复原时,须使用专门设备和特定的检查与测量手段。

第二节　轿车车身结构

一、轿车车身分类

轿车按使用要求可分为普通轿车、高级轿车、旅行轿车和活顶轿车四种。就轿车车身而言,按外形分为三厢式轿车和两厢式轿车。

1. 三厢式轿车

三厢式轿车是一种最为流行的有代表性的车型,车身为封闭、刚性结构,有四扇以上侧窗、两排以上座位和两扇以上车门。由于发动机室、乘客室、行李厢分段隔开形成相互独立的三段布置,故称之为三厢式轿车,其外形如图1-4(a)所示。

2. 两厢式轿车

两厢式轿车后部形状按较大的内部空间设计,将乘客室与行李厢同一段布置,故称为两厢式轿车。其外形如图1-4(b)所示。

三厢式轿车与两厢式轿车相比,抗横向风稳定性好。

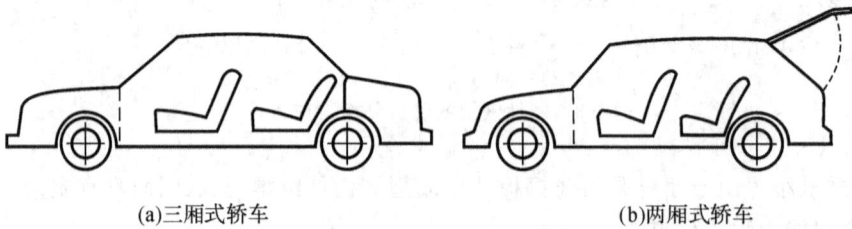

(a)三厢式轿车　　　　　　　　　　(b)两厢式轿车

图 1-4　轿车外形

二、轿车车身壳体结构

轿车车身壳体(图1-5)由前车身、中间车身和后车身三大部分及相关构件组成。承载式车身结构广泛地应用于小轿车。下面以承载式车身构造为例加以介绍。

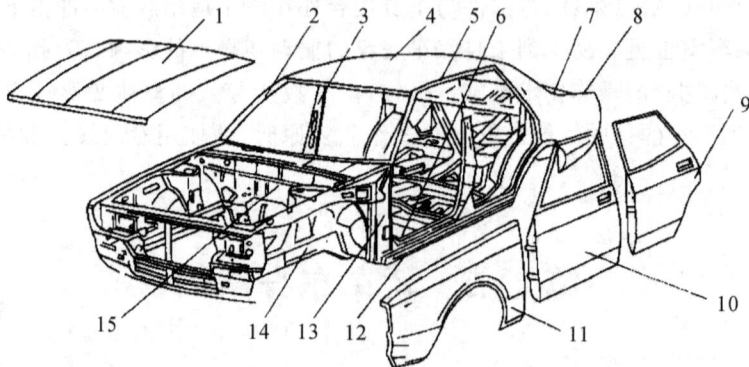

图 1-5　轿车车身壳体

1—发动机罩;2—前窗柱;3—中柱;4—顶盖;5—车顶边梁;6—车底;7—行李厢;8—后翼子板;9—后门
10—前门;11—前翼子板;12—门槛;13—前门立柱;14—前悬挂支撑板;15—中间隔板

1. 前车身

前车身主要由翼子板、前段纵梁、前围板及发动机罩等构件组成。大多数轿车的前部装有前悬挂及转向装置和发动机总成。前车身如图 1-6 所示。当汽车受到正向冲击时，依靠前车身来有效地吸收冲击能量。为此，前车身在构造上应确保足够的强度、刚度，所以一般将前悬挂支承座的断面制成图 1-6 所示的箱形封闭式结构。

（1）翼子板。翼子板与车轮拱形罩同属前车身的主要覆盖件，它不仅起着使车身线条流畅的作用，而且使前车身的整体性更强了。

（2）前段纵梁。前段纵梁前细后粗截面不等，是前车身的主要强度件，能够提高汽车受冲撞时对冲击能量的吸收，同时，用于装配发动机总成及其他汽车附件等。

（3）发动机罩。发动机罩多用高强度钢板冲压成网状骨架和蒙皮组焊而成。多数轿车还在夹层之间使用了耐热点焊胶，使之确保刚度并在其间形成良好的消声胶层。

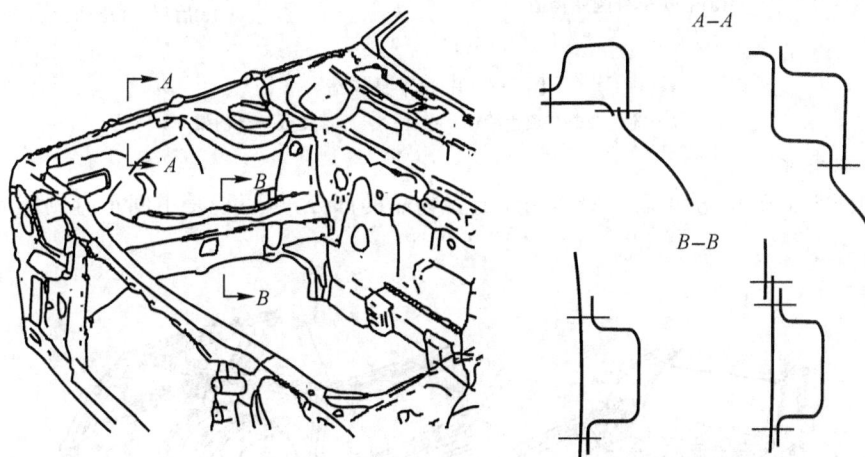

图 1-6　轿车前车身

2. 中间车身

如图 1-7 所示，中间车身侧体设有车门、侧体门框、门槛，沿周采用高强度钢制成的抗弯曲能力较高的箱型断面，中间车身侧体框架的中柱、边框、车顶边梁、侧体下边梁等结构件也采用封闭型断面结构。车顶、车底和立柱等构件，均以焊接方式组合在一起。

中间车身的窗柱起着支撑风窗和车顶的作用，一般下部做得粗大，上部的截面尺寸需要考虑驾驶视野面缩小。

车身底板是中间车身的基础，而且汽车行驶中加给车身的载荷都是通过底板传递并加以扩散的。除选用高强度钢板冲压外，车身底板上还配置了抗载能力强的车身纵梁和横梁。车身测量与维修用的基准孔也反映在车身的横、纵梁上。

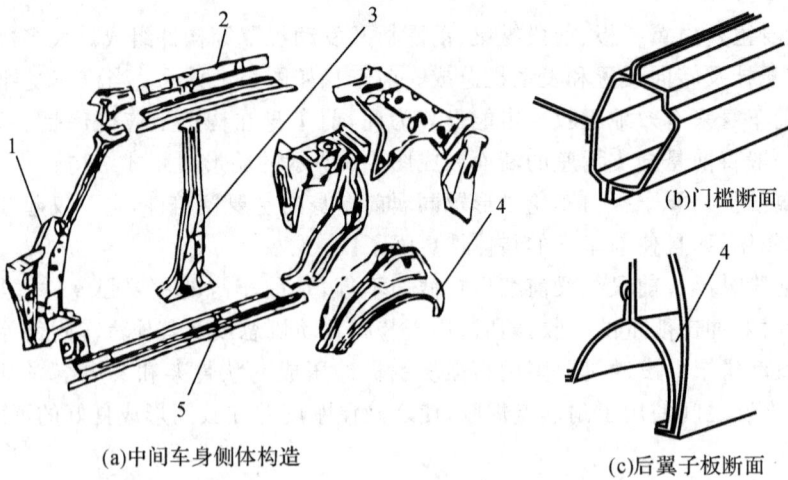

(a)中间车身侧体构造　　　　(b)门槛断面　　　　(c)后翼子板断面

图 1-7　中间车身构造

1—前柱；2—车顶边梁；3—中柱；4—后挡泥板；5—门槛

3.后车身

如图 1-8 所示,轿车后车身是用于放置物品的部分,可以说是中间车身侧体的延伸部分。

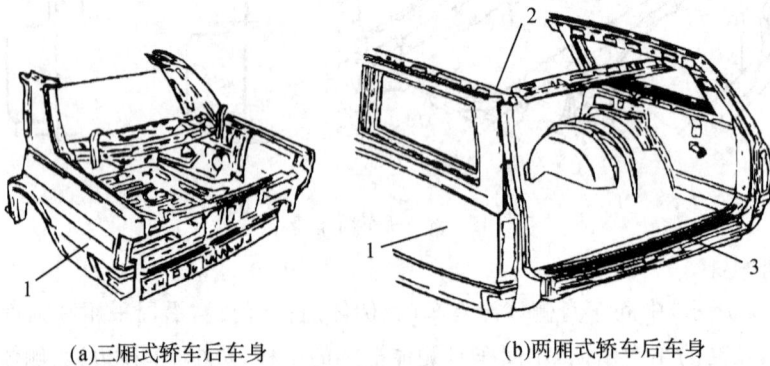

(a)三厢式轿车后车身　　　　(b)两厢式轿车后车身

图 1-8　轿车后车身

1—后翼子板；2—窗柱；3—后门槛

后车身的主要载荷来自汽车后悬架,尤其是对于后轮驱动的车辆,驱动力通过车桥、悬架直接作用于后车身上。为确保后车身的强度,车身重量由中间车身径直向后延伸,到相当于后桥部位再形成拱形弯曲。这样既保证了后车身的刚度,又不至于使后桥与车身发生干涉。而且,当车身后部受到追尾碰撞时,还能瞬时吸收部分冲击能量,以其变形来实现对乘客室的有效保护。

三、轿车车身壳体常用材料

轿车车身壳体常用材料是金属板料。金属板料根据其厚度不同可分为薄板、中板和厚板,一般厚度小于 3.2mm 的板料称薄板,3.2～5mm 之间为中板,5mm 以上为厚板。根据其材质不同,金属板料又分为黑色金属板料和有色金属板料。黑色金属板料是以铁元素为基体的铁碳合金,包括碳素钢、合金钢、铸铁和铸钢;有色金属材料是指铁碳合金以外其他金属材料,如铝、铜、锡、铅、镁等。

1. 黑色金属板料

按制作方法不同,板料可分为冷轧钢板和热轧钢板两大类。热轧钢板是在加热状态下直接将板料轧至所需尺寸,而冷轧钢板是坯料在加热状态下轧至一定厚度,再于常温状态下轧至所需的尺寸。薄钢板一般都是冷轧板。

经常使用的薄板材料有普通碳素钢和优质碳素钢,它们均有中等的抗拉强度、较好的塑性和较低的硬度,承受压力加工能力较强,因而多用于制作压弯件、压延件及手工制作的各种形状的零件。另外,此类材料还具有良好的焊接性能,焊缝无淬火组织,结构强度较高。

镀锌薄钢板是其外表面包了锌膜的软钢板,表面光亮明净,抗腐蚀能力强,但一经焊接、磨光或表面经过其他工艺处理,其防腐性能就会下降。

不锈钢是高级合金钢,其组织中含有锰、铬、钼等合金元素,其中铬、钼元素含量最高。不锈钢板具有良好的抗腐蚀性能,但价格较高,且焊接性能差,一般情况下不予采用。

2. 有色金属板料

(1)铜及铜合金薄板

纯铜薄板塑性较好,其伸长率可达 50% 以上。但抗拉强度较低,纯钢材料加工硬化现象明显。利用这一特性,可以通过冷加工来提高板料硬度,如经退火处理,板料又会重新恢复其塑件。

铜合金薄板主要是指黄铜薄板。黄铜塑性好,比纯铜强度高,适合于手工制作各种形状的钣金零件。

纯铜和黄铜都可焊接,但焊接工艺要求严格,常用的焊接方法是气焊或钎焊。

(2)铝及铝合金薄板

纯铝板抗拉强度低,塑性较好。铝合金的强度和抗腐蚀性能比纯铝高,因此铝合金的使用较为广泛,多用于制作防滑地板。

铝和铝合金的可焊性能较差,焊接时应按操作规程进行。常用的焊接方法有气焊和接触焊,但是亚弧焊效果最好。

第三节　车身钣金修复基本工艺

一、钣金修复常用设备及其使用

1.钣金修复常用工具

(1)工作平台

板料划线、敲平及矫正需要在工作平台上进行,它是钣金操作的基础。普通钣金工工作平台没有确定的尺寸标准,但常用的台面有以下几种规格:600mm × 1000mm、800mm × 1200mm、1500mm×3000mm。台面高度约 650~700mm(有的平台其高度可调),其材料多为铸铁,背面有加强肋,如图 1-9 所示。平台上平面水平光滑,在使用时不应在台面上随意锤击,更不要在其上进行电气焊作业,以防烧伤工作平台表面。

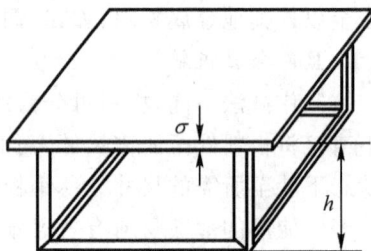

图 1-9　普通钣金工作平台示意图

(2)锤子、垫铁和修平刀

锤子和垫铁是汽车维修钣金工进行錾切、矫正、铆接、整形和装配等作业的锤击工具。

①锤子。常见的锤子形状如图 1-10 所示。其中有些是车身维修作业中的专用锤子。锤头的材料有碳素工具钢、钢、木头或橡胶等。铜锤、木槌和橡胶锤多用于锤击薄钢板或有色金属板材,而专用锤子只能敲打具有特别形状的车身金属板。

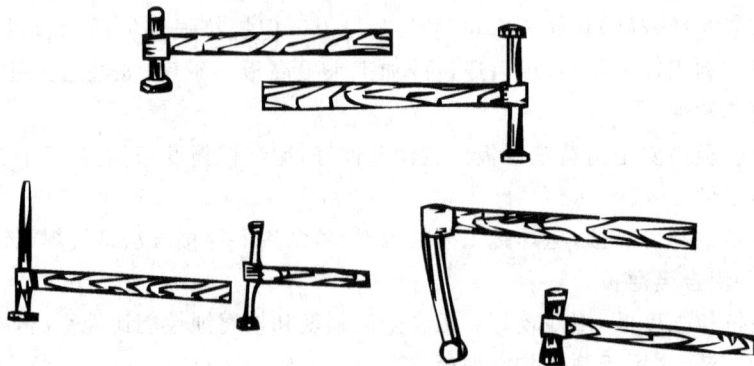

图 1-10　各种锤子

②垫铁。垫铁也叫抵座，是在敲击金属板料时用来衬托金属板料反面的工具。其材料多为中碳钢，而形状各异，如图 1-11 所示。

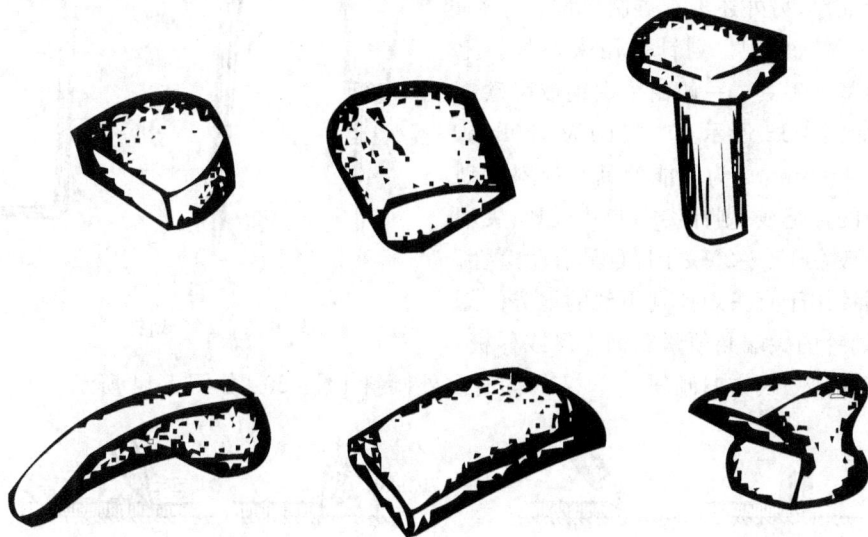

图 1-11　各种垫铁

③修平刀。主要用于抛光金属表面，把修平刀置于修整表面上，再用锤子敲打。如果整修表面空间受到限制不宜使用垫铁时，修平刀可以替代垫铁使用，如图 1-12 所示。

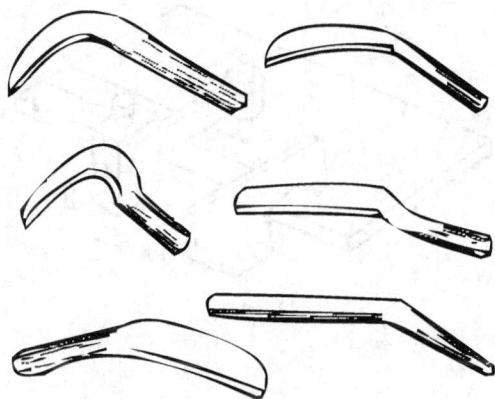

图 1-12　各种修平刀

（3）钢直尺、划针、划规、圆规和样冲

①钢直尺。钢直尺为我国规定使用的米制标准尺，另外还刻有英制单位。

②划针、划规。划针是用来在板料上划线的基本工具。一般由中碳钢或高碳钢制成，如图 1-13 所示。长度约为 120mm，直径为 4～6mm。为了能使其在板料上划出清晰的标记线，划针尖端非常锐利，尖端角度一般在 15°～20°之间，且具有耐磨性。弯头划针用于直头划针划不到的地方。划线时，划针的尖端必须紧靠钢直尺或样板，

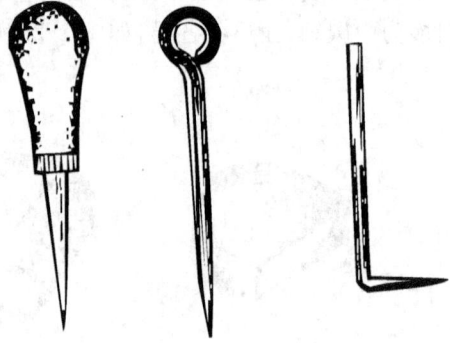

图 1-13　划针

划针应朝向划线方向倾斜 50°～70°，同时向外倾斜 10°～20°，如图 1-14 所示。

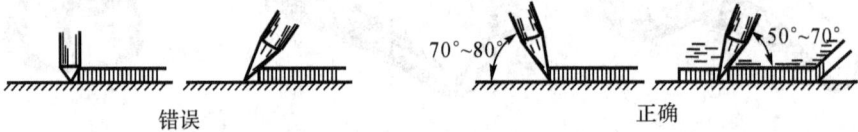

错误　　　　　　　　　　　　　　正确

图 1-14　划针的错误及正确划线方法

划规用于划折边线，它可沿板料边缘以等距离引线，如图 1-15 所示。

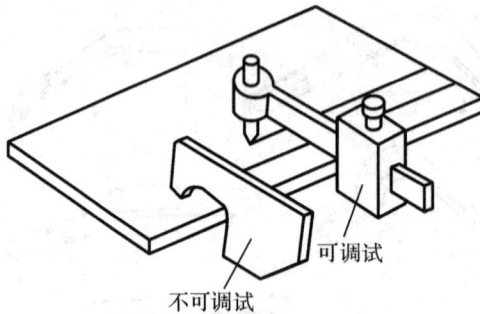

可调试

不可调试

图 1-15　划规

③圆规、样冲。圆规用来在金属板上划圆或圆弧，并可测量两点间的距离，或直接将钢直尺上的尺寸引到金属板上，圆规尖脚上焊有硬质合金。常用圆规如图 1-16 所示。其中图（a）、（b）两种刚性较好，目前应用较多，图（c）所示为弹簧圆规，调节尺寸较为方便，但刚性较差。当划直径在 350mm 以上较大的圆或圆弧时，需用图（d）所示的

特种圆规（通常称为地规），它由一根圆管和装有划针的两个套管组成。套管可在圆管上移动，以调节圆半径的大小，其中一个套管还可以微量调节。

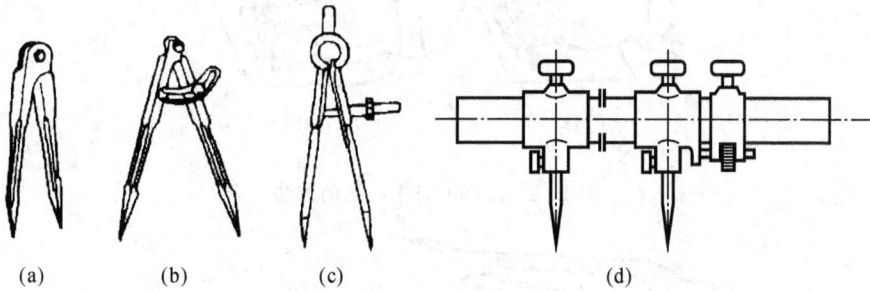

(a)　　　(b)　　　(c)　　　　　(d)

图 1-16　圆规

样冲也叫心冲，由高碳钢制成，长度约 90～150mm，尖端磨成 30°～40°或 60°角两种，并经淬火处理。样冲主要用来冲圆心或钻孔时冲中心孔，如图 1-17 所示。用样冲打中心孔时，先把样冲斜着放上去，样冲尖端对准中心点，但在锤打时要把样冲放正，用手握牢样冲，用锤轻轻敲击，如图 1-18(a)、(b)所示。

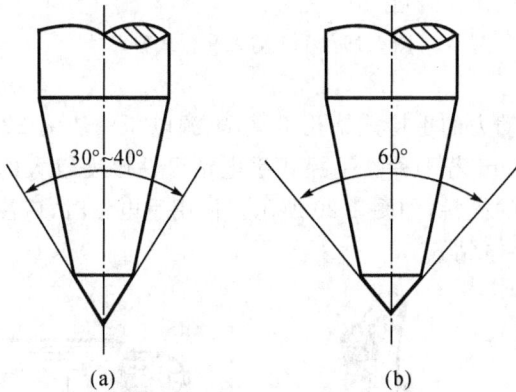

(a)　　　　　(b)

图 1-17　样冲

(4)剪刀

人工剪刀分为手工剪刀和台式剪刀。一般用于某种条件下单件生产或半成品的修整工作。手工剪刀只能剪切 0.8mm 以下的金属板料，而台式剪刀可以剪切 1.5～2mm以下的金属板料，如图 1-19(a)、(b)所示。

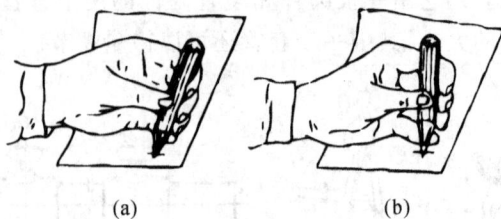

图 1-18　用样冲打中心孔的方法

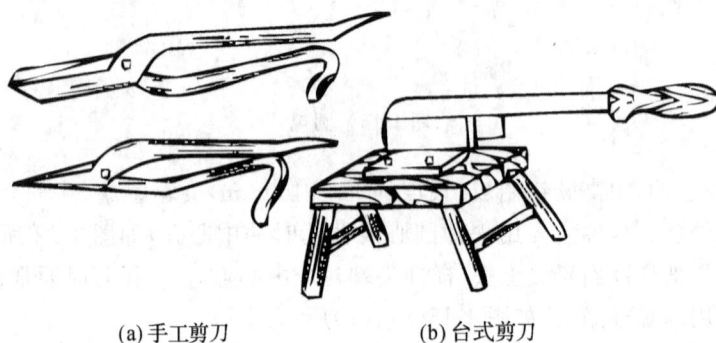

(a) 手工剪刀　　　　　　　(b) 台式剪刀

图 1-19　手工剪刀和台式剪刀

(5)手电钻

　　手电钻是以电为动力的手持式钻孔工具,电源电压一般为 220V 和 360V 两种,其尺寸规格有 3.6～13mm 若干种。手提式手电钻可钻厚度较大的金属板料,而手枪式手电钻常用于钻较薄的板料,如图 1-20 所示。使用手电钻时,应注意用电安全,同时在钻孔过程中,应持牢手电钻。

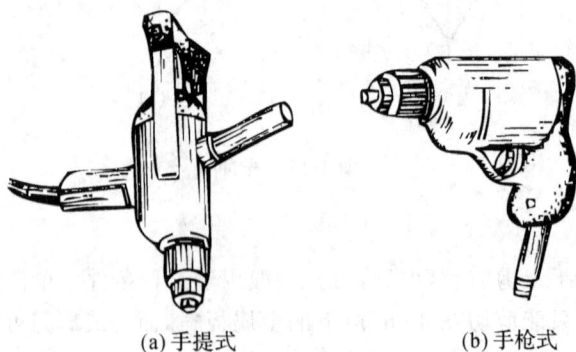

(a) 手提式　　　　　　　(b) 手枪式

图 1-20　手电钻

（6）风枪

风枪是一种风动工具，它利用压缩空气驱动风枪中的活塞作往复运动并快速冲击冲头进行工作。风枪头部内孔尺寸可以制成形状不同的冲头；冲头头部制成铲形，可以用来铲削板边毛刺或焊接坡口；制成"窝头"状可用来铆铆钉；制成平头可用来矫平钢板等。其外形如图 1-21 所示。

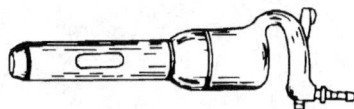

图 1-21　风枪

（7）手提砂轮机

手提砂轮机主要用来磨削不易在固定砂轮机上磨削的零件，如发动机罩、驾驶室、翼子板及车身蒙皮等经过焊修的焊缝，可用手提砂轮机磨削平整。手提砂轮机有电动和风动两种类型。按砂轮直径分，常用的规格有 150mm、80mm 和 40mm 三种。图1-22所示为手提电动砂轮机的基本结构。

使用砂轮机前，首先应检查砂轮片有无裂纹和破碎，护罩是否完好。风动砂轮所用的压缩空气压力一般为 0.3～0.5MPa。风管内的脏物应先用压缩空气吹净后，才能和砂轮相连接。磨削过程中，人不要站在出屑的方向，以防切屑飞出伤害人眼。磨削薄板制件时，砂轮应轻轻接触工件，不能用力过猛，并密切注意磨削部位，以防磨穿。使用手提砂轮机应轻拿轻放。用后应及时切断电源或气源，妥善放置，清理好工作场地。

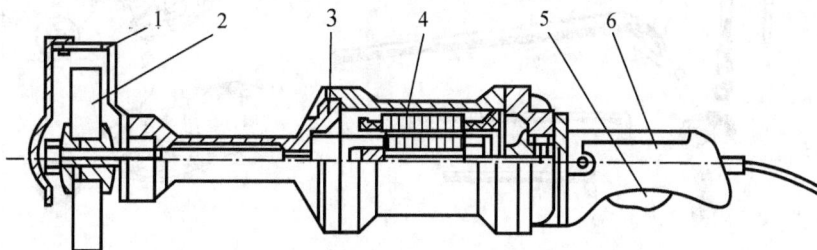

图 1-22　手提电动砂轮机结构
1—护罩；2—砂轮；3—长端盖；4—电动机；5—开关；6—手柄

（8）夹具、撬具

在钣金修理中，对部件整形、板料折边或固定划线等工作，经常用到各种夹具，其形状如图 1-23 所示。为完成某一特定形状的板件而使用的各种撬具如图 1-24 所示。

（9）圆盘抛光器

圆盘抛光器有电动和风动两种。其主要用于轿车修理后的抛光。用它比徒手抛光的效率高得多，而且简便易行。但由于用研磨材料制成的抛光盘圆周速度极高，故要求抛光盘安装牢固可靠，同时要求操作者戴好安全眼镜和防护面罩。

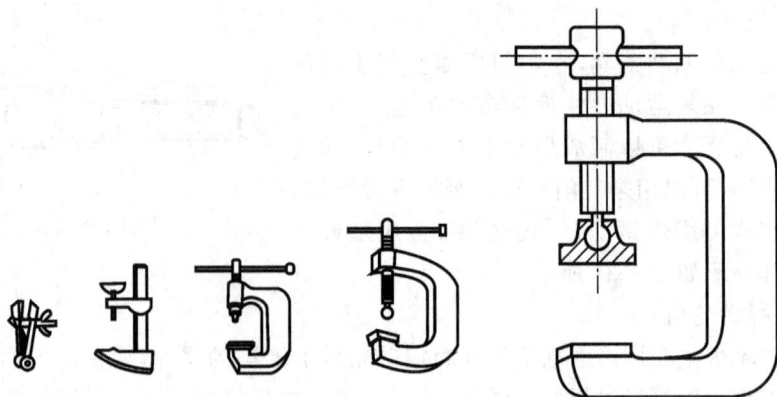

图 1-23　各种夹具

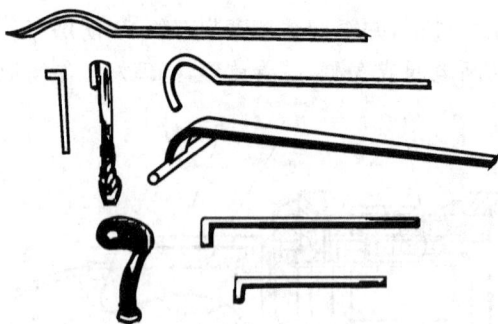

图 1-24　各种撬具

正确

错误

错误

图 1-25　抛光方法

　　正确的抛光方法如图 1-25 所示。应使抛光盘的 1/3 表面被加工表面接触进行研磨效果最好。因为抛光盘与研磨面接触角度过大时,则抛光盘仅有小部分与金属板发生强力研削,从而将留下粗糙的加工面;当抛光盘与研磨面平行接触时,又将因研磨阻力大而造成动作不稳,并将留下凹凸不平的加工面。

　　抛光盘经研磨作业而使其外侧磨料逐渐脱落,脱落后可采用适当方法去掉外侧磨损部分,减小抛光盘的尺寸后继续使用。此外,在研磨小的凹坑处或带孔部位时,可使抛光盘沿八角形轨迹运动。

　　(10)风动手提式振动剪

　　风动手提式振动剪简称风剪。其特点是体积小、重量轻,操作灵活轻便。剪板时,要将铁板略微垫起,使风功手提式振动剪前进时不受阻碍即可。其最大剪切厚度为:普通热轧钢板可达 2mm,铝板可达 2.5mm;最小剪切曲率半径为 50mm,功率为 0.21kW,使用气压为 490kPa。风动手提式振动剪的结构如图 1-26 所示。

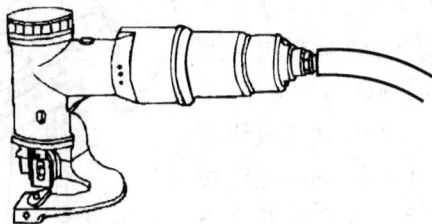

图 1-26　风动手提式振动剪

(11)锯削工具

目前钣金件修理中多使用可调式弓锯,如图 1-27 所示。弓锯可分为两段,前段可在后段中伸出或缩入,可安装不同长度的锯条,通常为 200mm、250mm 和 300mm 三种规格。

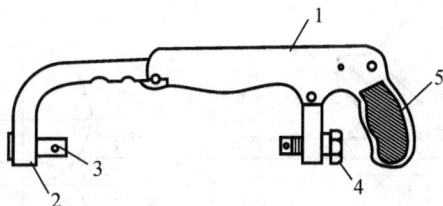

图 1-27　可调式弓锯

1—锯弓;2—夹头;3—方孔导管;4—锯形螺母;5—手柄

2.钣金修复常用的设备

(1)振动剪床

振动剪床的工作部分由两个剪刀片组成,如图 1-28 所示。下剪刀固定在床身上不动,上剪刀固定在可上下振动的滑块刀座上,滑块通过连杆与偏心轴相连,偏心轴由电动机带动,偏心轴转动时带动上剪刀紧靠下剪刀快速往复振动,每分钟可振动 1500～2000 次。板料的剪切就是靠上剪刀的往复振动而实现的。上、下两剪刀相对成 20°～30°的夹角。而刀片重叠部分可根据板料的厚度调整。在剪切时,上、下两刀刃之间要保持板料厚度的 0.25 倍的间隙。

振动剪床可以剪切 2mm 以下厚度的直线或曲线内外轮廓的板料,以及对成形后的零件进行切边工作。剪切内孔时,需松开下剪刀的固定。螺钉将剪刀片分开,将板料放入后再对合上、下刀片。

剪切前,将板料划线位置对准剪刀口,开动剪床两手平稳地握住板料,并适当用力推动板料前移,实现板料连续切割。剪切后的板料断口处较粗糙,因此剪切后需将边缘修光。

(2)滚动剪

滚动剪也叫圆盘剪切机,它是利用一对倾斜安装的上、下滚刀片进行剪切。工作时,上、下滚刀同时滚动进行剪切,可加工直线或曲线外形的零件,并能剪切圆形内孔,但剪切断面质量较差,一般剪切手工成形等要求不高的毛料。

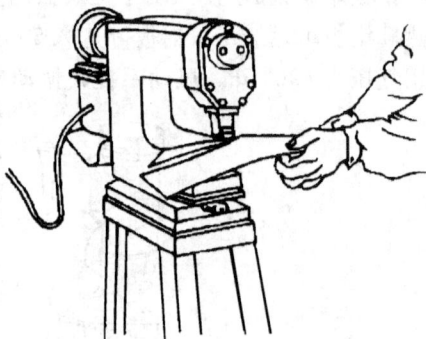

图 1-28　振动剪床

滚动剪工作时的下沉间隙可根据板料厚度确定。如图 1-29 所示,一般垂直间隙 a 为板料厚度的 1/3,水平间隙 b 为板料厚度的 1/4。切削刃重叠值 h 为板料厚度的 1/5~1/3,因此弧线较短,便于曲线剪切。垂直间隙通过上滚刀调整,水平间隙通过下滚刀调节。

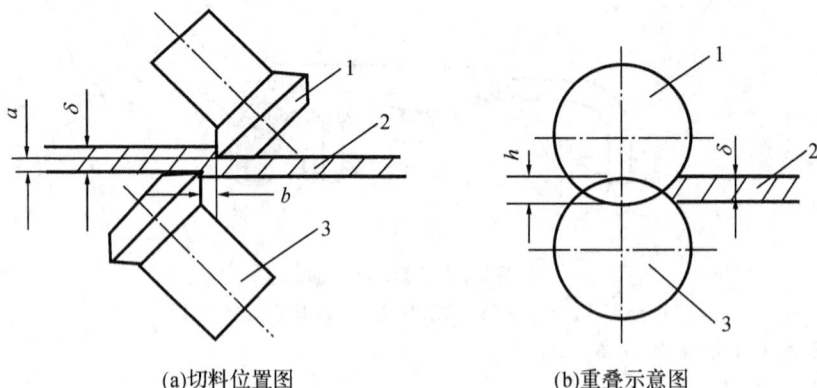

(a)切料位置图　　　　　　　　(b)重叠示意图

图 1-29　滚动剪
1—上滚刀;2—板料;3—下滚刀

(3)卷板机

卷板机用于圆筒形或圆弧形板料制作,其主要工作部分是两根前辊和一根后辊。如图 1-30 所示。操作时,金属板由固定的上轧辊滚圆,下辊和后辊的位置可调。

卷板前,通常先调整各辊子的间隙,以保证各辊子平行和板料顺利通过。另外,应将板料两端边缘进行压边处理。小直径圆筒或较厚的板材通常用锤击法处理板边,而较薄的板料也可直接在卷板机上处理。如图 1-31 所示,首先将板料边缘放在上、下两辊中间,调整手轮将板料压紧,并适当下压。

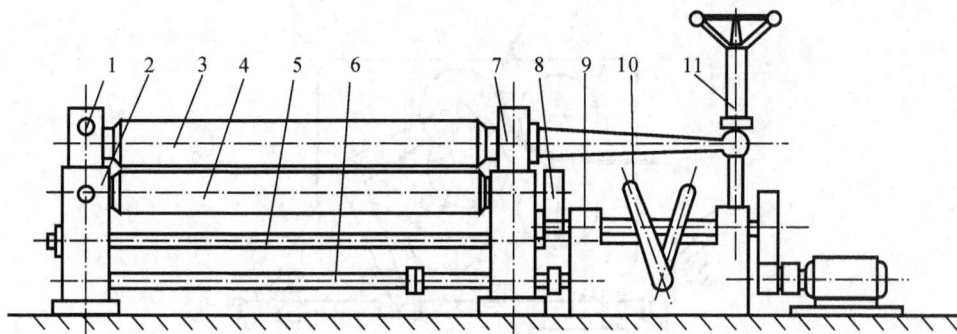

图 1-30　对称式三轴卷板机

1—活动轴承；2—支架；3—上轴辊；4—下轴辊；5—拉杆；6—传动拉杆
7—固定轴承；8—齿轮；9—变速箱；10—操纵杆；11—卸料装置

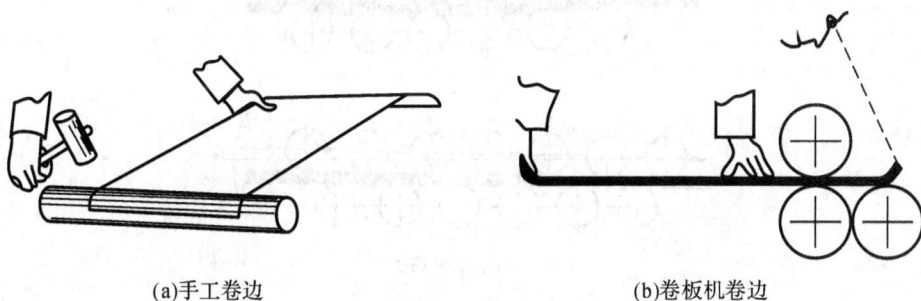

(a)手工卷边　　　　　　　　　　　　　(b)卷板机卷边

图 1-31　板料卷边处理

卷板时，调节上、下两辊间隙，使板料轻轻夹住，其夹紧程度以施较大的力时板料能移动为宜。打开电源开关，辊子带动板料移动，当板料被卷起时，夹住板料的上端，如图 1-32 所示。由于板料厚度不同、成型后的曲率不同等原因，卷制过程需多次重复。后辊至前辊的距离也需不断调整。

（4）钢板矫正机

钢板矫正机能使钢板矫平，并进一步提高钢板的力学性能。图 1-33 所示为多辊钢板矫正机的结构原理图。根据轴辊的排列形式，钢板矫正机分为轴辊平行式和轴辊不平行式两种。

两排轴辊之间的间隙可以调整，一般间隙数值略小于钢板厚度，因而钢板在通过时，受到相反方向的多次交变弯曲，其内应力超过材料的屈服强度，从而使钢板得到

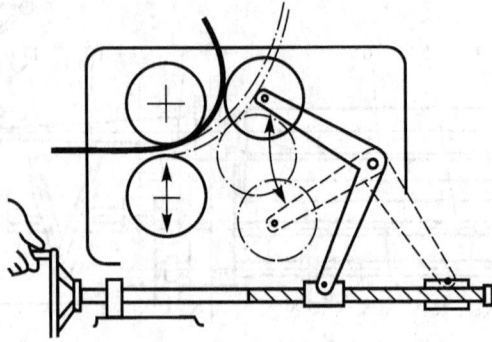

图 1-32　卷板机辊子的安装调整

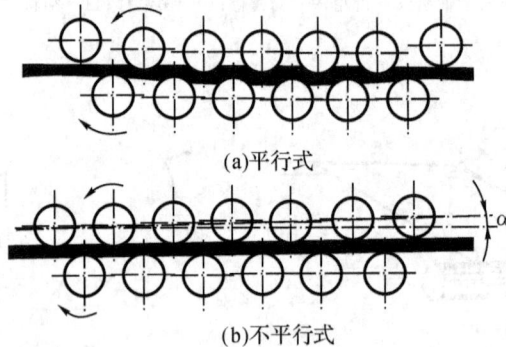

(a)平行式

(b)不平行式

图 1-33　多辊板矫正机轴辊的排列形式

矫平。

矫正薄钢板用的矫正机,轴辊的数量要多些,轴辊的直径要小些。这是因为钢板越薄越富有弹性,需要在矫正过程中通过更多的辊轴,产生更多的波浪变形来克服弹性,从而达到矫正的目的。

未经矫正的钢板,由于内部组织不均匀,或由于其他原因而产生凹凸不平,当钢板通过滚压后,变形得到矫正,同时材料内部组织结构也发生了改变,微观组织更加致密有序,因而力学性能也相应提高。

(5)龙门剪板机

龙门剪板机是目前常用的一种剪板机械,其最大特点是工作效率高,剪切质量好,操作方便,可剪切多种厚度的板料。其外形如图 1-34 所示。

例如型号为 Q11—6.3×2000 的龙门剪板机,可一次剪切 2000mm 宽的板料,剪切

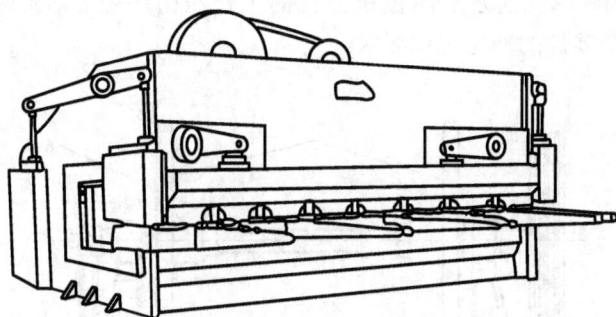

图 1-34　龙门剪板机

由脚踏板控制。控制装置若为一次剪切时,则每次踩下脚踏板,安装剪刀的支梁下降一次。连续剪切,一般用于批量加工,当操作踏板时,剪切支梁将反复升降。剪切已划线的金属板料,先开动剪板机将金属板置于平台上,并向刀口间滑入,使所划的线对准刀口,踩下踏板进行剪切。

(6)折弯压力机

板料折弯压力机主要是对板件作直线弯曲,即折边。采用简单的通用模具,可把金属板料压制成一定的几何形状。如果配备相应的工艺设备,还可以作拉伸、冲槽、冲孔、压波纹等。图 1-35 所示为液压板料折弯压力机的外形图。此压力机采用下动式液压传动,滑块(工作台)由下向上运动,回程靠滑块自动返回。此机具有体积小、重量轻、行程长度较大、安全可靠等优点。压力机的液压缸放在滑块的中心,因而在折弯工件时,滑块产生与横梁方向一致的变形,从而可获得较高的制作精度。

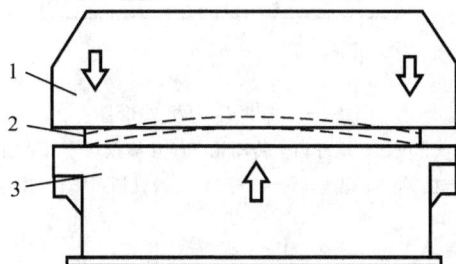

图 1-35　液压板料折弯压力机
1—横梁;2—工件;3—滑块(工作台)

(7)摩擦压力机

摩擦压力机也称丝杠压力机。它是靠飞轮、螺杆及滑块向下运动时所积蓄的能量来进行冲压的,如图 1-36 所示。摩擦压力机的工作压力一般在 300～30000kN 之间,能基本满足中小型零件的冲压工作要求。

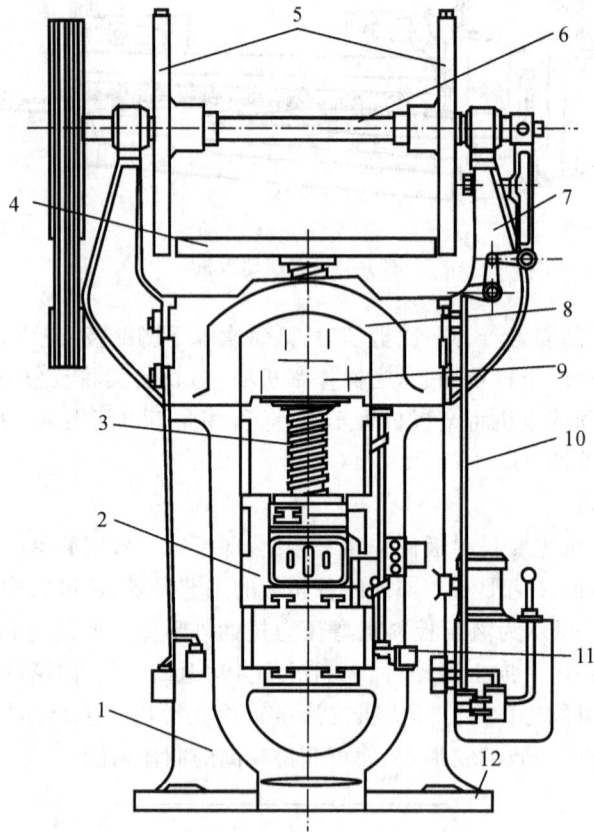

图 1-36　摩擦压力机外形图

1—床身;2—滑块;3—螺杆;4—传动轮;5—摩擦盘;6—水平轴;7—支架
8—横梁;9—螺座;10—杠杆;11—操纵柄;12—工作台

二、钣金件矫正和薄板手工成型工艺

1. 弯曲

(1)板料直角弯曲

手工直角弯曲是通过手锤或木制拍板在规铁上将薄板料折成 90°,用于单件少量生产或机床难以成型的零件。如图 1-37 所示。对于板厚超过 1.2～3mm 的板料,直角折边应在虎钳上定位情况下进行,如图 1-38 所示。较为重要的工件弯曲时,为了不使工件表面出现夹痕和捶痕,操作前应把虎钳口用 1.0mm 厚的铜板折成 90°垫成软钳口,在折边时,不能用铁锤敲击,要用木槌或用木块垫着进行敲击。

图 1-37　薄板手工直角弯曲

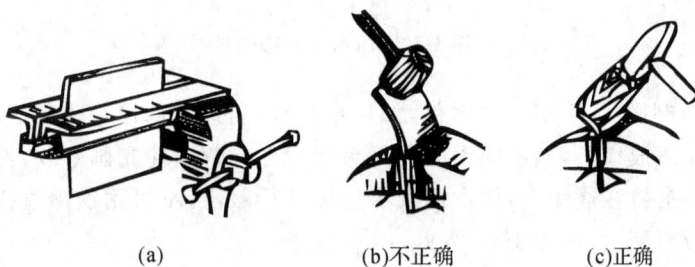

(a)　　　　　　　　(b)不正确　　　　　　(c)正确

图 1-38　厚板手工直角弯曲

例 1-1　弯制图 1-39(a)所示的零件。首先按尺寸下料,如图 1-39(b)所示,开好孔后进行弯曲,当尺寸 a 和 c 很接近时,在 a 尺寸范围内弯边很小,用机床很难弯出,多用

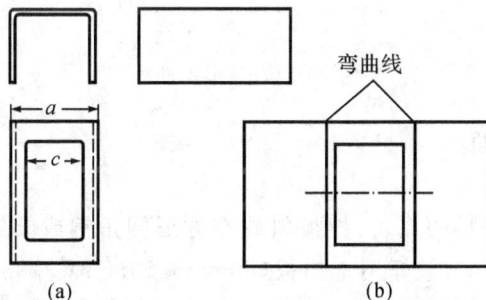

(a)　　　　　　　　　　　　　(b)

图 1-39　弯曲实例

手工弯曲。弯曲时先在展开料上画出弯曲线,然后以方孔定位,用规铁夹在虎钳上,如图 1-40 所示。弯曲时用力要均匀,并要有向下压的分力,以免把弯边 a 段拉出。

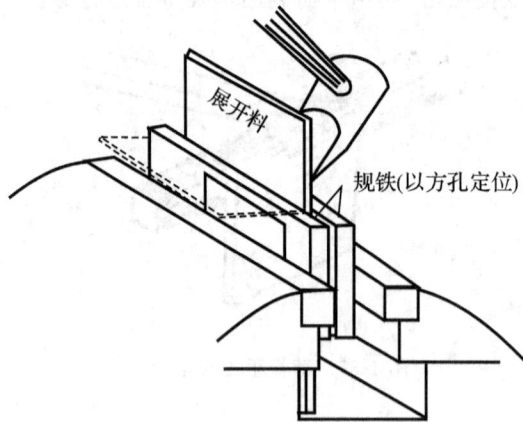

图 1-40　门形件的弯曲

例 1-2　弯制图 1-41 所示的零件,如果数量少,可以全部用手工制成,如果批量很大,需用机械先弯成口型,然后用手工进行封闭弯曲。弯曲前先画好线,然后把规铁对准线上,把板料夹持在虎钳上,用木锤或木垫板进行敲击,不可用铁锤直接敲击在铁板料上,以防铁板料变形,如图 1-42 所示。

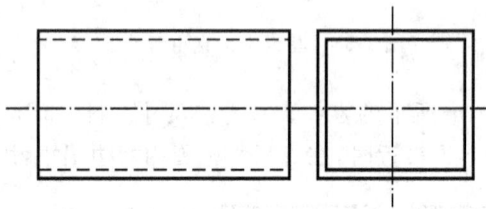

图 1-41　口形零件

(2)手工圆弧型弯曲

①薄板筒形弯曲方法

按圆筒直径确定板料的周长,把板料放在方形圆角钢或圆钢上,板料厚在 10mm 以下时用木拍板或木槌敲,最好用木拍板(50mm×50mm×350mm),因为木拍板敲击面积大,不致把板料敲出坑坑点点,木槌最好用在较厚板料上。先把板料两端弯曲,再向中间移动,最后合拢,如图 1-43 所示。

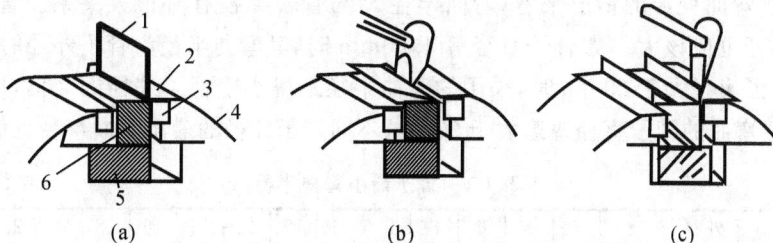

图 1-42　口形零件的弯曲

1—板料;2—垫板;3—钳工;4—虎钳;5—垫块;6—规铁

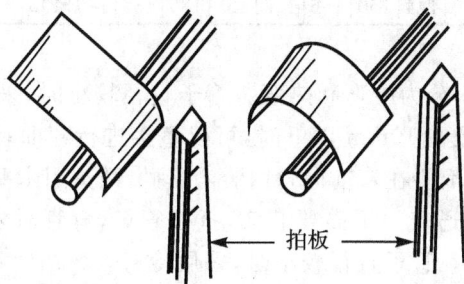

图 1-43　薄板筒形弯曲

对平板料厚度超过 12mm 手工弯曲时,把板料放在平台上,中间垫上 5mm 厚的胶皮,用长度圆弧锤顺着弯曲纵向一锤挨着一锤地敲击,最好在板料上纵向画出敲击线,线间隔以 20mm 为宜,也可根据圆筒直径的大小来确定锤击线间距,如图 1-44 所示。

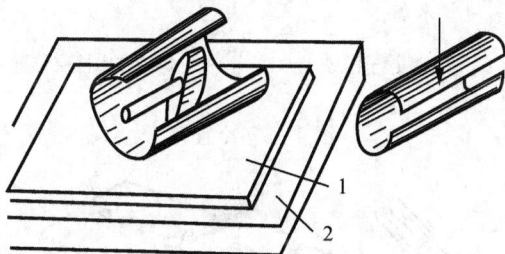

图 1-44　厚板筒形弯曲

1—橡胶皮;2—平台

②管子的弯曲方法

● 管子最小弯曲半径:

从管子弯曲变形的情况来看,弯曲半径 R 与管子半径有着很大关系。管子直径越大,弯曲半径也应该大。如管子直径等于 20mm 时,其弯曲半径为管子外径的 2 倍,即 $R=2D$;当管子直径大于 20mm 时,采用的弯曲半径不得小于管子外径的 3 倍,即 $R \geqslant 3D$,在汽车钣金弯曲的管子直径普遍大于 20mm,不同管子外径的最小弯曲半径见表 1-1。

表 1-1　管子最小弯曲半径　　　　　　　　　　　　(单位:mm)

D	管子外径	4	5	6	8	10	11	12	14	15	16	18	20	22	24	25
R	最小弯曲半径	8	10	12	16	20	22	24	28	30	32	36	40	60	72	75
D	管子外径	27	28	30	32	33	34	35	36	37	38	40	42	43	45	47
R	最小弯曲半径	81	84	90	96	99	102	105	108	111	114	120	126	129	136	141
D	管子外径	48	50	52	53	55	60	62	63	65	70	73	75	80	85	90
R	最小弯曲半径	144	150	156	159	165	180	186	189	195	210	219	225	240	255	270

● 弯管方法:

弯管的方法有两种,分为冷弯和热弯。管子直径较小时,采用冷弯;管子直径较大时,采用热弯。管子内径在 10mm 以下时,可以直接进行弯曲;当管子内径大于 10mm 时,无论冷弯还是热弯,都要在弯前向管内装满干砂,两头用木塞塞住,在木塞中间钻一个 5mm 小孔,为热弯时通气。干砂要装实,抵住管壁,弯管时才不致发生皱襞或压扁管壁,如图 1-45(a)所示。管子直径较小时,采用冷弯。弯曲时可在虎钳上或弯管工具上进行。如图 1-46 所示。

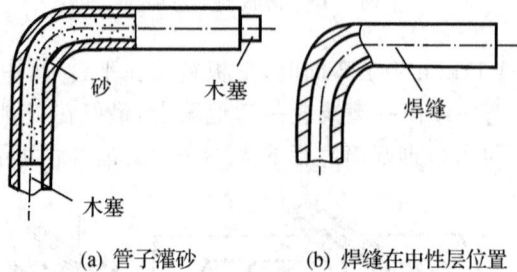

(a) 管子灌砂　　　　(b) 焊缝在中性层位置

图 1-45　冷弯管

图 1-46　小直径管冷弯

当管子直径较大时,采用热弯,弯管时可在弯管台上进行,如图 1-47 所示。加热管子时,其热长度和弯曲角度由管子直径决定。

弯曲角度为 90°时,加热部分的长度等于管子直径的 6 倍。

弯曲角度为 60°时,加热部分的长度等于管子直径的 4 倍。

弯曲角度为 45°时,加热部分的长度等于管子直径的 3 倍。

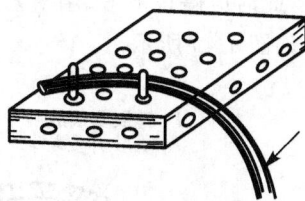

图 1-47　热弯管

弯曲角度为 30°时,加热部分的长度等于管子直径的 2 倍。

加热方法:当管子直径较小时,可以用氧乙炔火焰加热。当管子直径较大时,可以用临时地炉加热,同时要注意加热温度和均匀程度。一般到管子变为暗红色为止,温度在 700～750℃之间。温度过高会使金属强度急剧下降,弯曲时容易把金属拉裂。

弯曲焊管时,应把焊缝放在中性层的位置上,否则在弯曲时焊缝会因为拉伸或压缩作用而产生开裂,如图 1-45(b)所示。

2.伸展、拱曲与收缩

(1)伸展

伸展是板料经过锤击后,使其宽度、长度、外口径、深度增加或由直板料伸展成弧形。伸展是板料产生塑性变形的结果,伸展形状多,操作方法也不一样,下面举几例加以说明。

①直角任意弧形锤放

直角任意弧形锤放也称展弯,是将长条板料折成 90°,使它的一边经锤击后伸展弯成任意弧形。其操作方法是:按需要的弧形量其展开长度及宽度,再量出弧形高度,并沿高度线将板料折成 90°,如图 1-48 所示。把要伸展的一面放到铁砧上用手锤锤击展弯,手锤落下要平稳、均匀,锤击点越靠近板料外沿就越多而且锤击越重,如图 1-48 所示。使边沿材料厚度变薄,面积增大成放射状,锤击时要注意锤击点不要集中在某一

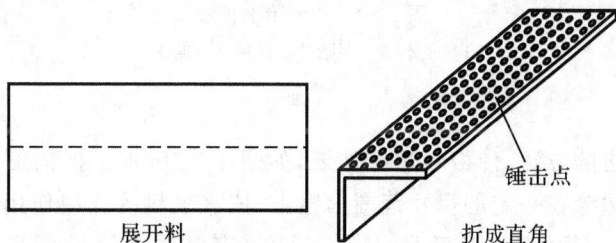

图 1-48　直角任意弧形锤放

处,否则会使板料破裂。要经常对照展弯的弧度是否符合标准,当板料因锤击过重或次数过多时,金属材料会变硬。

　　此时应停止锤击,用氧乙炔火焰进行退火后再继续,直到板料被展弯成需要的形状,如图 1-49 所示。

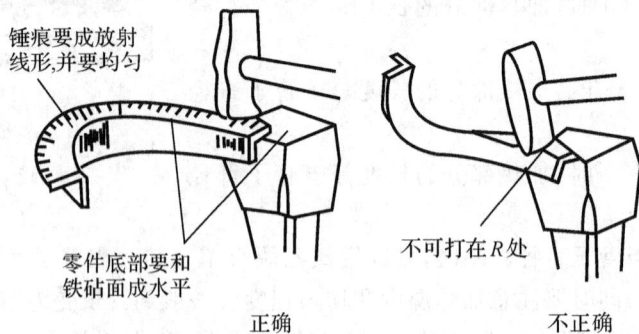

图 1-49　直角任意弧形锤放操作

　　②型胎上伸展

　　把板料夹在型胎上,用钣金锤敲击顶木,顶木顶在板料上使之伸展,如图 1-50 所示。

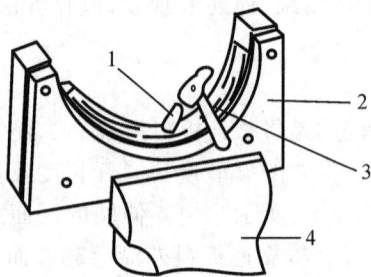

图 1-50　在型胎上扩边
1—顶木;2—型胎;3—板料;4—虎钳

　　③扩边

　　扩边是用锤击的方法,使板料边缘伸展,如图 1-51 所示。把桶形底边扩成喇叭口形。它是沿桶型边缘在一定的尺寸范围内锤击,依靠板料的伸展作用而形成。常用于圆形桶的 45°上底三折咬扣,汽车上的排气管接头扩边也是这种形状,一般伸展成 45°圆弧边。

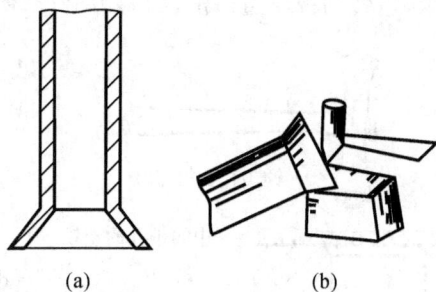

(a)　　　　　　　　(b)

图 1-51　圆形桶件扩边

（2）拱曲

拱曲也称锤拱，是将平板料通过锤击使之产生塑性变形而伸展成需要的形状。锤拱在汽车修理上有广泛的应用，例如汽车上的灯壳、驾驶室、翼子板、发动机罩等，都可以用锤拱的方法成型。

①锤拱件下料尺寸的确定

锤拱件下料没有严格的计算标准，常采用实际比例法和近似计算法两种方法来确定。

● 实际比例法：

用纸按实物或模胎的形状压成皱褶包在实物或模胎的表面上，沿实物或模胎的边缘把纸剪下来，再按纸的展开尺寸加上适当的余量便可得到拱曲零件的展开料。如果产品数量较多，必须对所得的尺寸经试做修改后取得毛料样板，才能进行大批下料。

● 计算法：

计算法是按零件展开形状进行计算。如半圆形拱曲，它的展开形状是圆形，只要求出毛料的直径便可下料。其计算公式是：

$$D=\sqrt{2}d=1.414d$$

式中：D 为待下料的毛料直径；d 为实物半球形零件的直径。

这种算法是取近似值，未考虑锤拱时材料的伸展，成型后可能会比原型略大，可进行边缘修整。

②锤拱的操作方法

● 锤拱所用工具：

锤拱时可用铁锤、木槌，凹陷的模块及顶杆、平台、铁砧等。

● 锤拱方法：

锤拱时选用弧形顶且装柄处至锤顶较长的拱锤，选择废旧的中间带圆孔的零件作垫铁，如汽车上齿轮套、盆齿轮、较大轴承外圈等。把板料放到垫铁孔上，用左手按实、右手持锤,沿着板料的边缘,边转动板料边锤击,如图 1-52(a)所示。

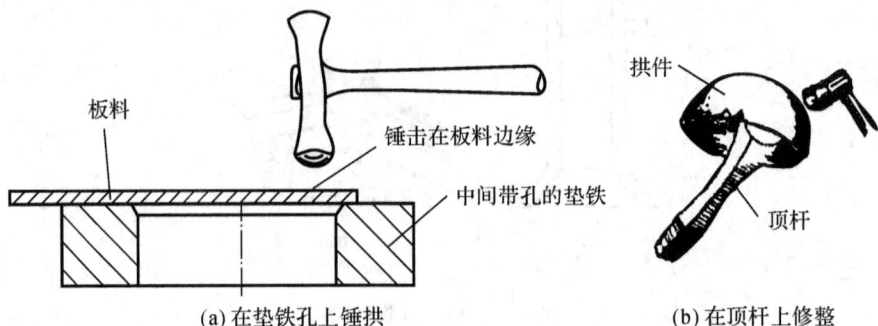

(a) 在垫铁孔上锤拱

(b) 在顶杆上修整

图 1-52　锤拱

　　锤击一圈后,锤击点向板料中心移动一个锤痕位置,以此方法,直到锤击遍及板料后再从已经成拱形板料的边沿重新开始,如果此时垫铁的内孔显得过大,可以移到内孔小的垫铁上继续锤击。锤击时要均匀而稠密,尽量使锤顶圆弧处落在板料上,以免板料出现裂痕。当锤拱件已经到了合格的程度时,拱深较小的可以在平台上进行一次修整,锤顶与锤击部位和平台面放实后再锤击,不可锤顶和平台面敲空而增大拱件凹凸程度。修整消除拱件表面不平后,再用锉刀锉光边缘毛刺和不整齐的地方。拱深较大的拱件不能在平台上修整,可在顶杆上进行修整,如图 1-52(b)所示。

　　对于锤拱深度较大的或接近球形的零件,坯料需先进行退火,在加工过程中,如发现有硬化现象,也应立即进行退火,以免产生裂纹,对于一时不慎锤击时产生了裂纹,可以用气焊进行补焊,用低碳钢焊丝做焊条,焊后用锉刀挫去焊道增高处,使其只略高于其他部位且圆滑过渡,然后可继续锤拱。

　　对于拱形要求比较严格的零件,可以先在金属板上制作型胎,然后在型胎上锤拱。操作时将板料边沿放在型胎上,用圆弧锤顶进行锤击,首先从板料边缘开始,逐渐向中心锤击,如图 1-53所示。锤拱作业不能急,一次不能锤得太深,且用劲要均匀。对于拱形件要求比较复杂时,可以分成几部分来完成,然后焊接成整体,焊后必须进行修整。

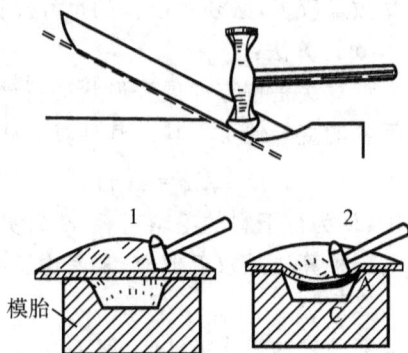

图 1-53　在型胎上锤拱

（3）收缩

收缩也称收边或缩边，是将板料边缘向内锤击，使其折起需要的角度。一般以 45°和 90°应用最多。如消声器闷盖、隔板、油箱盖及各种弧形咬扣等。

收缩的操作方法：先在板料上画出所需要的毛坯外线，把它剪下来，然后在毛坯板料两面分别画出零件的缩边线。把板料放在衬钢上（最好是小型轨道钢），用左手扣住板料，衬钢刃对准缩边线，右手持钣金锤，板料角度为 45°，沿缩边线向内，边锤击边转动，每转动一周之后，板料向内减少 15°，分四次完成，每次敲一周，如图 1-54 所示。在循环敲制过程中，板料应该有规律地转动（一般为顺时针转动），每一锤痕最多转 5mm，一个锤痕敲击三锤。转动时不得忽快忽慢，同时敲击力量不可过重。

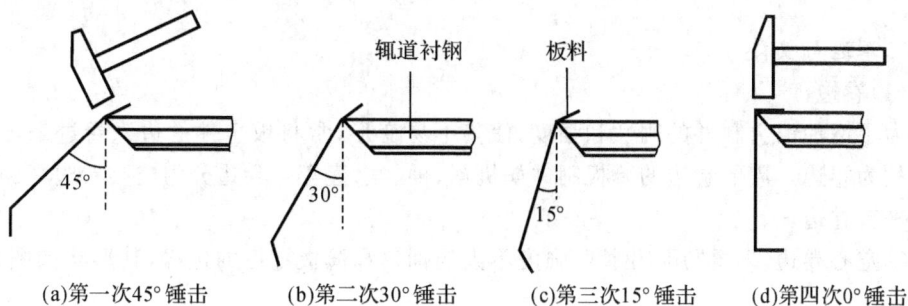

(a)第一次45°锤击   (b)第二次30°锤击   (c)第三次15°锤击   (d)第四次0°锤击

图 1-54 缩边过程

每敲击一周之后向内板的角度不得超过 15°，力量太大或角度扳得过大会使板料变形、起皱，增加锤击次数。必须耐心地一次一次地来敲制。需要注意的是：印痕一定不要落在板料的外沿上，也不要落在缩边线以里。因为缩边操作主要是依靠金属的塑性变形来完成，越靠近缩边线的锤击点越多，越往外锤击点越少，如图 1-55 所示。否则会增加敲制难度，所谓"一锤敲错，十锤难收"就是这个道理。

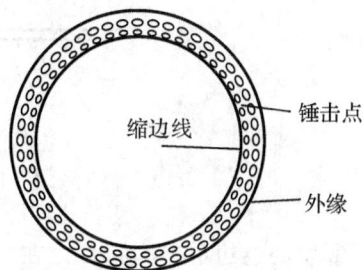

图 1-55 缩边锤击点分布

每敲击一周之后，都要对发生翘起和扭转变形的板料进行整理，方法是：把缩边一面朝上，平放在平台上，用板金锤敲击已经立起来的边，锤击角度和立起来的边的角度一致，如图 1-56 所示。然后轻轻地对缩边线以里且靠近缩边线的部位锤击一周，直到板料没有了变形之后再进行下一次缩边。

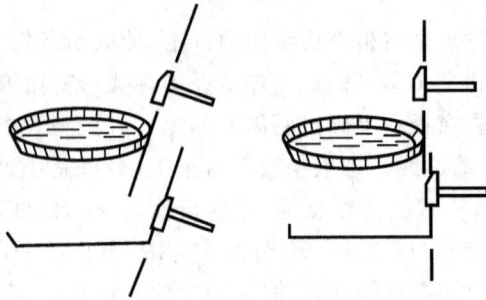

图 1-56　缩边中板料的整理

3.卷边与咬接

(1)卷边

为了增加钣金制件的刚性和强度,使其不易变形,常将钣金件的边缘卷过来,这种方法称为卷边。需要卷边的薄板制件如机罩、桶、盆、壶等。卷边分为空心卷边、实心卷边和平行卷边。

①空心卷边。主要用于刚度、强度不大的桶口和薄板零件的边缘,其形状如图1-57所示。

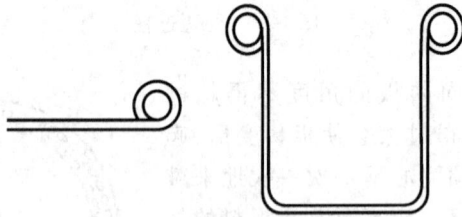

图 1-57　空心卷边

②实心卷边(夹丝卷边)。在空心卷边里夹入一根铁丝,使薄板件边缘刚性更好。所夹铁丝的直径,应根据板料厚度和零件尺寸的大小以及受力情况来确定。一般钣金件的夹丝直径为板厚的3～5倍为宜。夹丝卷边的形状如图1-58所示,主要用于较大容量的桶、盆以及铰链连接。

③平行卷边。主要用于不重要的桶口及板料的边缘,分为单层卷边和双层卷边,其形状如图1-59所示。

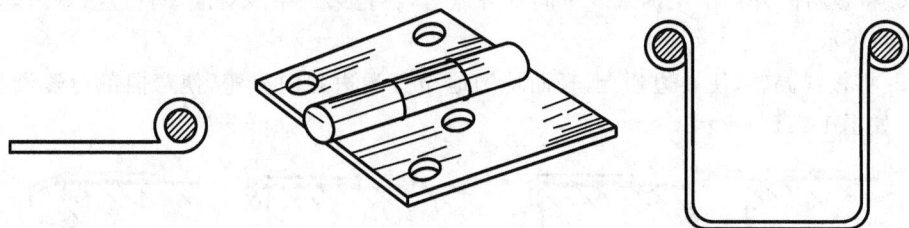

图 1-58 夹丝卷边

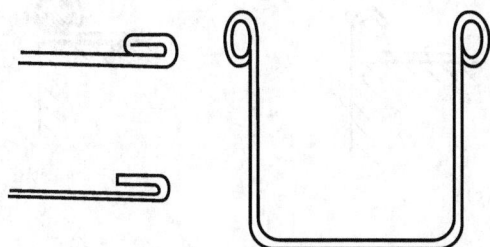

图 1-59 平行卷边

④卷边的操作方法：

以夹丝卷边为例，其具体操作步骤如下。

a. 根据板料厚度和所选取的铁丝直径，量取卷边的展开尺寸，然后在板料两面分别画出抗弯线，如图 1-60 所示。

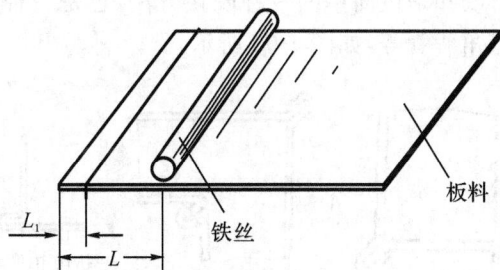

图 1-60 画出卷边抗弯线

b. 将板料放在平台上，把第一条折弯线对齐平台边缘，用左手压住板料，右手用拍板向下敲击露出平台外的板料（当板料厚度超过 0.75mm 时，敲击最好用钣金锤），使之向下弯曲成 90°，如图 1-61(a)所示。

　　c. 将板料向外伸出至两条线中间处并敲弯,再把第二条线对准平台边沿敲弯,如图1-61(b)所示。

　　d. 将板料翻转,使卷边朝上,轻而均匀地敲打卷边并向里弯,使弯曲部分逐渐呈圆弧形,如图1-61(c)所示。

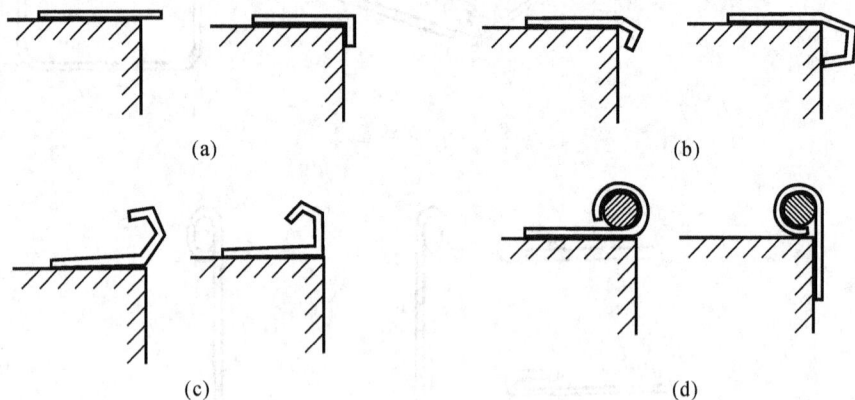

图 1-61　夹丝卷边操作过程

　　(2)咬接

　　咬接也称咬扣,应用在 1.0mm 以下厚度的薄板,即将两块板料的边缘(或一块板料的两边)折转扣合成一体,并彼此压紧。

　　常见的咬接形式,是根据板料咬接时所咬合的层数分为三折、四折和五折咬扣三种。这三种咬扣连接形式的主要用途分述如下。

　　①三折咬扣。三折咬扣是最简单的一种咬接方法,也是一种比较常用的咬接方法之一,主要用于桶底、直角弯管等,如图 1-62 所示。

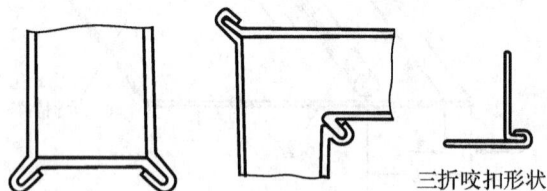

三折咬扣形状

图 1-62　三折咬扣形状及应用

　　②四折咬扣。四折咬扣也是较为常用的咬接方法之一,它主要用于拼料,制作薄板管子、桶、盆及类似桶形制品底、直角弯管等,如图 1-63 所示。

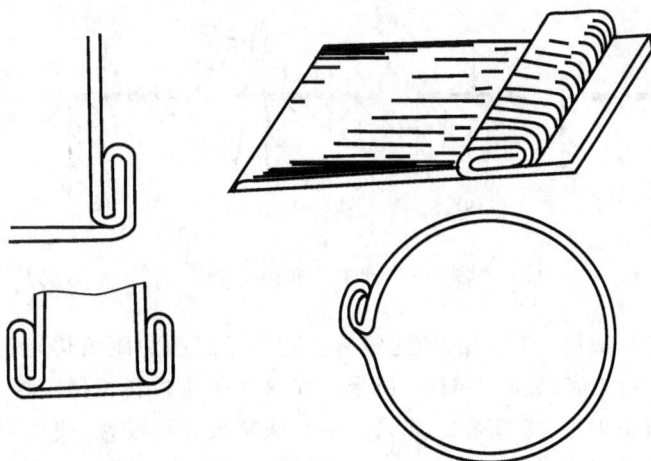

图 1-63　四折咬扣形式及应用

③五折咬扣。五折咬扣是较难操作的一种咬接方法，常用于较大的又要求较为坚固的桶底和盖。此种咬接手工操作较难，多用于机械作业，常见的有液体及原料容器桶，以及食品、饮料包装桶等，其咬扣形式如图 1-64 所示。

咬扣的操作方法：

①按咬接计算的尺寸剪下板料，并在板料咬扣的两端双面各画出两条折弯线。以咬扣宽 4mm 为例，第一条折边线在板料边沿 4mm 处画线，第二条折边线在 12mm 处画线。

②把板料放在平台一端或角钢平面上，使咬

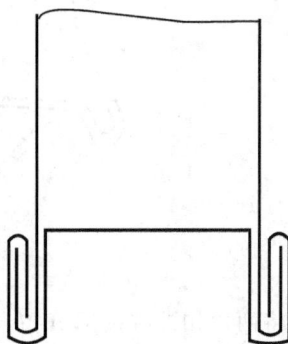

图 1-64　五折咬扣

扣的折弯线与平台或角钢的直角棱对齐，用左手把板料压紧，避免敲击时板料移动位置，将伸出部分用拍板折弯 90°（1.0mm 厚以上板料折弯时用钣金锤），如图 1-65（a）所示。

③把板料翻过来，如图 1-65（b）所示。把折弯部分向里敲击至 30°，如图 1-65（c）所示。

④把板料向外移至第二条折边线，并与平台或角钢直角边对齐，压紧板料，使之不能移动，如图 1-65（d）所示。然后用拍板或钣金锤在 30°折边上方 25°左右下敲击，使第二折边线以外向下折成 45°，如图 1-65（e）所示。

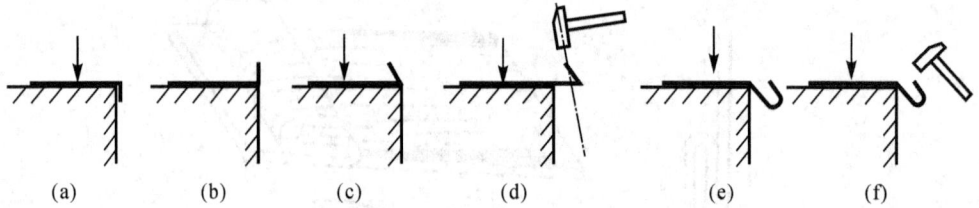

图 1-65　四折咬扣操作程序

⑤整理已经形成的 45°弯扣,使之第一折边与第二折边距离均匀。一般两折边的间距为板料厚度的 2 倍,如图 1-65(f)所示。如果是两块板料相拼咬接,同样按上述过程把另一块板料也敲成 45°弯扣。如果是一块板料成管形咬接,要注意两端弯扣应是相反,如果两弯扣同向上,即在同一平面上是无法咬接的,如图 1-66 所示。

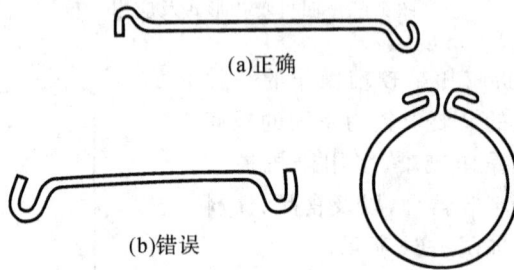

(a)正确

(b)错误

图 1-66　弯扣方向

⑥将两弯扣即咬接部分扣合在一起,按图 1-67(a)所示方向先是轻轻锤击,随着接缝逐渐咬合,锤击力加大,直到压紧为止,如图 1-67(b)所示。如果需要一面保持平整无咬接处凸起,可用咬接模冲压咬扣,如图 1-67(c)所示。

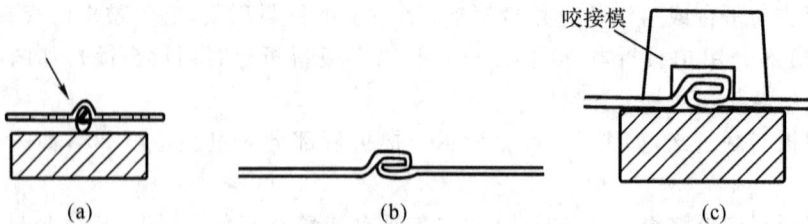

咬接模

(a)　　　　　　　　(b)　　　　　　　　(c)

图 1-67　弯扣咬接

车身构件上常见的咬扣形式多以三折顺缝为主。用翻边钳取代手工咬缝,可使车门蒙皮与车门内板的咬接十分便利地完成。先将长边用手锤和包布托铁弯折成30°(注意不要用手锤敲击弯角的边缘,并且不要损坏外板的型线)。然后用翻边钳顶住端部,用力夹紧即可,如图1-68所示。这种翻边方式具有效率高、成型美观、表面锤痕少等许多优点,值得在车身维修的钣金作业中推广。

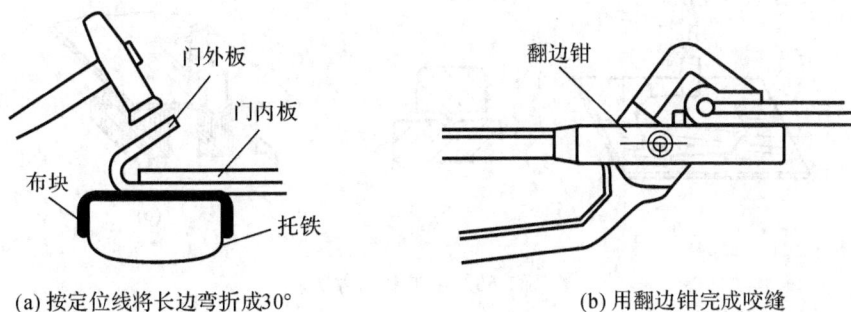

(a) 按定位线将长边弯折成30°　　　　　　(b) 用翻边钳完成咬缝

图 1-68　翻边方式

应当引起注意的是,车门蒙皮的咬接虽然简单,但需要在咬缝操作前涂敷防锈剂和点焊密封胶,最后还要以点焊方式将其焊牢。

检查咬缝质量的重点在于咬缝是否等宽、平直而不扭曲,咬缝要牢、无裂纹;咬缝如需要起密封作用,应用水或煤油试漏;需要承受拉力的,要先将咬缝试板进行拉力试验,合格后再投入正式生产。

咬缝出现质量问题时,应从材质、操作技术和工艺手段三方面查找原因。

4.制筋

在薄板上制成各种不同形状的棱线,可以提高构件的刚性和抵抗变形的能力。这种经过制筋的板料,不仅强度发生变异,而且具有美化构件的作用。这也是广为车身构件特别是车身外蒙皮上所采用的主要理由。

车身覆盖件发生损伤后,起加固和装饰作用的外表线形会受到破坏。对车身覆盖件进行敲平、焊接、挖补等作业后,原有的棱线也可能发生弯曲、扭曲或变得不够清晰。这些都需要借助手工工具及手工操作加以修整、恢复,手工制筋是这些操作的基础。

(1)用扁冲手工制筋

用扁冲手工制筋是最简单的一种方法,适于制棱线细而浅的筋。具体操作方法如图1-69(a)所示。先画出制筋的标记线;在工作台上铺一块橡胶板并将板料放好,一手持扁冲对准标记线,另一只手持锤敲击扁冲,沿标记线冲出符合要求的棱线来。

在敲击扁冲制筋的过程中,应注意不要用力过猛并保持深浅一致,移动距离不要超过扁冲的宽度并确保良好地衔接。沿标记线全部敲冲一遍后,再由一端开始冲第二遍,直至达到符合要求的深度为止。最后,在平台上(不垫胶皮)再轻轻敲冲一遍,使起筋形成清晰、整齐的线条。

如果要求的两面成型多条棱线,可于板料的两面同时画出标记线,并按上述方法于两面交替操作,最后统一做细致的修整。

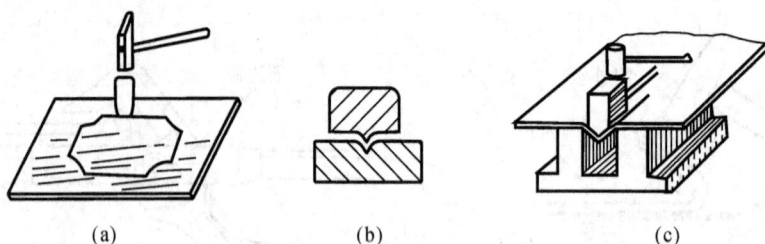

图 1-69　手工制筋方法

(2)借助模具制筋

较深的筋条最好用模具冲制。制筋模具可分为上下两部分。其中,图 1-69(b)所示的两套模具需要上下合模。而借助于简易模具来制筋时,则只要求上模符合形状要求,下模选用相应宽度的槽钢或两块定位角钢即可,如图 1-69(c)所示。

(3)钣金托摸制筋

利用钣金托模制筋在车身维修中也比较实用。为了提高钣金托模制筋的美观程度,应将拟制筋的宽度和尺寸用划针清晰标出,按图 1-70 中虚线所示的方法,将钣金托模紧紧顶在画线区的中线上,并按图中标注的数字顺序锤击金属钣,直到金属钣发生延展并形成基本轮廓时,再用双头钣金锤和鹤嘴锤交替敲击钣金托模顶部,直至金属充分延展并形成符合要求的筋棱。用钣金托模制筋时,在敲击金属钣过程中,一定要用力将钣金托模紧紧顶住工件,注意不要打空、打偏,以防止造成凹陷和影响美观的锤痕。

当需要将焊缝隆起时,也需要借助钣金托模使其形成符合要求的焊缝。如图 1-71所示,用钣金托模的顶尖直接抵住焊缝的中线,然后用钣金锤从另一面锤击托模顶部及其周围,可使高区和没有用顶尖抵住的部位下降,很快沿焊缝形成一定高度的隆起。

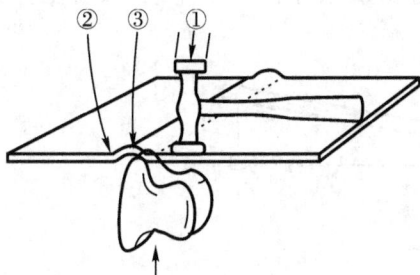

图 1-70　钣金托模制筋

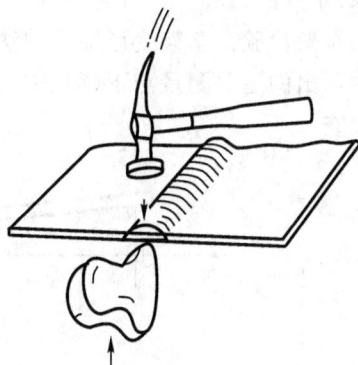

图 1-71　用托模顶尖将焊缝隆起

三、轿车车身检验、测量与矫正

1. 轿车车身的检验

(1) 车架和车身的损伤分析

轿车车架一般是车身的一部分，多数车辆采用等边大梁结构，如图 1-72 所示。等边大梁的前后梁以中间车室两侧(侧梁)与增强扭矩框架相连接，从而使车辆行驶时由路面传来的冲击与扭力被底架吸收和缓冲。

车架和车身的损伤多数情况下是由于车辆碰撞或翻覆等事故造成，有时车辆受到较大载荷或车门等部件过度磨损，也可能造成车架的弯曲、扭转、凹陷等变形损伤。

在车辆正面碰撞事故中，车辆前侧中间处受到外力作用，容易使左右罩板向内侧拉伸，如图 1-73 所示。因此应重点检查下述部位：

①左右罩板配合处附近。

②前横梁与左右侧梁的装配连接处附近。

③检查后车门与后顶侧板或车门槛板之间的间隙及水平差异。

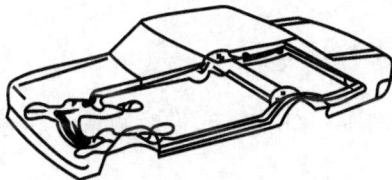

图 1-72　等边车架

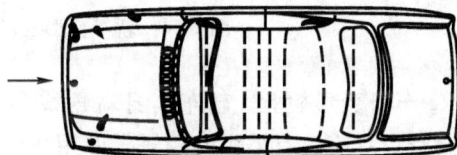

图 1-73　车辆正面碰撞

（2）车身的检验

①车架检验。车架变形检验方法如图 1-74（a）所示。把测量杆悬挂在车架基准尺寸图中示出的主要测量点下（前、中、后），通过测量杆的中心上、下或左、右扭转变形情况来检查。

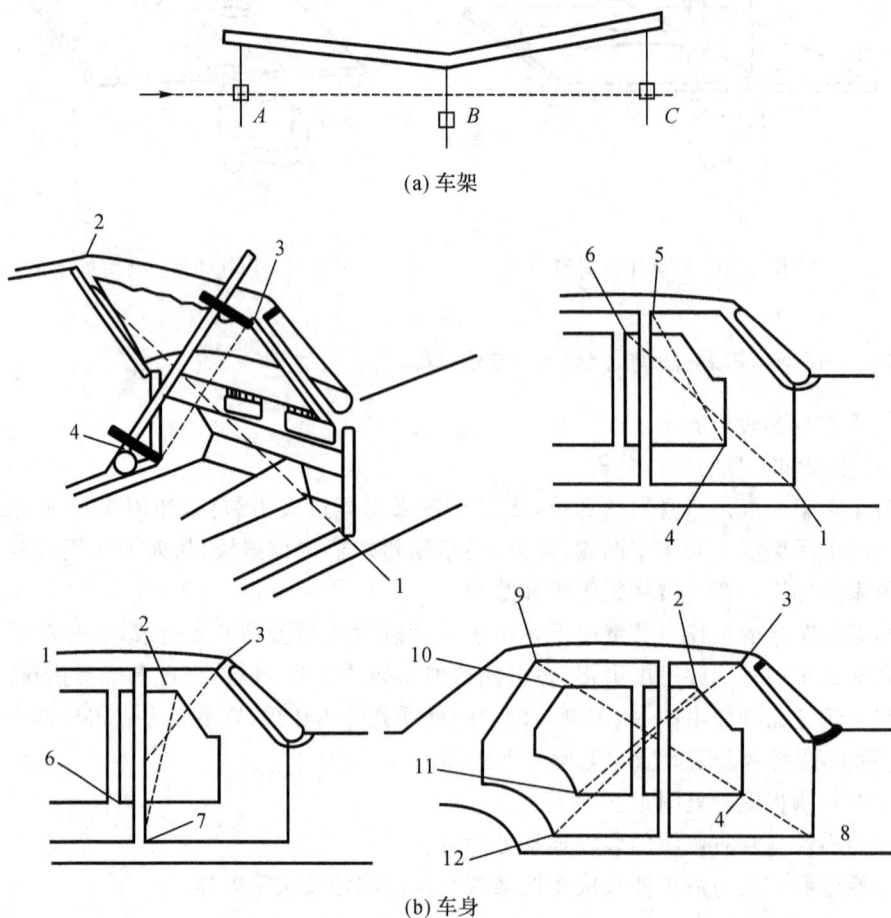

(a) 车架

(b) 车身

图 1-74　轿车变形检验（1～12 序号为测量点）

②车身变形检验。轿车车身对角线测量点如图 1-74（b）所示，借助测量杆和卷尺进行测量，目前也有采用专用轿车专用系统的。

③车门检验。检查车门开闭时对其他部位有无挂碰；从打开直至停下应运转自如；门铰链工作状况良好，闭合时应能可靠地锁紧；闭合后立缝间隙应符合要求。升起、降下车门玻璃时应无异响；不发卡；无过重现象。

④发动机罩和锁扣检验。打开发动机罩,检查罩锁口是否平稳解脱;罩锁扣钢绳工作是否正常;罩铰链行程是否合适;罩支撑柱工作是否可靠;是否完全锁牢。检查罩与挡泥板的间隙,同时检查高度上是否有较大误差。

⑤后行李厢检验。检查开闭动作是否圆滑;锁紧机构是否正常;铰链是否松旷;闭合时后行李舱盖与后挡泥板的间隙及高度差是否符合要求。

2.轿车车身的测量

对于局部变形或损坏,一般可以比较直观地作出判断。车身变形严重时,就必须以正确的测量结果作为判断的依据。

(1)车身测量的意义

车身整体定位参数发生变化,对行驶性、稳定性、平顺性、安全性、使用性等都有至关重要的影响。所谓整体定位参数,是指那些对汽车发动机、底盘、车身主要构件的装配位置产生直接影响的基础数据,如汽车的前轮定位、轴距误差和各总成的装配位置精度等。因为转向系、悬架、发动机、变速器及差速器等大都装配在车身上,车身严重变形毫无疑问地影响到固定在其上的有关构件的相对位置,产生运动干涉、配合失调、摩擦加剧(如轮胎、齿轮齿条或其他转向装置),致使转向操作失灵、行驶跑偏、车轮摆振、传动系产生振动和噪声等。因此,为保证汽车正确的转向及操纵驾驶性能,关键加工尺寸的配合公差必须在 3mm 以内。故测量对于成功修复整体式车身非常重要。

以车身维修工艺为基础的测量,一般分为 3 个步骤。作业前的检测,旨在确认车身损坏状态,并把握其变形程度的量;作业过程中的检测,有助于对修复过程中的质量控制;竣工后的检测,为验收和质量评估提供了可靠的数据。

车身维修作业前的测量,为技术诊断提供了可靠的依据。车身整体变形的认定,主要依赖于对关键要素的测量结果。它不仅有助于对变形做出正确的技术诊断,同时也为合理地制定维修方案提供了依据。其中,属于单一构件变形时,可以通过更换或修复相应的构件来解决;属于关联部件变形时,可从变形较大的构件入手,逐一进行矫正和修复;而对于车身的整体变形,则应以基础构件为基准,综合、全面地对整体定位参数值进行校对和修正。简而言之,以测量结果为依据制定的维修方案,不仅可行而且可靠,是实现正确诊断和高质量维修的基础。

对车身的矫正或主要构件的更换,都需要通过测量来保证其相关的尺寸精度和位置准确度;维修过程中不断测量车身定位参数值所处的状态,可以判定修复作业是否循序渐进地在质量控制之下。对变形的矫正或其他损坏的修复,并非仅以外观或构件装配是否吻合,作为是否合乎质量要求的衡量标准,因为影响内在质量的关键要素是位置精度。车身维修作业竣工后的验收及质量评价,也以实际测量的数据为主。

有关标准对外观质量所作的规定,都是比较原则的一般技术要求。但对零部件、总成和附件等的修理与装配,其验收技术条件中几乎都定量地做出了规定。竣工后测量的主要任务是复核,以检验车身修复后的技术状况参数是否符合标准或达到预定的修复目标。有时还要包括对前轮定位角、轴距、侧滑等参数的检测。如果仅以目测为手段检验,车身维修的内在质量就难以得到保证。只有通过实际测量,使实际尺寸达到标准尺寸,才能使车身维修质量真正得到控制。现代车身修复有别于"土"法修复的标志,就是以科学的实际测量数值,代替过去的仅凭目测与经验的判断。

(2)测量的基准

车身维修中对变形的测量,主要表现为尺寸数值上的对比,即对车身及其构件位置误差的检测,而测量基准又是位置公差中十分重要的内容。

①参数法

参数法以图纸或技术文件中的规定来体现基准目标。在测量中,以图纸规定为基准的参数法的定向位置要求用点与点之间的距离来体现;对称性要求,用模拟轴线(或点)与实际对称轴(或点)的相对位置来体现。汽车车身尺寸中,注明了车身上特定的测量点。以此为基准对车身的定位尺寸进行测量,可以准确地评估变形及其损坏的程度,是比较可靠也较为流行的方法。

图 1-75、表 1-2 所示分别为上海桑塔纳轿车前端主要的检测点及尺寸标准,图 1-76 所示为轿车中、后部测量点。

表 1-2　上海桑塔纳轿车前围轮廓尺寸及基点间距

位置	轮廓尺寸(mm)						基点间距(mm)					
尺寸	a	b	c	d	e	f	1~4	2~3	4~5	2~6	3~5	2~5
标准尺寸	1787	1110	1363	1096	1129	994	1585	603	327	1377	592	1050
允许误差	±3	±3	±2	±2	±3	±2	±2	±2	±2	±2	±2	±2

车身定位参数的变化"牵一发而动全身",在一定程度上增加了矫正与测量的复杂性;另一方面还说明,即使较为严重的机械损坏,也可以利用目标参数来实现对车身、车架的矫正与修复。按车身定位尺寸图体现的基准目标,可以保证满足设计要求和测量结果的可靠性、重现性。

②对比法

对比法以相同汽车车身的定位参数来体现基准目标。用图 1-77 所示的量具测量车身某些点,以所测数据与标准数值进行比较来确定车身技术状况。所选择的车身应完全符合技术文件规定,必要时还可以通过增选台数来提高目标基准的精确性。

● 数据的选取:

由于对比法需要操作者视情量取有关数据,选择哪些测量点、数据链作为车身定位参数的基准目标非常关键。应遵循的原则是:利用车身壳体或车架上已有的基准孔,找出所需的定位参数值;以基础零件和主要总成在车身上的正确装配位置为依据;比照其

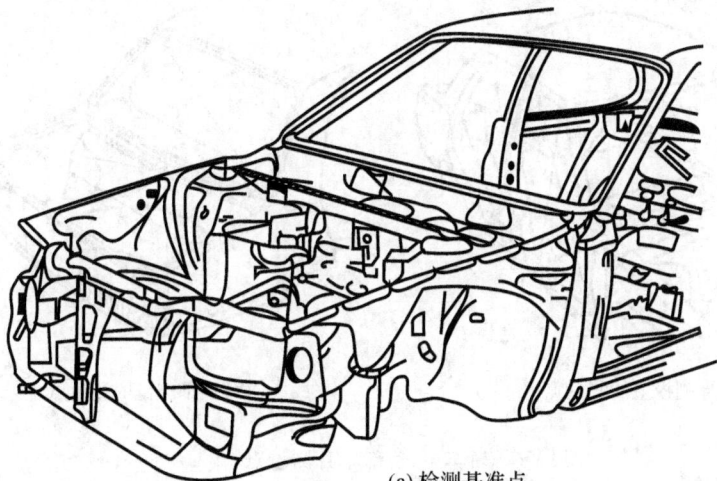

(a) 检测基准点

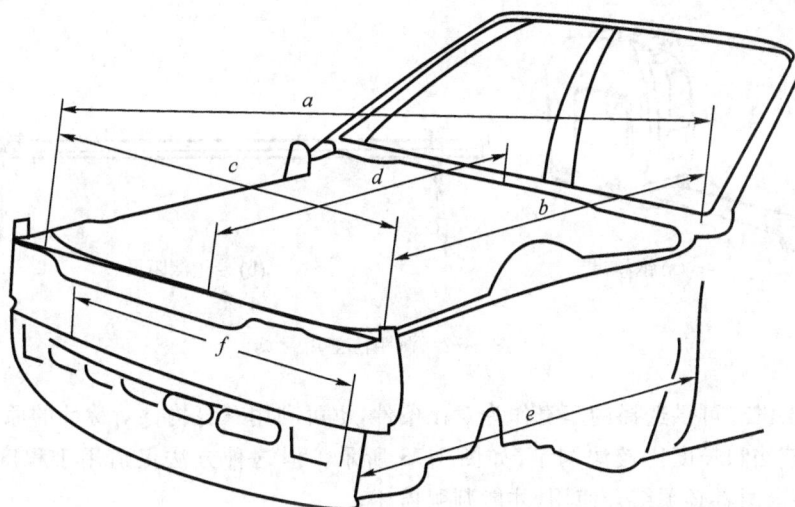

(b) 检测尺寸 (数据如表 1-2 所示)

图 1-75　上海桑塔纳轿车前端主要尺寸的检测

他同类型车身图中的标示方法,来确定基准参数的量取方案。

● 误差的控制:

与参数法相比,对比法测量的可靠性较差。这就要求应尽可能将测量误差限制在最小,以防止因累积误差的增加而影响质量。应选择便于使用的测量器具(如测距尺);不能以损坏的基准孔作为测量依据;同一参数值应尽量避免接续,最好是一次性量得。

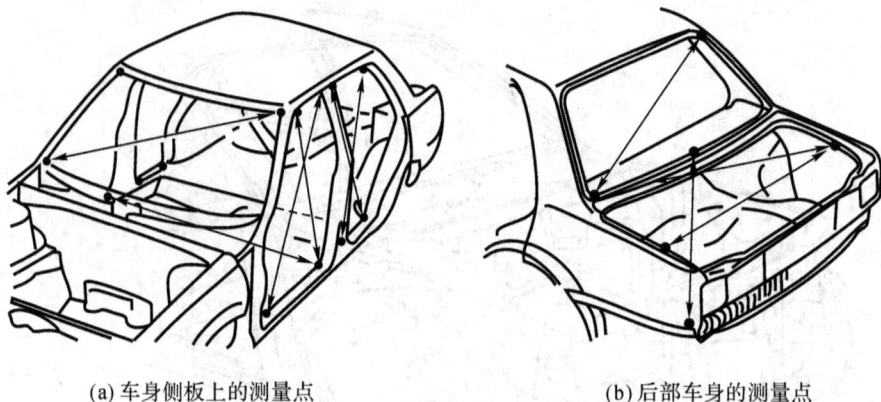

(a) 车身侧板上的测量点　　　　　　(b) 后部车身的测量点

图 1-76　轿车中、后部车身测量点

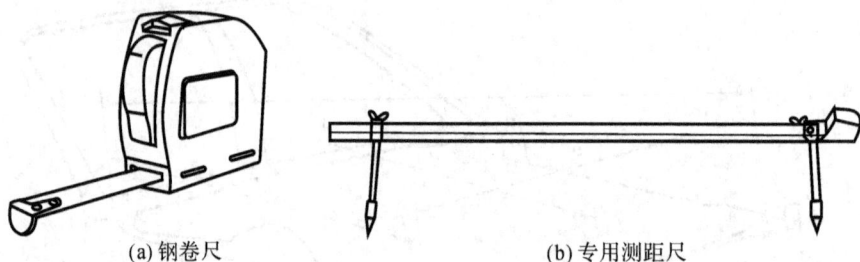

(a) 钢卷尺　　　　　　　　　(b) 专用测距尺

图 1-77　测距法常用量具

如果没有可供选择的车身作为对比条件,也可利用车身构件对称性的原则,进行对角线比较法和长度比较法测量,如图 1-78 所示。但这种方法仅适用于程度不大的变形,并要求两者必须结合使用,才能判明损坏。

(3)测量的方法

通过测量车身构件上某点与基准点之间的相对位置,并对所测数值进行分析、比较,找出相对位置的变化规律,就可对变形状况做出进一步的诊断。测量两点相对位置的常用方法有测距法、定中规法和坐标法。

①测距法

测距法可以直接获得定向位置点与点的距离,是简单、实用的一种测量方法,它主要通过测距来体现车身构件之间的位置状态。

测距法所使用的量具是钢卷尺或专用测距尺。钢卷尺的使用方法比较简便、易行,但测量精度低、误差大,仅适用于那些对尺寸精度要求不高的场合。测量点之间不在同

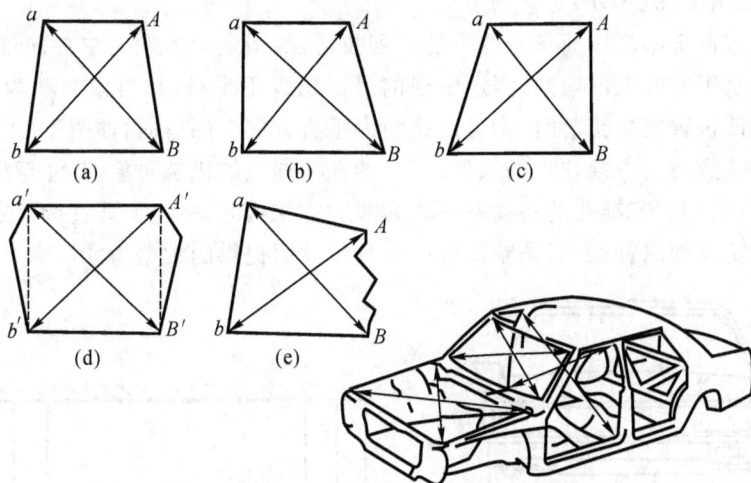

图 1-78　长度比较法和对角线比较法测量

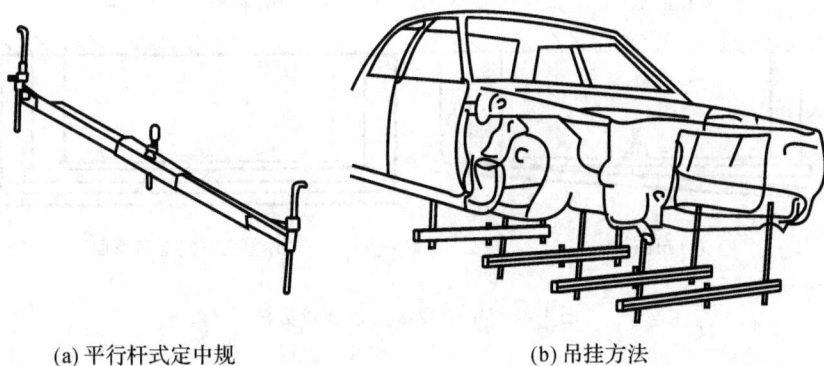

(a) 平行杆式定中规　　　　　　　　(b) 吊挂方法

图 1-79　车身底部变形的检查

一平面或其间有障碍物时,就很难用钢尺测量两点的直线距离。使用专用测距尺,可以根据不同位置将端头探入测量点,能较好地解决这个问题。

②定中规法

车身的某些变形(如综合性变形),用测距法测量所反映出的问题不够直观。如果使用定中规法,就可以比较好地解决这类测量问题。但使用中应注意区别具体情况,有针对性地做好对称性调整。否则,也会影响测量的准确性。

将图 1-79(a)所示的定中规挂于车架的基准孔上,通过检查定中销是否处于同一条轴线上,定中规的尺面是否相互平行,就可以十分容易地判断车架是否有弯曲、翘曲或扭曲变形,如图 1-79(b)所示。

应熟练掌握定中规诊断车身变形的下列技巧:如当定中销发生左右方向的偏离时,可以判断为水平方向上的弯曲;当定中规的尺面出现不平行时,可以判断为扭曲变形;当尺面的高低位置发生错落时,则可以诊断为垂直方向上的弯曲,如图 1-80 所示。

应特别注意对定中规挂点的选择,以基准孔为挂点的优选对象,并注意检查基准孔有无变形等;当左右基准孔的高度不一或为非对称结构时,一定要通过调整定中销的位置或吊杆的长度加以补偿,其调整值应以车身尺寸图提供的数据为准。

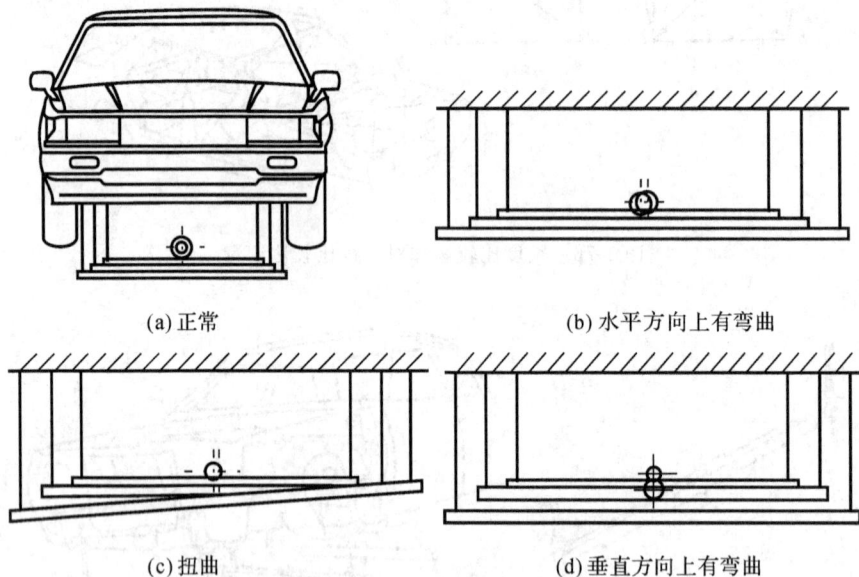

(a) 正常	(b) 水平方向上有弯曲
(c) 扭曲	(d) 垂直方向上有弯曲

图 1-80　定中规法变形评价方法

③坐标法

坐标法适用于对车身壳体表面的测量,但对于像轿车那样的多曲面外形,不免使检测工作的难度有所增加。如果使用图 1-81 所示的桥式测量架,就可以比较容易地实现这方面的测量。

桥式测量架由导轨、移动式测量柱、测量杆和测量针等组成。测量过程中,可以根据需要调整其与车身的相对位置,使测量针在接触到车身表面的同时,还能够直接从导轨、立柱、测杆及测量针上读出所对应的测量值。如果某个参照点不在车身尺寸说明中规定的位置,那么这个点就错了。即测量系统安装完后,如果某处的指针与该处车身参照点不重合,则说明该参照点偏离了正常位置,需要加以修复。车身矫正仪就是按此原理制成的。车身矫正仪分为机械式、激光式及综合式。

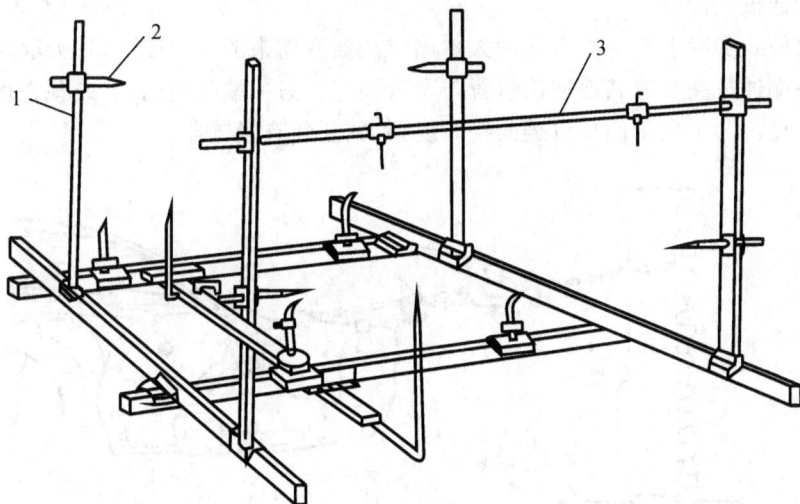

图 1-81　桥式三坐标测量架
1—垂直导轨；2—可调指针；3—横杆标尺

3．轿车车身矫正

对车身变形进行测量和诊断后，就应该对车身进行矫正作业了。矫正作业所遵循的基本原则是：利用力的合成、分解、位移的原理，沿与变形相反的方向设计牵拉顺序及牵引受到碰撞的车身，并根据金属材料的弹性适度地"矫枉过正"。

(1)车身的固定

矫正将使车身构件承受很大的牵引力或压缩力，因此矫正前必须对车身进行可靠的固定。否则就不能矫正强大的变形，既不可能使修理、矫正到位，同时还会给测量工作带来许多困难和麻烦。

选择车身固定位置时，在满足矫正力作用方向的前提下，选择车身上强度较高的封闭式或半封闭式构件作为优选固定点，如底板梁、车架、门槛、侧梁等。这样不仅使固定有效、可靠，而且能避免因矫正所引起的固定点构件的二次损坏。

车身在进行矫正时若固定点太少，也容易使车身局部构件受力过于集中而损坏。为使车身固定可靠，也为避免损坏单一固定件，通常在矫正前应该根据力的合成与分解法，多选几个固定点。这样对于复杂变形车身的矫正作业，可以同时对几个方向进行矫正。

根据矫正设备不同，车身的固定方式通常用插桩式固定、地锚式固定和台式固定三种。

①插桩式固定

插桩式实际上也是由传统的大树固定法演变而来的。如图 1-82 所示,将牵引用拉链的一端通过夹具或其他连接装置与车身固定。另一端则与插入(或预先埋入)地面的插桩连接。为了便于调整拉链的松紧度,其间还装有紧链器。

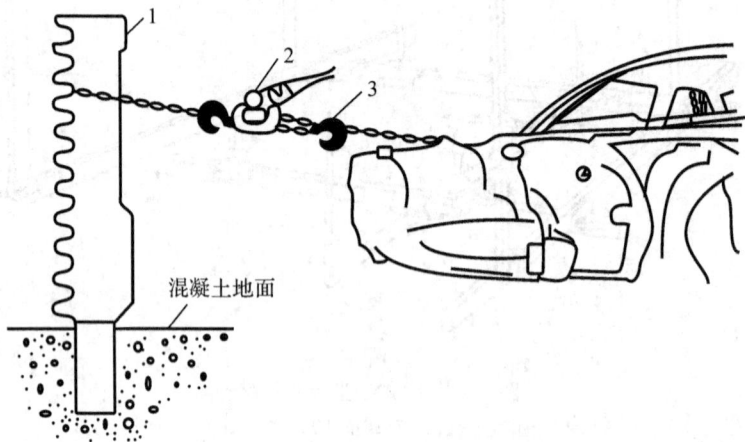

图 1-82　利用插桩固定车身

1—插桩;2—紧链器;3—备用挂钩

这种固定车身的方式,只能解决整体水平移动问题,而且仅适合矫正车架以上部分水平方向上变形的固定。对于垂直方向或其他方向变形的矫正,就难以选择固定点并实现可靠的固定,其应用范围因此受到诸多方面因素的制约。但类似的插桩式车身固定方式仍然得到非常广泛的应用。

②地锚式固定

对车身的固定总是要考虑选择最牢靠的构件,这是为防止因矫正而造成二次损坏。承载式车身的底板纵梁和非承载式车身的车架是车身的重要基础构件,一般都符合固定的优选条件。采用如图 1-83 所示的地锚方式,对方向性的选择余地大,定位可靠性好,能很好地实现对车身底部的固定。

地锚与地面的固定方式有固定式和移动式两种。埋入地面的固定式地锚,施工简便、易行,但灵活性较差。能与地面位置相对移动的移动式地锚,施工复杂,但车身固定点的可选范围较大,使用起来比较方便。

以地锚方式固定车身,不仅可以满足水平方向上矫正的需要,对于垂立方向上的矫正也能实现可靠的固定,但要求车身摆放位置需要与地锚挂具的分布大致对应。尤其是埋入式地锚,由于挂环的位置不可调整,更需要预先计划好车身的摆效位置。

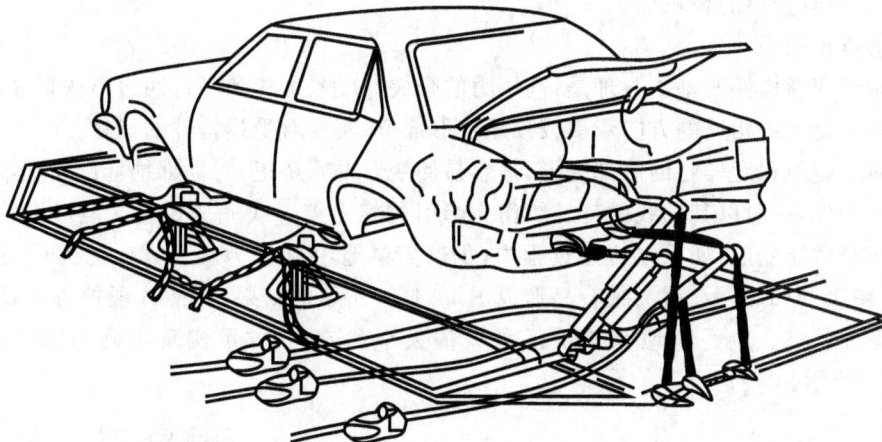

图 1-83　利用地锚固定车身

使用地锚可以借助液压千斤顶轻而易举地实现对车身变形的矫正。由于车身固定点与地面存在着高度差,所以在进行水平方向的矫正时,拉链受力后将产生一个向下的垂直分力。拉链与地面的夹角越大则垂直分力也越大;反之,拉链与地面的夹角越小则垂直分力变小。故除非是较小的车身变形,否则都要拆除汽车底盘的悬挂装置,取得可靠的刚性支撑。

③台架式固定

车身矫正仪是迄今为止最优秀也是最流行的台架固定车身方案。由于车身是通过夹紧支撑装置与台架呈多点刚性连接的,故具有固定可靠、支撑稳定性好等优点。尤其是当对变形同时进行任意方向的矫正作业时,可以有效地使变形及其关联损坏一并得到矫正。这就更加突出其无可比拟的优越性。

夹具的下部通过夹板、螺栓与台架横梁固定,夹具的上端与车身底部加强件边缘牢固地连接在一起,从而实现车身与车身矫正仪钢架的有效固定。受损部位可用各种不同夹具夹持,然后用拉拔器拉拔,非常方便。车身矫正仪的台架可垂直升降至不同作业高度,使事故车辆能方便上下,无须举升机,适合不同身高的钣金工作人员;夹具能快速牢靠地对汽车进行定位和夹紧;液压牵引塔柱作业范围广,拉力强劲,方向准确;轻便灵活的环形塔柱,操作方便省力;测量系统能对车体进行三维坐标测量,使用方便、精确度高;平面度误差极小的工作平台提供精确的一机多用的舞台(如四轮定位矫正等)。矫正与定位都是在同一台架上进行的,所以操作过程中一般不会发生位移现象。作业前的检测、矫正过程中参数的校核、竣工验收的质量评价等测量工作,都可以在台架上依次完成。

(2)车身变形的矫正

①矫正原理

矫正变形构件的基本原理是:利用力的合成、分解、可移和平行四边形法则等,按与车身碰撞力大致相反的方向牵引或顶压变形部位,实现对受损构件的修复。

对于碰撞程度较轻的局部变形,很容易使变形得到矫正;对局部损坏已经基本得到修复的构件,一般以其轴线的延长线作为牵引的施力点一次完成矫正。但对于较为严重的车身碰撞变形,如果在矫正过程中,仍然简单地用与 F 力相反方向的力 C 进行牵引,如图 1-84(a)所示,就会很容易形成图 1-84(b)所示的结果,即将 A 段拉直但 B 段仍处于弯曲状态。应适当地调整矫正力 C 的大小和方向,方可实现正确的矫正,如图1-84(c)所示。

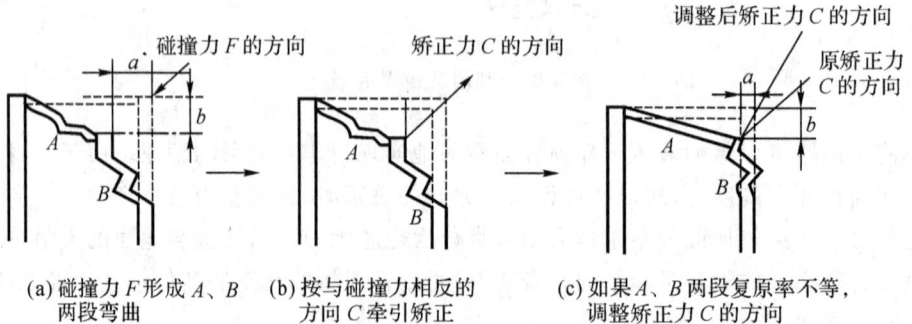

(a)碰撞力 F 形成 A、B　　(b)按与碰撞力相反的　　(c)如果 A、B 两段复原率不等,
　　两段弯曲　　　　　　　　方向 C 牵引矫正　　　　　　调整矫正力 C 的方向

图 1-84　矫正力的方向分析

矫正如图 1-85 所示的严重弯折的车架时,由于受牵引条件的限制而不能按理想方向施加矫正力,可以将牵引力分解成两个或两个以上的分力,在垂直和水平两个方向同时牵引纵梁,就比较容易使变形的纵梁恢复到正常工作位置。许多变形都很难通过二次矫正来完成,需要不断修正力的大小和方向,有时甚至还要调整矫正力的作用点。

②矫正方法

● 水平方向上的牵引。

当车辆受到较严重的正面碰撞、追尾碰撞或侧面碰撞时,都需要从水平方向上对变形构件进行牵引。如图 1-86(a)所示轿车前车身正面碰撞损坏时,应先测量变形状况,并将一些关键参数记录下来,如图 1-86 所示的对角线 A、B 和左右的垂直弯曲等。对于图 1-86(a)所示的情形,可斜向牵引变形最大的左梁的端部,左端的变形和右梁的弯曲自然会同时得以矫正。所设定的牵引方向应视变形的实际情形而定。如果纵梁变形向外倾,应将牵引方向适当向外倾斜一定的角度;如果变形是向内倾的,只需向前牵引即可,待弯曲的构件展开后再确定是否需要调整牵引方向,如图 1-86(b)所示。当然,

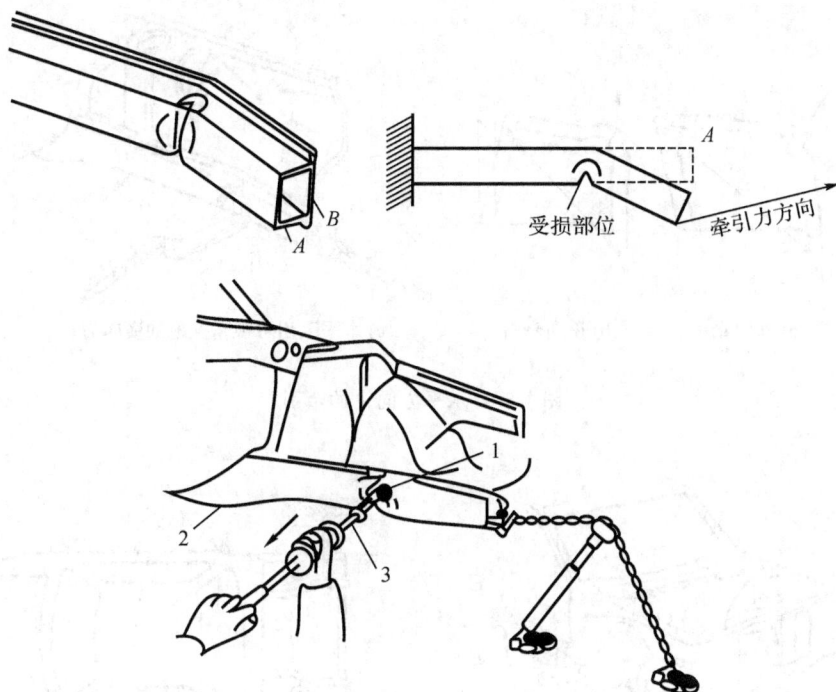

图 1-85　适当增加辅助牵引力,弯折便很容易得到恢复

1—拉环;2—前纵梁;3—反击锤

如果垂直方向上的高度也不符合规定时,同样需要适当调整牵引力垂直高度。

　　牵引过程中应不断测量那些关键参数,循序渐进地施加牵引力,不要急于求成,以免造成二次损坏。当纵梁弯曲严重,单靠纵向牵引不能使其完全复位时,应在侧面附加水平方向上的牵引力,如图 1-86(c)所示。通过更大的附加矫正力的作用,来实现单方面强行牵引难以达到的矫正弯曲的目标。

　　● 垂直方向上的牵引。

　　当车身在垂直方向上发生变形(包括扭曲)时,就需要进行垂直方向上的上下牵引。前翼子板上这一类的变形可以采取如图 1-87(a)所示的牵引方法装配拉链,将向上变形的车身构件向下牵引。

　　进行向下牵引的操作时,车身构件将于三点承受两个不同方向上的作用力,门槛处的车身固定点 C 和牵引端 A 一样,都承受着垂直向下的拉力;而位于构件中间的支撑点 B 则承受着垂直向上的支撑力。中间支点 D 所承受的力的大小为拉力 A 与 C 之和,这与图 1-87(b)所示的对称牵引时的受力($A=0$)存在明显不同。即矫正过程中应十分注意各点的承受能力,一方面要选择变形开始的过渡点作为支撑点,另一方面还要

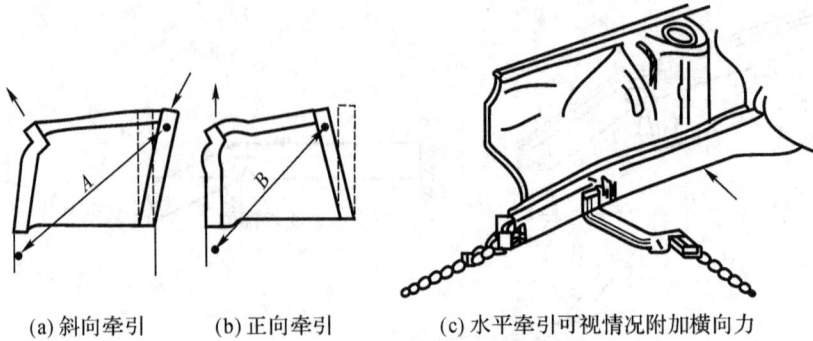

(a)斜向牵引　　(b)正向牵引　　(c)水平牵引可视情况附加横向力

图 1-86　水平方向上的牵引

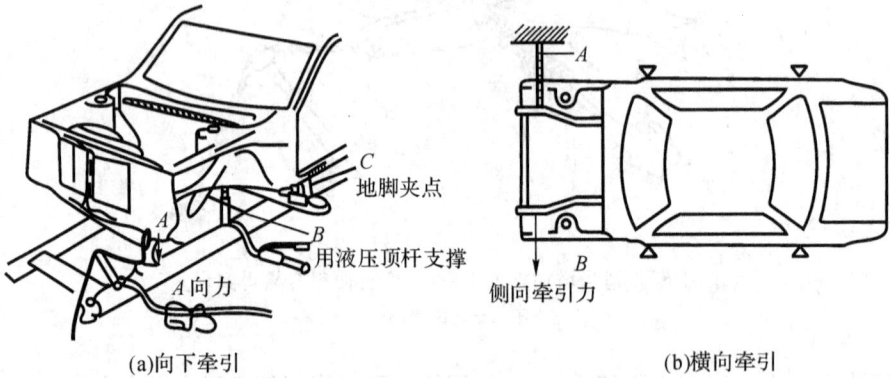

(a)向下牵引　　　　　　　　　　　(b)横向牵引

图 1-87　垂直方向上的牵引与支撑

兼顾构件强度的大小,必要时应加垫木块等以减少单位面积上的压力。否则就有可能造成车身构件的损坏,也达不到矫正变形的目的。

　　向上牵引也存在支撑方式和支点的选择问题,中间部位的受力方向与向下的正好相反,应特别注意中间支承部位的二次损坏。

　　如果一些车身被碰撞以后折叠得太紧,金属有被撕裂的危险,就需要对其加热。加热时要注意,只能在棱角处或两层板连接的地方加热。如果在车架纵梁内侧低点位置,或在箱型截面部分加热,只能使其状态进一步恶化,加热只能作为消除金属应力的一种手段,而不能把它作为软化某一部分的方法。

　　牵引时的注意事项如下:

　　由于整体式车身的高强度(某些情况下对热很敏感)特性,不可能一步就完成整个矫正,而要随时测量与多次逐渐拉拔。

要通过一系列的牵引拉拔操作,包括拉拔要保持平衡,再拉拔再保持平衡,循环往复,这样可以有更多的时间使车身金属板变形,可以有更多的时间使金属松弛,也可以有更多的时间检查矫正进度(装固定夹、矫正或通过焊接重新安装固定夹等)。也就是说,慢慢地、小心地启动液压系统,仔细观察车身损坏部位的移动,看它是否与预计的相吻合,是否在正确的轨道上移动。如果不是,应查明原因,调整角度和方向后重新开始,再用锤击打以消除应力。将损坏的钢板牵拉到拉伸状态,然后用铁锤敲打,使应力释放,再拉伸,再使之松弛。如果不能确定应力已经完全释放,应再用铁锤轻轻敲击。

拉拔操作时,应注意首先是长度矫正,然后是倾斜矫正,最后是高度矫正。

执行牵引拉拔程序最有效的方法是按照手工方法进行操作,即假定在唯一可用的工具是手的情况下,怎样才能使金属板重新恢复其造型,每一次能矫正几个区域,向哪个方向矫正。

矫正车身变形时,务必要控制好牵引方向和牵引力的大小,以免牵引过度。在牵引损坏处,撤销牵引力后金属将产生塑性交形或弹回原处。要想获得理想的尺寸,少量的过度牵引是必要的。当有意微量过度牵引时,应使用以下的牵引次序:牵引损坏部位、消除应力、撤销牵引拉力以允许金属充分变形回到正常状态、测量。按需要重复以上步骤,以获得所期望的尺寸。

在整个牵引拉拔过程中,一定要监视车身固定点,注意焊缝是否开裂,倾听是否有异响(可能是焊接点开裂)。

安装之前,应清扫夹具的牙齿部分,清除连接点处的润滑剂和底漆。

注意安全,不要使牵引设备过载,人勿站在拉链的对面。

四、钣金件焊接工艺

焊接可以获得与母材相近的强度;连续焊接不仅具有良好的水密性、气密性,而且有比其他连接方式更可靠的结合强度(与铆接相比,可以减轻车身的质量且工艺简单、成本低)。同样,汽车车身维修也离不开焊接技术的应用。尤其是修复碰撞损坏的车身,离开了焊接简直不可能实现。

焊接是通过给金属加热,使它们共同熔化成为所需的形状。焊接分为三大类:熔化焊、压力焊和钎焊。

熔化焊是将金属件加热到熔点,使它们连接在一起(通常采用焊条),然后冷却。如二氧化碳保护焊、氧乙炔焊等。

压力焊是用电极给金属加热使其熔化,并加压使金属连接。在各种压力焊方法中,电阻焊(点焊)是汽车制造业不可缺少的焊接方法,但它在车身修理业中应用较少。

钎焊是在需要焊接的金属件上,将熔点比它低的金属熔化而进行连接。如铜焊、铝焊、锡焊。

1.二氧化碳保护焊

二氧化碳保护焊比其他各种熔焊方法更适用于车身修理。其优点如下：

①容易掌握。会其他焊接方法的焊工，很快就能学会二氧化碳保护焊。

②二氧化碳保护焊电弧平稳，对金属的扰动小，飞溅少。能熔化焊件金属而不留渣痕，清洁、美观。

③可适用于不同厚度的金属板。对薄金属板，二氧化碳保护焊能降低电流强度，防止过度加热造成的强度削弱。

④焊接方向既可以是水平的，也可以是竖直的。因为金属加热时间短，凝固得快，不会有熔滴顺焊缝流下。

⑤对各种缝隙，可以用二氧化碳保护焊机方便地做几个点焊，将缝隙两侧的金属焊牢，而且不会像焊条弧焊那样留下长长的渣痕。

⑥二氧化碳保护焊机能调节焊接温度和时间，适当缩短焊接时间，加快焊接速度。

⑦用一种焊丝，就可以对几乎所有钢材做二氧化碳保护焊，甚至包括铝材。

⑧二氧化碳保护焊对焊接耗材的浪费少（因为焊接时焊枪自动送出焊丝）。

⑨二氧化碳保护焊机设有安全开关（可控制），而且热量集中在焊接点附近极小的范围内。故它可以安全地用于制动管、油管和油箱附近。

虽然二氧化碳保护焊对操作人员的技术水平要求不高，但是也要严格执行焊接规范和必需的操作要领，因为这些都是影响焊接质量的主要因素。

（1）焊接规范

使用二氧化碳焊机进行焊接时，必须注意下列参数的调整：焊机输入电压、焊接电流、电弧电压、导电嘴与母材之间的距离、焊炬角、焊接方向、保护气体的流量、焊接速度和送丝速度等。

①焊点电压与电流

焊接质量的优劣与电弧长度直接相关，而电弧长度则取决于电弧的电压。判断电压调整是否合适，依据起弧后的工作状态。如果焊接时能听到一股连续的"啦啦"或轻微的爆裂声则为正常。从焊缝观察，电压提高则弧长增加，熔深变浅、焊缝宽平并使飞溅增加；电压降低则弧长减小，溶深变深、焊缝窄尖并且所见电弧太小。

电流影响熔深、焊丝熔化速度、电弧的稳定性及飞溅量。电流加大，熔深、熔宽均增大；反之则熔深、熔宽变小。

焊接电流、电压、焊丝直径、焊件厚度、气体流量之间的关系如表 1-3 所示。

表1-3　细丝二氧化碳保护焊的焊条规范

钢板厚度 （mm）	接头型式	装配间隙 （mm）	焊丝直径 （mm）	电弧电压 （V）	焊接电流 （A）	气体流量 （L/min）
≤1.2	无坡//平焊	≤0.3	0.6	18～19	30～35	6～7
1.5		≤0.3	0.7	19～20	60～80	6～7
2.0	有坡//平焊	≤0.5	0.8	20～21	80～100	7～8
2.5		≤0.5	0.8	20～21	80～100	7～8
3.0		≤0.5	0.8～0.9	21～23	90～115	8～10
4.0		≤0.5	0.8～0.9	21～23	90～115	8～10
≤1.2	⊥形横焊	≤0.3	0.6	19～20	35～55	6～7
1.5		≤0.3	0.7	20～21	65～85	8～10
2.0		≤0.5	0.7～0.8	21～22	80～100	10～11
2.5		≤0.5	0.8	22～23	90～110	10～11
3.0		≤0.5	0.8～0.9	21～23	95～115	11～13
4.0		≤0.5	0.8～0.9	21～23	100～120	13～15

②导电嘴与焊接表面的距离

焊枪导电嘴与焊接表面之间的距离应为8～15mm。若此距离过大，焊丝的伸出量就长，更多的预热时间将会使其熔化过快，同时保护气体的屏蔽作用也相应减弱；距离过小也不好，焊丝端头被喷嘴挡住，使观察焊接质量和行进都成为难事。如图1-88所示。

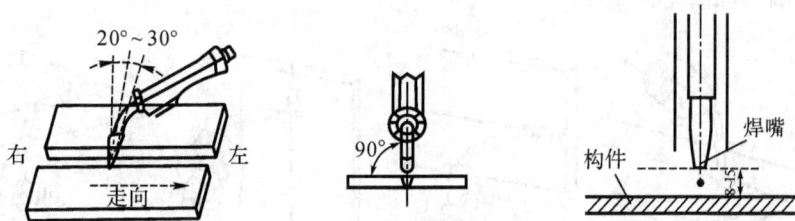

图1-88　焊嘴与构件的距离及角度

③焊接方向与角度

二氧化碳保护焊分为左向焊和右向焊两种。焊丝指向与行走方向相同时称为左向焊，喷嘴不挡住视线；熔池受电弧的冲刷小，熔宽大、焊缝平。焊丝指向与行走方向相反时称为右向焊，其焊缝填充金属多、熔深大；但电弧对熔池的冲刷作用也大，易影响焊缝的形成；但无论采用哪一种焊接，焊嘴与焊缝的垂直相交线夹角均为10°～25°之间。

④保炉气体的流量与焊接速度

若要获得美观、可靠的焊接质量，控制好保护气体流量非常重要。流量过大会形成涡流而影响屏蔽效果；流量过小则屏蔽作用减弱。要根据这一原则和喷嘴与焊件的距离、焊接电流、焊接速度及作业环境（有风或无风）等具体情况来加以调整。

正确的焊接速度由焊接板厚度及电压所决定，一般参照表1-4中所推荐的焊接速度。速度过快将会使熔深、溶宽变小，焊缝呈尖形，并且容易发生咬边现象；而焊接速度过慢，则会造成焊件烧穿，如图1-89所示。

表1-4　焊接速度对照表

钢板厚度(cm)	焊接速度(cm/min)	钢板厚度(cm)	焊接速度(cm/min)
0.8	105～115	1.2	90～100
1.0	100	1.6	80～85

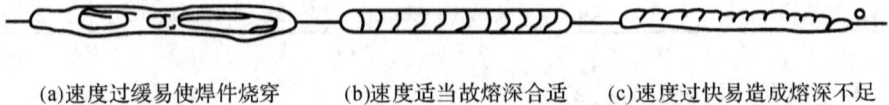

(a)速度过缓易使焊件烧穿　　　(b)速度适当故熔深合适　　　(c)速度过快易造成熔深不足

图1-89　运枪速度对焊道形状的影响

⑤保炉气体的流量与焊接速度

焊炬运动形式由板件摆放状态与焊缝的形式决定，热量和送丝速度都会受到焊接位置的影响。如图1-90所示。

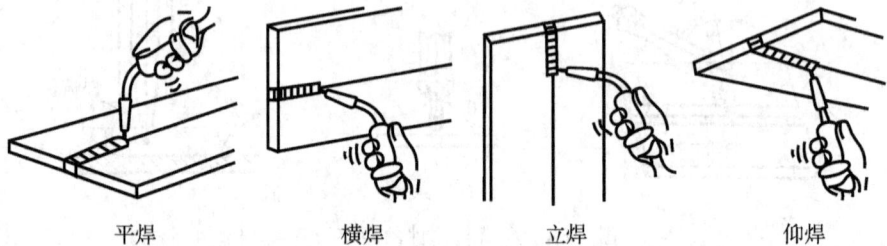

平焊　　　　横焊　　　　立焊　　　　仰焊

图1-90　各种典型的焊炬运动形式

平焊易操作、焊速快，能够得到最好的焊接熔深。对不在车上的零件进行焊接时，可尽量采取平焊。对水平焊缝进行焊接时应使焊炬向上倾斜，以免重力对溶池产生影响；焊接垂直焊缝时，最好让电弧从接头的顶部开始，并平稳地向下拉。

仰焊容易造成熔池过大的危险，而且一些熔融金属会落入喷嘴而引起故障。因此，在进行仰焊时，一定要使用较低的电压，同时还要尽量使用短电弧和小的焊接熔池。将喷嘴推向工件,以保证焊丝不会向熔池外移动。

(2)焊接的方法

焊枪的操作:将焊枪的前端靠近焊件,按动开关便开始送丝,保护气体也同时喷出。此时只要是操作焊枪令焊丝端头与焊件金属表面接触即可起弧。如果焊丝顶端形成熔球,应将其剪断,否则会影响起弧。枪口处的焊接飞溅物也会影响送丝、送气,使用前亦应预先清理干净。

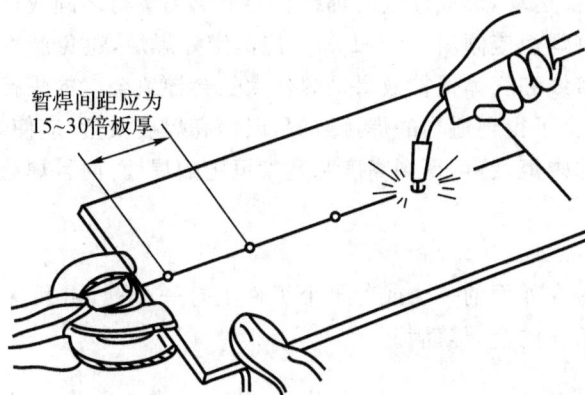

图 1-91　暂焊

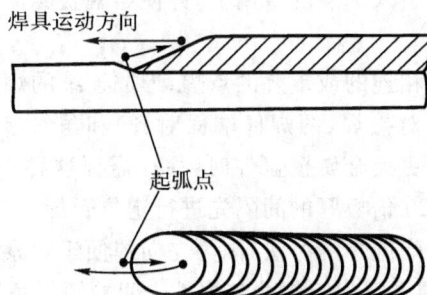

图 1-92　焊道的重叠方法

施焊过程中,应注意观察板件、焊丝的熔化情况及焊道的连续性,同时防止焊丝偏离接缝。如果接缝较长最好先暂焊一下,如图 1-91 所示。分段的焊道应有重叠,起弧时应在上一段焊道末端前面一点,起弧后迅速回拉至下一段焊道起点,如图 1-92 所示。焊道的高度和宽度也应力求一致、深度适合。熔深不足将影响焊缝强度,熔深过大则易将焊件烧穿,并给打磨工作造成一定的困难。

二氧化碳保护焊,可以采用 6 种基本的焊接方法进行焊接。

①定位焊

也就是在进行永久性焊接的过程中,用一根很小的临时点焊来取代定位装置或薄板金属螺钉,对需要焊接的工件进行固定。它实际上是一种临时点焊,和定位装置或薄板金属螺钉一样,定位焊始终是一种临时性的措施。各焊点之间的距离大小与母材的厚度有关。一般来说,其距离为母材厚度的 15～30 倍。

②连续焊

焊炬平缓地向前运动,形成连续的焊缝。导电嘴到母材之间应保持适当距离,焊炬应保持正确的角度(焊炬应倾斜 10°～15°)。应固定好焊炬,避免产生晃动,以便获得最佳形状的焊缝、焊接线和气体保护效果。焊丝太长会导致金属的焊接熔深减小,从而不能正常进行焊接。为了得到适当的焊接熔深,以提高焊接质量,应使焊炬靠近母材。如果平稳、均匀地操作焊炬,将可得到高度和宽度恒定的焊缝,而且焊缝上带有许多均匀、细密的焊波。

③塞焊

进行塞焊时,应在外面的一个或若干个工件上打一个孔,电弧穿过此孔,进入里面的工件,这个孔被熔化的金属填满。

④点焊

点焊法是当送丝定时脉冲被触发时,将电弧引入被焊的两块金属板。

⑤搭接点焊

搭接点焊法是将电弧引入下层的金属板,并使熔融金属流入上层金属板的边缘。

⑥连续点焊

连续点焊就是一系列相连的或重叠的点焊,形成连续的焊缝。

对接焊可以分为端口对接焊(两焊件端面对齐)和角对接焊(两焊件垂直相接)两种。车身维修作业中局部更换金属覆盖件时,往往需要这种类型的焊接。无论何种形式的对接焊,均应以 15～20 倍板厚的间隔先进行定位暂焊。

对接焊一般采用左向焊施焊的办法,因为左向焊便于观察,可防止发生偏焊。角对接可按图 1-93 所示推荐的方案确定焊枪与焊件之间的倾斜角度。焊接时,应将焊枪把稳定并控制好行进的速度。除了低于 0.8mm 以下的薄钢板(连续焊接容易烧穿)以外,一般都要连续焊接,分段焊接时应在上一段焊道末梢的前部起弧,然后迅速拉向下一段焊道的起点。

用气体保护焊进行塞焊,是车身维修中应用比较广泛的一种焊接形式,很适宜两块钢板的搭接。塞焊前应将其中一块钢板钻孔或冲孔,并将其夹紧以确保贴合紧密。塞焊时焊枪要与焊件表面垂直,沿塞孔周边缓慢运枪绕向中心,如图 1-94(a)所示;当孔径较小时,可将焊枪直接对准中心不动,将孔焊平。塞焊的焊点应以略高出焊件平面为宜,过高将给打磨带来困难,反之则会使强度不足,甚至造成脱焊,如图 1-94(b)所示。

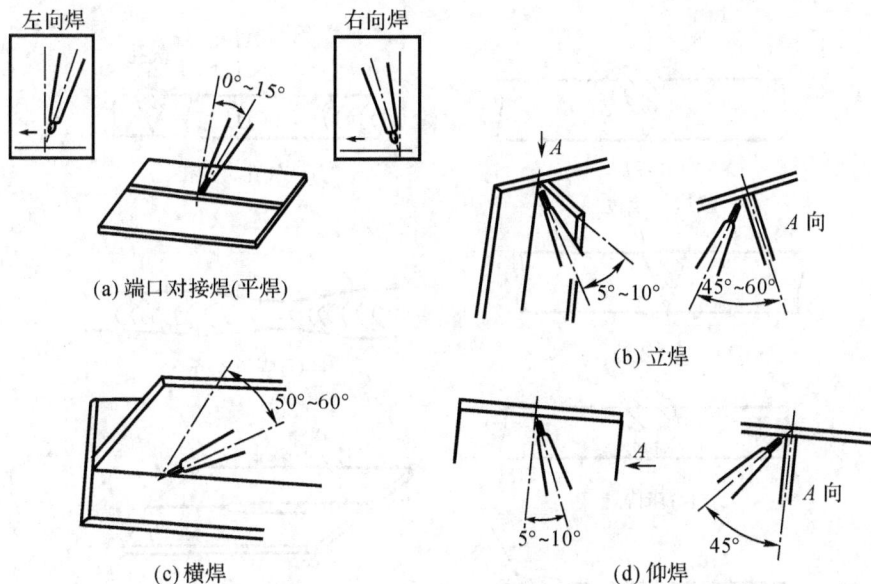

左向焊　　右向焊

$0°\sim15°$

(a) 端口对接焊(平焊)

$\downarrow A$

$5°\sim10°$　　A 向　　$45°\sim60°$

(b) 立焊

$50°\sim60°$

(c) 横焊

A

$5°\sim10°$　　A 向　　$45°$

(d) 仰焊

图 1-93　对接焊焊枪的倾角要求

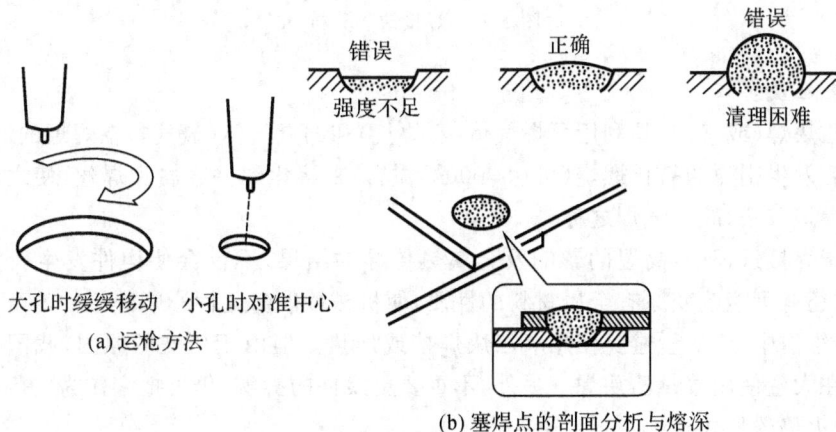

错误　　正确　　错误

强度不足　　清理困难

大孔时缓缓移动　　小孔时对准中心

(a) 运枪方法

(b) 塞焊点的剖面分析与熔深

图 1-94　塞焊的操作方法

(3)焊接缺陷分析

二氧化碳气体保护焊的常见焊接缺陷,如图 1-95 所示。采用正确的焊接工艺与技术规范,可有效地避免这些缺陷的产生。对已发生的质量问题,应根据图示及说明,有针对性地加以改进。

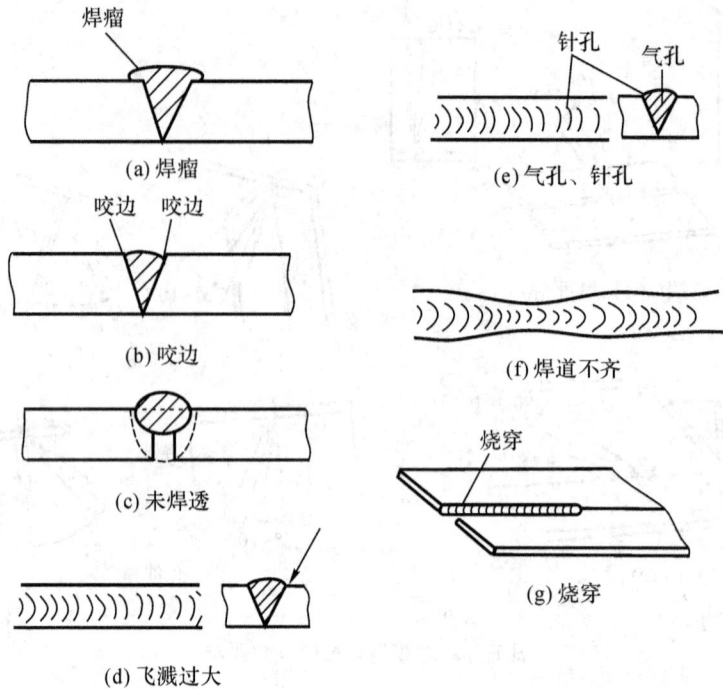

(a) 焊瘤

(b) 咬边

(c) 未焊透

(d) 飞溅过大

(e) 气孔、针孔

(f) 焊道不齐

(g) 烧穿

图 1-95　焊接缺陷分析

2. 氧乙炔焊

　　氧乙炔焊（或气割）是利用可燃气体（乙炔气）和助燃气体（氧气），在焊炬的混合、喷出点燃后发生剧烈的氧化燃烧（可达 3000℃左右）来熔化焊件金属和焊丝，使之熔合在一起的焊接方法，故有气焊之称。

　　由于焊接过程中，高温的影响及金属热传导的结果，不仅会使构件发生较大的变形，而且还有可能改变原有金属材料的性质，使机械性能劣化而影响焊接件的寿命。因此，车身维修中，应尽量避免使用氧乙炔焊接或加热。但由于历史的原因，我国不少修理厂仍在大量使用着氧乙炔焊。另外，不重要更换件的拆解，仍可把它作为气割使用。

　　（1）火焰的形式

　　气焊火焰一般由乙炔气及起助燃作用的氧气混合燃烧形成的。火焰由 4 个部分组成，如图 1-96(a) 所示。火焰的状态取决于氧乙炔的混合比例，通过调整可以得到中性焰、碳化焰和氧化焰三种火焰。选用及调整焊接火焰，对焊接的成败与质量好坏都有直接的影响。

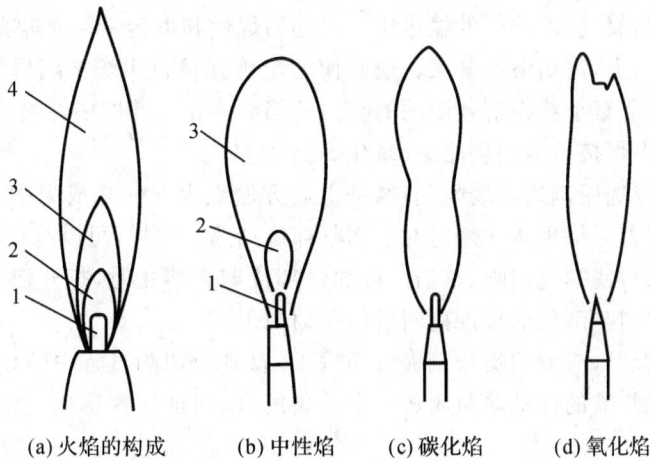

(a) 火焰的构成　　　(b) 中性焰　　　(c) 碳化焰　　　(d) 氧化焰

图 1-96　火焰的形式

1—白色焰心；2—灰色焰；3—燃烧焰；4—黄色外焰

①中性焰

中性焰也称标准火，如图 1-96(b) 所示。氧乙炔比例为 1：1(按体积计算)。火焰的最高温度可达 $3000 \sim 3200 ℃$，外焰呈清澈的蓝色，内焰呈亮白色。中性焰在燃烧时生成的一氧化碳及氢气，能与金属中的氧作用使熔池中的氧化铁还原。由此得到的焊波均匀，无气孔、气泡不含氧化物，焊缝质量优良。

②碳化焰

碳化焰也称还原焰，如图 1-96(c) 所示，氧气少于乙炔气的含量。碳化焰焰心和外焰与中性焰大致相同，但其间多了一个灰色的锥形乙炔焰包在焰心上，长度随混合气中乙炔余量的多少而异。火焰中所含过剩乙炔可分解为氢和碳，其中氢使钢产生白点，碳则熔化到金属中使焊件的含碳量提高。由此可增加钢的强度、硬度，但塑性降低及可焊件变差。焊接铸铁、铝、镍等合金材料时，多用碳化焰。

③氧化焰

氧化焰的氧气多于乙炔气的含量，整个火焰具有氧化性。其形态与中性焰类似，但焰心要短一些，并呈现紫色，外焰也较短且末梢模糊不清，如图 1-96(d) 所示。过多的氧和铁发生作用生成氧化铁，使钢的性质变坏、脆化，熔池的沸腾现象也比较严重。故对低碳钢的焊接不能用氧化焰。适合于焊接黄铜及青铜类材料，过量的氧能与黄铜中的锌元素化合，生成氧化锌薄膜覆盖在熔池表面，可以防止锌在焊接过程中的大量蒸发。

(2)火焰调整

检查并调整氧气、乙炔气的输出压力。选用焊炬和钣金用标准焊嘴,将乙炔调节阀打开约 1/2 圈点火,进而继续开大乙炔阀使之出现红黄色火焰。随后缓慢打开氧气调节阀,使火焰变蓝直至获得清晰鲜明的亮白色焰心为止。此即中性焰,在此基础上进行调节可分别获得焊接所需的碳化焰、氧化焰。

切割作业应选用割炬并装配割嘴,按上述方法点火并使之成为中性焰。缓慢打开预热用氧阀门,直至呈现氧化焰时对准切割部位加热。这样,可以避免切割时熔化的金属滞留在割缝处,使割缝清晰、整洁。待加热部位即将熔化时,打开切割氧气阀门进行切割,在确认被切割部位的板件割断后便移动割炬。

切割厚钢板时,应使割嘴与钢板表面垂直,以避免切割过程中熔化的金属沉积;切割薄钢板,应将割嘴的前端向前倾斜一定的角度,以保证切割迅速、整齐并避免板件发生较大的变形。

(3)氧—乙炔焊的焊接技术

①焊炬的倾角

焊炬的倾角是指焊嘴与焊接件平面的倾斜角度,由焊接件的厚度、熔点、导热性来决定。一般厚度大、熔点高、导热快,其倾角也越大。表 1-5 所示为焊接低碳钢材料时,板厚与倾角之间的变化关系。若为熔点高或导热快的其他金属材料,可在推荐角度值的基础上,增加 5°~10°的倾斜角。

表 1-5　焊炬倾斜角与工作厚度的关系

板厚(mm)	<1	1~3	3~5	5~7	7~10	10~12	12~15	>15
对应倾角(°)	10	20	30	40	50	60	70	80

②焊丝直径

焊丝直径由焊件厚度及焊接方法所决定。当焊接板厚低于 15mm 的焊件时,右焊法按板厚的 1/2 选择焊丝直径;左焊法将右焊法所选焊丝直径增加 1mm。当焊接厚度大于 15mm 时,所选焊丝直径一般为 6~8mm。

③焊接方向

气焊按熔焊走向分为左向焊和右向焊两种,如图 1-97 所示,在右向焊时,火焰指向焊缝,能很好地保护熔池的金属,它受周围空气的影响较小,焊缝冷却缓慢;由于热量集中,钢板的坡口角度可以适当开得小一些,焊件的收缩量和变形均有所减少;火焰对着焊缝能起焊后回火的作用,使焊件冷却缓慢故组织细密、质量优良;热利用率高可节约燃气消耗并提高焊接速度。缺点是技术难度较大,非熟练程度时不易掌握。左向焊则与此相反,只是火焰指向焊口的前方而起一定的预热作用。

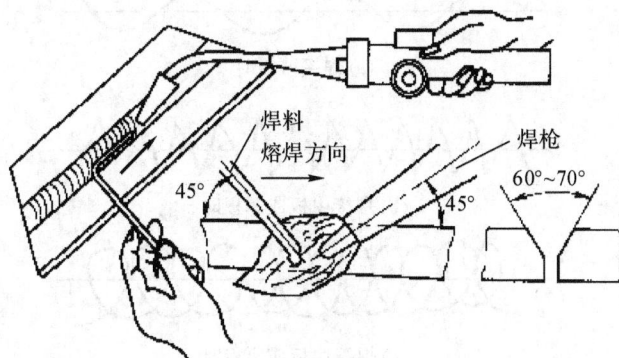

(a) 左焊法

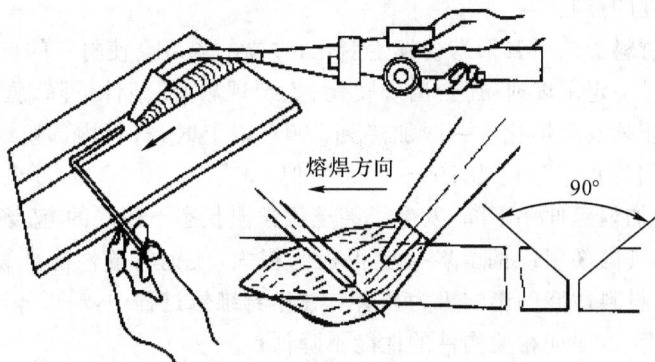

(b) 右焊法

图 1-97　焊接的操作方法

④焊丝运动方式

选择何种焊丝与焊炬的运动方式,主要与焊缝状态、空间位置、焊件厚度和焊缝尺寸的大小有关。其目的在于使焊缝金属熔透又不至于将焊件烧穿;搅动熔池使各种非金属夹杂物从熔池中排出,气体也不至于夹在焊缝内。运动方式如图 1-98 所示。

⑤焊前准备

焊接前的准备工作主要有做坡口、清洁焊接部位和使焊件定位。除非必要而使用专门卡具外,一般以暂焊方法将焊件定位即可。每次暂焊的长度约为 5mm,间距为 50～100mm;对于较厚钢板,其定位焊的长度约 20～30mm,间距 300～500mm。进行定位焊时,也应遵循前述焊接规范并注意焊接质量和定位准确。

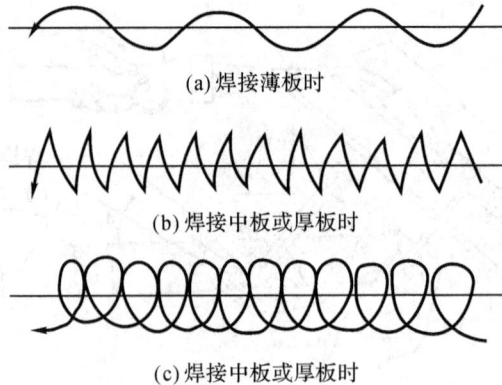

(a)焊接薄板时

(b)焊接中板或厚板时

(c)焊接中板或厚板时

图 1-98　焊炬和焊丝的运动方向

⑥焊接温度的控制

由于金属材料受热后其形态会发生变化;过高的温度会使材料的抗拉强度下降,有些材料加热超过一定限度时,还会出现硬化、龟裂现象,使塑性下降、脆性增加、强度减弱,金属伸长、变软及至熔化。一般加热到 700℃ 以上时,材料内部组织即开始出现变态。低碳钢的临界加工温度为 700～900℃,但 300℃ 和 1000℃ 附近最易发生脆性,硬度、抗拉强度增加但延伸率下降,发生了甚至比常温状态下还硬的"蓝焰脆性"现象。如果进一步加热,其内部组织的晶粒会变得极为粗大,使钢材的性能严重劣化。由此可见,加热温度对材料性能的影响极为显著。在车身维修过程中,尽可能准确地控制对钢加热的临界温度,以保证相关构件的性能不降低。

第四节　车身典型板件损伤的修复

一、轿车围护面的修复

轿车车身壳体是由若干冲压钣金零件及预先由零件装焊好的组件和部件装焊成的总成。如图 1-99 所示,它由车前、车底、侧围、顶盖和后围等部分组成。这种承载式车身壳体形状非常复杂,因而在修复过程中应根据损伤情况确定修理方法,使壳体修复后既能保证符合设计要求的外形和尺寸,又能保证其结构强度满足使用中所承受的负荷。

轿车车身的修复以事故性创伤修复为主,通常采用的方法是收缩整形、皱褶展开、撑位及垫撬复位等。

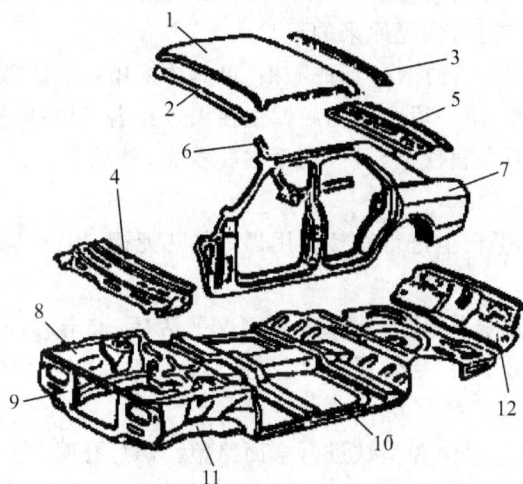

图 1-99　典型的承载式轿车车身壳体

1—顶盖;2—前风窗框上部;3—后风窗上部;4—前围外板;5—扣围板;6—加强撑;7—侧门框部件

8—前挡泥板;9—散热器框架;10—底板部件;11—底板前纵梁;12—行李厢后板

1.收缩整形

车身壳体冲压件局部受到外力碰撞挤压后,金属晶格间畸变错位达到塑性变形的程度,便形成凹凸、翘曲等伸张变形,其中伸张部分厚度变薄,面积增大。为了使变形的部件恢复到原来的形状,需想办法使伸展的部分收缩。收缩整形工艺过程如下:

①利用焊炬火焰将伸张中心加热至殷红色,但注意不要将板料熔化或烧穿。加热范围的大小由伸张程度确定:伸张程度大,加热范围大些,直径可在 15~30mm 之间;伸展程度小,加热范围可在直径 10mm 左右。

②加热后急速敲击红晕区域的四周,并逐渐向加热点的中心收缩,迫使金属组织收缩。敲击时应用合适的垫铁垫在部件敲击处背部,先用木槌敲击,冷却后再用铁锤轻轻

敲击整平。敲击的力量要适度,敲击过重会使已经收缩的部分重新变得松弛。

③如果只收缩一处不能达到整形的目的,可采用同样的方法多点收缩,并伴随每次加热收缩,都进行敲平矫正。

④轻度伸张时,加热后可不需敲击,只用棉纱蘸凉水冷却,或者由其自然冷却。

2.开褶

车身碰撞可能造成冲压板料产生不规则皱褶,修理时,若方便可行,可就车用撑拉法解开皱褶,然后敲平;若不方便或不可行,应将车身解体,在车下修理。

开褶的要领,首先是将死褶由里边设法撬开,缓解成活褶,然后加温,用锤敲击活褶的最凸脊之处,逐渐使其展开,恢复原来的形状。

例如,某轿车车身右翼正面撞伤,形成皱褶,可具体采用如下修理方法:

①拆下大灯圈及灯座,用一段合适的扁铁垫在大灯孔内侧,使扁铁两端卡住灯孔的弯边。把钢丝绳的一端系在扁铁上,另一端系在树桩上,然后倒行拖拉,因而大的死褶得到基本修正。

②卸下翼板,在工作平台上进行修整。用焊炬加热死褶,用撬具撬开,使其缓解,并加热一段,撬开一段。

③将翼板凹面向上置于平台上,从翼板一侧敲平活褶,敲击时,必须使平台起到垫铁作用。里侧皱褶基本敲平后,翻转翼板,用垫铁垫在里侧,由外面向里敲击,使皱褶得以完全展开。

④将翼板装在车上,用手锤和垫铁进行全面修整。修灯孔时,先整圆,后整边。

⑤大样修整出以后,对比两侧,将伸张了的部分用加热方法收缩,并进行细致加工,使整个造型达到标准。

3.撑拉复位

在进行撑拉复位时,应先对车辆损伤情况仔细观察,并进行必要的检测,如图1-100所示。可用对角线测量法检测车身、驾驶室和发动机室等的变形情况。根据检测结果,可以确定哪个部位是主要的变形部位,以及其变形的程度如何;哪个部位是次要的和附属的变形部位。由于汽车在碰撞时所承受的外力作用位置和方向不同,力在车体内传播情况也就不同,造成的变形也就各不相同。根据变形特点和变形程度可以选定撑拉部位和施加力的大小。

对于局部单一的小变形,在关键部位施加一个与原来受力方向相反的作用力,可以使变形得到恢复。但对车体大面积、多处撞伤,采用一点撑拉是不合适的,首先因为拉力过大可能导致板件拉裂,其次虽然变形部分得到暂时校正,可未变形部分受外力作用产生变形或内部残余应力。车辆在使用过程中由于内应力松弛而产生新的变形。所以撑拉修复应采用专用工具,并多点、多方位、主次分明地施加外力,边测量边复位,确保未变形部分不受力,适时加热敲击,使变形恢复恰到好处。

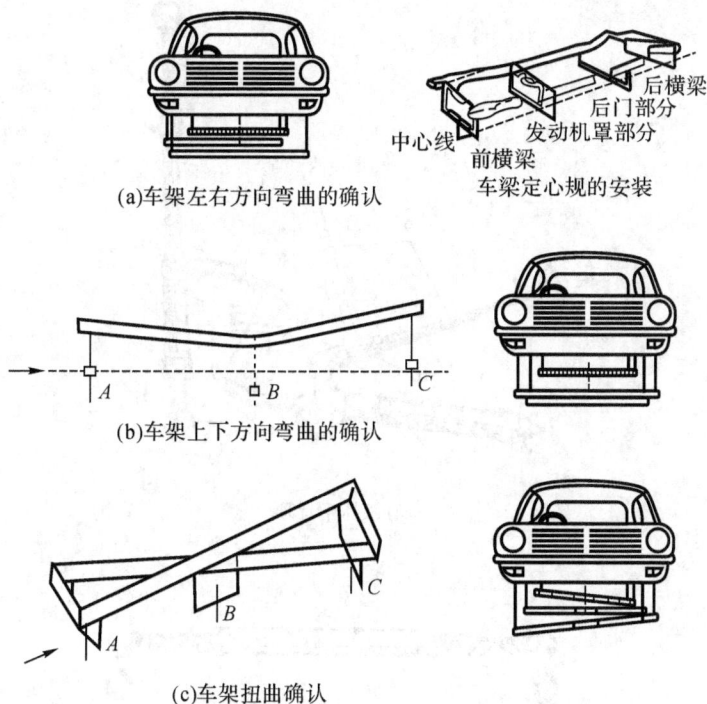

(a)车架左右方向弯曲的确认

后横梁
后门部分
中心线
发动机罩部分
前横梁
车梁定心规的安装

(b)车架上下方向弯曲的确认

(c)车架扭曲确认

图 1-100　轿车车架变形检验

(1)撑拉工具与设备

图 1-101 所示为车身修复常用的撑拉工具。图(a)所示为液压撑拉器,由液压缸产生的压力将柱塞杆推开,因而能将变形板件撑开;图(b)所示为螺旋式撑拉器,丝杆两端分别带有活动挂钩,使用时,如果做撑开整形,可旋转铁管,使两端丝杆同时缩短,一端拉钩固定,另一端拉钩拉动板件伸展。

目前国外大量使用移动式或固定式车身矫正机,国内汽修厂也正在逐渐使用这些设备。如图 1-102 所示为地台式车身矫正机械。使用时,车身或车架固定在承载台上,使不变形部位牢牢锁定,然后用多台液压千斤顶从几个方向对变形框架徐徐施加矫正力,边矫正边测量,并适当加热敲击,最终变形得到矫正。采用矫正机械复位较准确,修复效果好。

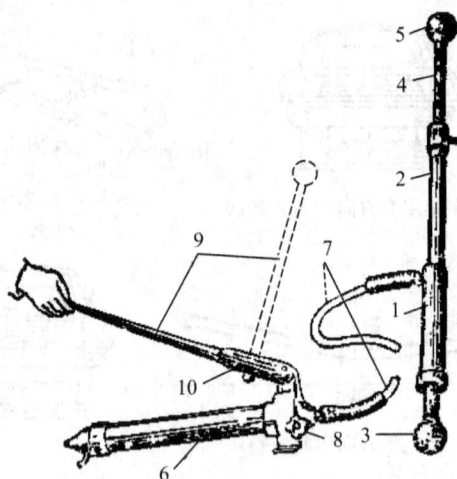

(a) 液压千斤顶

(b) 撑拉器

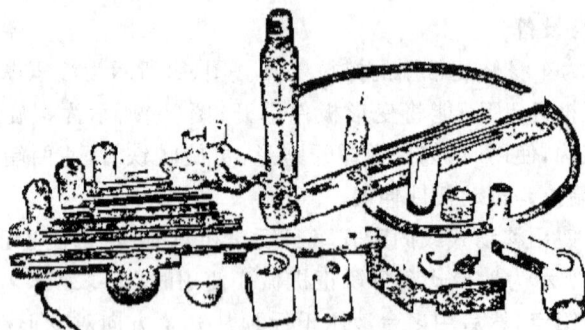

(c) 钣金矫正撑拉组合工具

图 1-101　矫正歪斜的专用工具

1—液力缸;2—延伸套筒;3,5—橡皮球头;4—柱塞杆;6—手泵;7—软管

8—手泵空气阀;9—手柄;10—摇杆

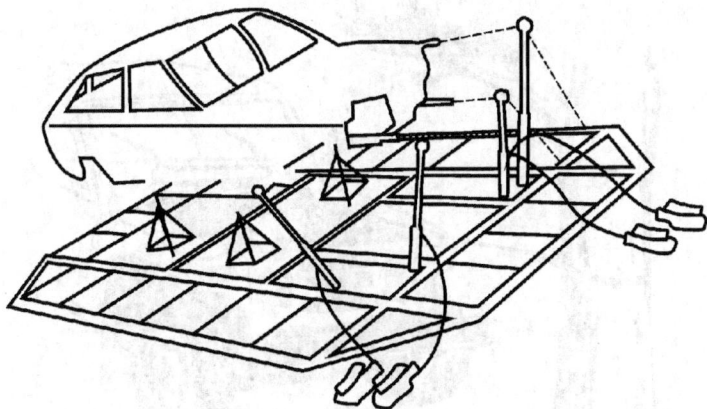

图 1-102　地台式车身、车架矫正机械

（2）撑拉方法举例

图 1-103 所示为用撑拉设备修复车身。此车右翼板前部有轻度凹陷，发动机罩明显翘曲并后移，风窗框以下部位后陷。

此车受力重点在发动机罩的右前端，但由于发动机罩的传导作用，致使风窗框下部后陷，而窗框下部是安装发动机罩的基础部位，因此必须设法使风窗框下部复位后才能将发动机罩前移复位。修理方法如下：

①将车开到车身矫正机台架上，顶起并固定。

②两手握住发动机罩前端两边，用力向左下方扭动，使其基本端正。

③取出发动机罩的合页销子，卸下发动机罩。

④将铁链一端固定在风窗框下部的左合页销孔上。

⑤液压千斤顶将铁链拉紧后，用木槌敲击凹陷周围。用同样方法可使右合页复位，并使风窗框下部完全复位。

⑥在平台上，用木槌将发动机罩的凹坑和折痕初步敲平，然后用手锤和垫铁配合，进行细致加工。同时将右翼凹陷整平。

⑦装上发动机罩，调整好配合间隙。进行机械撑拉修复矫正时，液压千斤顶撑拉复位应保持一定时间，待定型、消除内应力后再解除机械撑拉力。

4.垫撬

根据车辆变形部位和变形程度，利用有效空间，借助邻近部件支撑，以杠杆原理进行整形修复。

应用此法，车身不需解体，因而保持了原车安装质量，并提高工作效率，但使用范围受到限制。如图 1-104 所示，此车后轮胎罩外缘凹陷，可以借助轮胎的支撑作用，在撬杠下放一木块衬垫，将凹陷部分初步撬起，再用手锤、垫铁将折痕和凹凸不平处敲平。

(a) 一般撑拉复位法

(b) 机械撑拉复位法

图 1-103　用撑拉法修复风窗框下部的凹陷

　　车门表面局部凹陷,可通过车门窗口下沿的夹缝(玻璃升降空隙),以内门板的窗边棱作支撑,用撬具将凹陷撬起。在垫撬的同时,用锤轻击凹陷四周,以消除内应力并尽快恢复原来形状。为保证车门在撬垫处不受损伤,可在支点处和敲击部位垫一块胶皮或木板。

图 1-104　撬起轮胎罩外缘的凹陷

二、发动机罩的修复

发动机罩的碰伤原因有两类：一类是受到重物从上方意外落下的撞击；另一类是汽车肇事，发生正面碰撞波及发动机罩。

重物从上方意外落下，这种撞伤一般只是发动机罩本身受损，而很少殃及其他部位，故维修时，不必拆下发动机罩，可直接在车体上进行修复工作。这样，不仅省去拆卸的麻烦，更节约了大量的维修、安装与调整工时，提高了工效。

汽车撞车或撞在树干、电线杆或物上，造成车体正面撞击，不仅会使前围或左、右翼子板等部位发生损坏，也必定会使发动机罩发生拱曲。塌陷与皱褶等损伤变形往往比较严重，所以在拆翼子板或前围等部件的同时，也须将发动机罩拆卸下来，以便彻底修复。若不拆卸发动机罩，则无法修复到原来形状。

1.重物从上方落下使发动机罩产生损伤的修理方法

可用顶撬法进行修复：

①当外板出现凹陷时，在内板的相关处挖一个或几个孔洞。

②用撬棍或木棒将其从里面顶出，使趋于平整。

③再用锤子在表面外板上轻轻敲击，直至平整。

④修平外板后，将内板挖出的孔洞补全。

⑤敲平锉修。

2.正面撞击使发动机罩损伤的修复方法

①拆卸。

②将内外板分离。

③平整凹陷部位。

④矫平整个工件。

⑤对工件表面进行光洁处理。

⑥对内板进行修复。

⑦内外板合成。

3.发动机罩的调整

①对发动机罩与翼子板及前围之间进行调整。

②对发动机罩进行高度调节。

三、车门的修复

　　轿车车门通常由外门板、内门板、窗框等组成。内门板是各种附件的安装基体,其上装有门铰链、玻璃及升降器、门锁、车门开度限位器和定位榫舌等。车门借助门铰链安装在车身壳体上。由于车门结构紧凑,附件繁多,使用次数高,故车门容易受损。

　　1.车门铰链焊接处的修复

　　车门铰链受力较大,易造成门板与加强板间的焊缝脱裂。出现裂纹时需重新进行焊补。

　　由于门铰链和加强板的材料较厚,而门板的板料厚度较薄,因而造成焊接困难。通常在裂缝较短时,将气焊枪嘴角度放大,火焰直射点焊处加强板,等加强板温度升高,再将火焰移至焊点处,同时加入焊条,使焊条和两层金属同时熔化。

　　为保证焊接牢固,可用专用工具鞍形托架从外部顶住铰链,使外层与加强板贴紧,如图 1-105 所示。这种方法焊后平整,有利于敲平复原。如果下部铰链损坏严重,可用图(b)中所示的滑动伸缩顶杆专用工具伸展顶好,从门壳内部将加强板向外顶住,以便与外层贴紧焊接。滑动伸缩顶杆应保证较大的伸缩量,收缩后的短尺寸应能从夹壁孔中拿出。

　　2.车门铰链处金属板面的修复

　　车门铰链处金属板面由于受力较集中,而板料厚度较小,因而易产生变形,导致早期损坏,常用的修理方法便是更换。

　　根据不同的更换面积,用厚度为 1.2mm 的板料加工出下料板。在下料板上加工出相应的螺栓孔和直径为 5mm 左右的若干焊接小孔。按已做好的金属板对准螺栓孔位置画线,用割炬将需要更换的金属板割掉。如发现加强板也需焊修加固,应先修好加强板,然后把外层对口焊牢,对于已焊过的部位,凡是从里面用各种形状的垫铁能够顶到的地方,都要将焊缝敲展开。如果折边处同时更换,还需将边包好,并在包边处加焊若干点,最后将更换部位敲平矫正。

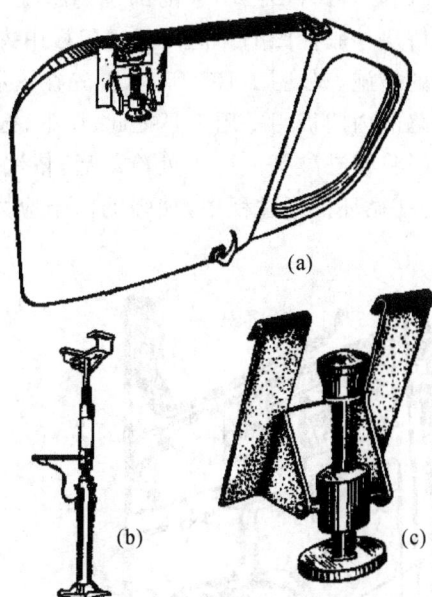

图 1-105　焊修门合页的专用工具及其使用方法

3. 门板底部腐蚀部位更换

更换门板底部时,注意更换焊接焊缝应选在平面,不宜选在棱线上。

用原来厚度的板料,根据更换范围分别确定内外门板的下料尺才,如图 1-106 所示。下料后先将外门板料的折边处用錾子引线,再将内门板料做成原来相应部位的形状。把将更换的板料分别用夹具夹在更换部位,沿新板料边缘划线。

用细小的焊嘴将更换部分沿划线割掉。将外门板料沿折边向内门板料折边包好,并与驾驶室试配,待间隙调整合适,将包边处内外板料点焊牢固。

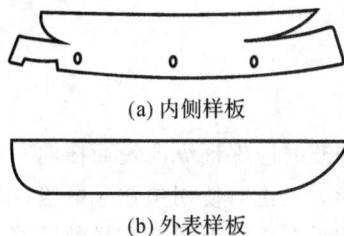

图 1-106　更换门壳底部的内外下料样板

4. 内门板的焊接与整平

内门板的焊修与整平,通常是在车门配合完毕情况下进行,所以在焊接时,应尽量减小受热面积,以防产生焊接后变形。内门板整平大多是面积较大的伸胀性凹陷整修。

如果内门板表面出现伸胀性凹陷,可将凹凸不平的部位撬起敲平,并将裂缝对口焊好,再使中央处收缩拉平,由此解决伸胀性凹陷。但由于内门板中央有一组装孔,容易在收缩时变形,因而需采取相应的措施。如图1-107所示,首先在图示1处用焊枪加热至殷红色,然后迅速把加热处凹陷的内门板用专用工具提起、压下,循环多次,使受热部位产生褶皱,再趁热用垫铁和锤子将褶皱敲平。待1处冷却后,依法加工2处。由此,内门板凹陷即可消除。这是因为在循环拉压过程中,加强筋由于应力集中而导致材料变厚收缩。

图1-107　门里大面积凹陷的整修

加热时应保证纵向短而横向宽,加热温度适当,既使板面收缩,也不致产生新的收缩变形。敲击时使用垫铁应恰当,以免锤击伸胀。

如果在板面上还存在局部凹陷,可用二氧化碳保护焊在凹陷处点焊若干点,利用焊接时材料收缩原理使凹陷处得以修平,但焊点不宜过大,以防焊穿板料,凹陷严重时可多加焊点。焊后用砂轮将焊点凹陷处打磨掉。

四、车顶的修复

汽车车顶出现损伤大致有三种情况:第一是常出现的交通肇事,即发生撞击后,无论是主动撞击还是被动撞击,无论是车体前部、中部还是后部发生碰撞,均会不同程度地殃及车顶,导致车顶出现扭曲、拱曲或凹陷等不同程度的变形;第二种情况是翻车事故,导致车顶大面积的塌陷与严重变形;第三种情况是从高处落下重物,造成车顶塌陷。

车顶受到从高处落下的重物或被狂风突然吹倒的树干、电线杆等物体的撞击后,车顶会出现较大的凹陷,这种情况的修理不必拆下车顶,而直接在车体上进行,可省去较多的拆除与安装工时,使维修进度加快。

交通肇事汽车车顶会出现严重损伤,因此,一般车顶无法在车体上直接修复,需要制作新车顶来进行更换。这便需要将已损坏的车顶拆下来。

1.车顶受到降落物撞击后的修复

①首先拆卸汽车车顶绝缘板。

②用液压或机械千斤顶将大凹坑顶出。

③经过顶出的车顶,可能会由简单的大面积单一凹陷变成小面积的凹凸不平现象,这时应按照与撞击相反的顺序来进行修复工作,用垫铁与锤子相互配合修整小的凹凸点。

④矫平整个车顶。

2.肇事与翻车造成车顶严重损坏的修复

①用氧—乙炔焊炬使油漆软化,用钢丝刷或刮刀将油漆除掉。

②用手提砂轮机拆除焊点。

③从汽车上拆下车顶板。

④将更换的车顶置于车上并对准位置后,用夹钳固定,然后临时将其点焊在该位置。

⑤检查车身所有框架部位的尺寸和形状。

⑥准确无误后,将车顶牢固地焊接在该位置上。

五、车身塑料件的修复

塑料具有良好的维修性能,所以塑料板件在车身上的应用就更加广泛。

1.塑料的性质

塑料的种类很多,但就其特性而言可分为两大类,即热固性塑料和热塑性塑料。热固性塑料在受热时起初软化具有一定的可塑性,但随着加热的进行,塑料中树脂分子不断增大,最后可以加热到硬化。硬化后如果再加热,它就不会再软化了。因而此类材料多用于制作一次性成形不需修复的零件。热塑性塑料在受热时,随着温度的升高,可以逐渐软化,但当冷却时,即重新硬化为固体。如果再加热,它又可以软化。这类塑料可以利用它们受热软化和冷却硬化的特性制成各种形状的构件。

聚氯乙烯塑料是典型的热塑性塑料,被广泛应用在汽车制造业,如轿车车身、翼子板、保险杠等壳体板件。通常使用的聚氯乙烯塑料板材又分为两类:第一类是不可压缩、没有弹性,是车身板件的常用材料;第二类具有较大弹性,有的其弹性变形率甚至达

50％,相当于橡皮板。

塑料板材抗拉强度较低,大约只有钢材的 1/10,且随着温度升高,强度减弱。一般塑料板件使用温度应低于 80℃。但塑料板材具有较强的抗腐蚀能力,且其隔热能力良好,重量轻,重塑能力强,焊修性能特别好,因而可用于制作形状复杂及易损构件。

2.塑料件的修复

(1)塑料板件的焊接

塑料焊接主要是采用热空气焊接法。焊接时一般都用热空气焊炬(热吹风机)加热塑料接缝,使其软化,同时将加热的塑料棒压入接缝即可。在焊接过程中塑料的焊接收缩量较金属大,所以在焊接下料时应多留焊接余量。

①焊缝形式和焊接处连接方式。焊缝形式通常有两种,即 V 形和 X 形,如图 1-108 所示。X 形可用于厚度较大的焊接,此外,缝的角度大些,强度也可提高。塑料板打坡口与金属板相同,焊接前多用切槽刀打 60℃左右的坡口。

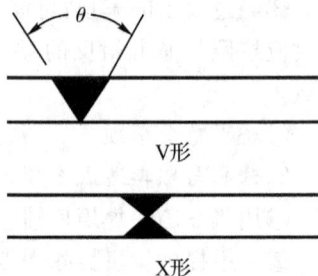

焊接处的连接方式大致有四种,如图 1-109 所示。比较而言,以第一种连接方式得到的焊缝强度最高。

②接缝的定位焊。板边刨边装好后,用定位焊嘴进行焊接。定位焊嘴一方面可以对塑料板加热,另一

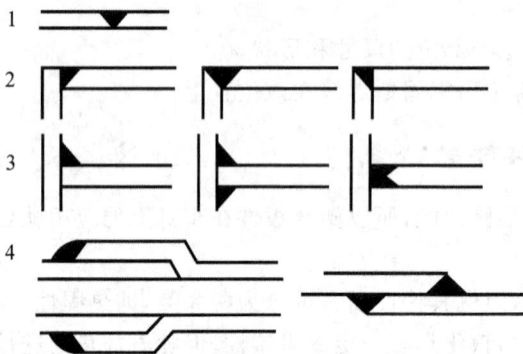

图 1-108　焊缝的两种形式

图 1-109　焊接的四种连接方式

方面可对焊缝加压,热量和压力的作用可使塑料板两边互相熔合对接。接缝在全长上全部定位,以保证焊接位置准确。

③焊炬空气温度的调节。接口定位后便可施焊。焊炬的空气温度可通过加热线圈调节,一般情况下空气温度宜在 280℃左右,有时可通过焊嘴至焊缝距离适当控制。焊

件热度的控制,一般是将焊嘴至焊缝距离保持 6～7mm,并保持 4s 左右的时间,塑料板因加热而呈黄色。

④焊接。操作过程中,焊嘴离焊缝 12～13mm,焊炬倾角为 30°。焊条垂直于塑料板,如图 1-110 所示。焊条与塑料板同时被加热到发光并带有黏性,则焊条便会粘住板片,此时必须维持焊条与塑料的正确温度,切不可过高。温度过高会引起焊缝皱褶,变为棕色,而降低焊接强度。为保证焊条与塑料板适当的焊接温度,焊炬的操作可按图 1-111 所示方法上下垂直扇动,以使塑料板焊缝处得到更多的热量,并均匀受热。当焊条与板缘受热熔化,都略带亮光,将焊条略施拖压力,就会伸入焊缝。继续加热,焊条与焊缝材料互熔结为一体。

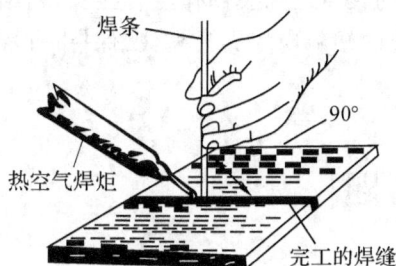

图 1-110　焊条应保持与焊缝成 90°　　　图 1-111　按图示方法使焊炬在焊缝上运动

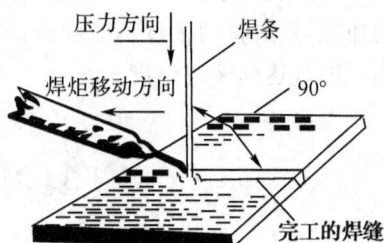

如果焊条落入焊缝后堆成一团,或焊条在焊接过程中拉断,则焊缝强度必然降低。因此,焊接速度和焊条的熔化应配合协调。塑料焊接时的平均速度应保持在 150～200mm/min。在整个焊接过程中,焊条上的压力应保持一致。当需要另接一根焊条时,在焊条尚未太短而不够把持之前即停止焊接。随后在焊条和塑料板接触点处用快手切断。切口要切成 60°角,保持接合处平滑过渡。结束焊接时,宜迅速加热焊条和塑料板片的接触区域,停止焊条移动;拿开焊炬,并继续保持对焊条的压力直到焊缝冷却后拧断焊条。

塑料板的焊缝,不应出现棕黄色或皱褶。若出现此现象,说明焊接温度过高。焊缝应看出沿接触两侧焊条与板材完全熔合。焊条不应比焊前拉长或压粗,与原来圆形断面相比,应略显扁平状。如果焊缝不完全互熔,焊缝中有明显的焊条形状,说明焊接热量不足。良好的焊缝应在焊缝的两侧出现小流线或波纹,说明压力和热度适当,焊条与塑料板完全熔合。

⑤焊接规范。焊枪所用电压为 36V,功率为 430～450W,压缩空气压力在 1atm 以下,焊条以聚氯乙烯树脂为主,加入一些稳定剂后,以螺旋挤压机挤压而成,直径 2.8～3.5mm。焊条越粗,焊接速度越快,但过粗会导致焊接不均匀。

用热空气焊接塑料并不理想,主要原因是焊接速度太慢,且焊缝抗拉强度降低(约为原来的 70%～80%),冲击强度下降更大。

(2)塑料板件的铆接和粘接

①铆接

塑料板在某些结构中可以用铆钉接合,但绝不可与金属钣金作业一样用钢铆钉,以免冲坏塑料板孔。一般使用塑料铆钉、铝铆钉或黄铜铆钉。

塑料铆钉是单件式,且能自行膨胀,可以从塑料板一侧铆接。铆接时应使用特制的空气枪。

②粘接

粘接法连接塑料应用越来越普遍。用特别的聚氯乙烯胶制作胶合接头,粘结剂涂在胶合的地方,然后将两板件迅速胶合。被胶合的塑料应用夹具夹住,保持一段时间,再过几小时即可达到使用强度。

复习思考题

1.车身有哪几种类型?各有何特点?

2.请尽可能多地列出某辆轿车车身构件的名称、功用与材料。

3.二氧化碳保护焊有哪些优点?

4.车身构件的损坏形式有哪些?

5.对车身构件局部变形进行矫正的方法有哪几种?

6.简述事故车辆车身修复的一般过程。

7.以目测确定碰撞损坏的程度从哪几方面下手?

8.测量车身变形的方法有哪几种?各有何优缺点?

9.检查几辆轿车,察看所有板件周围的间隙是否一致,找出板件的调整部位,写出分析报告。

10.如何识别塑料的类型?

第二章

涂装基本工艺

应知目标：

1. 了解常用汽车修补用涂料的种类、作用及其特点。
2. 了解涂装三要素的重要意义。
3. 了解涂装过程中的劳动保护、环境保护知识。
4. 了解涂料的成膜机理及干燥的方法。
5. 熟悉涂料的分类。
6. 了解涂膜质量检验的重要意义及检验方法。
7. 了解打磨设备的种类以及打磨方法。
8. 了解颜色的定义，影响颜色的三大要素。
9. 了解色彩的性质。

应会目标：

1. 掌握涂料的组成，树脂、颜料、溶剂的定义及功用。
2. 熟悉汽车涂装的定义、功能、特点及类型。
3. 掌握喷枪的类别，各种类型喷枪的结构和工作原理。
4. 掌握调色设备的使用，颜色配方的查询。
5. 掌握调色的方法，人工微调过程中的注意事项。
6. 掌握不同底材的特点和处理方法。
7. 掌握各道打磨工序中砂纸的选用，打磨的方法。
8. 掌握喷涂各种涂料时需要注意的问题和具体操作。
9. 掌握面层涂膜轻微缺陷的简单处理方法。

汽车是现代化的交通工具,其外表90％以上是涂装表面。涂层的外观、颜色、光泽等的优劣是人们对汽车质量的直观评价。因此,它将直接影响汽车的市场竞争能力。另外,涂装也是提高汽车产品的耐蚀性和延长使用寿命的主要措施之一。所以,无论是汽车制造还是汽车修复和美容行业,都将汽车的表面涂装列为重要的工作而特别对待。汽车涂装是指各种车辆的车身及其零部件的涂漆装饰。根据涂装的对象不同,汽车涂装可以分为新车涂装和修补涂装两大体系。本章主要介绍修补涂装的基本知识和工艺。

第一节　涂装基础知识

涂装是车身修复的最后一道工序,是修复美容的重要组成部分。掌握涂装基础知识决定涂装作业的质量和安全。涂装基础知识主要有调色的技术与常用方法、涂料的组成与分类、喷漆装备及其使用、喷涂作业的安全与防护等。

一、调色的技术与常用方法

汽车一般都是通过色彩来向人们展示形象的。按照色彩理论运用色彩,会赋予汽车生动的艺术形象。汽车涂装一个非常重要的作用就是装饰,而涂料色彩的运用则是实现其装饰作用的一个很重要的方面。对于汽车修复涂装来说,首先要研究设计意图,了解所用涂料特性,分析色彩构成及车身颜色编号等内容,然后分析车身被修复部分原来涂层表面颜色的色调、明度和彩度,达到无痕迹修补,这些工作都要运用色彩理论来解决。因此,为了进一步提高涂装技术和涂装质量,一定要学习和掌握色彩、颜色的调配理论和调色技术等相关知识。

调色技术与常用方法有经验性的人工调色、在调色中心购买调好的涂料、胶片调色及电脑调色等。

经验性的人工调色就是凭经验,按照调色原理进行。现在由于调色设备的出现,经验性的人工调色基本上不用了。一些小型汽车修理厂没有调漆设备,他们采取的办法是拿着所需喷漆的车身样板,到调色中心(调色中心就是某种涂料品牌的专卖店,可向汽车修理厂提供调好颜色的汽车修补漆)调制购买所需涂料。

科技的发展,给现代生活注入了新的活力。目前,车身涂装修复的调色工作基本上借助于调色设备进行,既省时又准确,提高了喷涂的效益和质量。目前,国内有胶片调色和电脑调色。

1.胶片调色

胶片调色即通过读片机读(微缩胶片)菲林片、查配方。因这种方式成本低、操作简单,所以目前采用较多。具体操作如下。

①如果已确知颜色原厂编号,可以用以下方法查阅配方:

● 如果在车中找到所需颜色的编号,可直接查阅有关汽车制造商色卡盒首页的编号目录。

● 利用编号目录找出所需颜色。

● 按照页数指示,找出所需色卡。

● 对照色卡与车身颜色,若有差异色,可再选配出最合适的颜色。

● 从微型胶片阅读机找出颜色的配方。

● 在正式调配大量涂料前,先试喷少量于样板上,再对照车身颜色,确保准确无误。

②如果未能找到颜色原厂编号,可以用以下方法查阅配方:

● 先以汽车制造商色卡盒作测色谱使用,对照参考,挑选出与车身最吻合的颜色。

● 选出有关的汽车制造商色卡盒。

● 选出合适的颜色组别。

● 用颜色近似的色卡逐一与车身对照,选出最吻合的颜色。

● 利用微型胶片阅读机找出颜色的配方。

● 在正式调配大量涂料之前,先试喷少量于样板上,再对照车身颜色,确保准确无误。

③查找轿车的原厂颜色编号。据了解,大部分轿车车身印有一个颜色编号的漆码,据此可以获得汽车生产厂家提供的原色。各车生产厂的漆码位置有所不同,如图 2-1 和表 2-1 所示。

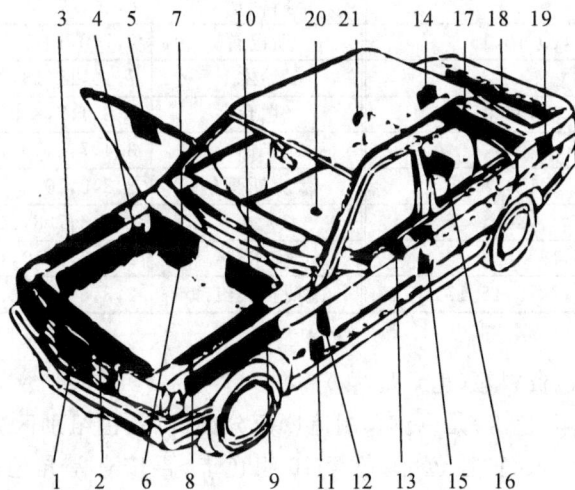

图 2-1 轿车车身(1～21 是漆码位置)

表 2-1　轿车生产厂名称和漆码位置

车厂(车牌)名称	漆码位置	车厂(车牌)名称	漆码位置
阿库拉	15	凌志	3,7,10,15
阿尔法、罗密欧	5,8,14,17,18	莲花	3 8
奥迪	14,17,18	马萨拉蒂	5
宝马	2,3,4,7,8	马自达	7,10,15
克莱斯勒	2,4,5,8,9,10	奔驰	2,3,8,10,12,15
雪铁龙	2,3,4,7,8,10	三菱	2,3,4,5,7,8,10,15
大宇	2	莫斯科人	14
达夫	12	日产	2,4,7,10
大发	2,7,10,20	欧宝	2,3,4,7,8,10
托马斯	15,18	标致	2,3,8
法拉利	5,18	波尔舍	2,7,8,10,12,15
菲亚特	4,5,14,18	伯罗顿	2,7,10
欧洲福特	2,3,4,7,8,15,17,18	利拉特	3,4,7,9,10
福特	15	雷诺	3,7,8,10,15
波罗乃茨	7,10	劳斯莱斯	3,5
伏尔加	18	罗孚	2,3,5,7,10
通用	2,7,10,15	萨伯	3,8,10,15,17
本田	15,22	双龙	12,15
现代	2,7,10,12	土星	19
无限	7,10	西特	3,8,17,18
迷你	22	斯柯达	8,10,17
五十铃	2,7,10,16,15	斯巴鲁	2,7,8,10,11,15
依维柯	5	铃木	7,10,11,18,20,13,14
美洲豹	2,4,5,15	白鱼	2,3,4,7,8,9
起亚	15	丰田	3,4,7,8,10,11,12,15,17
拉达	4,5,8,17,18,19	伏克斯豪尔	2,8,9,10
朗勃基尼	18	大众	1,2,3,7,8,14,17,18,19
兰西亚	4,5,18	伏尔伏	2,3,7,8,10,11,12,15
兰德·罗浮	2,3,7,10,15,17	南斯拉夫红旗	2,3,5,18

④查阅世界车色资料箱(色卡)。

汽车颜色资料箱(色卡)是以汽车制造厂商分类,以颜色组别区分为白色、米色、黄色、红色、棕色、黑色、灰色、蓝色、绿色等 10 组色卡,再按有差异色的颜色(编号为 6-001-6-3499)和没有差异色的颜色(编号为 6-500-6-999)两组分列色卡,所有色卡的原厂编号会以顺序排列在每个汽车制造商色盒首页,按照页数指示可迅速找出准确的颜色。

2.计算机调色

由于科学技术的飞速发展,特别是计算机在涂装技术中的应用,使得涂料色彩的调配有了革命性的进步。使用计算机调漆,把极其复杂的调漆改变为很正规、极容易而又很准确的工作。计算机调色是现代科学的产物,用计算机仪器设备调色,只需根据产品涂装所要求的颜色、涂料质量等进行色料选择,就可以通过较准确的计算加入比例量的颜色组合。

计算机调色即计算机中存有所有色卡配方(随着汽车生产厂商新型汽车车型和色泽的更新,涂料生产厂商会随时提供和更新色卡资料),用户只需将自己所需漆号和分量输入计算机就可直接查阅计算好的配方数据,快捷、方便,计算准确度也高,另外内存空间大,可有多种配方供选择,数据更新便利,是一种先进的调色方法。近年来,世界各大计算机配色仪生产厂都有适合汽车修补用的便携式计算机测色仪供应市场,这些仪器的探头均可直接在汽车上待修补的部位测得最为可靠的数据。该数据经配色系统处理后就可获得精确的配方。

3.调色设备

调色设备有混漆机(涂料搅拌机)、调色计算机、胶片机、电子秤、全自动计算机测色配色机。

（1）混漆机

混漆机是一套占地面积只需 $2m^2$ 左右的设备。只要按一下按钮开关,混漆机就会自动运转,使每种色母(色母是指含有一种颜料的涂料)在漆罐中得到搅拌,以便于使用。这种混漆机的优点是只占用极小的面积,却可以搅拌所有的色母。

为了确保色母质量的稳定性,在操作混漆机时注意以下两条:

①每天让混漆机运转 10min,使色母得到均匀搅拌。

②每当确定了配方进行调色之前,开启混漆机自动搅拌 1min。

（2）胶片机

胶片机实际上就相当于一台放大镜,用它可以观察胶片。只要将所属车型的胶片放进机器中,放大镜的屏幕便显示所需调漆的方程式。

（3）电子秤(数字式天平)

电子秤是调漆过程中各种色漆的称量设备,其精确度较高,可以精确到 0.1g。由托盘秤、电子显示器、集成电路板组成。考虑到色母极强的着色力,必须做到精确地称量。在称出所需的所有色母之前对各种色母进行搅拌,确保将漆罐底部及罐壁上的色母一同搅拌,做到搅拌均匀、完全。

（4）调色计算机

将调色计算机和数字式天平秤连起来,便于迅速获取所需颜色的配方,并且达到所需的精确度。利用汽车颜色代码或者厂家颜色代码,就可以在显示屏上轻易获得所需之配方。调色天平可以精确到 0.1g。这种调色天平的好处在于当不小心突然多加了某种色母时,计算机可以重复计算并且调整配方。这样,便可以继续进行调色,不必重新开始,避免了涂料的浪费。如果所需的涂料量太少以至于达不到可以接受的精确度,计算机将给出一个警示。自己设计的配方,也可以储存于计算机中。打印机也可以和计算机联机,打印出所需的数据。

(5)全自动计算机测色配色机

该系统是查询配方以及配色的最新工具。这套系统包括一台计算机、一台数字秤和一台分光光度计。分光光度计从三个不同的角度来测量颜色,这样可以做到精确地测量金属色及其他效果的颜色。当测出一部汽车的颜色后,测量数据被输入计算机中。操作者所做的工作就是给计算机测色机输入一些信息,如车型、厂家。如果是金属色或者特殊效果颜色,可输入视觉上的粗糙度(可以对照粗糙度颜色样板来决定您要修补汽车的涂膜粗糙度)。

自动测色机的优点是:不需要任何文字性的资料,就可以找出所需的颜色代码;可以找出每辆汽车所需颜色,且比胶片及调色计算机精确得多。

二、涂料的组成与分类

1.涂料的组成

涂料由三大部分组成,分别为:主要成膜物质、次要成膜物质和辅助成膜物质。

主要成膜物质是油料和树脂等,它是涂料的基础,常称为基料。它既可以单独成膜,也可粘结颜料等共同成膜,并牢固地粘附在被涂物表面,所以油料和树脂等主要成膜物质又称为粘结剂或面着剂。

次要成膜物质主要是颜料,它不能离开主要成膜物质而单独成膜,必须在油料或树脂的固着下形成涂膜。颜料赋予涂膜一定的遮盖能力和色彩,并增强涂膜的韧性,增加涂膜的厚度,提高涂膜的耐磨、耐热、耐化学腐蚀等性能。

辅助成膜物质主要是涂料中的溶剂、稀释剂和其他添加剂等辅助材料。这些物质也不能单独形成涂膜,但它们有助于改善涂料的性能。在形成涂膜时有一部分辅助成膜物质要挥发掉,如溶剂、助溶剂、稀释剂等;有些最后存在于涂膜中而不挥发掉,如催化剂、固化剂等。

涂料的组成有:动物油、植物油、天然树脂、人造树脂、合成树脂、溶剂、稀释剂、助溶剂、辅助材料、体质颜料、无机颜料、有机颜料、防锈颜料等。

(1)树脂

现在汽车所用的涂料中已经不含油料,完全采用树脂作为主要成膜物。

树脂是多种高分子复杂化合物相互溶合而成的混合物。它是非结晶的固体或黏稠液体。它虽没有固定的熔点,又不溶于水,但在受热时会软化或熔化,多数树脂可溶于有机溶剂。熔化或溶解了的树脂能与颜料均匀地相互混合,其粘着性很强。将它涂附在物面上待溶剂挥发后能形成一层光亮、坚韧而耐久的薄膜。所以,树脂是与颜料一起形成涂膜的主要物质,树脂的性质决定涂料加工的品质和涂膜性能的好坏。

树脂按其来源可以分为天然树脂和人工合成树脂两大类。最初在涂料工业中使用的树脂都是天然树脂,但由于一般的天然树脂在产量和性能上都满足不了现代工业日益发展的需要,随着近代化学工业的发展,人们已经能够生产出各种人工合成树脂,即用天然高分子化合物加工制得的人造树脂及用化工原料合成的合成树脂。人工合成树脂无论从品种、性能、产量和用途等方面都大大超过了天然树脂。我们现在使用的各种汽车涂料,除个别品种外,基本上都是由人工合成树脂作为基料的。

天然树脂包括松香、化石树脂、半化石树脂及新生树脂、动物胶、沥青(天然沥青)等。人造树脂包括沥青、松香衍生物、纤维衍生物、橡胶、缩合型合成树脂、聚合型合成树脂等。

汽车涂料中常用的树脂有以下几种:

①沥青。沥青是一种由碳、氢、氧、硫、氮等组成的复杂化合物。性状或为黑色可塑性固体,或为黑色无定形黏稠状物质,易熔融,可溶于烃类溶剂或松节油中。

沥青具有独特的耐水、耐酸碱性能,电绝缘性能优良,涂膜光滑,所以被广泛用来炼制防锈、防腐涂料于车辆的底盘部位。

②硝基纤维素。硝基纤维素又称为硝酸纤维酯或硝化棉,是硝基漆的主要成分。

硝酸纤维素是将植物纤维(如棉花纤维等)经过硝酸硝化后所得到的产品。它具有良好的耐油性,在常温下能耐水、耐稀酸;但极不耐碱、不耐光,遇热易分解,且易燃易爆。它能与多种树脂互溶,能溶于酯、酮类溶剂而不溶于醇类和苯类溶剂。

③醇酸树脂。醇酸树脂是由多元醇(如甘油、季戊四醇等)和多元酸(如邻苯二甲酸酐、异苯二甲酸等)缩合而成。它分为纯醇酸树脂和改性醇酸树脂两类。改性醇酸树脂又称聚酯树脂,是由纯醇酸树脂经植物油或其脂肪酸改性而成,具有极好的附着力、光泽、耐久性、弹性、耐候性和绝缘性等,所以在涂料中应用广泛,不但可以用来制造清漆、底漆和原子灰等,还可与其他树脂合用以相互提高性能。

④氨基树脂。氨基树脂是由醛类与氨类缩聚而成的热固性树脂。涂料工业中常用的有两种:一种是尿素与甲醛缩聚,并以丁醇或甲醇改性而成的称为"丁醇(或甲醇)改性尿素甲醛树脂",简称"脲醛树脂";另一种是用三聚氰胺或取代三聚氰胺与甲醛缩聚并以丁醇或甲醇改性而成的称为"丁醇(或甲醇)改性三聚氰胺甲醛树脂",简称"三聚氰胺树脂"。

氨基树脂具有优越的保色、坚硬、光亮、耐溶剂及耐化学品的性能,但附着力差且过分坚脆,因此要与其他树脂如醇酸树脂等合用方可充分发挥各自的优点,既改善了氨基树脂的低附着力和硬脆性,又提高了醇酸树脂的硬度、耐碱性和耐油性。

⑤环氧树脂。凡分子结构中含有环氧基的聚合物即称为环氧树脂。它主要是由二酚基丙烷与环氧氯丙烷在碱性介质中缩聚而成的高分子聚合物。

环氧树脂具有粘合力强、收缩性小、稳定性高、韧性好、耐化学性和电绝缘性优良等优点。环氧树脂用来制造车用涂料，不但耐腐蚀方面优越，而且机械性能和弹性等都优于酚醛和醇酸树脂涂料，被广泛应用。

⑥聚胺酯树脂。聚胺酯树脂是聚胺甲基酸酯树脂的简称。聚胺酯树脂是由各种含异氰酸脂的单体与羟基或其他活性物质反应所得的聚合物，其结构中含氨基甲酸酯基团。除此之外，根据所用原料和制漆成膜方式的不同，聚合物结构中还可以含有脂肪烃、芳香烃、酯基、酰胺基、脲基、缩二脲基和脲基甲酸基等。

聚胺酯树脂性能优越，广泛用于制造防腐涂料和室内装饰涂料，并能与其他多种树脂合用制成多种性能优异的改性涂料。

⑦丙烯酸树脂。丙烯酸树脂是由各种丙烯酸单体聚合而成。丙烯酸树脂具有保光、保色、不泛黄、耐候、耐热、耐化学品等性能，故被用来制造各种用途的涂料。

（2）颜料

颜料是具有一定颜色的矿物质或有机物质。它一般不溶于水或其他介质（如油等），但其细微个体粉末能均匀地分散在介质中。

颜料是涂料的次要成分物质，它不仅使涂膜呈现必要的色彩，遮盖被涂物的底层，使涂膜具有装饰性，更重要的是它能改善涂料的物理及化学性能，提高涂膜的机械强度、附着力和防腐性能。有的颜料还可以滤去紫外线等有害光波，从而增强涂膜的耐候性和保护性，延长涂膜的使用寿命。例如，在有机硅树脂涂料中使用铝粉颜料，在高温下铝粉与硅形成硅氧铝键（$=Si=O=Al=$），能提高涂膜的耐高温性；在涂料中加入云母氧化铁可以放射紫外线和减少透水性，因而能显著提高涂膜的防锈、耐候和抗老化等性能。

颜料的品种很多，按它们的化学成分可以划分为有机颜料和无机颜料两大类。每大类中，按其来源不同又可以分为天然颜料和合成颜料。在涂料工业中，根据颜料在涂料中所起的主要作用不同，可分为着色颜料、体质颜料和防锈颜料3类。

①着色颜料。着色颜料在涂料中的主要作用是赋予涂料各种不同的颜色，提高涂料的遮盖性能，满足涂料的装饰性和其他特殊的要求。

②体质颜料。体质颜料又称为填料或填充料。涂料中凡折光率较低的白色或无色的细微固体粒子，配合其他颜料分散在有色颜料当中，用以提高颜料的体积浓度，增加涂膜的厚度和耐磨能力，几乎无着色力和遮盖力的，统称为体质颜料。

③防锈颜料。防锈颜料是涂料中主要起防锈作用的底漆等的重要组成部分，多为具有化学活性的物质。

金属的腐蚀机理分为化学腐蚀和电化学腐蚀类。金属与接触到的介质（如氧气、氯气、二氧化硫、硫化氢等干燥气体或汽油、润滑油等非电解质)直接发生化学反应而引起的腐蚀称为化学腐蚀;不纯的金属或合金与液态介质(如水溶液、潮湿的气体)或电解质(如酸碱溶液)接触时,发生电化学反应而引起的腐蚀称为电化学腐蚀。一般情况下这两种腐蚀现象是同时发生的,但后者更为普遍。

涂料用于防腐其主要作用是从两方面来进行的:一种是用物理隔绝的方法,即用与金属表面具有足够附着力的涂料将金属物体整体覆盖,使其不与外界介质直接发生接触,从而避免或减少金属化学腐蚀的发生;另一种方法是用化学侵蚀的方法,即用具有一定化学侵蚀作用的涂料涂布在金属表面,使其表面发生侵蚀作用而钝化,这样在与电解质接触时由于金属的钝化表面很难再发生电化学反应,从而达到防腐的目的。

防锈涂料由于起防锈作用的侧重点不同,有的偏重于物理防锈,有的偏重于化学活性防锈,因此采用的防锈颜料也不尽相同。

(3)溶剂

凡能够溶解其他物质的物质叫做溶剂。涂料用的溶剂是一种能溶解成膜物质(油料和树脂等)的、易挥发的有机液体。在涂料干燥成膜后,溶剂全部或部分挥发而不留存在涂层中。

溶剂是涂料的重要组成部分,起着辅助成膜的作用。它能溶解或稀释油料或树脂,降低其黏稠度以便于施工,并改善涂料的流平性,避免涂膜过厚、过薄起皱等弊病。还能对涂料的成品在储存过程中起稳定作用,不使树脂析出或分离以及变稠、结皮等。涂料施工后,溶剂能增加涂料对物体表面的润湿性和附着力,并随着涂料的干燥而均匀地挥发减少,使被涂物面得到一个薄厚均匀、平整光滑、附着牢固的涂膜。有的溶剂本身在涂料中既是溶剂又是成膜物质,如苯乙烯在无溶剂涂料中是很好的溶剂,但又能与树脂交联成膜,提高了涂膜的丰满度,同时减少了因溶剂挥发而造成的污染。

涂料中的溶剂主要有以下特性:

①溶解力。溶解力即溶剂溶解油料或树脂的能力。溶剂的溶解力越强,被溶于其中的物质浓度越大。

溶剂的溶解力与其分子结构有关,每种物质都只能溶解在和它分子结构相类似的溶剂中。如松节油对松香来说是溶剂,而对硝酸纤维来说它则没有溶解能力。所以,溶剂也是相对的,甲可以溶于乙中则乙是甲的溶剂;丙可以溶于丁中则丁是丙的溶剂;但甲不能溶于丁中,则丁就不是甲的溶剂。溶剂在使用中一定要注意不可用错,如果使用错误或不当,轻则导致涂膜粗糙不光滑或影响涂膜质量,重则会导致涂料失效报废。

②沸点和挥发率。溶剂的挥发率即溶剂的挥发速率,它能控制涂膜处于流体状态的时间长短。挥发率必须适应涂膜的形成,太快会影响流平,造成橘子皮或干喷;太慢会造成针孔、起泡、流桂、干燥时间过长等。

溶剂的沸点可以作为比较挥发速率的参考数据。溶剂可根据其沸点的高低粗略地

分为 3 类:

- 低沸点溶剂,沸点在 100℃以下。
- 中沸点溶剂,沸点在 100～150℃。
- 高沸点溶剂,沸点在 150℃以上。

低沸点溶剂在喷涂时涂料从喷枪口到物面的过程中就能大部分挥发掉,使到达物面上的涂料的固体含量和涂料黏度都得到提高;高沸点溶剂可以用来提高涂膜的流动性,它们能使涂膜在较长时间内保持流动性;中沸点溶剂在各种场合的涂料中都能用,它们最初使涂料保持流动性,当喷涂到物面一段时间后能使涂膜较快地凝固。

根据溶剂的这一特性,汽车涂料中常将稀释剂制成快干、中性和慢干等几种。快干稀释剂用于较低的环境温度条件(15℃以下)施工及环境比较差、灰尘较多的场合;慢干稀释剂用于施工环境温度较高(35℃以上)或大面积喷涂时使用;中性稀释剂使用的场合较为广泛,大部分施工条件均可使用。

③闪点。闪点即指混合气体在遇火花或火焰产生爆燃的最低温度。涂料中含有大量的易燃液体,这些易燃液体会逐渐挥发。在一定空间内,挥发的易燃液体蒸汽与空气相混合形成非常危险的混合气体,此时在一定温度条件下,混合气体遇到火花或火焰会突然燃烧(爆燃)。熟知各种常用溶剂的闪点对于安全施工具有非常重要的意义。

④毒性和气味。某些溶剂如苯,对人体有积累性毒性,而另一些溶剂在空气中的浓度超过一定数值之后对人体也是有害的。溶剂一般都有不同程度的刺激性气味,可以刺激人的呼吸道黏膜,所以在使用溶剂时一定要注意安全和劳动保护。

很多汽车涂料在其溶剂成分中有两种或两种以上的溶剂,这些溶剂在涂料当中的作用是不同的。按其在涂料中的作用,一般将它们划分为真溶剂、助溶剂和稀释剂 3类。真溶剂是具有溶解涂料所用的有机高聚物的能力的溶剂;助溶剂又称为潜溶剂,它本身不能溶解有机高聚物,但在一定的限量内与真溶剂混合使用则具有一定程度的溶解能力,并可影响涂料的其他性能;稀释剂本身既不能溶解有机高聚物,也不具备助溶作用,但在一定量内与真溶剂和助溶剂混合使用则可以起到溶解和稀释的作用。

稀释剂的价格要比前两者低很多。为降低涂料的成本,大多数涂料中都含有比真溶剂便宜的稀释剂。在施工时,为了调整涂料的黏度,保证良好的喷涂雾化效果和涂膜质量,都要使用稀释剂,但稀释剂的使用量必须有一定的限度。因为溶液型涂料无论是在贮存、施工还是干燥过程中都必须保持溶液状态,涂料中要保持足够的溶剂存在并使涂料中最后挥发的分子是真溶剂。如果在涂料应用的任何一个阶段中稀释剂变得过多,就会使成膜聚合物沉淀析出。这时,如果涂料是清漆就会发混,如果是色漆则会使涂膜的光泽降低。

（4）辅助材料

辅助材料又称为助剂，它虽然不是主要或次要的成膜物质，用量一般又很少，但它对改善涂料的性能，延长贮存时间，扩大涂料的应用范围，改进和调节涂料施工的性能，保证涂装品质等方面都起很大的作用。

涂料的辅助材料品种很多，根据它们的功能来划分，主要有催干剂、防潮剂、固化剂、紫外线吸收剂、悬浮剂、流平剂和减光剂等。这些辅助材料有些是在涂料制造时就添加到涂料当中的，如悬浮剂、紫外线吸收剂等；有些需要根据施工情况进行添加的，如防潮剂、流平剂、减光剂等。

①催干剂。催干剂是一种能加速涂层干燥的物质，多使用于醇酸树脂涂料中。催干剂能促进涂膜中树脂的氧化聚合作用，大大缩短涂膜的干燥时间，尤其是在冬季施工中涂膜干燥很慢的情况下，加入催干剂后即使环境温度没有变化，干燥时间也会有明显的提高。

②防潮剂。防潮剂也称化白剂、化白水，它是由高沸点的酯类、酮类溶剂组成。将它加入硝基漆等自然挥发型涂料中能防止涂膜中的溶剂挥发时产生的泛白现象。此外，施工环境温度过低接近零度或空气湿度过高和喷涂用的压缩空气中含有过多的水分等，也会引起泛白。涂料中加入适量的防潮剂后，由于高沸点溶剂的增多，可减缓溶剂的挥发速度，减少水分凝结现象的发生。

③固化剂。固化剂多为酸、胺、过氧化物等物质，与涂料中的合成树脂发生反应而使涂膜干燥固化。该类型的涂料在未加入固化剂时一般不会干燥结膜，与固化剂混合后在常温下即可发生电化学反应而干燥固化。若适当加温（60～80℃）效果更好。不同树脂的涂料所使用的固化剂成分也不同，例如聚酯树脂用过氧化物作为固化剂，环氧树脂用胺类作为固化剂，丙烯酸聚氨酯类用含异氰酸酯类为固化剂等。

④紫外线吸收剂。紫外线吸收剂对阳光中的紫外线有较高的吸收能力，添加在涂料当中可减少紫外线对涂膜的损害，防止涂膜粉化、老化和失光等。

⑤悬浮剂。悬浮剂主要用来防止涂料在贮存中结块。涂料中加入悬浮剂后，可使涂料黏稠度增加但松散易调和。

⑥流平剂。流平剂能降低涂料的表面张力，防止缩孔的产生，增加涂膜的流平性能。在喷涂时，由于被涂物表面清洁不彻底，残存有油脂、蜡渍等或由于压缩空气中含有未过滤的油分，会由于该部分涂膜表面张力增大而产生缩孔现象，俗称鱼眼、走珠。在发生此类故障时，在涂料中适量加入流平剂，缩孔的现象会大大改善。

⑦减光剂。减光剂具有降低涂膜光泽的作用。有时为了喷涂特殊部位，如塑料保险杠等，需要使涂料产生亚光效果，适量加入减光剂可以达到所需的要求。

涂料的辅助材料种类多样，品种繁多，以上介绍仅为比较常用的一些，还有很多这里不做过多的介绍。

2.涂料的分类

我国国家标准(GB 2705—81)规定,涂料产品的分类是以涂料基料中主要成膜物质为基础,若主要成膜物质为混合树脂,则按其在涂膜中起主要作用的一种树脂为基础。成膜物质分为 17 类。相应地,涂料产品分为 17 大类,其类别代号如表 2-2 所示。

表 2-2 成膜物质分类

成膜物质类别	主要成膜物质
油脂	天然植物油、鱼油、合成油等
天然树脂	松香及其衍生物、虫胶、乳酪素、动物胶、大漆及其衍生物
酚醛树脂	酚醛树脂、改性酚醛树脂、二甲苯树脂
沥青	天然沥青、煤焦沥青、硬脂沥青、石油沥青
醇酸树脂	甘油醇酸树脂、改性醇酸树脂、季戊四醇及其他醇类的醇酸树脂
氨基树脂	脲醛树脂、三聚氰胺甲醛树脂等
硝基纤维素	硝基纤维素、改性硝基纤维素
纤维酯、纤维醚	乙酸纤维、卡基纤维、乙基纤维、羟甲基纤维、乙酸丁酸纤维等
过氯乙烯树脂	过氯乙烯树脂、改性过氯乙烯树脂
烯类树脂	聚二乙烯基乙炔树脂、氯乙烯共聚树脂、聚乙酸乙烯及其共聚物、聚乙烯醇缩醛树脂、聚苯乙烯树脂、含氟树脂、氯化聚内稀树脂、石油树脂等
丙烯酸树脂	丙烯酸树脂、丙烯酸共聚树脂及其改性树脂
聚酯树脂	饱和聚酯树脂、不饱和聚酯树脂
环氧树脂	环氧树脂、改性环氧树脂
聚氨基甲酸脂	聚氨基甲酸脂
元素有机聚合物	有机硅、有机钛、有机铝等
橡胶	天然橡胶及其衍生物、合成橡胶及其衍生物
其他	以上 16 类不能包括的成膜物质,如无机高分子材料、聚酰亚胺树脂等

3.涂料的命名

涂料的命名可以用下式表示:

涂料的命名＝颜色或颜料的名称＋成膜物质的名称＋基本名称

涂料的颜色位于名称的最前面,若颜料对涂漠的性能起显著作用,则可以用颜料的名称代替颜色的名称,仍置于颜料名称的最前面。例如,红醇酸瓷漆、钟黄酚醛防锈漆等。

成膜物质的名称应做适当的简化。例如,聚胺基甲基酸酎简称聚胺脂。如果基料中含有多种成膜物质时,则选取起主要作用的一种成膜物质命名。如松香改性酚醛树脂占树脂总量的 50%以上,则划入酚醛涂料一类,小于 50%则划入天然树脂涂料一类。必要时,也可以选取两种成膜物质命名,主要成膜物质命名在前,次要成膜物质名称在后,例如,环氧硝基瓷漆。

　　对于涂料的名称,仍采用我国已经广泛使用的名称,如清漆、瓷漆、罐头漆、甲板漆等。凡是烘烤干燥的涂料,名称中都有"烘干"或"烘"字样。如名称中没有"烘干"或"烘"字样,即表明该漆是常温干燥或烘烤干燥均可。

　　4.涂料的型号

　　为了区别同一类型的各种涂料,在名称之前必须有型号。涂料的型号由三部分组成:第一部分由字母表示涂料的类别(表2-4)是按成膜物质划分的;第二部分是基本名称,用两位数字表示(表2-3);第三部分用数字表示涂料产品的序号(表2-5)。第二部分与第三部分之间用短划线"—"隔开。如C04—2,其中C表示主要成膜物质为醇酸树脂;04代表瓷漆;2表示有光。

表 2-3　涂料基本名称及代号

代 号	基本名称	代 号	基本名称
00	清油	38	半导体漆
01	清漆	40	阻污漆、防蛆漆
02	厚漆	41	水线漆
03	调和漆	42	甲板漆、甲板防滑漆
04	磁漆	43	船壳漆
05	粉末涂料	44	船底漆
06	底漆	50	耐酸漆
07	腻子	51	耐碱漆
09	大漆	52	防腐漆
11	电泳漆	53	防锈漆
12	乳胶漆	54	耐油漆
13	其他水溶性漆	55	耐水漆
14	透明漆	60	耐火漆
15	斑纹漆	61	耐热漆
16	锤纹漆	62	示温漆
17	皱纹漆	63	涂布漆
18	裂纹漆	64	可剥漆
19	晶纹漆	66	感光涂料
20	铅笔漆	67	隔热涂料
22	木器漆	80	地板漆
23	罐头漆	81	鱼网漆
30	(浸渍)绝缘漆	82	锅炉漆
31	(覆盖)绝缘漆	83	烟囱漆
32	(绝缘)磁漆	84	黑板漆
33	(粘合)绝缘漆	85	调色漆
34	漆包线漆	86	标志漆、马路划线漆

续表

代　号	基本名称	代　号	基本名称
35	硅钢片漆	98	胶液
36	电容器漆	99	其他
37	电阻漆、电位器漆		

表 2-4　涂料类别及代号

代　号	涂料类别	代　号	涂料类别
Y	油脂漆类	X	烯类树脂漆类
T	天然树脂漆类	B	丙烯酸漆类
F	酚醛树脂漆类	Z	聚脂漆类
L	沥青漆类	H	环氧树脂漆类
C	醇酸树脂漆类	S	聚氨酯漆类
A	氨基树脂漆类	W	元素有机漆类
Q	硝基漆类	J	橡胶漆类
M	纤维素漆类	E	其他漆类
G	过氯乙烯漆类		

表 2-5　涂料产品的序号代号

涂料品种		代　号	
		自干	烘干
清漆、底漆、腻子		1～29	30 以上
磁漆	有光	1～9	50～59
	半光	60～69	70～79
	无光	80～89	90～99
专业用漆	清漆	1～9	10～29
	有光磁漆	30～49	50～59
	半光磁漆	60～64	65～69
	无光磁漆	70～74	75～79
	底漆	80～89	90～99

　　在氨基漆类中,清漆、瓷漆、底漆等的产品序号划分不符合此原则,而是按自干型漆划分;属于酸固化氨基自干漆,也按此规定,但在型号之前用"＊"加以标识。氨基专业用漆按涂料专业用漆的序号统一划分。

三、喷漆装备及其使用

汽车涂装修复常用设备主要包括供气设备、喷枪、烘干设备、打磨设备、除锈设备、抛光设备等。

1. 喷枪

喷枪是涂装修补的关键设备,对涂装修补的质量影响很大。喷枪的类型和规格较多,适用于不同场合的喷涂,但其基本功能和原理是一致的。

(1)喷枪的工作原理

①喷枪的雾化

空气喷枪是指利用空气压力将液体转化为小液滴的喷涂工具,过程即雾化。雾化的过程就是喷枪工作的过程,雾化使涂料成为可喷涂的细小而均匀的液滴。当这些小液滴被以正确的方式喷上汽车表面后就会结合形成一层厚度极薄的平整的膜。

雾化分以下 3 个阶段进行(见图 2-2):

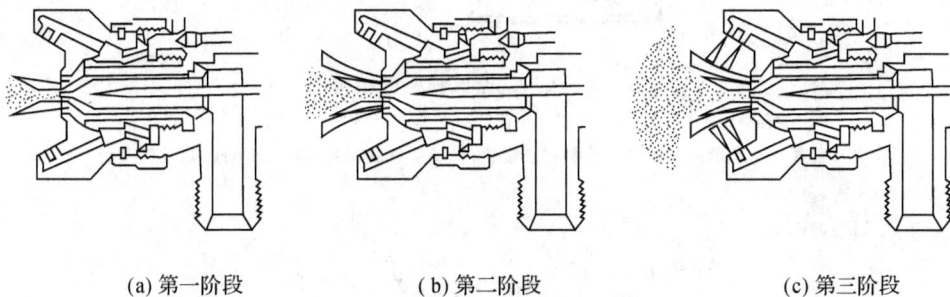

(a) 第一阶段　　　　　　(b) 第二阶段　　　　　　(c) 第三阶段

图 2-2　雾化的 3 个阶段

第一阶段,涂料出于虹吸作用从喷嘴喷出后,被从环形口喷出的气流包围,气流产生的气旋使涂料分散。

第二阶段,涂料的液流与从辅助孔喷出的气流相遇时,气流控制液流的运动,并进一步使其分散。

第三阶段,涂料受从空气帽喇叭口喷出的气流作用,从相反的方向冲击涂料,使其成为扇形的液雾。

②喷枪的结构

喷枪主要由气帽、喷嘴、针阀、扳机、气阀、调节钮和手柄等组成,典型的吸上式空气喷枪的结构如图 2-3 所示。空气帽引导压缩空气撞击涂料,使其雾化成有一定直径的漆雾。空气帽上有 3 个小孔为中心孔、辅助孔、侧孔(如图 2-4 所示)。中心孔位于喷嘴末端,产生喷出涂料所需的负压。辅助孔可促进涂料的雾化,喷出空气量的多少与涂料

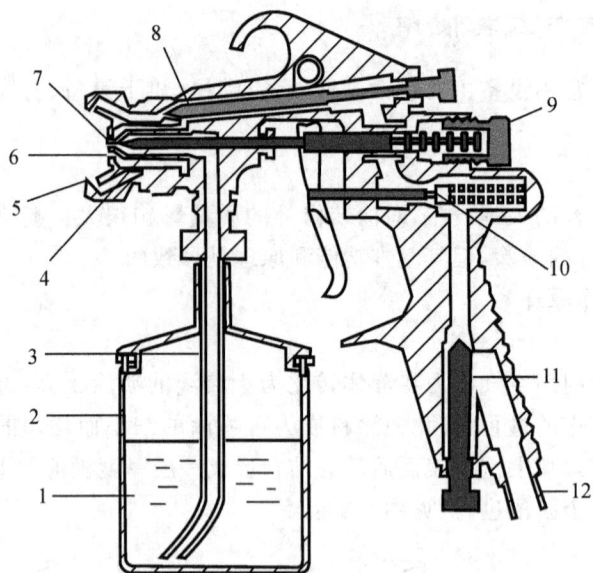

图 2-3 吸上式空气喷枪的结构图

1—容器下壶上吸式的涂料;2—杯;3—涂料管;4—针阀;5—侧孔;6—中心孔
7—喷嘴;8—扇形调整阀;9—涂料控制旋钮;10—空气阀;11—空气调节阀;12—气喷管

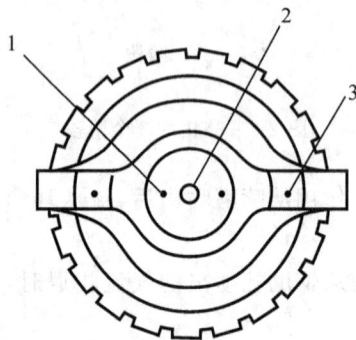

气孔名称

图 2-4 气孔名称

1—辅助孔;2—中心孔;3—侧孔

雾化好坏有很大关系。侧孔喷出的气流可控制喷雾的形状,当扇形调节旋钮关上时,喷雾的形状是圆形;当调节旋钮打开时,喷雾的形状变成宽的椭圆形。

（2）空气喷枪的类型

空气喷枪按涂料的供给方法分为吸力式、重力式和压力式 3 种。涂装修补常用吸力式和重力式，按涂料罐的安装位置常称为下壶枪和上壶枪，小面积修补时多用上壶枪。

喷枪口径选用依据：吸力式喷枪要高的气压和气流才能将涂料吸出，所以一般底漆选用 2.5mm 左右为宜，面漆 1.8mm 左右为宜，喷涂清漆时膜要厚一些，选用 2.0mm 为好；重力式喷枪因出漆量不受黏度限制，所以压力、流量小一些，底漆选用 1.9mm 左右，面漆选用 1.3mm，清漆选用 1.4mm；压力式喷枪出漆压力高，所以选用口径较重力式要小，一般选用 0.5mm 左右。

（3）喷枪的调整与使用

喷涂模式的调整是指喷雾扇形区域的调节，喷雾扇形取决于空气和雾化的涂料液滴的混合是否合适（就像发动机的工作取决于空气和燃油的混合是否合适）。涂料的喷涂应平稳，喷涂出的湿润涂层应没有凹陷或流泪现象。在一般情况下，要想获得合适的喷雾扇形，有 3 种基本调节方式。

①空气压力调节

喷枪喷嘴处的压力对于得到合适的喷雾扇形有明显的影响。空气压力的调节一般可通过分离/调压器来调节，但由于空气从调压器经过输气软管到达喷枪还受到摩擦力作用，因此存在压降。调压器处测得气压与喷枪处测得气压的差值取决于输气管的长度和直径。一般来说，孔径越大压降越小，管长越短压降越小，但管长一般不超过 10m。因此，应该在喷枪处测量气压值，而且我们所提到的压力值都是指喷枪处的气压。

测量气压最可靠的方法是使用一块插在喷枪和输气管接头之间的气压表。有些喷枪本身就带有气压表，可用来检查和调节喷枪处的压力值，而大多数喷枪的气压表是可选件，建议在生产实际中使用气压表。

②喷雾扇形调节

通过调节喷雾扇形控制旋钮可以调节喷雾直径的大小。调节喷雾形状时，将扇形控制旋钮旋紧到最小，可使喷雾的直径变小，喷涂到板件上的形状变圆；将扇形控制旋钮完全打开，可使喷雾形状变成宽的椭圆形。较窄的喷雾可用于局部修理，而较宽的喷雾则用于整车喷涂。如图 2-5 所示的是扇形控制旋钮从旋紧到最小到完全打开时，喷雾形状的变化。

③涂料流量调节

调节涂料控制旋钮可调节适应不同喷雾形状所需的涂料流量，如图 2-6 所示。逆时针转动涂料控制旋钮可增大出漆量，而顺时针转动将减小出漆量。

最佳的喷涂压力是指获得适当雾化、挥发率和喷雾扇形宽度所需的最低压力。压力过高会产生过多弥漫的喷雾，从而导致用料量增加，而涂层流动性降低。因为在涂料

(a) 喷雾形状

(b) 调节形状

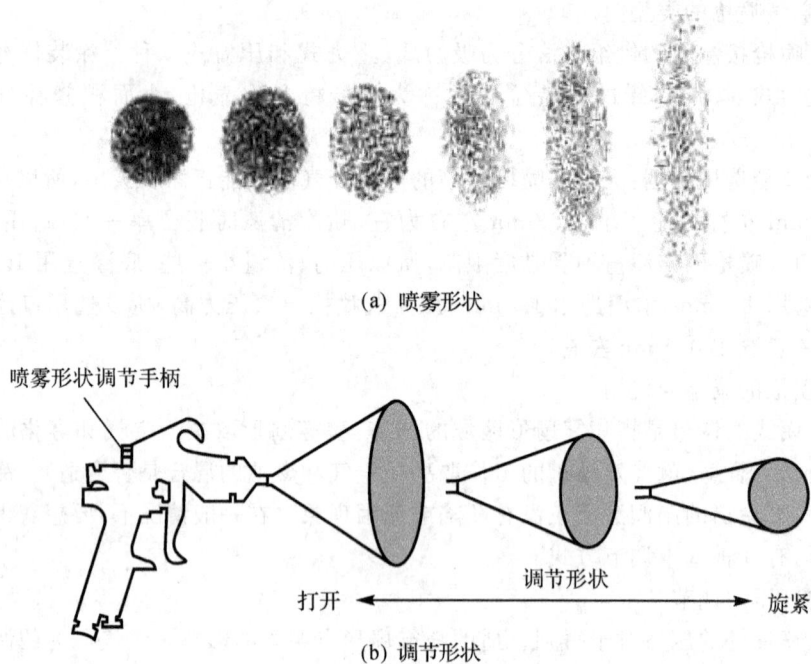

图 2-5　喷雾扇形宽度调节

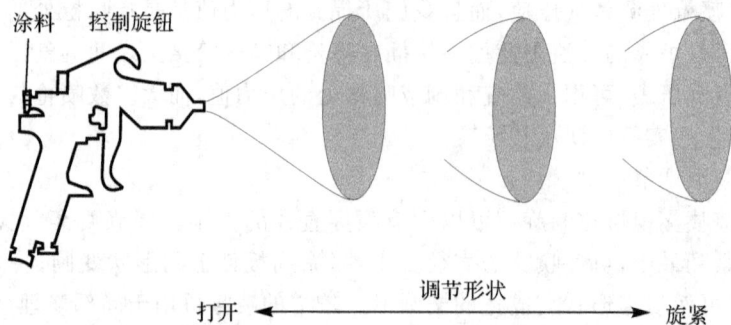

图 2-6　调节涂料控制旋钮控制出漆量

到达喷涂表面之前已有大量的溶剂被蒸发掉了,易产生结皮等缺陷。

　　如果压力过低,会使涂层干燥困难,因为大多数溶剂都保留下来了,因此容易产生起泡和流挂。

④喷枪的使用

为了获得最佳的修补效果,在不同的情况下要使用不同的喷枪。建议每人配备四把喷枪,一把用于底漆、中涂层喷涂,一把用于面漆、清漆层喷涂,一把用于银粉漆喷涂,还有一把小修补喷枪用于点修补。如果这些喷枪保持良好的清洗和工作顺序,就会节约大量换枪时的调整和清洗时间。

(4)喷枪故障的诊断

如果对喷枪维护、清洁、使用不正确,喷枪本身会产生许多问题。图 2-7 指出了空气喷枪容易发生故障的部位。

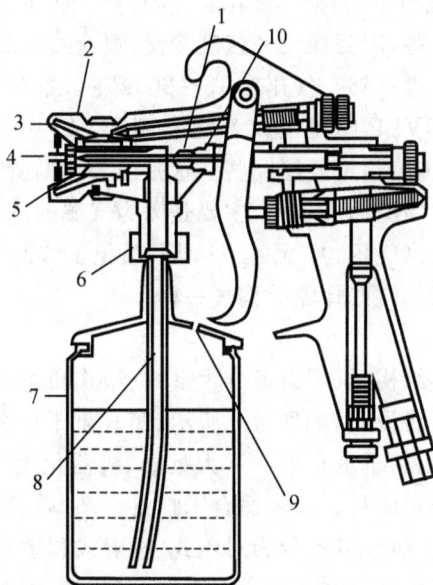

图 2-7　空气喷枪容易发生故障的部位

1—阀套;2—空气帽;3—侧孔;4—中心孔;5—喷嘴;6—储料杯安装螺母;7—储料杯
8—涂料管;9—储料杯盖进气口;10—针阀套螺母

(5)环保型喷枪

环保型喷枪又称为 HVLP 喷枪,意为高流量低气压式喷枪,即使用大量空气,在低气压下将涂料雾化成低速的小液滴。它与传统喷枪的区别在于其材料传递效率非常高。

传统喷枪主要利用高压气体将涂料"吹"成小液滴,在这一过程,将产生大量多余的喷雾。高压系统的转化效率受多余喷雾的影响,小液滴被"吹"起来又被弹了回去,即回喷现象非常明显。相反,HVLP 喷枪将涂料分解成小液滴的气压不超过 70kPa。当涂料流进入气流后,由于没有反弹现象,减少了弥漫的喷雾,因此传递效率有了很大的提高。HVLP喷枪适用于任何可用喷枪雾化的液体溶剂材料。包括双组分涂料、氨基甲酸乙脂、丙烯酸漆、环氧树脂、瓷漆、清漆、着色涂料、底层防锈涂料等。

高传递效率可以很好地保护环境，还可以有效地提高车间的工作环境以及喷涂的质量。多余的喷雾不但使工作场合的环境有害健康，而且降低了能见度，从而导致容易操作出错和工作效率下降。多余的喷雾是喷涂操作维护的主要项目之一，因此减少了多余的喷雾就节约了大量的时间。HVLP喷枪的材料传递效率一般是传统喷枪的2倍左右，传统喷枪的材料传递效率大约在35%～40%，而HVLP喷枪的材料传递效率高达65%以上，这样喷漆间的维护与用料费用都相应降低了许多。

HVLP喷枪和传统喷枪的操作基本相同，但有一些细微的差别。例如，HVLP喷枪离喷涂表面应该近一些，因为漆流的速度较慢，喷涂时应距离15～20cm，距离过长会导致喷涂发干且漆膜厚度不够。气压在15～200kPa就能使涂料很好地雾化。

许多第一次使用HVLP喷枪的人都注意到HVLP喷雾速度要比传统喷枪喷涂慢，但漆膜厚度通常比传统喷枪要厚一些。这是因为达到所需厚度的喷涂次数要少，可以提高工作效率。有时喷涂速度较慢，主要是因为气源的压力不足，并非所有系统在实际情况下都能达到额定供气压力。而且HVLP喷枪工作时非常安静，好像工作效率不高，它不像传统喷枪，工作时好像轮胎漏气一样。

2. 烘干设备

按干燥设备的外形结构，烘干设备分为室式、箱式和通过式3种。修理厂常用的喷烤漆房就属于室式烘干房设备，如图2-8所示；箱式烘干设备适用于小批量、间歇式生产；通过式烘干设备主要用于汽车生产厂大批量、机器化生产。按生产操作方式，烘干设备分为连续式和周期式两种。前者适合于批量生产，后者适合于大批量流水作业。

按加热和传热方式，烘干设备分为对流式、辐射式和感应式3种。对流式是指用蒸汽、电热和炉火加热空气，使热空气在房内对流加热；辐射式是指将热能转变为各种波长的电磁波，对物体加热，利用红外线作辐射源的称为红外线辐射干燥设备；感应式是指用电磁感应加热的设备。

(1)红外线烤灯

红外线烤灯是一种可移动式的、方便的、小工件烤干设备，依靠被照物吸收光能转换成热能，而使物体升温。它适用于所有可加热固化的涂料的烘干和干燥工序。红外线辐射加热与热风对流加热相比，具有如下特点：热能靠光波传导，被涂膜和物体吸收，升温速度快；基于涂膜和物体吸收红外线而升温，热量从物体和涂膜内向外传，与涂膜干燥过程中溶剂的蒸发方向一致，这样就不易产生由于有溶剂封在涂膜内部而生成针孔的缺陷；设备简单，生产效率高；由于红外线辐射有方向性，可以进行局部加热。移动式远红外线干燥设备如图2-9所示。

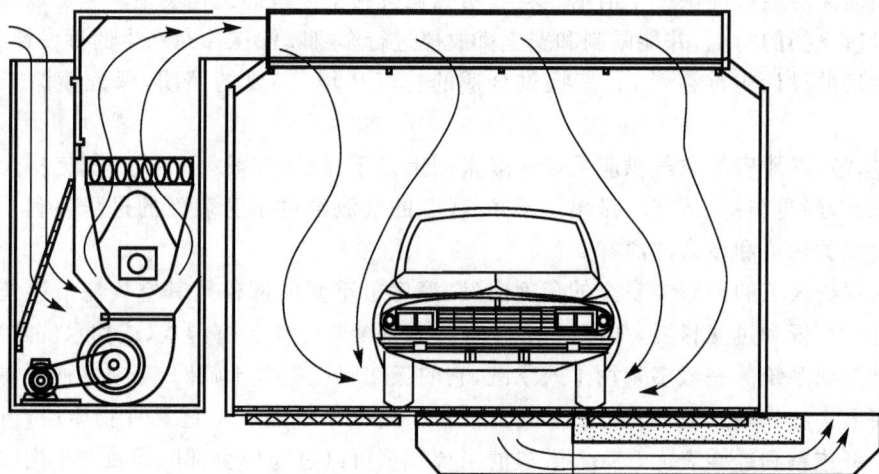

图 2-8 喷烤漆房

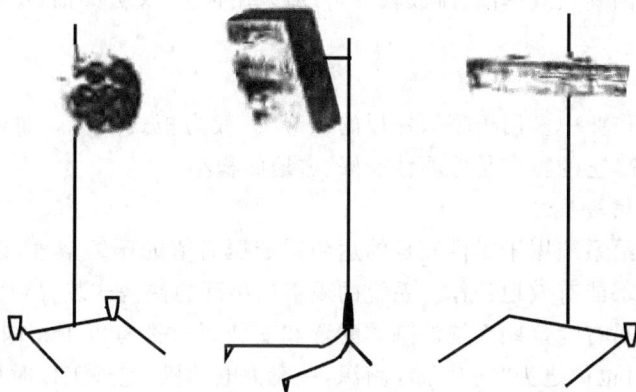

图 2-9 移动式远红外线干燥设备

（2）喷烤漆房

喷烤漆房是汽车涂装修补重要的设备。常用喷烤漆房来解决喷涂时常见的有下列问题：灰尘、污染、安全（由于与钣金等其他车间在一起，易起明火），喷涂完成后的干燥。车身修理车间难免由于敲打金属、研磨焊缝、原子灰、打砂和其他类似的产生灰尘的工作而粉尘不断,而这种环境不利于车身的喷涂工作,这些粉尘大多数非常细微,很难控制。喷烤漆房能够提供一个清洁、安全、明亮且有利于健康的工作场地。它可以使喷涂场地没有飞扬的粉尘,并能限制和安全排放掉进行车身喷涂工作时产生的挥发性气体。现代烤房的设计非常科学,它能提供合适的空气环境、必要的照明,保证喷涂工作的安全。

现代喷烤漆房的空气供应系统一般采用上送下排式,又称下行式。气流从天花板吹进来后,经过车身,从气坑排出。干净、适温的气流经过车身表面的过程有利于减少喷涂表面的污染和多余的漆雾。

从保护漆工的健康与安全的角度出发,漆房最重要的部件是其空气滤清系统。目前有各种配置和过滤材料,如纸、棉、玻璃纤维、聚酯纤维等。有湿式(或称水洗式)和干式两种过滤系统。一般多采用干式系统,它的工作原理类似于筛网,当空气通过滤清器时可将其中的涂料颗粒和其他污染物分离掉。有些系统还有一些黏性物质层,可以将各种小纤维粘到纤维表面。大多数过滤系统几乎可以过滤掉全部能导致产生肉眼可见的涂层缺陷的小颗粒,任何直径大于 $14\mu m$ 的颗粒都会使涂层产生显著的缺陷,过滤系统都能滤掉直径 $10\mu m$ 的颗粒。而且房内压力要求大于房外压力 $30kPa$ 左右,形成正压状态,这样可以有效地防止房外颗粒物的进入。

喷烤漆房的加热方式有燃油式、电加热式和红外线加热式,后两种加热方式目前已不多用。燃油式因其热效率高、排放较少,目前采用很多,又分柴油、煤油和酒精等几种燃料。

(3)烘箱

烘箱在喷涂作业中多用于喷涂样板的烘干,一般为柜式结构。加热方式一般为电加热、红外线加热,它的特点是保温性能好、占地面积小。

3.压缩空气供给系统

压缩空气供给系统用于提供充足的达到预定压力值的压缩空气,以确保喷涂车间所有的气动设备都能有效地工作。系统的规格从小型的便携式装置到大型的安装在车间内的设备应有尽有。这些系统的基本配置和安装要求都有以下相同点:一台或一组空气压缩机,有时也称之为"气泵";动力源,一般为电动机,室外工作时可使用便携式汽油机驱动的压缩机;一只或一组用于调节压缩机和电动机工作的控制器;应使用规格合适的贮气罐或容器,如果过小将导致压缩机频繁启动,从而使电动机负载过重,过大则浪费;分配系统是指从空气容器到需要压缩空气的分配点的软管和固定管道,或者软管和固定管道的组合,包括规格合适的软管或者固定管道、接头阀、油和水分离器、气压调节器、仪表和其他能使特定的气动工具,以及喷涂设备有效工作的空气与流体控制装置,是压缩空气系统连接的关键。

①空气压缩机

压缩机是所有空气系统的心脏,它将空气的压力从普通的大气压升高到某一更高的压力值。空气压力的单位是磅力每平方英寸(psi)。正常的大气压压力是 14.7psi(101.36kPa),而典型的压缩机能够提供压力高达 200psi(1379kPa)的空气。空气压缩机按其工作原理划分为膜片式、活塞式和螺杆式三类,活塞式空气压缩机使用比较普遍。

由于车身修理和喷涂工作通常需要消耗大量的压力相对较高的压缩空气,膜片式压缩机在普通工厂较少使用,而只用于专门进行定制喷涂和使用小型喷枪的表面精修厂家。

根据所需要的空气量压力值的不同,可以选择单缸或多缸以及单级或双级的活塞式压缩气泵。如果空气是从常压下吸入的,并由一个冲程压至最终压力,则使用的压缩机就是单级压缩机。单级压缩机一般用于压力范围达 125psi(861.88kPa)的间歇性作业中。双级压缩机的效率较高,工作温度较低,并且在消耗相同能量的情况下能提供更多的压缩空气,尤其是在 100~200psi(689.5~1379kPa)的压力范围内;而这一压力范围完全可以满足大多数车身修理或喷涂工作的需要。

②贮气罐

空气压缩机输出的压缩空气一般都要进入贮气罐暂时贮存。只有当贮气罐气体的压力达到气动工具所需要的压力值时,气动工具才能正常工作:贮气罐实质上是个蓄能器,其容积越大,所能贮存的压缩空气量越多。只有当气动工具使用时,压力下降到一定值,压缩机才会启动重新向贮气罐充气。可见,贮气罐的作用在于减少压缩机的运转时间,同时又能保证供给气动工具用气的需要,因此可以减少压缩机的磨损和维修工作。

贮气罐或其他容器通常为圆柱形,而压缩机电动机和气泵则一般安装在其顶部。市场上可以购买到水平和垂直固定安装式,以及垂直安装在轮子上的便携式。

③空气压缩机的控制系统

压缩机有便携式和固定式两种。固定式的空气压缩机由主机、电动机和内燃机、贮气罐或其他空气容器、单向阀、压力开关、安全阀和贮气罐底部的放水阀等系统和元件组成。

④自动卸载器

自动卸载器又称安全阀。当贮气罐内压力达到最大值时,自动卸载器开启,罐内压缩空气排向大气,使压缩机空转;压力降低到一定值时,在弹簧力作用下,安全阀关闭,压缩机恢复正常工作状态。自动卸载器调节的最大压力和最小压力可以通过调节螺钉进行调整。新型空气压缩机多用电磁离合器控制贮气压力,取消了自动卸载器。

⑤压力开关

压力开关是利用空气压力控制电源开闭的开关。一般情况下,压力达到所需的最大值时,电源断开,电动机停止运转,压缩机不工作;压力低于最小值时,电源接通,电动机重新启动,带动压缩机工作。

电动机直接起动时,瞬间过载电流很大,一般都要采用起动器起动,为电动机提供过载保护。电动机的型号及电流特性不同,起动器也不同。因此,必须选用与电动机相匹配的起动装置。

⑥过载保护器

在小型设备上,一般采用熔断器(俗称保险丝)进行电路过载保护;大型设备上在起动装置上安装热继电器实施过载保护。按要求来说,所有压缩机都应该使用过载保护装置。

四、喷涂作业的安全与防护

涂装作业必须高度重视安全保护工作,以免发生各种意外事故,危及人身安全或严重污染环境。涂装工作人员必须学习有关的安全技术规程,掌握安全操作方法,严格执行劳动保护条例和安全操作规程。

1.涂装施工中预防中毒的措施

涂装车间所使用的涂料及溶剂等绝大部分都是有毒物质,在工作中形成漆雾、有机溶剂蒸气和粉尘等,操作人员长期接触和吸入体内能够引起慢性中毒,有损健康。若将它们排放到室外则导致大气污染,有些具有光化学反应性的溶剂在受到阳光中的紫外线照射后能形成毒性更大的物质,造成公害。

汽车维修企业的涂装车间多是立体作业,自动化程度较高,使用酸、碱和其他易燃涂料等物质处理被涂件时如果操作不当,很容易发生人身和设备事故。另外,在涂装过程中产生废气、废水和废弃物等“三废”,污染环境。所以涂装车间是工厂的公害防治重点和防火要害区。因此,从事涂装工作的技术人员和管理人员必须全面熟悉涂装安全知识,采用有效的办法控制污染和灾害的发生。在进行涂装时,因所使用的材料中含有有害物质,使操作者有可能患急性或慢性的中毒、职业病、皮肤病等,因此必须加强工作环境的保护、劳动保护和工人的健康工作。

涂料的毒性主要是由所含的溶剂、颜料和部分基料等有毒物质所造成。有机溶剂一般都具有溶脂性(对油脂具有良好的溶解作用)。所以,当溶剂进入人体后能迅速与含脂肪类物质作用,特别是对神经组织产生麻痹作用,产生行动和语言障碍。有机溶剂对神经系统的毒性是共性,化学结构不同各种有机溶剂还有其个性,毒性也不一,其中有毒溶剂主要有苯类、四氯乙烷、异氰酸脂等。以苯为例,在苯的浓度为 $100\sim300\text{mg/m}^3$ 的环境下长期工作,就可能产生程度不同的慢性中毒。

　　轻度苯中毒:可有头痛、头晕、全身无力、疲劳嗜睡、心悸及食欲不振等,偶尔有鼻出血和牙龈出血等现象。

　　中度苯中毒:白血球下降到 $3000/\mu L$ 以下,红血球、血小板减少,鼻、牙龈出血频繁,皮下可出现淤血、紫斑,妇女经期延长,抵抗力下降。

　　重度苯中毒:白血球下降到 $2000/\mu L$ 以下,红血球和血小板大量减少,口腔黏膜及皮下出血,视网膜广泛出血,肝脏肿大,骨骼组织显著改变,多发性神经炎,再生障碍性贫血等。

　　为确保操作者身体健康,必须靠排气和换气来使空气中的溶剂蒸气浓度降低到最高许可浓度以下,即长期不受损害的安全浓度。有些颜料(如含铅颜料和锑、镉、汞等化合物)及木车厢使用的防霉剂(如有机汞、八羟基喹啉铜盐)等均为有害物质,若吸入体内则可引起中毒反应。有些基料的毒性也很大,如聚氨酯漆中含有游离异氰酸酯,能使呼吸系统过敏;环氧树脂涂料中含有的有机胺类固化剂可能引起皮炎等。因此,在涂这些涂料时必须采取预防措施,严防吸入或接触。

　　从事涂装工作的人员在工作中一定要注意下列事项:

　　①在使用任何涂料和工具之前应仔细阅读有关技术资料,并遵守有关安全操作指示。

　　②室内施工时应确保空气循环良好。在喷漆间进行涂装操作时必须开动进排风系统,并在喷涂工作完成后继续开动 10min 左右,以清除喷雾和避免溶剂气体聚集。

　　③在使用和处理涂料时必须穿戴防护工作服。在进行除锈、打磨、喷涂等工作时,必须戴防护眼镜、过滤面具,防止沙砾、漆雾等损伤眼睛和呼吸系统。使用酸洗除锈或碱液除锈时,应戴好耐酸手套和防护镜。使用双组分涂料,特别是含异氰酸酯的涂料时,必须在密封及有良好通风系统的喷漆房内进行,操作人员必须戴活性炭过滤呼吸面具或供气面具。

　　④在使用有毒有害的涂料及辅料时必须小心,不要使其接触眼睛、口腔和其他身体裸露部分。如有接触应马上用大量清水洗涤,并请医生处理。

　　⑤禁止在涂装车间内吸烟、饮食或存放饮料食物。

　　⑥在工作后、饮食前必须彻底清洗双手及面部。

　　⑦随时清理溅在地面上的漆料及其他易燃品。施工完毕后应封闭油漆桶,清理工具和涂料;防护用品应专门保管;任何污染物料及纸张等必须立即置于有盖的金属容器内。

　　⑧如感觉身体不适,应尽快报告并请医生进行检查。

　　2.防火防爆要求

　　喷涂施工的场所一定要注意灾难性事故的发生,所以要严格遵守操作规程,避免发生火灾、爆炸等事故。

①严禁烟火。施工场所严禁吸烟,不许携带火种入内;如必须动用明火,则只能在规定的安全区域内进行。

②通风排气。涂装施工中,将有大量的溶剂挥发与空气混合,如室内溶剂气体浓度达到一定的程度,一遇火种就会产生燃烧或爆炸,因此工作场所必须具有良好的通风。

③按防爆等级规定安装电气设备。凡能产生电火花的电器和仪器禁止在工作场所使用;各种电器都应符合防爆要求;在使用溶剂的直接场所禁装闸刀开关,配电盘、熔断器和普通电机等安装在室外。

④谨防自燃。浸有涂料、溶剂、清洁剂等的棉纱、清洁布等拭擦物,如不及时清理而长期堆积,由于化学反应会逐渐升温以致达到燃点而自燃。因此上述物品必须放在指定的地点,定期销毁,更不许与涂料、溶剂混放在同一场所。

⑤避免积存过多的涂料。施工现场应避免积存过多的涂料和稀释剂,并不得将盛放涂料、溶剂的容器开口放置。

⑥常备灭火器材。施工现场必须备有足够的灭火器材并定期检查更换。

⑦及时报警。一旦发生火灾应及时报警,并立即切断电源、关闭运转的设备和邻近车间的门窗,防止火势蔓延并组织扑救。

第二节　涂装工艺

汽车涂装工艺在历史上经过了三个主要飞跃:20 世纪 20 年代的醇酸(磁)漆,60 年代的丙烯酸(磁)漆,以及 80 年代的透明漆(氨基甲酸酯)。使汽车涂装系统由当初最原始的 2C2B(二涂二烘)发展到今天最高的 7C5B(七涂五烘),涂层的总厚度也由原来的 $30\sim40\mu m$ 增加到 $130\sim150\mu m$,逐渐实现了由低级到高级的过渡,能够初步满足汽车工业对不同档次车辆涂装的要求。车身涂装前表面的处理、底漆、中间涂料和面漆的涂装工艺是车身修复中喷漆作业的基础。

一、车身涂装前表面的处理

对车身进行涂装是汽车耐腐蚀和装饰的最经济而有效的方法。车身涂装前表面的处理就是将车身在制造、运输、储存和维修过程中残存在其表面上的各类杂质进行处理,如氧化皮、锈蚀、各种油类物质、酸碱等化学物质、焊渣和尘土等机械污物及原有的旧涂层或塑料等硬质有机物涂层等。

涂装前表面的处理是涂装施工的第一道工序,是直接影响涂层使用寿命和装饰效果的重要环节。如果涂装表面处理不彻底,将影响涂层的附着力、防护能力及涂层的硬度和车身的光洁度等。

1.涂装前的油污去除处理

脱脂处理就是去除金属表面上的油污,使涂层的结合力、干燥性能、装饰性能及耐腐蚀性能得到提高。

在油污的化学性质中,根据油污能否与脱脂剂发生化学反应而分为可皂化油污和不可皂化油污;在油污的物理性质中,根据油污对基体金属的吸附作用,可分为极性油污和非极性油污。动物油脂和植物油脂是可皂化的,可以采用皂化、乳化和溶解作用除去。矿物油和凡士林是不可皂化的,只能靠浮化、溶解或分散等作用除去。对含有脂肪酸和极性添加剂的极性较强的油污,由于对金属表面有附着力强的倾向,清洁起来较困难,需采用化学作用或较强的机械作用力来除去。对金属表面的除油一般采用有机溶剂脱脂、碱性水基脱脂及乳化脱脂等方法。

(1)有机溶剂脱脂

目前常用的有机溶剂有石油系溶剂(主要有汽油、溶剂油、煤油、正己烷等)、芳香族溶剂(主要有甲苯、二甲苯、溶剂油等)、氯系溶剂(主要有三氯乙烷、三氯乙烯、四氯乙烯等)、氟系溶剂(主要指氟利昂等)以及醇类溶剂(主要指乙醇,也就是酒精)与酮类溶剂(主要指丙酮)等。

有机溶剂脱脂是指采用有机溶剂对皂化油脂和非皂化油脂进行充分溶解。采用有机溶剂脱脂的特点是施工速度快,工作效率高,操作方法简单实用。一般可用擦洗法、涂刷法、先喷洗后擦净法等多种方法进行施工,这些方法均可在常温条件下操作。

石油系溶剂对可溶性油污(如机油等)的消除效果较好,但对矿物颗粒、金属颗粒等脏物的清除效果差。除油后这些脏物仍然能附在金属表面上,这样工件在磷化时,脏物有可能残留在金属与磷化膜之间,影响磷化膜的质量。再者,汽油、溶剂油、正己烷、煤油都是易燃品,故在使用时应采取防火措施,远离火源,严禁接触明火,以防火灾。

目前,在汽车行业使用的石油系溶剂主要是汽油,少数采用柴油。一般采用溶剂清洗时,常采用涂刷法,即将汽油倒入铁槽或钢槽等容器中,然后将工件浸入汽油中涂刷数分钟。油污除净后,出槽后晾干汽油,再用冷水或热水冲洗被清洗的工件表面,然后用干净布擦净工件表面上的杂质,也可用压缩空气吹净残存的水分及缝隙、沟槽中的水分等。

氟系溶剂属低毒类溶剂,特点是化学性能稳定,不燃烧,表面张力极小;芳香族溶剂的特点是对可溶性油污的溶解能力强,除油效果好,但气味大,对人体有一定的毒性,而且易燃,成本高;醇类溶剂可单独使用,也可与氯化烃或氯氟化烃混合使用。酮类溶剂闪点低,极易挥发和易燃,故仅用于精密仪器组件的清洗。

(2)碱性水基脱脂

碱性水基脱脂法主要是根据碱和碱性盐的化学作用来清除涂层表面上油污的一种方法。

　　化学碱液是由一定比例的碱和碱性盐类以及一些表面活性物质溶解在水中组成。常用的碱性水基脱脂有碳酸钠、氢氧化钠、磷酸三钠、硝酸钠等。

　　①碳酸钠。又称小苏打,是使用成本低的碱性物质,它在水中分解时生成 OH^-,提供碱性。

　　②氢氧化钠。又称苛性钠,是一种强碱化合物,它在水中溶解后电离出 OH^-,提供碱性,能与动植物油发生皂化反应,生成能溶于水的甘油和脂肪酸盐(俗称肥皂),溶解分散在洗液中。

　　③磷酸三钠。磷酸三钠在水解时生成溶解度很低的磷酸,从而获得碱度。磷酸三钠具有软化硬水的作用和较明显的促进污垢粒子乳化的作用,它还具有较高的碱性,可通过皂化作用使脂肪类污垢溶解。

　　④硅酸钠。硅酸钠水解时生成的硅酸不溶于水,而以胶束结构悬浮在槽液中,这种溶剂化的胶束对固体污垢的粒子具有悬浮和分散能力,对油污有乳化作用,因而有利于防止污垢在工件上的再沉积。硅酸钠具有良好的表面活性,当与其他表面活性剂组合时,硅酸钠是碱类中最佳的润湿剂、乳化剂和分散剂,脱脂效果很好。

　　(2)乳化脱脂

　　乳化脱脂就是利用有机溶剂对油污的溶解作用和乳化剂的分散作用除去金属工件表面的油污。乳化脱脂能清洗掉金属工件上的润滑油、切削油、抛光研磨残渣、探伤残留磁粉及其他无机尘污等各种不同的油污。因此,乳化脱脂特别适于表面要求快速清除油污和要求留有轻微薄膜以作临时防锈的金属工件的清洗。乳化脱脂所用的溶剂浓度相对低,水的含量高,与用100%的氯化碳氢溶剂清洗相比,清洗费用较低。

　　乳化溶液的 pH 值在 7~10 之间时,可适用于各种金属工件。如果起始溶液的 pH 值大于 10 或由于碱污染而超过此值时,乳状溶液不适用于铝、锌和其他轻金属制品。溶剂乳状溶液可以配制成与最大含水条件相容的配方,被清洗工件的尺寸仅受设备条件的限制,因而便于使用。

　　乳化溶液难以除净渗入金属表面微孔中的润滑油脂和树脂化的油类。乳化清洗不适用于粉末冶金烧结制品,也不适用于带有盲孔或深沟槽的工件。

　　生产中可供选用的乳化剂有非离子型聚醚类和高分子量烷基磺酸钠皂或氨皂类、烷基芳香基磺酸镁盐类(阴离子型)、聚甘油酯的脂肪酸酯类、甘油类或聚醇类等几种。乳化剂必须在溶剂相中有一定的可溶性,当其溶解性低时,可以添加一些能溶于油和水的高分子量的醇、脂或醚助溶剂,以提高其溶解性能。

　　乳化脱脂要充分考虑到乳化溶液的浓度、温度、清洗时间、乳化溶液的搅拌及二级水洗等操作条件的控制。

　　2.除旧漆

　　汽车在使用过程中,不可避免地受到自然条件(如雨水、阳光、大气、灰尘、温度、湿度、化学物质等)和使用条件(如刮伤、撞击、划痕等)的影响,使汽车表面的涂层性能和装饰保护效果变差。因此,在重新涂装车身前,要将原有的旧漆清除掉。

在清除旧漆之前,应仔细检查车身的漆膜表面,寻找旧漆破损迹象,如果车身表面出现气泡、龟裂、脱落、锈蚀等破损现象(在烤补、气焊等修理过程中也容易造成漆膜的部分损坏),都必须将旧漆清除。清除旧漆的程度可根据旧漆的损坏程度和重新涂装后的质量要求,进行全部或部分清除。对部分清除的,可将损坏部位及四周损伤的旧漆用铲刀除去,旧漆豁口四周要铲成坡口,有利于刮涂腻子时接口过渡方便。常用的清除旧漆的方法有以下几种。

(1)手工清除旧漆法

手工清除法就是用刮铲、粗锉刀、弯头刮刀等将车身表面的旧漆铲刮掉,并用砂纸、钢丝刷、钢丝束等将铲刮后留在表面的旧漆粗糙口打磨干净。

这种方法操作简单实用,成本低,但工作劳动强度较大,工作效率较低,是涂装工在清除旧漆施工中常用的方法,也是清除车身表面个别部位旧漆的唯一方法。手工清除旧漆时常用工具如图 2-10 所示。

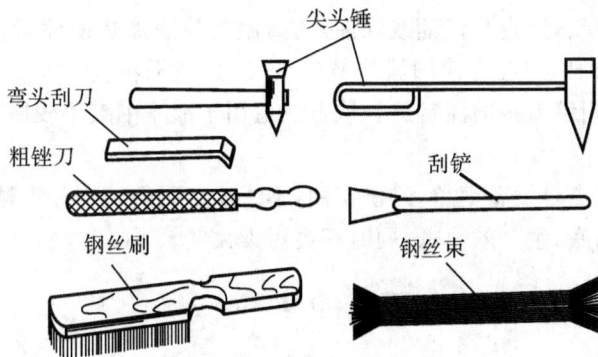

图 2-10　手工清除旧漆常用工具

(2)机械清除旧漆法

机械清除旧漆法是使用如钢丝轮、钢丝打磨机、电动刷、风动刷、干湿砂纸打磨机、电动打磨机等电动或风动机械工具,来代替手工铲磨清除旧刷漆的方法。

电动刷和风动刷是利用特制圆形钢丝刷的转动,靠冲击和摩擦把旧漆、铁锈或氧化皮清除干净,特别适合表面清除。常用的电动打磨机有圆盘式打磨机和双作用打磨机,它是利用电动砂轮把旧漆、氧化皮及铁锈清除干净,尤其适合大平表面的打磨。对轻度锈蚀、旧漆状况好的部位可采用双作用打磨机进行轻磨。必须打磨剥离除去的旧漆及重度锈蚀,可采用圆盘式打磨机。

机械清除旧漆的方法工作效率高,劳动强度低,清除后的质量好,是车身维修业中应用较广的清除旧漆和锈蚀的方法。但操作中要注意不要把钢板打磨穿。

(3)喷沙、喷丸清除旧漆法

喷沙、喷丸清除旧漆的方法是利用压缩空气、高压水流、机械离心力,将磨料、沙子、金属弹丸喷射到旧漆上,借冲击和摩擦作用来清除旧漆。该法还可清除金属表面的锈蚀。

一般情况下,工件厚度小于 3mm 时,不采用喷砂处理,原因主要是由于工件壁薄,容易发生工件变形。最好采用手工打磨和机械打磨的处理方法。

(4)化学清除旧漆法

化学清除旧漆法分为两种方式,一种是碱性脱漆法,一种是有机溶剂脱漆法,均是采用含碱性的脱漆剂、脱漆膏或含有机溶剂的脱漆剂清除掉工件的旧漆,是比较方便而有效的方法。脱漆剂中含有碱性或有机溶剂等化学物质,能在很短的时间内清除旧漆,工艺简单,生产率高。

(5)火焰烤铲清除旧漆法

该法是用一种喷灯(内装汽油或煤油)的高温火焰来加热旧漆,可使旧漆中的油脂有机物燃烧而除去旧漆,也可使旧漆烧软或变硬,造成旧漆受内应力的破坏而除去旧漆。加热后,还可用铲刀将旧漆铲除。该方法适用于旧漆中腻子较厚,清除旧漆较多的构件表面。

此种方法的优点是设备简单,经济实用,不影响金属的结构和机械性能。缺点是清除氧化皮等不够彻底,生产效率低,同时还会污染大气。

二、底漆、中间涂料和面漆的涂装

1.涂底漆

直接在被涂装物底材表面上涂的第一道涂料的工序称为涂底漆(俗称打底)。所形成的底漆涂层是整个涂层的基础,与底材的结合力和涂层的耐腐蚀性主要靠它来实现。从广义上讲,打底也包括采用底面合一涂料的单涂层涂装,它常被应用于装饰性要求不高的汽车零部件;厚膜阴极电泳和粉末涂装等一次涂装厚度大于 $30\mu m$ 的单层涂装,近年来已广泛应用于要求高耐腐蚀性的轿车车下部件(如车轮、底盘件等)的涂装。

为使结构复杂的汽车车身的底漆涂层均匀、耐腐蚀性好,所有内外表面和缝隙内都涂上漆,汽车车身的涂底漆的方法及装备是近几十年中变化最大、革新改造次数最多的汽车涂装工序:由繁重的手工操作实现了完全自动化;底漆涂料由水性涂料取代了易燃的有机溶剂型;底漆的利用率由 50% 提高到 95% 以上;使车身的使用寿命提高了几倍,耐腐蚀性由耐盐雾近百小时提高到 700 小时以上。

目前,除小批量生产和工艺落后的场合车身打底仍用喷涂、浸涂法和阳极电泳涂装法外,据介绍全世界汽车产量 92% 以上的车身采用阴极电泳涂装法,车轮、车架、车下的钢板底盘件和货箱金属件等汽车零部件也以采用阴极电泳涂装法为主。

静电粉末涂装法基于其公害小,涂膜的耐腐蚀和力学性能好,作为汽车的中小零部件的底面合一涂层也已是方向。

涂底漆时的操作要点有以下几点:

①选用底漆时,应注意与被涂物底材及处理膜和随后涂层(中涂或面漆)的配套性。应通过试验或借用他人的经验,根据被涂物的材质及磷化膜的特性和涂层性能的质量标准选用底漆。根据其与上涂层的结合力、烘干规范来选用底漆;如底涂层的烘干温度一般不低于中涂、面漆的烘干温度;底涂层中不应含有能渗入上层涂层的色素或有机颜料;底涂层的力学性能(附着力、冲击强度、弹性等)应优于中涂、面漆涂层等。

②涂底漆前,应检查被涂表面的质量和磷化膜的质量是否符合工艺要求,在被涂表面不清洁(有油污、尘埃和锈蚀)或磷化膜不均匀等情况下不应涂底漆;对涂装预处理过的被涂物应立即涂底漆,不宜放过夜,贮存应该在底漆烘干之后。

③应严格遵守底漆涂装方法的技术规范或操作要点。

④涂装环境要保持整洁,涂底漆场所的环境整洁程度虽然比涂面漆时对环境的要求可低一些,但为确保底涂层质量和减少打磨工作量,故不应忽视。

⑤底涂层应按规定的烘干规范烘干。待底涂层干透后才能涂下道漆,在采用“湿碰湿”的特殊工艺时可例外。但在一般情况下底涂层未干透就涂下道漆(尤其在涂含强溶剂涂料的场合)易产生底涂层被“咬起”或结合力变差的现象。

2. 涂中间涂层

中间涂层是介于底涂层和面涂层之间的涂层。中间涂层所用涂料按其功能不同,可分为通用底漆(又称底漆二道漆浆、二道浆)、腻子二道浆(又称喷用腻子)、封底漆等,统称为中涂涂料。

通用底漆既有底漆性能(可当底漆使用),又具有一定的填平能力(二道浆的功能)。二道浆的功能介于底漆和腻子之间,对物面上微小的不平处也有填平能力,含颜料量比底漆多,比腻子少,一般用来填平涂过底漆或刮过腻子表面的划纹和针孔等缺陷。腻子二道浆兼有腻子和二道浆的性能,一般喷涂在底漆上,其颜料含量较二道浆高。各种二道浆的性能如表 2-6 所示。

表 2-6　各种二道浆的性能

性能　＼　类别	硝基系	油性系	合成树脂系①	备　　注
保持的膜厚	小	大	大	系指一次涂布所得涂层厚度
附着力	大	大	特大	与面漆、底漆层的结合力
打磨性	一般	好	好	干打磨和湿打磨
干燥性	快干、自干	一般、自干或烘干	差、烘干	系指固化时间
对面漆的吸收性	小	大	小	吸收程度

注：①合成树脂二道浆系指氨基醇酸树脂和聚氨酯树脂。

中间涂层本身的功能是保护底漆涂层和腻子层（防止被面漆咬起），增加底漆涂层与面漆涂层间的结合力，消除底涂层的粗糙度（对 $10\mu m$ 粗糙度有效），提高涂层的装饰性，增加涂层的厚度，提高整个涂层的耐水性和装饰性（丰满度、光泽、鲜映性）。为此，中间层涂料应与底漆和面漆有良好的配套性，并应具有良好打磨性，湿打磨后应得到平滑的表面。

为适应大量流水生产的工艺要求和随着冲压技术及底材调整技术的提高，可用一道封底漆代替通用底漆、腻子和二道浆。为减少湿打磨的工作量，现已采用流平性优良的不需打磨的封底漆。以前的封底漆多数为光泽较小的灰色，近来它们的光泽和颜色与面漆相接近（称为同色中涂），这样可减少价格较贵的面漆的用量，而且被涂物的内腔（如汽车车身内表面）可不涂面漆。

由于底漆、二道浆涂膜的光泽小，因而不易发现被涂面存在的小凹凸缺陷，但若等到涂面漆后再发现就难补救了，因此靠封底漆涂层可发现被涂面的划伤等小缺陷，故封底涂层又称为显影层。

中涂所用漆基一般与面漆漆基相近或选用具有极性的树脂，常使用的合成树脂有醇酸树脂、氨基醇酸树脂、环氧改性氨基醇酸树脂和环氧聚酯等。为减少公害，进入 20 世纪 90 代以来，欧美汽车工业已实现中涂水性化。

中间涂层仅用于装饰性要求高的产品（如中高级轿车车身），装饰性要求较低的产品（如吉普、载重汽车车身）一般都不采用中间涂层（即面漆直接涂布在底漆层上）或用厚膜阴极电泳底漆 $30\sim35\mu m$ 取代中间涂层。中间涂层一般都采用喷涂法和自动静电喷涂法，或"湿碰湿"两道，干涂膜厚度为 $35\sim40\mu m$。

涂中间层涂料的操作要点如下：

①要注意所选用中间层涂料与底漆、面漆的配套性。未打磨的中间涂层与面漆之间也应有良好的结合力，其强度应与面漆相仿，烘干温度应与面漆的烘干温度相同或略高一点。

②在涂中间层涂料前应检查被涂底漆涂层表面的质量和清洁度是否符合工艺要求。

③应严格遵守所选用涂装方法(如手工喷涂法、手工静电喷涂法和高转速旋杯式自动静电涂装法等)的操作要求和技术规范。

④涂装环境应与涂面漆环境相同,达到清洁无尘,这样可减少或消除中涂层的弊病,以达到减少打磨工作量或实现中涂层不打磨。

⑤中间涂层打磨应有规律,打磨的方向应一致,不应乱打磨,应用 $400\sim800\sharp$ 水砂纸进行湿打磨。切忌将涂层打磨穿,露出底金属;如果露出底材,在涂面漆前应补涂底漆,以增强这一部位的防锈性和面漆的附着力。

3. 涂面漆

在多层涂装工艺中,涂布最后一层涂料的工序称为涂面漆。面漆涂层直接会影响被涂物的外观装饰性、耐候性和商品价值。因此必须选用装饰性、耐候性好的、遮盖力强的与底涂层结合力强的涂料作为面漆。面漆的涂装道数主要取决于被涂物的外观装饰性和使用条件,一般涂一两道面漆,对装饰性要求高和使用条件较苛刻的被涂物涂两三道面漆,甚至涂更多的道数,以提高涂层的光泽、丰满度和装饰保护性能。

在汽车涂装中,涂面漆一般采用手工喷涂(空气喷漆、空气静电喷涂)、自动喷涂(机械式喷涂、高转速旋杯式自动静电喷涂)等涂布方法。在采用高转速旋杯式自动静电喷涂法场合,如果面漆选择得当,一次就可喷涂干涂膜厚度(40±5) μm 的面漆涂层。

过去只涂一道面漆,烘干一次。随着氨基醇酸、丙烯酸等热固性合成树脂面漆(俗称烤漆)的问世,为省能源、简化工艺、适应大量流水生产的需要,在汽车涂装领域普遍采用"湿碰湿"涂布工艺,即涂第一道面漆后仅晾干数分钟,在涂膜尚湿的情况下就涂第二道面漆,然后一起烘干,甚至有喷涂三道面漆一起烘干的工艺。

过去仅在喷涂金属闪光色面漆涂层时采用罩光工艺,即面漆的底色层上喷涂一两道合成树脂清漆,一起烘干。现今为提高涂层的光泽和装饰性,在国外汽车制造工业中,在喷涂本色面漆也采用罩光工艺(即最后一层喷涂清漆或颜料含量少的面漆)。在喷涂水性本色面漆也是水性底色上"湿碰湿"罩光清漆,一起烘干。

汽车用面漆的颜色可分为本色和闪光色(金属闪光色和珠光色)两大类,在轿车用面漆中各占50％左右,载重汽车用面漆的颜色还是以本色为主。热固性合成树脂本色面漆都两种色各占采用"湿碰湿"工艺喷涂两道(或一次连喷较厚)一起烘干。干面涂膜的厚度为(40±5) μm (闪光色面漆虽也采用"湿碰湿"工艺,但与本色面漆的喷涂工艺有一定差别,其喷涂工艺为:手工或静电喷涂第一道闪光底色面漆→晾干数分钟→手工或机械式空气喷涂第二道闪光底色面漆(两道金属闪光底色涂膜厚控制在 $15\sim20\mu m$,珠光色可厚一些)→晾干 $5\sim10min$,或用 $60℃$ 的热风吹干→手工或静电喷涂罩光清漆(膜厚控制在 $30\sim35\mu m$ →在 $140℃$ 下烘干 $30min$)。

为达到高级装饰性的要求和消除面漆涂层外表的结皮、颗粒,使漆面达到光亮如镜、镜面清晰,在涂面漆工艺中有采用"溶剂咬平"和"再流平"技术。"溶剂咬平"技术仅适用热塑性面号水砂纸打磨,擦洗漆(如硝基磁漆),其工艺过程为:喷完最后一道面漆,干燥,用400♯、500♯水砂纸打磨,擦洗干净后喷涂一道溶解能力强、挥发较慢的溶剂或用这种溶剂调配极稀的同一面漆(一般为1份面漆加3份溶剂),晾干展平。这样不仅能获得平整光滑的漆面,而且能显著地减轻抛光工作量。

"再流平"技术又称"烘干、打磨、烘干"工艺,它是先使热塑性或热固性丙烯酸面漆半硬化,随后用湿打磨法消除涂层缺陷,最后在较高的温度下使其融熔固化。热塑性涂料的典型"再流平"工艺如下:涂面漆(使其干涂膜的厚度达$50\mu m$以上),晾干1min,在107℃干燥15min,检查、修补和打磨(用600♯水砂纸和和溶剂汽油打磨掉结皮、颗粒等涂膜缺陷),最后在135~149℃下烘15~30min。

由于"溶剂咬平"和"再流平"技术的涂装成本高,因此采用范围较小。现都在优良的喷涂面漆的环境下,选用展平性优良、装饰性好的面漆及涂布工艺来达到汽车涂层的高装饰性。

涂面漆时的操作要点如下:

①根据汽车零部件的技术要求及使用条件选用好面漆。千万不能将耐候性不好的内用面漆作为汽车的外表用漆,应通过耐候性试验,或借用他人的经验选用面漆;应注意面漆与底涂层的配套性,切忌面漆的烘干温度高于底层涂料的烘干温度。

②在涂面漆前应严格检查被涂面的清洁度和底涂层的质量,不应再有影响面漆涂层质量的缺陷;如有露底金属面,应补涂底漆。为清除吸附在被涂面上的尘埃,在涂面漆前应用黏性擦布擦净,吹离子化空气消除静电吸附的灰尘。

③应严格遵守喷涂(手工空气喷涂、静电喷涂)的操作要点。

④喷涂面漆环境应保持清洁。环境空气温度应保持20~25℃,湿度应保持60%~75%,应在具有空调(调温、调湿、除尘)的喷漆室中进行,以确保面漆涂层无垃圾、颗粒和具有良好的展平性。

⑤注意保护涂层,防止划伤。在进行面漆涂层的最终检查时不应用硬的粉笔之类作标记,而应用贴标记或用软的蜡笔作标记。

三、典型涂装工艺过程

1. 发动机的涂装工艺

发动机涂装系指发动机总成(包括变速箱、离合器等)的涂装工艺。基于发动机总成的热容量大,部分配件又不能经受高温,在大量流水生产的场合只能选择快干型涂料,另外发动机总成表面常可能触及机油、汽油、柴油、水等,因而要注意涂层的耐机油、汽油、柴油性和耐水性。采用总成涂漆工艺的发动机毛坯一般都在加工或装配前涂防锈底漆。发达国家大部分工厂采用毛坯先涂漆后加工装配,总成不再涂漆的工艺,既简化了涂装工艺又提高了发动机的涂层质量。

不论采用哪种工艺,发动机上的配套件(如发电机、起动机、风扇和空气滤清器等)都是涂装后装配。

典型发动机的涂装工艺如下:

①总成涂装工艺。手工清理被涂的发动机总成表面,除去灰尘、油污和碱斑等→用无油无水压缩空气吹净整个表面→不需涂漆的配件上装好遮蔽罩→喷涂快干的合成树脂→磁漆→70～90℃下烘干 10～15min→冷却、检查、卸遮蔽。

②先涂装后装配工艺。毛坯清洗、磷化→水分吹干→对非加工面进行粉末喷涂(或喷涂其他涂料)→高红外辐射烘干→冷却、检查→送加工后装配。

2. 底盘的涂装工艺

汽车底盘包括车桥、传动轴、发动机箱、转向机、减振器和底盘小件(如制动系统件、各种弹簧、U 形螺栓、拉杆、各种盖板等)被设置在车下,常与泥水接触,因此,底盘的涂层也属耐蚀性涂层。

因车桥、转向机、传动轴、发动机箱等的热容量大,且因油封、橡胶件、垫圈等不能经受高温(100℃以上),需采用快干或自干型涂料。底盘小件一般可选用烘干型涂料,减振器总成内有油,在选择涂装工艺时应注意这一特点。

3. 轿车保险杠的涂装工艺

金属保险杠的涂装:用棉布等蘸汽油清除油污,用 60～70♯砂纸磨除锈蚀,用压缩空气、毛巾等清净浮尘。用黏度为 22～26s 的 H06－9 铁红环氧酯底漆或 C06－1 铁红醇底漆喷涂一道底漆,自干 24h 或 120℃烘烤环氧酯底漆 1h,其干后的厚度为 25～30μm。用灰醇酸腻子刮涂一层腻子,自干 24h 或 100℃烘烤 1.5h 后用 240～280♯水砂纸磨至平整光滑,洗净晾干。用 18～22s 黏度的黑醇酸磁漆喷第一道面漆,常温干燥 24h 或 100℃烘干 1h 后,用 280～300♯水砂纸将漆膜轻轻地正视面打磨一下,擦洗干净,晾干水分。喷涂第二道面漆,自干 24h 或 80～100℃烘干 40～60min。

4. 轿车车身涂装工艺

大量流水生产的中高级轿车车身涂装、厢式车车身和质量要求高的载货汽车驾驶室及覆盖件的涂装一般均采用三层涂装工艺。在涂装过程中,车身运输漆前表面处理、电泳一般采用悬挂运输方式,中间涂层和面漆涂装线一般为地面运输方式。生产节拍在 5min 以内采用连续式,大于 5min 采用间歇式。

典型的涂装工艺流程列于表 2-7 中。

表 2-7　汽车车身典型三层涂装工艺流程

序号	工序名称及作业内容	工艺参数选择范围	处理或操作方式	设备及工具	备 注
1	预清理:清除车身表面的严重油污及焊接垃圾(焊渣、杂物等)。擦拭车身外表面。		手工或自动	预清理工位或预清理设备	根据产量确定是否采用自动设备
2	前处理:对车身进行磷化处理 (1)预脱脂	40~70℃ 90~120s	自动进行喷射 0.15~0.25MPa	前处理装置、运输设备及专用吊具、夹具	根据选用的前处理材料准确确定工艺参数 低温磷化25~35℃、中温磷化40~60℃ 因铬公害,有的厂不用钝化工序
	(2)脱脂	室温 20~30s	浸渍		
	(3)水洗	室温 20~30)s	喷射 0.1~0.15MPa		
	(4)水洗	室温 20~30s	喷射 0.1~0.15MPa		
	(5)表调	室温 20~30s	浸渍		
	(6)磷化	25~60℃ 150~300s	浸渍		
	(7)水洗	室温 20~30s	喷射 0.1~0.15MPa		
	(8)水洗	室温 20~30s	喷射 0.1~0.15MPa		
	(9)钝化	室温 30s 浸渍			
	(10)去离子水洗	室温 20~30s	浸渍		
	(11)新鲜去离子水洗	室温 5~10s	喷射 0.08~0.1MPa		
3	阴极电泳涂底漆	80~90℃ 150~240s pH5.8~6.7 电压 200~350V 固体份 18%~20%	浸渍	电泳装置、超滤装置、运输设备及吊具	

序号	工序名称及作业内容	工艺参数选择范围	处理或操作方式	设备及工具	备 注
4	电泳后冲洗、洗去浮漆			电泳后冲洗装置	
	槽上冲洗	室温 5～10s	喷射 0.08～0.1MPa		
	超滤液洗	室温 20～30s	喷射 0.08～0.1MPa		
	超滤液洗	室温 20～30s	浸渍		
	新鲜超滤液洗	室温 5～10s	喷射 0.08～0.1MPa		
	去离子水洗	室温 20～30s	喷射 0.08～0.1MPa		
	去离子水洗	室温 20～30s	浸渍		
	新鲜超滤液洗	室温 5～10s	喷射 0.08～0.1MPa		
5	电泳底漆烘干	160～190℃ 20～30min	自动	烘干室	
6	冷却、检查				
7	焊缝密封、钣金修整	30～45min	人工或自动操作	涂胶漆	
8	上遮蔽：堵工艺孔及将不希望喷涂 PVC 车底涂料的部位遮蔽起来		人工		
9	喷涂 PVC 车底涂料	5～8min	人工或自动		
10	卸遮蔽：将无用的遮蔽物除去		人工		
11	擦净：将车身表面的喷涂飞溅擦净		人工		
12	烘干	120～140℃ 15～20min	自动	烘干室	
13	局部打磨：消除底漆缺陷		人工	打磨间	
14	放置隔热减震垫片		人工		
15	擦净车身表面		人工		
16	喷中涂层		人工或自动	喷漆室、空调装置、喷涂装备	参数根据材料确定
17	晾干				
18	烘干	140～170℃ 17～30min	自动	烘干室	
19	冷却、检查				
20	局部打磨		人工	打磨间	

续表

序号	工序名称及作业内容	工艺参数选择范围	处理或操作方式	设备及工具	备　注
21	擦净		人工		
22	喷涂面漆		人工或自动	喷漆室、空调装置、喷涂装备	参数根据材料确定
23	晾干				
24	烘干	120～150℃ 17～30min	自动	烘干室	
25	冷却、检查、修饰		人工		
26	合格品进行空腔涂蜡		人工或自动	喷蜡间	
	不合格品重复工序 20～24				

5.轿车车轮涂装工艺

轿车车轮装饰罩与保险杠类似,典型涂装工艺如表 2-8 所示。

表 2-8　典型车轮装饰罩涂装工艺

序号	工序名称及作业内容	工艺参数选择范围	处理或操作方式	设备及工具	备　注
1	挂装		人工	悬链、吊具	
2	前处理:清除表面油脂及脱膜剂			前处理装置	小批量生产情况下,也可采用溶剂前处理
	(1)脱脂	60～70℃	喷		
	(2)水洗	室温	喷		
	(3)水洗	室温	喷		
	(4)去离子水洗	室温	喷		
	(5)吹风,用无油无水压缩空气吹去积水		人工或自动		
3	水分烘干	80～90℃		对流式烘干室	溶剂处理不需要此工序
4	冷却				溶剂处理不需要此工序
5	离子化空气吹净		自动	离子化吹风装置	
6	涂底漆　单组分或双组分塑料底漆		人工喷涂	喷漆室喷漆工具	
7	烘干	80～100℃ 30～45min			
8	冷却	80～100℃ 30～45min			
9	打磨(必要时)擦净		人工		
10	离子化空气吹净		自动	离子化吹风装置	

续表

序号	工序名称及作业内容	工艺参数选择范围	处理或操作方式	设备及工具	备　注
11	涂面漆(塑料专用面漆)先喷涂底色、晾干 3~5min 后,湿碰湿喷涂罩光漆		人工	喷漆室喷漆工具	
12	晾干	20~30℃8~10min	人工	晾干室	
13	烘干	80~90℃45min		烘干室	
14	冷却	80~90℃45min		烘干室	
15	质量检查		人工	照明装置	

6. 水箱、散热器、钢板弹簧等的涂装工艺

水箱、机油散热器外表涂一层漆的目的是起一般的防护装饰作用,铝或铜质的散热片还不希望涂上漆,因为这样会影响散热性能。它们的结构是铅锡焊的容器,所以不能采用浸涂、淋涂和电泳涂装法,不能采用烘干温度超过 15℃ 的涂装工艺。钢板弹簧总成的弹簧钢板间涂有润滑脂,所以涂漆后也不宜高温烘干,这两类汽车零部件的涂装一般只宜采用喷涂法和静电喷涂法。典型涂装工艺列于表 2-9 中。

表 2-9　散热器和钢板弹簧的典型涂装工艺举例

工序号	水箱、机油散热器	工序号	钢板弹簧
1	经水压试验合格的水箱装挂到悬挂式运输链上	1	将钢板弹簧总成装挂到悬挂式运输链上
2	烘干或吹干被涂物的水分	2	手工喷涂或自动静电喷涂一道沥青漆(或合成树脂漆)
3	手工喷涂或自动静电喷涂一道沥青漆(或合成树脂胶)	3	在 100~110℃下烘干,40~60min(或自干)
4	在 100~110℃下烘干,40~60min(或自干)	4	质量检查:漆膜应完整,不允许有漏喷现象
5	质量检查:漆膜应干透,不允许有漏喷、流挂等弊病		

7. 铝及铝合金零件的涂装工艺

随着汽车工业的发展,铝及铝合金的用量越来越大。由于铝材和钢材的化学性质不同,所以漆前处理有所差异。目前已经有铝材或同时适合钢材和铝材的前处理材料,经前处理后可与钢材一样进行阴极电泳或喷涂涂装。

8. 仪表盘涂装工艺

对汽车仪表盘的涂装,通常可采用流水线静电喷涂施工和手工静电喷涂两种方式。

（1）流水线法

流水线静电喷涂施工，主要适于大批量汽车仪表盘的生产涂装，即采用悬链输送机挂件式。生产时，先将工件挂在悬链的挂钩上，然后进行除油、除锈、水洗、磷化、水洗工序，80～100℃烘干，使工件通过静电喷涂工位（喷漆室）时，用氨基静电锤纹漆先喷涂一道，间隔 15min 后再喷涂一道相同的涂料，待花纹均匀形成后，120～130℃烘干 40～60min。对流水线涂装生产的工件要求比较严格，其仪表盘工件必须平整，不得有锤痕或凹凸不平等缺陷。否则，应增加刮腻子、烘干、打磨等施工工序和施工工位。

（2）手工操作法

采用手工喷涂施工时，工件表面的油污、锈蚀等杂物必须彻底清除干净，并反复擦拭。先喷涂一道 H06－9 铁红环氧酯底漆或 C06－1 铁红醇酸底漆。自干或烘干后，用过氯乙烯腻子、醇酸腻子或水质腻子，将缺陷刮涂平整，经干燥、水磨平滑、擦净、晾干或烘干水迹后，均匀喷涂一道 C06－10 灰醇酸二道浆，干后再喷二道氨基静电锤纹漆。

9.挡泥板涂装工艺

汽车车轮的挡泥板，通常可采用喷涂、浸涂和刷涂三种方法进行，涂料多采用烘干型沥漆和磁化铁黑酚醛或醇酸漆。

（1）喷涂法

先将工件表面的油污及锈蚀清除干净，吹光擦净后，喷涂一道沥青底漆，烘干，用 170♯旧砂纸轻轻将漆膜打磨平滑，擦净浮末。用沥青烘干面漆，先喷涂一道，间隔 15～20min 后，喷涂一道，然后一次进行烘干。如果采用自干型沥青面漆时，底漆应采用铁红酚醛防锈漆或磁化铁黑酚醛防锈漆，以提高底漆的缓蚀性和耐蚀性能。

（2）浸涂法

在工件表面清除干净后，先浸涂一道沥青烘干底漆，烘干，再浸涂一道沥青烘干清漆，180～200℃高温烘干。由于经过高温烘干的漆膜，其附着力和耐蚀性均优于自干漆，所以浸涂二道经高温烘干后的漆膜，其耐蚀性会相当于涂三道自干漆漆膜的性能，能满足挡泥板的耐久性要求。头道底漆的浸涂黏度不得低于 25s，可用黏度计测定，面漆的浸涂黏度不得低于 30s，两道漆膜的总厚度应达到 45～50μm。

（3）刷涂法

这种方法主要用于小批量生产的涂装。在涂装之前，先用汽油洗净工件表面上的油污，如有锈蚀，用 70～80♯砂纸磨除干净，擦净浮尘。将磁化铁黑酚醛防锈漆调稀至黏度 40～50s，均匀涂刷一道，干燥 24h，用旧 120♯砂纸轻磨平滑，擦净。用磁化铁黑酚醛面漆均匀涂刷一道，干燥 48h。如果采用磁化铁黑醇酸漆（底面合一）时，只能作为头道底漆用，而面漆应采用磁化铁黑酚醛漆或自干型沥青磁漆，不要用磁化铁黑醇酸漆作面漆，以防醇酸漆的耐水性差而影响漆膜的使用性能。

复习思考题

1.什么是涂装？简述涂膜与涂层的概念。

2.涂装具有什么特点,有哪些功能？

3.涂装工作人员在工作中应注意哪些问题？

4.如何保证涂装工作现场的安全？

5.涂料是由哪几部分组成的,各有什么作用？

6.车用涂料中的颜料有哪几种,各有何作用？

7.衡量溶剂的指标有哪些？

8.汽车修补用涂料主要有哪些种类,各有什么作用？

9.常用喷枪有哪些种类？分别说出其特点。

10.调色设备有哪些？

11.汽车修补时如何达到面漆颜色上的协调一致？

12.如何修补面漆上的小凹坑等缺陷？

美 容 篇

◆◆◆◆◆◆◆◆◆◆◆

现代汽车美容(Car Beauty, Car Care)
——本世纪的黄金产业和朝阳产业

第三章

汽车美容基础

应知目标：

1. 掌握汽车美容的概念。
2. 了解专业美容与普通美容的区别。
3. 了解汽车美容的主要项目、目的和安全操作规程。

应会目标：

1. 能对汽车美容业的发展有自身的理解。
2. 对本企业如何把握汽车美容业的发展机会能作出具体分析。

目前，中国每 1000 人拥有 24 辆汽车，而全球平均水平为 120 辆，美国为 750 辆。专家预测，2015 年中国的汽车市场规模将超过美国，中国的汽车市场还有很大的增长潜力。汽车保有量的增加使得大量的汽车露天栖息，饱受风吹、雨淋、日晒的无奈，致使汽车日渐老化，汽车的平时清洁护理和定期美容保养，必然成为人们的日常消费内容。因此，汽车美容业作为一种新兴产业正在崛起，而且必将成为本世纪的黄金产业和朝阳产业。

第一节　汽车美容的概念

汽车美容是针对汽车进行的美容、护理、装饰等作业的总称，主要包括汽车外部和内部的清洁、车身漆面的美容护理、汽车发动机的免拆清洗护理和汽车附属设备的加装及装饰等作业。

一、汽车美容业的产生与发展

汽车美容业产生于 20 世纪 30 年代，发展于第二次世界大战后 70 年代世界石油危机过后。20 世纪 80 年代,美国汽车维修市场开始萎缩,修理厂锐减 31.5 万家,而专业汽车美容养护中心却出现了爆炸性的增长,每年以 3 万余家的速度递增。根据欧美国家的统计,在一个完全成熟的国际化汽车市场中,汽车的制造以及销售利润在整个汽车业的利润构成中仅占 20%,零部件供应的利润占 20%,而 50%～60% 的利润全部是从汽车后市场服务业中产生的。目前,美国汽车美容养护店的比例占汽车保修行业的80%。1994 年美国汽车美容养护行业的产值为 1170 亿美元,1999 年高达 6647 亿美元,年均增长 18%。2002 年全球汽车美容养护业产值约 1 万亿美元,其中美国在 3500亿美元以上。美国汽车服务业的营业额已经超过汽车整车的销售额。

我国汽车美容业起步于 20 世纪 90 年代。"路边摊"问题多多,近几年汽车美容在我国已被越来越多的人所接受,"七分养三分修"的养护理念落实到一种实实在在的消费行为上。据 2004 年的调查显示,全国汽车服务行业(不包括维修)产值达 380 亿元。

随着我国经济的持续高速发展和人们消费观念的改变,汽车正以大众化消费品的姿态进入百姓生活。最新统计表明,2006 年末全国民用汽车保有量达到 4985 万辆,民用轿车保有量 1545 万辆,其中私人轿车 1149 万辆,比上年末增长 33.5%。2006 年汽车产量 728 万辆,比上年增长 27.6%,其中轿车 387 万辆,增长 39.7%。目前,中国已成为继美国、日本之后的世界第三大汽车消费国。专家预测,到 2015 年中国将超过美国成为世界第一大汽车消费国。与此同时,人们对自己的汽车也愈加呵护,汽车的款式、性能以及汽车的整洁程度,无一不体现出车主的性格、修养、生活观念以及个人喜好。许多人对自己的汽车关怀备至,希望它看起来干净漂亮,用起来风光舒适。因而汽车的平时清洁护理和定期美容保养,必然成为人们的日常消费内容。

另一方面,汽车在我国大中城市虽然发展很快,但由于市政建设配套不足,缺乏足够的停车场所,大量的汽车只能露天栖息,饱受风吹、雨淋、日晒的无奈,致使汽车日渐老化。市场调查表明:目前我国 60% 以上的私人高档汽车车主有给汽车做美容养护的习惯;30% 以上的私人低档车车主也开始形成给汽车做美容养护的观念;30% 以上的公用高档汽车也定时进行美容养护;50% 以上的私车车主愿意在掌握基本技术的情况下自己进行汽车美容养护。据不完全统计,对于一部 10 万多元的车,按 10 年使用期限每年 3 万公里行程计算,每年须用于车辆美容、保养和维修的费用在 3000 元以上,对中高档车来说费用更高,因此对于一个拥有 1 万辆乘用车的中小城市而言,就意味着让人心动的 3000 万元的市场。

美国具有世界上最大的生产汽车维护用品的公司,其汽车美容、养护连锁公司目前已遍布我国的 30 个省、自治区、直辖市。据其在北京、上海、天津、广州等地连锁店的美容收费情况来看,桑塔纳相当类的汽车美容费用在 1000～1200 元/辆,别克相当类汽车的美容费用在 1200～1500 元/辆,而奔驰、宝马相当类汽车的美容费用则达到 1600～1800 元/辆。按每日美容 3 辆桑塔纳相当类车辆计算,一个连锁店的日收入将在 3000

～3600 元之间,扣除成本 600 元,该美容店的日盈利就是 2400～3000 元,保守估计月盈利就在 7 万～9 万元。如果算上其他项服务收费,效益就更为可观。据业内专家测算,这一有待挖掘的金矿可能蕴藏着数百亿甚至上千亿元的巨大商机,巨大利润初露端倪,谁先进入谁先得利。据行业专家预测,今后 5 年,我国将急需 50 万以上的汽车美容装饰行业人才。

然而,与其他汽车消费发达国家相比,中国的汽车服务行业介入程度还不到 50%。据有关数据显示,我国平均每辆汽车每年的美容养护费用至少 1550 元。目前,国内专营和兼营汽车美容服务的在册企业尚不到 1 万家。因此,汽车美容业作为一种新兴产业正在崛起,而且必将成为本世纪的黄金产业和朝阳产业。

二、汽车美容的含义

早期的汽车美容——是水管、刷子、水桶、一包洗衣粉和一块抹布。美容结果是汽车漆面不断受到新的损伤、新的锈蚀,车身漆面寿命不断缩短。美容方法是:洗车—打蜡—交车。美容产品多选用硬质蜡 20h 后才能抛光,清洁剂多用洗衣粉、肥皂和洗涤灵,pH 值在 10.3～10.9 之间。名为护车,实则毁车。

现代的汽车美容——在西方国家被称为"Car Beauty"或"Car Care",即"汽车保姆"或"第四行业",是专业化很强的服务行业,汽车美容护理使汽车焕然一新,长久保持艳丽的光彩。洗车时所选用的是中性洗车液,pH 值在 8.0 以下,选用非离子表面活性剂制成,能使污渍分子分解浮起,因而容易被洗掉,对原车有保护作用。

所谓汽车美容,是指针对汽车各部位不同材质所需的保养条件,利用专业美容系列高科技技术设备,采用不同性质的汽车美容护理产品及施工工艺,对汽车进行全新保养护理。

第二节　汽车美容的目的、作用及原则

专业汽车美容师要十分明确汽车美容的目的、作用及原则,根据其依据和原则实现美容的作用,达到美容的目的。

一、汽车美容的目的

汽车美容的目的是通过车表、内饰和漆面的美容对汽车进行全新保养护理,更重要的是提高车辆的安全性能。

例如,汽车的车身表面、底盘、内室会受到以下多方面的侵害。

1.紫外线对汽车漆面的侵害

阳光中含有强烈的紫外线,汽车油漆经过长期的阳光照射,漆层内部的油分会大量损失,漆面日益变得干燥,会出现失光、异色斑点,甚至龟裂。

2.有害气体对漆面的侵害

随着全球大气污染的日益严重,大气中有害气体,如二氧化硫、二氧化碳、二氧化氮等含量也逐渐增加。汽车在高速行驶时,车体与空气摩擦使车身表面形成一层强烈的静电,由于静电的作用大大增加了车身与有害气体的附着作用,导致更多的有害气体粘附在车身上从而造成侵害。

3.雨水、雪水对漆面、底盘的侵害

由于工业污染,使雨水中二氧化硫、二氧化碳、盐分及其他物质的含量越来越多而形成酸雨,造成对漆面的持续侵害。

4.其他因素对车漆的损害

汽车在运行过程中也会受到外界的伤害,如车漆被硬物等划伤、擦伤,鸟粪和飞漆等附于漆面而形成的侵害等。

以上种种原因造成的车体伤害,如果不进行定期的汽车美容专业护理,长期积累,恶性循环,不仅影响汽车的美观,更重要的是会影响到汽车和人的安全。

二、汽车美容的作用

汽车美容的主要作用是装饰汽车、保护汽车和美化环境。

1.装饰汽车

随着人们消费水平的提高,对于一些中高档轿车来说,其已不仅仅是一种交通工具,更成为一种身份的象征。车主不仅要求汽车具有优良的性能,而且要求汽车具有漂亮的外观,并想方设法把汽车装点得靓丽美观,这就对汽车的装饰性能提出了更高的要求。汽车的装饰性不仅取决于车型外观设计,而且取决于汽车表面色彩、光泽等因素。通过汽车美容作业,可以使汽车涂层平整、色彩鲜艳、色泽光亮,长久保持美丽的容颜。

2.保护汽车

汽车涂膜是指汽车金属等物体表面的保护层。它使物体表面与空气、水分、日光以及外界腐蚀物质相隔离,起着保护物面、防止腐蚀的作用,从而延长金属等物体的使用寿命。汽车在使用过程中,由于风吹、日晒、雨淋等自然侵蚀以及环境污染的影响,涂膜会出现失光、变色、风化、起泡、龟裂、脱落等老化现象;另外,交通事故、机械撞击等也会造成涂膜损伤。一旦涂膜损坏,金属等物体便失去了保护的"外衣"。因此,注重汽车美容作业,维护好汽车表面涂膜是保护汽车金属等物面的前提。

3.美化环境

随着我国国民经济的不断发展和科学技术的不断进步,以及人们生活水平的不断提高,在道路上行驶的各种汽车将越来越多。五颜六色的汽车装点着城市的条条道路,形成了一道道美丽的风景线,对城市和道路环境起着美化作用,给人们以美的享受。这些成果的得来与我国汽车美容业的兴起是分不开的。如果没有汽车美容,道路上行驶的汽车车身会灰尘污垢堆积,漆面色彩单调、色泽暗淡,甚至锈迹斑斑,这样将会形成与美丽的城市建筑极不协调的景象。因此,美化城市环境离不开汽车美容。

三、汽车美容的依据与原则

1.汽车美容的依据

汽车美容应根据车型、车况、使用环境及使用条件等因素,有针对性地、合理地安排美容作业的时机与项目。

(1)因车型而异

由于实施汽车美容的项目、内容及使用的用品不同,其价位也不一样。对汽车进行美容不仅要考虑到效果,同时也要考虑费用问题。因此,不同档次的汽车所采取的美容作业及其使用的美容用品应有所不同。对于高档轿车应主要考虑美容效果,而对于一般汽车只需进行常规的美容作业就可以了。

(2)因车况而异

在进行汽车美容时,应根据汽车漆膜及其他物面状况有针对性地进行。车主或驾驶员应经常对汽车表面进行检查,发现异变现象要及时处理。如车漆表面出现划痕尤其是较深的划痕,若处理不及时,导致金属锈蚀,就大大增加了处理的难度。

(3)因环境而异

汽车行驶的地域和道路不同,对汽车进行美容作业的时机和项目也不同。如汽车经常在污染较重的工业区使用,应缩短汽车清洗周期,经常检查漆面有无污染、色素沉积,并采取积极预防措施;如汽车在沿海地区使用,由于当地空气潮湿且含盐分较多,一旦漆面出现划痕应立即采取护理措施,否则极易造成内部金属锈蚀;如汽车在西北地区使用,由于当地风沙较大,漆面易失去光泽,应缩短抛光、打蜡的周期。

(4)因季节而异

季节、气温和气候的变化,对汽车表面及内室部件具有不同的影响。如汽车在夏季使用时,由于高温,漆膜易老化;在冬季使用时,由于严寒,漆膜易冻裂。因此,在冬夏季节,应进行必要的预防护理作业。另外,冬夏两季车内经常使用空调,车窗紧闭,车内易出现异味,应定期进行杀菌和除臭作业。

2.汽车美容的原则

(1)预防与治理相结合的原则

汽车美容要以预防为主,即在汽车漆膜及其他物面出现损伤之前要进行必要的维护作业,预防损伤的发生。一旦出现损伤应及时进行治理,恢复原来状态。因此,汽车美容应坚持预防与治理相结合的原则。

(2)自助护理与专业护理相结合的原则

　　汽车美容有很多属于经常性的维护作业,如除尘、清洗、擦车、检查等,几乎天天都要进行。这些简单的护理作业,只要车主或驾驶员掌握了一定的汽车美容知识,完全可以自己完成。但定期到专业汽车美容场所进行美容也是必不可少的,因为还有很多美容项目是车主或驾驶员无法完成的,尤其是汽车漆面或内室物面出现某些问题时必须进行专业护理。因此,车主或驾驶员护理一定要与专业护理相结合,这样才能将车护理得更好。

　　(3)单项护理与全套护理相结合的原则

　　汽车美容作业的项目和内容很多,在作业中应根据汽车自身状况有针对性地选择美容项目和内容。进行某些单项护理就能解决问题的就不必进行全套护理,这样不仅是为了节省费用,同时对汽车本身也是有利的。例如,汽车漆膜的厚度是一定的,如果每次美容都进行全套护理,即每次都要研磨、抛光,这样漆膜厚度很快会变薄。当车漆被磨透时,就必须进行重新喷漆,这就得不偿失了。当然,在需要时对汽车进行全面护理也是必要的,关键是要根据不同情况具体对待。

　　(4)局部护理与全车护理相结合的原则

　　汽车漆膜局部出现损伤时,只需对局部进行处理即可;只有在汽车漆膜绝大部分出现损伤时,才选择进行全车漆膜处理。在实际美容作业时,应根据需要决定护理的面积;只需局部护理的,就不要扩大到整块板;只需整块板护理的,就不要扩大到全车。

第三节　汽车美容的主要项目

　　专业汽车美容的特点是项目多、覆盖范围广,施工项目有简单的也有复杂的,组合随意、服务灵活多变、作业时间短见效快的特点。因此,应全面了解其主要项目,以便在美容中灵活运用和组合。

一、车表美容主要项目

　　车表美容作业是汽车美容服务的前提和基础,是日常美容施工中最广泛、最普及的作业项目。主要包括以下内容。

　　1.汽车清洗

　　汽车清洗不同于传统洗车,它是利用专用设备和清洗剂,对汽车车身及其附属部件进行清洁处理,使之保持或再现原有风采的最基本美容工序。汽车清洗又可细分为普通清洗和特种清洗。特种清洗包括汽车涂装前的除油、除锈等清洗工作。

　　2.去除沥青、焦油

　　选用专门的焦油和沥青去除剂,在去除污迹的同时,最大限度地保护漆面。也可以采用抛光研磨方法去除。

3.汽车打蜡

选用专用车蜡,定期对汽车表面进行涂敷护理,上光保护,使水、紫外线及高温对漆面的损坏得以控制,保持漆面持久亮丽如新。

4.新车开蜡

对于出厂后即将投入使用的新车,首先要进行开蜡处理,使车身袒露光彩。

5.镀铬件翻新

使用专门的护理品,对经常采用镀铬处理的部件,如钢圈、保险杠、车轮扣盖等进行翻新作业,使之再现原有光泽。

6.轮胎翻新

使用专用轮胎清洁增黑剂,迅速渗透橡胶,分解有害物质,延缓轮胎老化,增黑增亮。

二、汽车内饰美容主要项目

1.车室美容护理

车室内真皮丝绒座椅、顶棚、仪表板、地毯、脚垫、门板等皮、塑、橡胶、纤维物件,长期使用极易藏污纳垢,不但令人生厌,而且还会使细菌滋生而产生异味,影响使用者的身心健康。

许多路边洗车场和车主自己清洁内室时,常用的清洁剂中含有水分,久而久之,湿气会使真皮座椅、仪表板、门板等处发霉、变硬、褪色甚至龟裂,丝绒则会收缩脱落、受潮而滋生细菌。长期积垢还会使冷暖风口堵塞,发出恶臭。针对这些油性或水性的污垢,专家研制了真皮、塑料、丝绒等专用清洁保护剂,不仅有美容功效,还有防污抗尘、防水、杀菌除臭等作用。另外,还有皮件、塑件上光翻新保护剂,能令皮革、塑料恢复原有光泽,并可在表面形成一层保护膜,防止老化。通过吸尘、清理后,采用保护剂或干洗护理剂擦拭与清洁车室、地毯、脚垫、座套等。再喷清洁剂与高温蒸气消毒,便可使车室焕然一新。

2.发动机美容护理

发动机作为汽车的动力源,历来被广大司机、车主、维修人员所注目。由于传统的观念,人们把目光的焦点大多集中在发动机维修及传统保养项目上。而对国际上广为流行的免拆养护,特别是发动机表面的护理缺乏正确的认识。随着近几年汽车美容行业的兴起,国内越来越多的人士把发动机护理的着眼点一分为二,即内部护理(包括燃料与空气供给系统、润滑系统、冷却系统的免拆养护)及外部护理,而这里的外部护理作业,通常被专业人士称为发动机美容。发动机美容作业包括高压水冲洗、表面油污清洁、上光保护、翻新处理等养护工作。

3.行李厢清洁

行李厢作为汽车内部的重要设施,它的清洁工作,作为内饰美容的一部分在汽车美容中不容忽视。

三、汽车漆面美容主要项目

漆面处理作为现代汽车美容的重要组成部分,包括以下主要内容。

1.漆面失光处理

汽车在使用过程中,免不了风吹、日晒、雨淋及受到空气中有害物质的侵蚀,致使漆面逐渐失去原有光泽。在汽车美容作业中采用特殊处理工艺与方法,配合专门的护理品,可以有效地去除失光,再现漆面亮丽风采。

2.漆面浅划痕处理

由于使用中摩擦及日常护理不当,久而久之,会在漆面上出现轻微划痕,这种划痕在阳光下尤其明显。在汽车美容作业中一般采用抛光研磨的方法,对漆面上出现的浅划痕予以去除。

3.漆面深划痕处理

汽车漆面深划痕多为硬性划伤所致,当你用手拭划痕表面,会有明显的刮手感觉。目前在汽车美容行业的深划痕处理工艺上,虽然称谓命名不同,但从实质特点上看,仍采用喷涂施工来完成。

4.喷漆

喷漆是汽车美容作业中要求最为严格、技术含量最高的施工项目。当汽车漆面出现划伤、破损及严重腐蚀失光等现象时,即可采用喷漆工艺来恢复汽车的昔日风采。

四、汽车整车美容操作工序

汽车整车美容操作工序:

①全车外部冲洗大块泥沙;

②全车外部清洗去油污、静电;

③新车开蜡,深度清洗;

④漆面胶油、沥青、鸟粪等杂物处理;

⑤玻璃抛光增亮翻新;

⑥玻璃清洁、防雾处理、加装防冻清洁剂;

⑦发动机表面清洁、翻新、免拆养护;

⑧全车的除锈、防锈、防腐蚀处理;

⑨底盘清洁护理;

⑩漆面结皮等特殊现象的处理;

⑪漆面一度抛光翻新,去除深度氧化层、轻划痕;

⑫漆面二度抛光翻新,去除太阳纹、斑点;

⑬漆面增艳养护处理；

⑭漆面超级上釉、镀膜护理；

⑮保险杠装饰清洁翻新；

⑯车裙、挡泥板去杂质清洁护理；

⑰全车灯光及左右倒车镜清洁抛光翻新；

⑱轮毂飞漆、焦油、氧化层的去除，增光翻新；

⑲轮胎清洁增黑，上光护理；

⑳漆面深度划痕、局部创伤快速修复；

㉑车内室的全面除尘处理；

㉒车内室顶棚除污翻新；

㉓转向盘、仪表台清洁上光护理；

㉔置物区、烟缸、音响区清洁；

㉕冷气出风口清洁处理；

㉖全车电路系统清洁防潮防老化护理；

㉗车门内侧的清洁翻新上光护理；

㉘真皮清洁、上光养护；

㉙车内丝绒表面的清洁、柔顺护理；

㉚行李厢除污清洁护理；

㉛车内室去异味、杀菌处理；

㉜全车电光、镀铬表面去除氧化层抛光翻新；

㉝全车检查。

第四节　汽车美容安全操作规程

汽车美容安全操作规程主要包括清洗、护理作业安全操作规程，修补涂装作业安全操作，以及电动、气动工具安全操作规程。它们是施工人员确保施工安全，必须遵守的安全施工规则。

一、清洗、护理作业安全操作规程

汽车表面清洗、护理中所使用的清洗剂多数带有一定的毒性和腐蚀性，施工现场有水、电、气等，都有一定的危险性。为确保施工安全，人员和设备无损伤，施工人员必须遵守以下安全施工规则：

①施工人员必须从思想上重视安全工作，以高度的责任感和严肃的态度认真施工。

施工中要树立安全第一、客户至上、精心服务的观念,严格遵守操作规程,杜绝事故的发生。

②施工人员必须熟悉施工现场及周围环境,了解水、电、气开关的位置及救护器材的位置,以备应急之用。

③施工人员必须熟悉施工安全技术、清洗剂的使用方法和急救方法。

④注意用电安全。地线必须接地,防止漏电,使用电器时要严防触电,不要用湿手和湿物接触开关。施工结束后,要及时把电源切断。

⑤现场施工人员直接接触酸碱溶液时,应穿工作服、胶靴,戴防腐蚀手套,必要时应戴防毒口罩。

⑥清洗、护理作业现场必须整洁有序,严禁烟火。

⑦清洗、护理现场应有消防设备、管路,要有充足的水源和电源,确保施工安全需要。

⑧清洗、护理设备在使用前应进行试运转;使用后应用清水冲净,按要求维护保养;如有故障应及时排除并妥善保管。

⑨施工中排放的清洗废液应符合排放要求,不许随地排放。

⑩施工安全工作要有专人负责,定期检查,并不断总结安全施工的经验,确保安全施工。

二、修补涂装作业安全操作规程

修补涂装施工条件较差,操作者大多在充满溶剂气体的环境中作业,不安全因素较多,操作者应熟知工种作业特点和所使用工具设备的合理操作方法,保证安全施工。

①施工环境必须有良好的通风条件,若室内施工,特别是喷涂时,要有良好的通风设备。

②操作前根据作业要求,穿好工作服和鞋,戴好工作帽、口罩、手套、鞋罩和防毒面具。

③操作人员应熟悉所使用的设备,使用前应进行检查。

④打磨施工中应注意物面有无凸出毛刺,以防划伤手指。

⑤在用钢丝刷、锉刀、气动和电动工具作金属表面处理时,需佩戴防护镜,以免眼睛玷污和受伤;如遇粉尘较多,应戴防护口罩,以防呼吸道感染。

⑥酸碱溶液要严格保管,小心使用。搬运酸碱溶液应使用专门工具,严禁肩扛、手抱。用氢氧化钠清除旧漆膜时,必须佩戴乳胶手套和防护眼镜,穿戴涂胶(或塑料)围裙和鞋罩。

⑦登高作业时,凳子要牢固,放置要平稳、不得晃动,热天严禁穿拖鞋操作和登高。

⑧施工场地的易燃品、棉纱等应随时清除,并严禁烟火。涂料库房要隔绝火源,并

有消防用品,要有严禁烟火的标志。

⑨施工完毕后将设备、工具清理干净,摆放整齐。剩余涂料及溶剂要妥善保管,以防溶剂挥发。

⑩工作结束时必须打扫干净施工场地,用过的残漆、废纸、线头、废砂纸等要随时清理,放置在垃圾箱内。

三、电动、气动工具安全操作规程

①检查各部件外部安装是否牢固,紧固连接是否可靠,电缆及插头有无损坏,开关是否灵活等。

②尽量使用220V电源,必须用380V电源时应确保地线连接,并注意地线标记。

③使用前应检查所用电压是否符合铭牌规定。

④接通电源空运转,检查有无异响。

⑤使用中发现异常现象(如火花、异响、过热、冒烟或转速过低等)应立即停止使用,并由专业维修人员进行检修(不得擅自拆卸)。

⑥电动、气动工具应及时维护,以确保其清洁及可靠润滑。

⑦电气设备与元件应存放在干燥处,以防受潮与锈蚀。

⑧使用气动工具时,应防止气管连接件不牢而造成气压损失和人身事故。

⑨工具必须在关闭并完全停稳后才能放下,转动着的工具不得随处放置;带轮和打磨抛光机的转盘等转动部位应有保护罩。

⑩使用砂轮时,身体要避开其旋转的方向,工件要轻轻接触砂轮,以防止事故的发生。

⑪电器设备(空气压缩机、电气工具、照明设备)发生故障时,应立即切断电源,并立即报告,由专业人员进行检修。

复习思考题

1.什么是汽车美容?

2.汽车美容的目的、作用有哪些?

3.专业汽车美容主要有哪些内容?

4.简述汽车美容操作安全规程。

5.概述目前汽车美容市场现状。

第四章

汽车美容护理设备

应知目标：

掌握汽车美容常用设备的相关知识。明确使用汽车美容常用设备的方法。

应会目标：

会正确使用常用的汽车美容设备；会正确维护常用的汽车美容设备。

现代汽车美容大多使用专业设备，其特点是效率高、质量好。全面系统地了解各种设备的性能、使用方法和注意事项，有利于正确地选择和使用设备，确保人身与设备安全，提高作业质量和效率。

第一节　汽车美容常用设备

目前，汽车美容设备一般是两类：一类是和汽车维修兼容的通用设备，如空气压缩机、清洗机等；另一类是汽车美容专用设备，如打蜡机、泡沫清洗机、高温蒸汽干洗、消毒机等。

一、通用设备

1. 空气压缩机

如图4-1所示空气压缩机是高压压缩空气源，一般选用双级式压力 $1.0\sim1.2\text{MPa}$，供气量 $0.11\sim0.22\text{m}^3/\text{min}$，功率消耗 $1.5\sim2.0\text{kW}$ 便可。

（1）空气压缩机的正确使用及注意事项

①开机前先检查曲轴箱油是否达到油位标准；检查各个部件紧固螺丝是否松动；检

图 4-1　空气压缩机的总体结构

查风扇皮带的松紧度是否合适;开机时注意电动机、压缩机的运转是否正常,有无异响;停机后切断总电源,并清洁空气压缩机。

②空气压缩机应放置在干燥通风处;使用中如果发现空气压缩机运转不正常或有异响,应立即停机,经专业人员检查无误后方可继续使用。

(2)空气压缩机的维护

①日维护主要内容:放掉空气压缩机内的积水,并注意其工作状况。

②双月维护主要内容:要用指定的专用机油更换空气压缩机内的机油。

③半年维护主要内容:要用指定的专用机油更换空气压缩机内的机油,并维护空气压缩机的电动机。

2.高压清洗机

如图 4-2 所示高压清洗机分高压冷水清洗机(工作压力 3～16MPa、流量300～600L/h,出水温度 70～120℃,电源/功率 220V/6.6kW)和高压冷/热两用清洗机,输出的水流压力在 0.2～1.2MPa 范围内压力可调。

(1)高压冷/热两用清洗机的正确使用及注意事项

①右手持高压清洗水枪,左手按高压清洗机的启动按钮,启动高压清洗机;调整喷水

图 4-2　高压清洗机

压力至 0.30MPa 左右;根据清洗车身的需要调整水雾质量;冲洗完成后,按下水枪泄压

阀泄压;断开高压清洗机电源,并将水管和枪头放在指定位置,最后断开总电源。

②当水压不正常或有异响时,必须立即停机进行检查。

(2)高压清洗机的维护

①日维护的主要内容:对其外观进行擦拭,并注意其工作状态。

②双月维护的主要内容:要用指定的专用机油更换高压清洗机内的机油。

③半年维护的主要内容:要用指定的专用机油更换高压清洗机内的机油;检查皮碗、油封和水封;视情维修。

④年维护的主要内容:要用指定的专用机油更换高压清洗机内的机油;检修或更换皮碗、油封和水封。

3.变速抛光机及其附件

如图 4-3 所示抛光机也称为研磨机,双功能工业用磨砂/抛光机适合专业汽车美容护理使用。抛光盘一般有羊毛抛光盘、海绵抛光盘和兔毛抛光盘。

图 4-3　变速抛光机

(1)变速抛光机的正确使用及注意事项

①将抛光球安装在变速抛光机上,并注意检查安装的牢固程度;插上电源,调整好转速开关,双手握住手柄,启动抛光机;使用完毕后,将电源插头拔下,拆下抛光球并将抛光球进行清洁维护。

②抛光中需要调换转速时,应先关掉电动抛光机电源开关,再调整转速旋钮。

(2)变速抛光机的维护

①日维护的主要内容:用刷子对抛光球进行轻度刷洗或手洗,对抛光机外部进行清洁护理。

②月维护的主要内容:对抛光机的炭刷和整流子磨损情况进行检查,当炭刷长度小于 1cm 时应更换。

③半年维护的主要内容:对抛光机的减速器进行加注润滑脂维护。

4. 水枪和气枪

如图 4-4 所示水枪和气枪,分别是与高压清洗机和空气压缩机配套使用的,是重要的清洗设备。

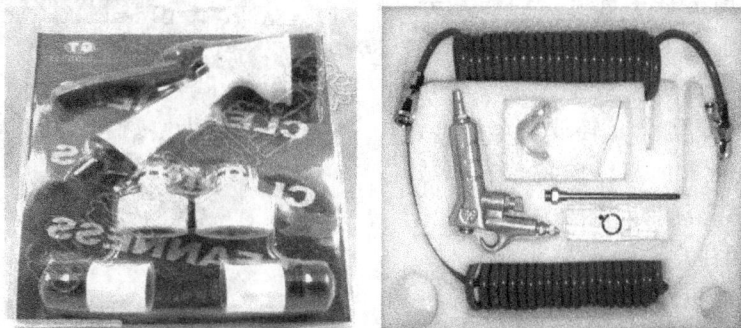

图 4-4　水枪和气枪

二、专用设备

1. 泡沫清洗机

如图 4-5 所示泡沫清洗机是汽车美容主要设备之一,输出压力 0.1～0.5MPa,工作压力 0.1～0.25MPa,容量 80L,喷射距离 5～7m。

(1)泡沫清洗机的正确使用及注意事项

①用量杯量取超浓缩洁车香波,按照 1:160 的比例兑水,配制成香波洗车液,并倒入进水阀;关闭进水阀,接上高压气管,打开进气阀;将气压表压力值调到 0.30～0.40MPa;打开喷头开关,均匀地将泡沫状香波喷洒于车体上。

②当再次加水时,应先把进气阀关闭,然后打开排气阀,将罐内的气体排出后,再采用以上方法进行加注。

(2)泡沫清洗机的维护

图 4-5　泡沫清洗机

①日维护主要内容:每次使用时均应检查罐内的压力是否在规定的范围(0.30～0.40MPa)内,喷出的泡沫是否正常;每日下班前,应将罐内的压力释放,并清洁外表。

②双周维护主要内容:对泡沫机的底轮轴承加注润滑脂维护。

2. 打蜡机及其附件

如图 4-6 所示打蜡机也称轨道抛光机,附件有打蜡盘套和抛蜡盘套。

（1）打蜡机的正确使用

　　将液体蜡画圈似的倒在打蜡盘上，每次按 $0.5m^2$ 的面积以椭圆形的轨迹旋转打匀，直至全车打完。静候几分钟，待蜡凝固后，将抛光盘套装在打蜡机上。确认盘套的绒线中无杂质后开机，然后将打蜡机盘套轻放在车身上，让打蜡机进行横向与纵向覆盖式的抛光，直至车漆亮泽令人满意为止。

　　（2）使用注意事项

　　操作打蜡机不可用力过大，以免将原漆膜打起；打蜡机转行换向时，每次要重叠 1/2 的轮径，使漆膜的每个部位都获得充分的打抛；打蜡机移动的速度应缓慢、均匀和平稳。

图 4-6　打蜡机也称轨道抛光机

　　3. 封釉振抛机

　　如图 4-7 所示是封釉的专用电动或气动工具，通过高频振动与快速转动，与漆面摩擦产生热量，使漆面局部产生一定程度的扩张，于是釉剂通过振动均匀地挤压渗透到漆面中，并在漆面上形成一层极薄的保护膜，以有效地保护和美化漆面。

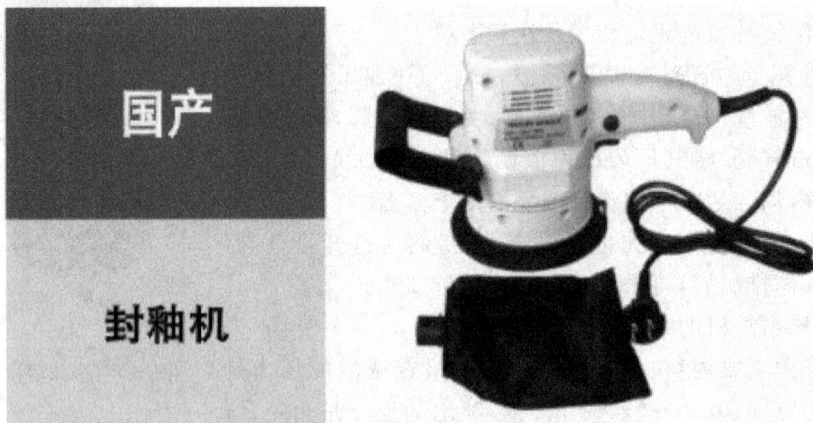

图 4-7　封釉振抛机

　　4. 吸尘、吸水机

　　如图 4-8 所示专业用电热式喷水/吸尘/吸水三合一清洗机。在喷出热水的同时又能吸去水分,套上耙头式喷/吸两用嘴又可以做梳理清洗,一机多用,提高效率,还可以加入清洗剂或芳香剂,令清洗效果更佳。

(1)吸尘、吸水机的正确使用及注意事项

①插上电源,开启吸尘机;吸尘时先吸仪表盘、前排座椅、前地毯、前脚垫,再吸后座平台、后排座椅、后地毯、后脚垫及尾箱;换位吸尘时必须先关闭吸尘机;要吸水时必须把过滤网取出,当贮水桶的水位达到极限时,应及时把贮水桶内的积水清除后方可继续使用。

②当吸尘、吸水机出现异响时,必须立即断开电源,经专业人员检查无误后方可继续使用。

(2)吸尘、吸水机的维护

①日维护的主要内容:经常用高压气枪清洁过滤网,并保持外观清洁;也可以使用高压清洗水枪(水压约为 0.3MPa)冲洗过滤网。

图 4-8　专业用电热式
喷水/吸尘/吸水三合一清洗机

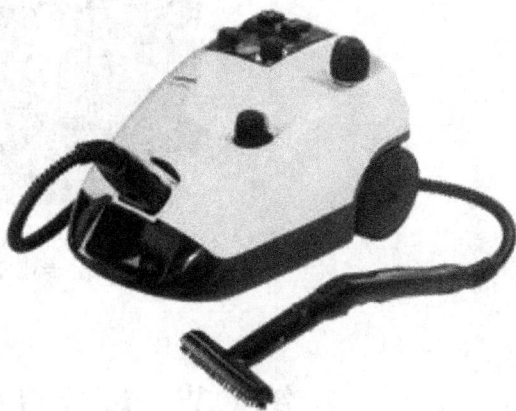

②年维护的主要内容:检查及清洁洗尘、吸水机的整流子与炭刷,并视情予以更换;对吸尘、吸水机的底轮轴加注润滑油。

5.高温蒸汽干洗、消毒机

如图 4-9 所示利用高温蒸汽对纤维织物等进行深度清洗,去除藏匿在其中的细菌和油渍,无须任何化学清洗剂的辅助,可在短时间内产生 150℃和 0.32MPa 的高温蒸汽,将蒸汽喷射于需要清洁的内饰表面上,可以起到快速灭菌作用。其对空气系统出风口的清洁效果更佳。还可加入各种芳香剂,使清洁后的车内空气芳香、舒适。

(1)高温蒸汽干洗、消毒机的正确使用及注意事项

图 4-9　高温蒸汽干洗、消毒机

①拧开注水口,在不加压的情况下加水至刻度线的最高位,拧紧注水盖;插上电源,合上预热开关;当压力表指示 0.35～0.40MPa 压力时,方可进行作业;先用清洁剂清洁车身物品,然后用干净的毛巾包裹扒子或刷子,打开蒸汽开关,调节出气量,待出气量适

中后进行作业,直至干净为止。

　　②停止作业时,必须关闭蒸汽开关;当水位低于最高限位线时,需及时补充干净的自来水。

　　(2)高温蒸汽干洗、消毒机的维护

　　①日维护的重要内容:经常对外壳及附件(冲水管和冲洗枪头)进行清洗。

　　②年维护的重要内容:对全机清洁、润滑、检修。

　　6.专用甩干桶

　　如图 4-10 所示专业甩干桶容量大、转速高、功率大,能在几分钟内达到很好的脱水效果,是美容店必备的设备。

图 4-10　专业甩干桶

第二节　现代汽车美容设备

　　随着汽车美容业的快速发展,现代汽车美容设备应运而生。现代汽车美容设备在现代汽车美容中既可以保证汽车美容施工作业的质量,提高工作效率,降低生产成本,又可以增强企业的市场竞争力。以下简介几种现代汽车美容设备的性能特点与使用方法。

一、便携式汽车清洗设备的性能特点与使用方法

如图 4-11 所示为便携式汽车清洗器。合理地使用汽车的自身电源,安全可靠,刷头使用纯猪鬃,对车体表面有着极大的保护作用,杜绝划痕的侵害。此产品用水量小,配有便携式水箱,是节约水资源的有效设备,操作简便快捷,方便自如。

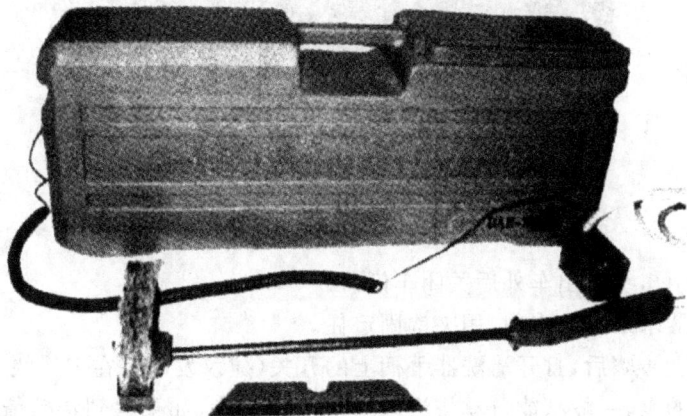

图 4-11　便携式汽车清洗器

1. 性能特点

便携式汽车清洗器由水箱、水泵、电动机、电源插头、手柄、电源开关、软管、清洗剂容器及毛刷、清洗剂容器开关等组成。其性能特点如下:

①韩国进口水泵,用水量少,节约水资源。

②加长杆设计,对车顶、风窗等不易清洗的部位仍能有效清洁。

③猪鬃毛刷设计,杜绝划痕伤害。

④可放置于行李厢中,携带方便。

⑤随时清洗汽车,不受时间地点的限制。

2. 使用方法

便携式汽车清洗器使用方法如图 4-12 所示。操作要领是:

①在水箱内加入适量的水,小型家用汽车只需使用水箱 2/3 的水即可以将车洗刷干净,对于越野车、商务用车,需将水箱装满。

②将手柄上的开关调至"OFF"状态。

③起动汽车发动机,先将点烟器插入电源插孔以确认有电,然后将清洗器电源插头插入电源插孔。

图 4-12　便携式汽车清洗器使用方法

④将电源引出线引出车外后关闭车门。

⑤将清洗器水泵放入水中,用夹钩固定住。

⑥完成以上步骤后,打开清洗器手柄上的开关(建议发动机在工作状态),由水泵泵出经刷头流出的水,一般都能自动将汽车尘土冲刷干净,如果遇到特殊情况,使用刷头刮板协助即可。

⑦从车顶开始刷起,出水口朝下,当刷洗车侧面时,出水口与车面呈 45°,刷洗顺序为车顶、前机盖、后厢盖、侧面。

⑧当使用清洗剂时,将清洗剂加入到清洗器刷头部的清洗剂容器内,盖上橡胶塞,打开清洗剂开关,清洗剂将从刷子下面流出(如清洗剂浓度高不易流出,应加水稀释),开关关闭时即可用清水刷车。

⑨用水冲刷完毕后,可用除水器清除积水。

⑩最后将清洗器装入水箱,将电源插头固定在电源插头卡口处留在箱外。

3. 注意事项

如打开清洗器手柄开关而水不流出时进行以下操作:

①检查车是否发动(发动汽车可节省电源)。

②将电源插头从点烟器插孔内拔出,检查里面是否有杂质(如有,用气吹掉)。

③如点烟器电源正常而刷车器不工作,可能是接触不良,稍用力插入并左右转动即可。

④为避免冬季水管冻裂,用后请将水空净。

⑤清洗器水泵在使用过程中必须浸在水中,如离开水面或发现异常声响应及时关闭手柄开关或关闭电源,以免水泵电动机空转。

二、便携式微水洗车器的性能特点与使用方法

如图 4-13 所示为便携式微水洗车器。它是一种灵巧轻便的个人洗车工具,该洗车器工作时直流微水泵将水箱的水泵出,经喷水枪喷射出雾状细水(雾状可调)冲洗,用配套的软棕毛刷刷掉车体表面灰尘和污垢,杜绝划痕,不伤漆膜。

图 4-13　便携式微水洗车器

1.性能特点

①环保节水,清洗一台轿车用水只要 2～4L。

②省时省力,冲洗时间只需 5～8min,然后擦干车身即可。

③机动方便,不受场地环境限制,随时可以对汽车进行清洗。

④体积小(30cm×15cm×28cm)、重量轻(装满水后重约 6kg)、便于携带,可放在行李厢内。

2.使用方法

便携式微水洗车器配有喷水枪、水箱(内含直流微水泵)、点烟器插头线、软棕毛刷等。操作要领是:

①先将水箱加水(最大容积 4.3L)。

②汽车专用清洗剂可以加入水箱里,也可以单独喷洒。

③调整手杆到合适的长度并锁紧。

④拨动 DC 开关,会听到水泵的工作声,几秒钟后就会喷水。

⑤调整喷头到合适的雾状(洗车用粗雾状,喷药消毒灭菌用细雾状)。

⑥边喷水冲洗边用配套的软棕毛刷刷洗(使用软棕毛刷,才能杜绝划痕,不伤漆膜)。

⑦冲洗干净后,关闭电源,擦干车身即可。

三、无水洗车机的性能特点与使用方法

如图 4-14 所示为无水洗车机。它是以专用清洗剂替代清水,有传统洗车过程中的冲洗功效,集机械力冲洗、清洗剂去污、上光保养三合一,高效快速。

图 4-14 无水洗车机

1. 性能特点

①进口电力增压部件,纯铜与合金材质为主体,散热快、硬度高,进口密封件更耐磨损、耐腐蚀、密封性好,寿命长。

②独特工艺设计,充分保证机器工作的合理性。内置低压控制电气件防水设计,预防内部溅水,更周全地解决了洗车机常见的漏水与溅水安全问题。

③装有高灵敏漏电保护器,保证了操作者人身安全。

④手、自动双向控制操作,电子定时及断电计时功能。

⑤自主设计的特制旋流腔高压喷液枪嘴,可进行多种形状转换,快捷实用。

⑥精钢丝编织耐高压胶管抗磨耐用,全塑钢罩壳,喷塑钢推把,加以载重橡胶轮和万向转轮,外形新颖美观。

2.使用方法

高效环保无水洗车机操作分两次(底盘清洗和车身清洗)完成,配合两种专用清洗剂以高压方式直接喷洗。清洗剂在冲洗同时代替了水的功效洗净全车,洗后用毛巾擦干即可,不留水痕。

(1)底盘冲洗

将底盘清洗液以强压方式冲洗轮胎、挡泥板、车裙等外表面污垢。

(2)整车清洗

将无水洗车液以高压喷淋方式冲洗全车,深层去污,保养漆膜。

3.配套无水清洗剂的特点

高效环保无水洗车机配套使用的清洗剂主要原料为天然成分,抗静电、防老化、防紫外线,具有生物降解性,无腐蚀、无磷、无毒、无污染,性质温和,减少刺激,属环保绿色产品。并含有进口杀菌剂,在洗车同时做好杀菌、消毒的工作,提高了工作效率。

(1)(底盘)快速去污

离子型硬表面活性清洗剂,主要针对汽车底盘、轮胎、挡泥板、车裙、保险杠等重污垢部分的颗粒物、油污、泥污等的清除。

(2)(整车)表层清洗与漆膜深层养护

新型高分子清洗剂,极小用量,能快速渗透、分解悬浮灰尘,大大降低液体表面张力,黏度小、蒸发潜热小、易擦洗,擦洗后漆膜会焕发光亮且不留水痕,主要针对漆膜、玻璃、底盘、轮胎的灰尘、污渍的清洗。

四、往复式电脑洗车设备

往复式电脑洗车设备也叫龙门式电脑洗车设备,是一种通过移动清洗机来完成汽车清洗作业的设备。该设备主要由机架、轨道、顶刷、大侧刷、小侧刷和风机等部件组成。主要用于对轿车及各种小型面包车的外表进行清洗、上蜡、风干作业。

五、"凯旋门"往复式电脑洗车设备

"凯旋门"往复式电脑洗车设备如图 4-15 所示,该设备主要有 NG-737(三刷)、NG-757A(五刷)等型号。现以 NG-757A 型为例,介绍其性能特点:

①电脑控制,8 种洗车程序可供选择,并能自动识别车身进行仿形作业,实现自动化。

②高效省时,清洗车身、打泡沫、打水蜡、定位刷轮、冲洗底盘、吹干一次完成。

③使用进口泡棉刷,洗车更柔顺。

④具有复位状态显示,方便人员作业。

⑤强制干预功能,可在不影响程序运行的情况下强制干预各运动部件,使洗车更

顺畅。

⑥采用多功能双信号反馈、智能化的识别及漏电保护系统等高新技术,提高了设备的安全可靠性。

⑦具有自检功能,能够及时排除故障。

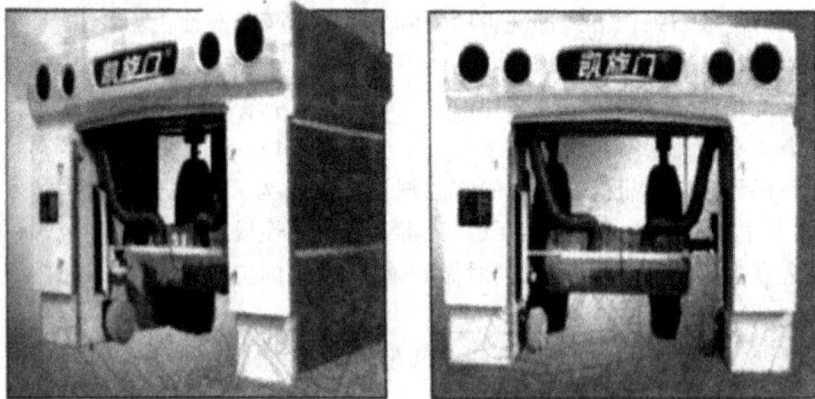

图 4-15　"凯旋门"往复式电脑洗车设备

六、隧道式电脑洗车设备

1. 隧道式电脑洗车设备构造与工作原理

隧道式电脑洗车设备如图 4-16 和图 4-17 所示,主要用于对轿车、面包车及各种小型客车的外表进行高压水冲洗、刷洗、蜡洗、风干和抛光作业。该设备由输送机装置、高压喷水装置、高泡沫喷洒装置、滚刷装置、亮光蜡喷洒装置、强力吹风装置、擦干装置、控制操作装置等组成。

图 4-16　隧道式电脑洗车设备

输送机装置的作用是完成清洗汽车通过隧道的输送。该装置位于整个设备的底

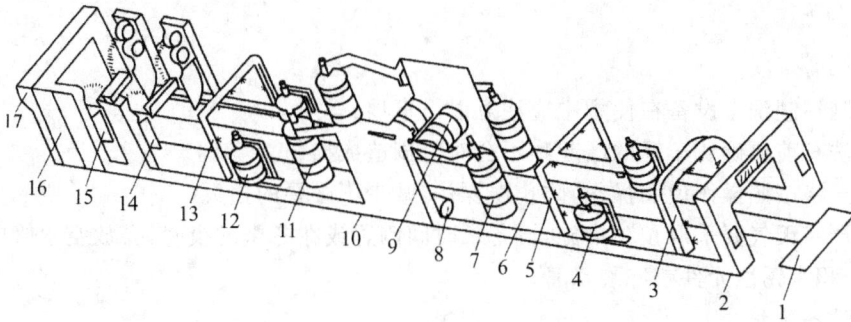

图 4-17 隧道式电脑洗车设备结构示意图

1—轮胎导正器;2—隧道入口;3—高压喷水装置;4—前小刷;5—高泡沫喷洒装置;6—输送机装置
7—前大刷;8—轮刷;9—前顶刷;10—后顶刷;11—后大刷;12—后小刷;13—保护剂喷洒装置
14—前风机;15—后风机;16—控制箱及操控台;17—隧道

部,前端有轮胎导正器,使汽车停在输送机的停车轨道上。

高压喷水装置的作用是将车身上的微小沙粒和灰尘除去,以便安全进行刷洗。该装置采用强力电动机和水泵产生高压水,完成汽车表面的冲洗。

高泡沫喷洒装置的作用是向车身喷洒高泡沫洗车液,以增强清洗除污能力。

滚刷装置的作用是刷去车身污垢,该装置由前后两对小刷、前后两对侧刷和前后两个顶刷组成。前小刷位于高泡沫喷洒装置的前位,作用是先对汽车的下部外表刷洗一遍,因为汽车下部污垢一般较中部和上部严重,所以此部位要多洗刷一遍。大侧刷可依车型的斜度自动倾斜,轻柔而平稳地包裹车身,以达到良好的洗净效果。刷洗车身前后刷毛似手臂,采用交叉式刷洗方法,洗车无死角,清洗效果最好。独创的横卧式洗刷,能将车身下方的严重污垢干净彻底地清除。

亮光蜡喷洒装置的作用是在滚刷刷洗之后,对车身进行清洗后的护理,使车身漆膜更加鲜艳靓丽。

强力吹风装置由前风机和后风机组成,作用是用清洁的高压空气将车身吹干。

擦干装置由特殊的绒毛布条组成,作用是将风干后所残留的水痕彻底擦拭干净。

控制操作装置由控制箱和操作控制台组成,其作用是完成汽车清洗过程的操控。

2.隧道式电脑洗车设备的洗车过程

清洗时操作人员根据车型、污垢分布及用户对清洗的要求,在操作控制台上完成洗车设置,洗车机便开始进入洗车规定程序,整个过程是全自动的。当汽车停放在输送线的停车位置后,输送线将汽车送入清洗通道。首先由摆动式高压水流完全冲掉附于车体上的微小沙粒及灰尘;再经喷淋发泡清洗液和超软纤维洗涤刷滚对汽车表面及轮毂作全方位包裹清洗;最后经高压风干后,由抛光刷作最后擦拭,使汽车表面更加光亮如新。

3.注意事项

电脑控制洗车设备在使用中应注意以下事项:

①洗车前要确认车辆的凸起物不会对毛刷造成损伤。

②严格按照操作说明操作,防止误操作,减少不必要的损失。

③严寒天气要采取预防措施,设备长时间闲置或在冬季的夜晚,要放空水管中的积水,防止积水锈蚀元件或冻裂水管。

4.设备维护

电脑控制洗车设备在维护中应注意以下事项:

①应定期给设备的轴链部位涂抹润滑油,如轮刷回转轴、顶刷回转轴、例刷回转轴、各刷子的回转链条等部位。

②涂抹时要注意及时擦净流出的黄油,以免粘到刷子和车辆上。

③移动式洗车机的导轨上严禁涂抹任何润滑油。

七、"凯旋门"隧道式电脑洗车设备

"凯旋门"隧道式电脑洗车设备如图 4-18 所示,该设备主要有 NG-777(七刷)、NG-797(九刷)等型号。现以 NG-797 型为例,介绍其性能特点:

①电脑控制,8 种洗车程序可供选择,并能自动识别车身进行仿形作业,实现自动化。

图 4-18　"凯旋门"隧道式电脑洗车设备

②清洗车身、打泡沫、打水蜡、冲洗底盘、仿形吹干一次完成,高效省时。

③使用进口泡棉刷,洗车更柔顺。

④强制干预功能,可在不影响程序运行的情况下强制干预各运动部件,使洗车更顺畅。

⑤采用多功能双信号反馈、智能化的识别及漏电保护系统等高新技术,提高了设备的安全可靠性。

⑥具有自检功能,及时排除故障。

复习思考题

1.汽车美容主要设备有哪些?

2.汽车洗车有哪些设备? 其性能、特点和使用方法如何?

第五章

汽车美容护理用品

应知目标：

1. 了解汽车美容用品的种类。
2. 掌握汽车美容常用用品的性能和适用范围。
3. 掌握汽车美容用品的选用和保管基本知识。

应会目标：

1. 掌握汽车美容常用用品的使用方法和注意事项。
2. 能根据美容项目的需要选用不同的美容用品。

现代汽车的涂装系统高达 7C5B，即七涂五烘：底漆—腻子—防石击中间涂料—中间涂料—金属闪光底漆—底色漆—罩光清漆等，仅面漆就有本色面漆、单层金属闪光漆和罩光清漆。而中高档轿车面漆多为罩光清漆，所以对车表美容和漆面美容用品的要求非常高。汽车内外饰件有玻璃、橡胶、塑料、玻璃纤维、电镀件、铝合金制品、丝绒、皮革、化纤、桃木等，材料的不同对所采用的清洁方法和使用的护理美容用品也有所不同。正确地选用美容护理用品，能使美容护理效果达到最佳，否则会引起相互之间不良的化学反应，名为美容，实则毁车。

目前，汽车美容用品市场多、杂、乱，不了解美容用品特性、使用方法、适用范围和注意事项无从选购，而且很容易导致美容工作的失误。本章根据美容护理用品的作用及功效将美容用品分为汽车清洗用品、汽车护理用品和汽车保护用品三大类。具体说明各类产品的性能、使用方法、适用范围及注意事项。

第一节　汽车清洗用品

一、汽车清洗剂的作用

采用清洗剂除垢是当前国内外大力推广应用的新技术,清洗剂在汽车清洗中具有以下作用:

①快速高效的作用。由于清洗剂去污力强,采用清洗剂可大大提高清洗速度,并可将清洗与护理合二为一,减少美容工序,提高作业效率。

②确保质量的作用。清洗剂不仅可干净彻底地清除各种污渍,而且不损伤漆膜,对车身表面具有保护作用。

③保护环境的作用。采用环保型清洗剂清洗汽车,可减少对环境的污染。

二、汽车清洗剂除垢过程

汽车清洗剂除垢过程包括喷洒、润湿、吸附、溶解、悬浮和去污六个过程。在汽车清洗过程中,往往先用冷水或温水将汽车表面水溶性的污垢冲洗掉,然后用清洗剂溶液冲洗污垢,使憎水性的污垢被清洗溶液润湿、溶解并使其形成亲水层,最后用冷水或温水冲洗污垢质点,并呈乳化液或悬浮状而脱离汽车表面,被水冲洗干净。

三、汽车清洗剂的种类

车用清洗剂有别于传统洗车的清洗原料,如洗衣粉、洗洁精等。虽然这些清洗剂能达到清洁车身表面的目的,但同时也会把车表的蜡层清洗掉。更可怕的是这些清洁剂一般呈碱性,对车身漆面及金属具有强烈的腐蚀性,会导致漆面失光、生锈等现象发生。根据清洗剂的性能和作用,将汽车清洗剂作如下分类。

1.水系清洗剂

目前,在国内外汽车专业美容行业中广泛采用水系清洗剂。这种专用车用清洗剂不同于除油脱脂剂,其配方中基本不含碱性盐类。水系清洗剂一般由多种表面活性剂配制而成,具有很强的浸润和分散能力,能够有效地去除车身表面的尘埃、油污,防止交通膜的形成,保护车身不受各类有害物质的侵蚀,保持漆面原有光泽。常用的水系清洗剂有英特使 M-2000 洗车液、龟博士 P-612 不脱蜡洗车液等。

2.有机清洗溶剂

有机清洗溶剂主要用来去除车身表面的油脂、润滑油、污垢、石蜡、硅酮抛光剂、橡胶加工助剂以及手印等。目前,国内经常使用的有机溶剂有煤油、汽油、甲苯、二甲苯、三氯乙烯、四氯化碳及 200♯溶剂汽油。进口的有机溶剂有 Prep-sol、Pre-Kleano 等。在使用有机溶剂时,尽量避免接触到塑料、橡胶部件,以免造成老化。另外,用进口清洗溶剂在热塑性丙烯酸面漆上擦拭前,要认真阅读产品说明书。由于有机溶剂具有上述特点,所以在汽车美容中要根据实际需要合理选用。

3. 油脂清洗剂

油脂清洗剂又称去油剂,它具有极强的去油功能,主要用于发动机、轮毂等油污较重部位的清洗。目前市场上的油脂清洗剂大致有三类:

①水质去油剂。该类产品具有安全、无害、成本适中等优点,但去油功能有限。

②石化溶剂型去油剂。该产品具有去油能力强、成本低等优点,但易燃、对环境有害。

③天然溶剂型去油剂。该产品不仅去油功能强,且无害,但成本较高。

以龟博士系列去油剂为例:

①发动机外部清洗剂。代号 P-430,其特性是以煤油为基础材料,属生物不可降解型,去油功能强,但易燃,且对环境有害。

代号 P-156,其特性是以天然植物提取的原料为基础材料,属生物降解型,去油功能强,且对漆面、橡胶及塑料无腐蚀。

②轮毂去油剂。代号 P-420,其特性是不含酸性物质,且清洗功能极强,将其喷到轮毂表面后,油随水自动下流,只需用布轻轻擦干即可恢复金属或塑料的原有光泽。

③玻璃清洗剂。代号 P-330,该产品属柔和型水质去油去垢剂。主要用于清除玻璃上积淀的白色雾状膜(即各种内室清洗剂、清新剂以及烟尘等造成的静电油脂),也可有效地去除油污、尘土等。该产品含挥发剂,用后很快风干。因为是水质,也可用于电镀件、内饰(地毯、座椅)等的清洗。

④轮胎强力去污剂。代号 P-410,该产品属强碱型清洗剂。可清除轮胎上的油污及其他污渍。

⑤水质去油剂。代号 P-431,其特性是最具灵活性的去油剂,可用来直接清洗发动机表面,也可稀释后用于清洗车身、内室、皮革等。特点是去油功能较强,属于生物降解型,不易燃、不腐蚀,比较安全。

4. 溶解清洗剂

溶解清洗剂简称"溶剂",是一类溶解功能极强的清洗剂,不仅能清除车身上的焦油、沥青、鸟粪、橡胶、漆点等水不溶性污垢,而且可用于"开蜡",故有些品种直接取名为开蜡水(以龟博士系列溶剂为例)。

①污垢软化剂。代号 P-470,其特性是属于柔和性溶剂,主要用于车身、玻璃等部位的清洗。另外,对于较硬的运输蜡,也可用此产品进行开蜡。使用时将此产品喷在车身上,浸泡 5min 后用布将蜡擦除,再用清水冲净即可。

②蜡质开蜡水。代号 P-460,其特性是属于生物降解型溶剂,它的主要原料是从橙皮中提炼出来的。该产品不易燃,对环境无污染。使用时一般不需稀释,若蜡不厚,可按 1∶1 的比例稀释。

③树脂开蜡水。代号 P-461,其特性是含有一种树脂聚合物的溶解元素,能溶解树脂蜡,且不含腐蚀剂,不会侵蚀风挡玻璃密封条、电镀及铝合金件。在使用时必须用水以 1∶3 左右的比例稀释,且最好用热水,这样开蜡水中的表面活性剂最为"活跃",除蜡效果最佳。

5.多功能清洗剂

此类清洗剂不仅能去除一般性污垢,而且具有增亮、上光、柔顺、杀菌及防静电、抗老化等作用。

(1)车身表面多功能清洗剂类

此类清洗剂主要用于清洗汽车表面灰尘、油污等,且在清洗的同时进行漆面护理。

①二合一清洗剂。所谓"二合一"即清洁、护理合二为一,既有清洗功能,又有上蜡效果,可以满足快速清洗兼打蜡的要求。此产品由多种表面活性剂配制而成,上蜡成分是一种具有独特配方的水蜡,它可以在清洗作业中,在漆面形成一层蜡膜,增加车身鲜艳程度,有效保护车漆。二合一清洗剂适用于车身比较干净的汽车,洗车后直接用毛巾擦干,再用无纺棉轻轻抛光。常用二合一清洗剂有 M-2001 香波。

②香波类清洗剂。此类清洗剂主要有汽车香波及清洁香波等品种,具有性质温和、不破坏蜡膜、不腐蚀漆面、液体浓缩、泡沫丰富、使用成本低等特点。香波类清洗剂含有表面活性剂,有很强的分解能力,能有效地去除车身表面的尘土和油污。有的产品含有阳离子表面活性剂成分,能去除车身携带的静电和防止交通膜的形成。

③脱蜡清洗剂。此类清洗剂含柔和性溶剂,具有较强的溶解功能。不仅可去除车身油垢,而且能把原有车蜡洗掉。主要适用于重新打蜡前的车身清洗。

④环保型清洗剂。此类清洗剂的主要成分为天然原料,对环境无污染并具有特殊的清洗效果。如"洁碧"变色水蜡(龟博士 T-68)是一种双种配方水蜡,瓶内上半截的白色为天然巴西棕蜡,下半截的蓝色是环保型润滑洗车液,使用时先将液体晃匀呈乳白色。该清洗剂含催干剂,自动驱水,几乎不用毛巾擦干。使用方便、快捷,洗车的同时即可完成打蜡工序。

(2)汽车内室清洗剂类

根据汽车内室各部件材料的不同,汽车内室清洗剂主要有:

①丝绒清洁保护剂。此类产品主要用于对毛绒、丝绒、棉绒等织物进行清洁和保护。具有泡沫丰富,去污力强,洗后留有硅酮保护膜,恢复绒织物原状,防止脏物浸入等特点。使用时,先将产品在瓶内轻轻摇晃均匀,然后喷在需要清洁的表面,再用清洁毛巾将泡沫擦净,污渍明显处应反复喷涂擦拭。

②化纤清洗剂。此类产品在多功能清洗剂的基础上特别增加了清洗内室化纤制品的功能,对车用地毯、沙发套等化纤制品上的油脂和时间不太长的果汁、血迹等具有很好的清洗效果,而且不会伤害化纤制品。使用时,先将液体倒入桶中,用高压喷枪按需要比例注水,然后用毛巾蘸水中的泡沫去清洗脏处,再用清洁的干毛巾擦净即可。

③塑胶清洁上光剂。此类产品主要用于塑料及橡胶制品的清洁与护理,清除污垢的同时能在塑胶制品表面形成一层保护膜,具有翻新效果。

④真皮清洁增光剂。此类产品主要用于皮革制品的清洁与护理,清除污垢的同时能在皮革制品表面形成一层保护膜,起到抗老化、防水、防静电作用,延长皮革制品的使用寿命。

⑤多功能内室光亮剂。此类清洗剂不仅对化纤、皮革、塑料等不同材料的内室物品进行清洗,而且可起到上光、保护、杀菌等作用。使用也很方便,只要一喷一抹,即可光洁如新,增加美丽光泽,并有防止内室部件老化、龟裂及褪色之功效。

四、汽车清洗剂部分产品介绍

表 5-1 部分汽车清洗产品性能及使用方法

产品名称	性能和适用范围	使用方法和注意事项
新车开蜡水	属于环保产品,对人体和车漆无伤害。适用于汽车开蜡,同时也可以用于去除焦油、润滑油、胶脂等难以清除的污垢	①使用时,用压力将液体喷在封蜡表面 ②停 3min 后,再用清水冲洗干净即可对各种硅蜡层和密封蜡层有较强的乳化分解能力
高泡洗车香波	产生丰富细腻的泡沫,可吸附去除尘垢,而不损伤车漆和车蜡,加深车漆光泽,增强对车体的保护。该系列品种有手工和电脑洗车专用两种	①用清水将车身冲洗干净 ②用泡沫机加气压至 0.4MPa 将高泡洗车香波均匀喷洒在车身上 ③用羊毛手套从上至下依次擦拭车身 ④用清水冲净车身 ⑤用脱水毛巾将车身擦干
车漆清洗水蜡	用于洗车打蜡,易冲洗,清洁、上光、养护瞬间完成,并在车漆表面形成光亮保护层,可增进车漆表面光泽度,使车体光滑,不会对漆面造成伤害。该品可用于手工和电脑洗车	①用适量干净的水稀释水蜡 ②将稀释的水蜡喷洒在车身漆面 ③用脱水毛巾将车身擦干
无水洗车手喷蜡	属于个人使用的便捷式护理用品,采用塑料喷桶,只需一喷一擦,在不用水的条件下,清洁、上光、养护瞬间完成,可增进车漆表面光泽度,使车体光滑,延长车蜡的寿命,不会对漆面造成伤害,同时可洗去尘垢、油脂、昆虫、鸟粪等污渍,节约用水资源,保持环境卫生。可用于个人护理车辆	①先用掸子掸去漆膜表面浮土 ②将该剂的喷嘴调到雾状 ③距离漆膜 20～30cm 均匀地喷在漆膜表面 ④用半湿的毛巾涂匀,再用抛光巾或干毛巾抛光 ⑤污垢严重处可再重复一遍

续表

产品名称	性能和适用范围	使用方法和注意事项
塑料无磨损清洁剂	可以去除微小划痕和污垢,使用安全而不磨损表面,有效地清洁、保护透明塑料。适于汽车显示仪表、CD唱片、眼镜、精密仪器、计算机屏幕、车灯等	①将该剂摇匀喷在塑料件上 ②用不起毛的软布擦拭 ③用干的软布擦净即可
丝绒专业清洗剂	根据丝绒地毯的特性而研制的超强去污产品,可以高效去除汽车内纤维织物、饰件表面的各种污垢和油脂	①将该剂喷到污物、油脂处,稍停数分钟 ②用纯棉毛巾,用力压在脏污处,挤出容有油污和污物的液体 ③用干毛巾擦干净即可
全能水	采用塑料喷桶,一喷一擦,清洁瞬间完成,可以有效去除汽车内纤维织物饰件表面的各种污垢和油脂,同时也适合于汽车塑料顶棚、仪表盘、塑料门内饰、座椅、轮胎、保险杠、行李厢等的清洁除污	①将本剂直接喷涂在车身上 ②用软布轻轻擦拭 ③本剂为易燃物品,不可置于易燃处 ④本剂不可喷涂在汽车方向盘、座椅等铰链处
发动机外部清洗剂	属于重垢金属清洗剂,可以安全有效地清除发动机外壳上的油脂和污渍,确保发动机外部洁净、防锈,大大提高散热效能。对人体无害,有效保护环境,是最理想的机器外部清洁剂,不能用于汽车内外饰品的清洁	①本剂用水稀释后喷洒在发动机外表及零部件油污处 ②使清洁剂停留1min,然后用适量的水冲洗 ③用软布擦拭干净 ④本剂呈碱性,必须用水稀释后才能使用
残胶/沥青清洁剂	特殊配方混合溶剂,能快速去除车身上附着的沥青和树胶	①将本剂涂于车身上附着的沥青和树胶处 ②持续约2min,用不脱毛毛巾擦拭干净 ③用清水清洗擦干即可
轮胎强力清洁剂	特殊表面活性剂配方,能够迅速安全、完美地溶解并去除轮胎污垢,并能清除制动积灰、沥青、油污以及尘土,还轮胎光亮的本来面目	①如轮胎异常脏或沾满泥沙,应先用清洁剂处理干净 ②将产品摇晃均匀,距轮胎约15cm,打圈方式均匀喷向湿或干的轮胎上 ③待产品在轮胎上自动干透即可
玻璃清洗剂	在清洁玻璃的同时,形成一层光亮膜,从而起到不粘尘、不挂水、不留痕的作用,使玻璃更清洁、更光亮。适用于玻璃门窗、镜面、电子显示屏、汽车玻璃等	①用海绵蘸上适量本剂,均匀地擦拭玻璃的内外表面 ②静置一段时间,待已擦拭表面变白后,再用柔软的布擦干

五、汽车美容黏土

汽车美容黏土俗称洗车泥,属于一种非常细腻的特种聚合物,去污力极强,韧性好,可以反复使用。适用于金属氧化物、锈迹颗粒、车窗玻璃、金属镀层和铝合金等制品的除垢及车身漆面的氧化物或车身附着物的去除。

使用方法:

①用车身清洁剂将汽车全面清洗一遍。

②检查外表面有无污染——粗糙或粗沙质的手感。

③用美容黏土轻轻擦洗污染区域。

④冲洗并擦干表面。

注意事项:

定期搓捏洗车泥,使之露出新表面,不用时用清水浸泡以防干裂。

第二节　汽车护理用品

汽车车身系统的保养重要性超过任何系统。也就是说,若钣金及面漆不良,而仍不注意保养,汽车的使用价值将大打折扣,即使其发动机状况再好,也无法保证车辆的使用寿命。

汽车日常运行及停放绝大多数时间处于露天环境中,毫无遮掩地遭受风吹、雨淋、日晒及酸雨等具有氧化性物质的侵蚀,使漆面逐渐粗糙失光。另外,由于许多人为因素,如行车当中不注意与其他物体或车辆刮擦,甚至有些人时常恶作剧地划伤停放在路边或生活区的车辆,造成漆面很大伤害。汽车美容护理就是使用汽车护理用品通过研磨、抛光、还原和打蜡等美容作业项目,对汽车漆面进行预防和护理。汽车护理系列用品主要包括研磨剂、抛光剂、还原剂和汽车蜡等。

一、研磨剂

漆膜研磨是通过研磨/抛光机,并配合研磨剂在车身漆膜高速旋转产生摩擦,以去除漆膜氧化层、轻微划痕等缺陷所进行的作业。漆膜抛光是紧接着研磨的第二道工序,漆膜表面经研磨后会留下细微的打磨痕迹,漆膜抛光就是去除这些痕迹所进行的作业。

漆膜研磨剂是一种含有摩擦材料的研磨用品,其分类方法如下:

①研磨剂按使用范围不同分为普通型研磨剂和透明漆研磨剂。普通型研磨剂中作为摩擦材料一般都是坚固的浮岩。根据浮岩颗粒的大小,分为深切(或称重度)、中切(或称中度)和微切(或称轻度)三类,主要是用于治理普通漆不同程度的氧化、划痕、褪

色等漆膜缺陷。坚硬浮岩如用在透明漆上很快就会把透明漆层打掉,因此它们不适合透明漆的研磨。透明漆研磨剂中的摩擦材料为微晶体颗粒和合成磨料,它们具有一定的切割功能,但不像浮岩那样坚硬。

②研磨剂根据切割方式可分为物理切割方式的研磨剂、化学切割方式的研磨剂和多种切割方式的研磨剂。物理切割方式的有浮岩型和陶土型两种;化学切割方式的有微晶体型;多种切割方式的主要是中性研磨剂。

浮岩型、陶土型研磨剂的主要特点是材料坚硬,切割速度快,利用颗粒与漆层摩擦产生高热,去除表面的瑕疵。但操作过程中颗粒体积不会因切割的速度和力度而发生变化,如操作人员对漆膜厚度不了解、手法不熟练则很容易磨穿漆层,所以只适合于操作十分熟练的专业人员使用。

微晶体型研磨剂的主要特点是可通过摩擦产生的热量逐步化解微晶体颗粒,使其体积在操作过程中逐步变小,产生极热高温而去除氧化层,同时溶解表面漆层凸出的部分,填平凹处的针眼。

中性研磨剂目前是市场上最佳的漆膜护理研磨材料,内含陶土及微晶体两种切割材料,适合各类汽车漆膜,便于操作,速度快、研磨力度小。它既有物理切割作用,又具有化学溶解填补功能,利用两种材料与漆层摩擦产生热量,去除氧化层,同时可迅速溶解漆层凸点,填补凹处而起到双重效果,以达到符合抛光要求的表面基材。

二、抛光剂

抛光剂其实也是一种研磨剂,是一种含颗粒更细的摩擦材料的研磨剂。抛光剂按摩擦材料颗粒或功效的大小分为微抛、中抛和深抛三种。微抛是用于去除极细微的漆膜损伤,一般指刚刚发生的环境污染及酸性侵蚀(鸟粪、落叶等),但这类轻微损伤目前可使用含抛光剂的蜡来取代微抛。从这一点上讲,微抛存在的意义并不是很大。中抛和深抛主要是用来处理不同程度的发丝划痕。中抛主要适用于对透明漆的抛光,深抛主要适用于对普通漆的抛光。

三、还原剂

还原是介于抛光和打蜡之间的一道工序,也是打蜡前的最后一道完善工序。还原可以使研磨、抛光的工作成果更上一个台阶。

有人喜欢把抛光剂与还原剂列为同一种材料,还有些汽车美容产品用增艳剂代替抛光剂与还原剂。但这里把抛光剂与还原剂作为两种不同的材料来介绍。

还原剂与抛光剂所含的摩擦材料是同一类别,但还原剂与抛光剂的本质区别在于:还原剂含上光材料(上光剂或蜡),而抛光剂不含蜡或上光剂。

还原剂与抛光剂的使用区别如下:

①抛光剂因不含蜡,使用抛光剂可切实地检验抛光质量。

②由于还原剂含有蜡或上光剂,因此在抛光功能上比纯抛光剂要差些。

③因为还原剂有蜡,它实际上是一种集抛光和打蜡于一体的二合一产品,可以缩短工作时间。

④还原剂虽然有蜡的效果,但它保持时间一般不长,接触几次水后就会流失。要取得长久保留的效果,还应再加一层高质量的蜡。

四、如何正确选用研磨、抛光剂

汽车研磨(抛光)用品在选用时应注意以下几点:

①注意漆膜种类。风干漆与烤漆,其表面都可作研磨(抛光)处理,但其所用的研磨(抛光)用品是不一样的。因为这类漆本身所含溶剂不同,用错会造成漆膜变软、裂口及变色。纯色漆与金属漆所使用的研磨(抛光)用品也应区分清楚。金属漆所专用的研磨(抛光)用品不但可增加漆膜亮质,而且能使金属(或珍珠)的闪光效果更清澈,更富立体感。

②注意漆膜颜色。浅颜色漆与深颜色漆的研磨(抛光)用品不能混用。浅颜色漆若用了深颜色漆的研磨(抛光)用品会使漆膜颜色变深,出现花脸;反之,漆膜颜色会变淡,出现雾影,严重影响外观。

③分清研磨剂与抛光剂。研磨剂在研磨时先用,然后用抛光剂进行抛光。如果颠倒使用不但浪费抛光剂,而且达不到应有的研磨效果。

④分清机器用品与手工用品。机器用研磨(抛光)用品必须配合专用研磨/抛光机使用;手工用品则是用棉布直接手涂研磨(抛光)。机器用品用手工操作费工费时,且效果极差,手工用品用机器操作则浪费严重。

⑤分清漆膜保护增光剂与镜面处理剂。镜面处理剂是对漆膜进行增光处理的专用剂,其保护作用不如保护增光剂;保护增光剂含有许多成分,可在漆膜上形成一层保护膜,抵御外界紫外线、酸雨、静电粉尘、水渍等的侵害。

⑥分清含硅产品与不含硅产品。含硅产品指含有硅氧烷的产品,硅氧烷是一种硅化的合成树脂,加到研磨材料中后起到抗水、抗高温和增光的作用,能较好地防止漆膜氧化。但如果硅氧树脂未清洗干净或空气中有此物质飘落,喷漆时就会出现浮漆(漆沾不上车体)或漆露。为此,含硅氧烷的产品主要适合汽车护理人员使用,汽车漆工最好使用不含硅氧烷的产品。含硅产品在修理厂尽量避免使用,因为漆膜一旦粘有硅质,对漆膜修补来说是很难处理的。

五、汽车蜡

汽车打蜡是汽车表面早期护理中的一项重要作业。汽车蜡在保护车身漆面的同时,还可以使车漆表面保持亮丽的光泽。

1.汽车蜡的作用

汽车蜡的主要成分是聚乙烯乳液或硅酮类高分子化合物,并含油脂和其他添加成分。这些物质涂覆在车身表面具有以下功用。

(1)上光作用

上光是车蜡的最基本作用之一,打蜡能够不同程度地改善漆面的光洁程度,使车身恢复亮丽本色,但维持时间不久。

(2)研磨抛光作用

当漆面出现浅划痕时,可使用研磨抛光车蜡。若划痕不很严重,抛光和打蜡作业可一次完成。

(3)防水作用

空气中的水蒸气遇冷凝结后形成水滴附着在车身表面,在强烈阳光的照射下,每个小水滴就是一个凸透镜,在它的聚焦作用下,焦点处温度达 $800\sim1000℃$,造成漆面暗斑,极大地影响了漆面质量及使用寿命。另外,有害气体和有害灰尘会造成漆层变色、漆面老化。

车蜡能在大气与车身漆面之间形成一层保护膜,将车漆与有害气体、有害灰尘有效地隔离,起到一种"屏蔽"作用。车蜡可以使车身漆面上的水滴附减少 $60\%\sim90\%$,高档车蜡含有特殊材料成分,不论用水冲洗多少遍,一般都不会流失,还可使残留在漆面上的水滴进一步平展,呈扁平状,透镜作用不明显,可以有效地保护漆面。

(4)抗高温作用

车蜡能够对来自不同方向的入射光产生有效反射,防止入射光线穿透漆膜,从而延长漆面的使用寿命。

(5)防静电作用

汽车在行驶过程中,车身表面与空气流发生相对摩擦,易产生静电。由于静电作用,灰尘会附于车身表面。打蜡可以隔断空气、尘埃与车身漆面的接触,防止摩擦,不但可以有效防止车表静电的产生,还可以大大减少带电尘埃对车身表面的附着。

(6)防紫外线作用

日光中的紫外线较易折射进入漆面,防紫外线车蜡充分考虑了紫外线的特性,能使其车表的侵害最大限度地降低。

车蜡除具有上述作用外,还具有防酸雨、防碱、防雾等功能。选用时可根据需要灵活把握,使打蜡工作事半功倍。

2.车蜡的种类

汽车蜡的分类方法如图 5-1 所示。

①按物理状态分类:汽车蜡可分为固体蜡、半固体蜡、液体蜡和喷雾蜡四种,如图

5-2 所示。这些汽车蜡的黏度愈大光泽愈艳丽、持久性愈强,但去污性愈弱,而且打蜡操作愈费力。相反,黏度愈小的汽车蜡愈便于使用,但持久性愈弱。

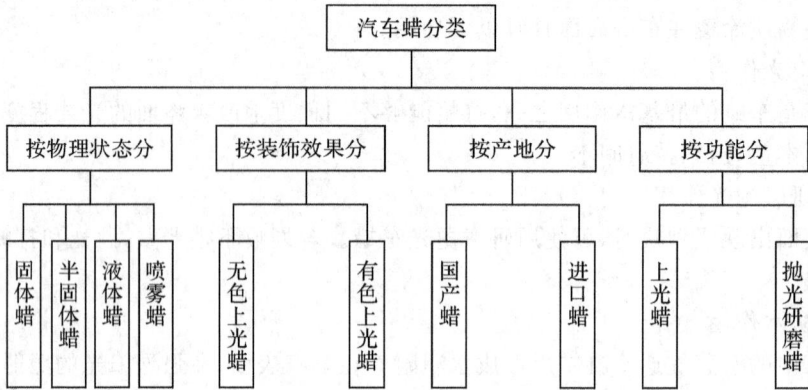

图 5-1　汽车蜡分类

图 5-2　汽车蜡按物理状态分类

②按装饰效果分类:汽车蜡可分为无色上光蜡和有色上光蜡。无色上光蜡主要以增光为主,有色上光蜡主要以增色为主。

③按产地分类:汽车蜡大体分为国产蜡和进口蜡。目前国产汽车蜡基本上都是低档蜡,中高档汽车蜡绝大部分为进口蜡。常见进口汽车蜡多来自美国、英国、日本、荷兰等国,例如美国龟博士系列汽车蜡、英国特使系列汽车蜡、美国普乐系列汽车蜡等。国产汽车蜡最常用的如即时抛等。

④按功能分类:汽车蜡分为上光蜡和抛光研磨蜡两种。国产上光蜡的主要添加成

分为蜂蜡、松节油等,其外观多为白色或乳白色,主要用于喷漆作业中表面上光。国产抛光研磨蜡主要添加成分为地蜡、硅藻土、氧化铝、矿物油及乳化剂等,颜色有浅灰色、灰色、乳黄色及黄褐色等多种,主要用于浅划痕处理及漆膜的磨平作业,以清除浅划痕、橘纹,填平细小针孔等。

　　3.汽车蜡的选用

　　选择汽车蜡应考虑车蜡的作用特点、车辆的新旧程度、漆膜颜色及运行环境等因素,一般应注意以下几点:

　　①根据不同的车辆选择。高级轿车应选用高档汽车蜡,进口轿车最好选用进口汽车蜡,普通车辆选用普通的珍珠色和金属漆系列汽车蜡即可。

　　②根据车身颜色选择。白色、黄色和银色等车身应选用浅色系列的汽车蜡;红色、黑色和深蓝等车身应选用深色系列的汽车蜡,以掩盖车身表面的细小划痕,使车身显得更加光滑、漂亮。

　　③根据运行环境选择。沿海地区应选用防盐雾功能较强的汽车蜡,化学工业区应选用防酸雨功能较强的汽车蜡,多雨地区应选用防水性能优良的汽车蜡,夏天应选用防紫外线、抗高温性能优良的汽车蜡,行驶环境较差应选用保护作用突出的树脂汽车蜡。

　　④根据操作条件选择。如果有时间想多花一些工夫打出光泽,则可以选用固体蜡;如果想既省时又省力,则可选用喷雾蜡,可以边喷边打亮,同时能够去除车身表面污垢;如果觉得固体蜡使用不方便,又嫌喷雾蜡的光泽不佳,则可选用半固体蜡或液体蜡。

六、汽车护理用品部分产品介绍

表 5-2　部分汽车护理用品的性能及使用方法

产品名称	性能和适用范围	使用方法和注意事项
去污蜡	具有去污、除锈、除垢,保护漆膜光亮的功能;能恢复漆膜及金属表面的鲜艳色泽 适用于车身表面清洗护理	将去污蜡直接涂布在清洗物表面,然后用柔软布擦拭干净即可 注意当车身漆膜温热时,不能使用该产品进行清洗。需待常温时,才可使用该产品清洗
特级增亮喷蜡	该产品为最新快速保护蜡,一喷一抹就可以使漆膜的光彩立刻显现,犹如新车刚打完蜡的效果,使漆膜光亮如新 适用于车身和设备的漆膜清洗护理	将本产品直接均匀地喷涂在漆膜表面,然后用多功能擦拭纸擦净即可 注意该产品需配合特级水晶乳蜡或水晶硬蜡使用,效果更佳。详细情况应按产品使用说明书要求使用

续表

产品名称	性能和适用范围	使用方法和注意事项
特级水晶乳蜡	该产品为最新持久型保护蜡,不伤害新车的光亮透明层,且耐紫外线。上蜡、清洁、显色、光滑、保护、防泼水、防氧化一次完成,并产生高光亮度。清洗效果可保持到 10～15 次洗车 适用于车辆漆膜保护	先将该产品均匀地喷涂到车身漆膜上,然后抛光,最后用多功能擦拭纸擦拭即可 注意事项按配套产品要求使用
特级水晶硬蜡	该产品可使蜡保护层不易被水分解,可长时间保护漆膜光亮如新。抗紫外线,耐酸雨。只需薄薄地喷涂一层于漆膜上,可立刻光彩照人。其效果可达到 20 次洗车后不改变 适用于车身漆膜清洗护理	将该产品薄薄地喷涂一层,然后用多功能擦拭纸擦拭干净即可 注意事项按配套产品要求使用
亮光蜡	该产品可使被涂物光亮持久,品质稳定;可在漆膜上形成保护膜,防止氧化、酸雨腐蚀、雨水侵蚀等;使用该产品可使漆膜不粘灰尘;该产品含有色彩鲜艳剂。如漆膜上粘有污垢时,应先用去污剂清洗后,再用该产品护理 适用于车身、机械设备的漆膜护理	将该产品直接均匀地喷涂在车身漆膜上即可 注意事项不可在车身还处于暖热时使用
汽车底盘保护蜡	该产品可长久防止底盘腐蚀及碎石的碰击;可预防漆膜颜色改变,还能达到防锈、隔音的效果 适用于漆膜、橡胶、塑胶及 PVC 烤漆的护理;车身底盘及类似漆膜的护理	先将底盘清洗干净,并用钢丝刷去除锈蚀,直到完全清洁无锈时,才可使用本产品;喷涂时,压缩空气的压力为 0.3～0.8MPa 即可 该产品为易燃品,使用和贮存时应注意防火;使用时,要特别注意保护眼睛、皮肤与呼吸系统。不可用于排气装置、制动器及弹簧上;必须用酒精稀释,要充分混合均匀,不应有沉积等
三合一增艳钻石乳蜡	该产品内含镜面蜡,去污去垢、显色上蜡一次完成,可使哑色漆膜经处理后顿显镜面效果,重现光彩	将该产品均匀地喷涂在漆膜上,然后抛光即可
塑料、皮革清洁保护蜡	该产品含有清新柠檬香味,适用于塑料、橡胶、皮革制品的清洗护理;能清洁汽车内室各种部件表面的污垢和油渍,并在被处理表面留下一层自然保护层,可使灰尘不再聚集;清洁润光一次完成 主要用于车身内室的清洗护理,也可用于外部前后保险杠等塑料件的清洗护理	先将该产品喷涂在清洗物表面上,然后用拭布擦拭干净即可

续表

产品名称	性能和适用范围	使用方法和注意事项
保护蜡	本产品以蜡为基础,可除去油污、柏油,并生成稳定的防水保护膜,可防止再生锈 适用于车辆漆膜的护理	清洗车身漆膜并干燥;将保护蜡搅动均匀,无沉淀;然后将保护蜡均匀地喷涂在漆膜上即可 该产品不可用于以桐油为基础的油漆表面上;该产品为易燃品,应远离热源和火源
抗静电蜡	该产品是一种喷雾型上光护理蜡;能防止漆膜产生静电,最大限度地减少静电对灰尘、油污的吸附 适用于汽车漆膜、皮革、塑料和镀铬质表面的护理	将该产品均匀地喷涂在车身漆膜上即可
黄金镜面蜡	该产品是一种高性能的护理型天然蜡,含有巴西棕榈、聚碳酸酯;对漆膜的渗透力极强,涂后光亮如镜,保持长久,可有效地护理汽车和其他设备的漆膜。 适用于新车和旧车翻新后漆膜的护理	将该产品均匀地喷涂在漆膜上即可 该产品可手工打蜡,也可机器打蜡。喷涂应均匀为基本要求
彩色蜡	该产品分为红、蓝、绿、灰、黑等五种颜色,即打蜡即抛光,省时省力。不同颜色的车,使用相应颜色的蜡,对漆膜可起到修饰作用,也可掩盖轻微细小的划痕 适用于各种汽车漆膜护理	将该产品均匀地喷涂在车身漆膜上,然后抛光即可
三合一强力钻石乳蜡	该产品内含细致研磨微粒,能有效地去除汽车漆膜上较重的氧化膜、抛光圈痕、酸雨渍和光亮层	先将该产品均匀地喷涂于漆膜上,然后抛光即可
深切研磨剂	该产品可有效去除漆膜上的橘皮纹、龟裂纹、划痕和严重氧化层;在不损伤漆膜的情况下进行快速的机器研磨,使用后不留下任何有害残留物;具有极强的去除氧化漆膜的能力,用于保护不当及其他各种原因造成的严重氧化漆膜效果尤其明显;使用一次就可以恢复漆膜原有的光泽 深切研磨剂适用于漆膜有深度划痕、严重氧化、重度腐蚀、酸雨渍等缺陷的研磨	将深度研磨剂摇晃均匀,然后取少量倒在漆膜表层或研磨盘表面;将研磨抛光机转速定为 $800\sim1200r/min$,按 $0.5m^2$ 进行抛光;研磨时抛光盘成 $15°\sim45°$ 角向下微施加压力,要注意湿度仔细施工,严防漏抛和干抛;在使用该研磨剂后,如感觉达不到理想的镜面平滑效果时,应再使用中切和微切研磨剂、抛光剂、还原剂进行处理。

续表

产品名称	性能和适用范围	使用方法和注意事项
中切研磨剂	内含均匀粒子,修复效果一流,修复后漆膜柔润、光亮;可做透明漆中度研磨剂,也适合内层漆膜;适用于普通漆、透明漆 中切研磨剂主要用于漆膜褪色、漆膜氧化发乌、漆膜表面太阳纹等缺陷的研磨	将中切研磨剂摇晃均匀,然后取少量倒在漆膜表层或研磨盘表面;将研磨/抛光机转速定为 1200~1800r/min,按 0.5m² 进行抛光;研磨时抛光盘成 15°~45°角向下微施加压力,要注意湿度,并仔细施工,严防漏抛和干抛;在使用该研磨剂后,如感觉达不到理想的镜面平滑效果时,应再使用抛光剂、还原剂进行处理
微切研磨剂	专业漆膜研磨产品,有效去除发丝划痕、轻度划痕和漆膜氧化层;对所有清漆、高硬度漆、硝基漆和瓷漆均可迅速有效地进行光滑研磨,减少产品飞溅和积累;迅速去除砂纸痕和漆膜缺陷,而不划伤漆膜,有缓冲润滑作用,使用安全;磨粒在研磨中分散,起到抛光作用,不含硅油 适用于浅度划痕、氧化、腐蚀、酸雨渍等缺陷的研磨,也可作为喷漆修复辅助材料	将微切研磨剂摇晃均匀,然后取少量倒在漆膜表层或研磨盘表面;将研磨抛光机转速定为 1800~2000r/min,按 0.5m² 进行抛光;研磨时抛光盘成 15°~45°角向下微施加压力,要注意湿度,并仔细施工,严防漏抛和干抛;在使用该研磨剂后,如感觉达不到理想的镜面平滑效果时,应再使用抛光剂、还原剂进行处理

第三节　汽车保护用品

汽车保护用品多用在汽车内饰美容作业中,主要有皮革、橡塑件、化纤、玻璃清洁保护用品,具有抗老化、抗磨和增亮等保护作用。

一、汽车保护用品的分类

汽车保护用品一般都含有不同程度、不同成分的聚合物。其特点是使用方便、保持时间长、耐磨、光泽好、防老化。保护用品按适用材质不同可分为以下几类。

1. 皮革类专业保护剂

(1)水性真皮清洁柔顺剂

该剂呈乳白色,液体,是一种性质温和的水溶剂。该剂用于清洁真皮、人造革、仪表台等表面各种污垢,去污能力强,不损伤皮革。用后皮革不褪色,可延缓老化且具柔顺保护功能,配合真皮保护上光剂使用效果更佳。

(2)油性真皮上光保护剂

该剂呈乳状液体,为天然液体蜡。具有快速清洁、还原、增色功能,能擦亮皮革、塑胶、木制饰件等表面能形成一层平滑光亮的保护膜，延长使用寿命。特别是在用品中加入抗老化剂、防水剂、防静电剂等，能有效地保护皮革表面，避免皮革表面干裂褪色，防止有害物质的污染和损坏。该产品适用于汽车真皮座椅、木制饰件、塑胶制品的上光保护。

使用方法：将该剂摇匀后喷于待整饰表面，用干净、不起毛的软布或猪鬃软刷擦拭，即可得到光亮持久的保护层。

应当注意的是，该剂应存放在通风处并远离火源。

（3）配方皮革保护剂

该剂是目前世界上销量最大的保护剂。它的主要功能是对真皮和革制品进行上光、保护，效果非常明显，是汽车最理想的皮革保护剂。内含防紫外线的配方，是水质不含硅的聚合物上光剂。

配方皮革保护剂适用于仪表台（俗称仪表台翻新剂），皮革座椅等；也可用在轮胎（橡胶）、保险杠、密封条及管线上，但效果不及采用专业的保护用品，可在漆房内使用。

（4）硬质皮革清洗剂

该产品采用现代喷雾剂包装，泡沫丰富，可迅速清洁、护理精制皮革、乙烯树脂等制品。

使用时应注意，将该剂摇匀，喷在物体表面，然后用布或软毛刷清洗干净。对于软羔皮、鹿皮，应在皮子发热时使用该剂。不得挤压该剂，且贮藏温度不得高于 45℃。

2. 化纤、丝绒类专业保护剂

（1）化纤保护剂

该剂主要用于汽车内饰的化纤制品的清洁、保护。它含有硅酮树脂，在清洗的同时，该聚合物附着在纤维上，具防紫外线、防老化、防腐蚀功能，而且脏后也较易清洗。该剂因含硅酮成分，价位较一般化纤清洗剂要高。

（2）化纤皮革清洁保护剂

该剂适用于各种纤维织物、皮革和乙烯树脂装饰物。该剂能清除座椅尘垢，防止脏物侵入。它泡沫丰富，去污力强，洗后留有硅酮保护膜。

使用方法：轻轻摇晃该剂使其均匀，然后大面积喷在所需清洁的表面或喷在干净布上擦拭，用干净布将泡沫擦净，污渍明显处反复喷涂擦拭即可。在使用前应先找一小块地方试用，效果不好时勿用。如油脂过厚，应先用钝器刮除再使用该剂。

（3）绒毛深度清洁香波（超浓缩液）

该香波为液体，有柠檬香味，由表面活性剂、柔顺剂、着色剂、杀菌剂等成分组成，具有气味芳香、清洁去污、增色、柔顺、杀菌等功能。该香波去污力强，用后色彩艳丽，干燥时间短，使用方便。该剂适用于绒毛、皮革座椅表面，顶棚，车门内饰及车内地毯等。

香波使用方法如下：

①机械清洗。每 5L 水加入 60mL 清洁香波后,倒入清洁机的洁净水箱中清洗,或根据生产商的说明要求使用。

②手工清洗。将 1 份香波加入 20～30 份清水进行稀释,然后喷于污垢处,再用干净纯棉毛巾擦净。

该香波应存放于阴凉通风处,注意不要溅入眼中或吞服。

(4)绒毛清洁柔顺剂

该剂为一种多功能清洁剂,主要用于汽车室内的清洗翻新,去污力强,能对丝绒及地毯表面起到清洗、柔顺、还原等作用。

使用方法:将该剂喷于待处理表面,然后用毛刷刷洗或用毛巾擦净即可。该剂配合机器使用效果更佳。

3.塑胶类专业保护剂

(1)塑胶护理上光剂

该剂为黏稠的乳状液体、半透明,是一种不含硅的多功能塑胶护理剂,用于修整和翻新汽车外部保险杠等,使用简便,易于恢复已褪色部分的颜色。轻轻擦拭即获得光亮如新的保护层,防止风化、减缓老化,延长使用寿命。适用于汽车外部保险杠、塑胶装饰条、车内部仪表台、塑胶装饰物的清洁及上光保护。

使用方法:将该剂充分摇匀,用不起毛的软布蘸少量该剂擦拭待整饰的表面便可以在其表面留下一层光滑的保护膜。

注意事项:该剂不能涂于风挡玻璃上;密封存放于阴凉干燥处,且应远离儿童与火源。

(2)清澈美容保护剂

该剂适用于所有塑料、皮革、橡胶等制品,可以快速上光和保护,增加透明度。

使用方法:先将物体表面擦净,轻轻摇晃该剂,垂直喷射于物体表面,然后用干净软布擦净即可。

注意事项:使用该剂应远离儿童。

(3)皮塑防护剂

该剂含特殊的光亮胶质,广泛用于塑料、皮革、轮胎、橡胶、保险杠、门窗的清洗和保护,可使残旧的物体表面焕然一新。

使用方法:清洗表面后,将该剂摇匀喷于干燥表面并保留一段时间,最后用软布擦拭。

注意事项:使用该剂时应远离儿童,并且注意保护眼睛。

(4)皮革上光剂

该剂可使皮革像硬币一样闪亮,其无色配方适用于所有颜色的真皮及人造革,但不适用于鹿皮及翻毛皮。

使用方法:先将皮革尘土去掉,轻轻摇晃该剂使其均匀;距离皮革表面 20cm 左右垂直喷涂,免擦拭。

(5)塑件橡胶润光剂

塑件橡胶润光剂含天然润光剂,不含溶剂,可用于汽车塑胶、橡胶、合成皮、桃木配件表面,能使之焕然一新。

该剂能清洁驾驶台、方向盘、换挡手柄、桃木饰条、车门手把、保险杠、后视镜架、车身边条及轮胎上的打蜡残质,恢复其表面亮丽的本色。该剂还具有防静电粉尘与防紫外线的功能,使塑胶不会龟裂、变色。

(6)超级防护剂

该剂采用 21 世纪新配方,由多种聚合物合成。它广泛应用于橡胶、尼龙、皮革表面的清洗、上光和保护。它能防止紫外线照射,避免表面干裂褪色。

使用方法:轻轻摇晃该剂使其均匀;可直接喷在物体表面或喷在柔软干布上擦拭,然后用清洁布擦干即可,若经常使用效果更佳。对于粗糙表面不适宜使用该剂,注意勿入眼内。

4.电镀件专业保护剂

(1)汽车镀铬抛光剂

该剂能使锈蚀发暗的镀铬表面恢复原有的光泽并延缓日后的腐蚀。它适用于高级轿车镀铬件及铝制件(包括轮辋、镀铬保险杠、轮毂盖等)的抛光与翻新。

使用方法:将该剂置少许于纯棉抛光布上,对需要抛光的部位反复擦拭,直至光亮满意为止;对于锈蚀严重的表面应先进行除锈,然后再使用该剂。

(2)电镀件除锈保护剂

电镀件是最容易氧化的,同时又较难除锈,但如使用砂纸或粗研又会伤铬。电镀件除锈保护剂能有效除锈、除氧化,能对电镀件表层起到防止氧化的作用。

5.玻璃专业保护剂

(1)玻璃清洁防雾剂

该剂为强力配方,能迅速清除风挡玻璃或其他硬质表面上干死的飞虫、交通膜、油污等。该剂还具有防雾功能,可使汽车玻璃光洁明亮,可防止汽车贮水器结冰。它适用于玻璃、镜子、不锈钢、瓷器等表面清洁。

使用方法:按比例(按用品说明)加入汽车贮水器内或直接喷在待整饰表面。

(2)玻璃抛光剂

该剂呈黏稠的乳状体,有清淡香味。它含有细度研磨剂、增光剂、去污剂,可以有效去除风挡玻璃上沾染的污斑、昆虫及不易用一般清洁剂清除的污垢,能改善刮雨器产生的擦痕,使玻璃晶莹透亮。该剂干燥时间短,对已发乌的旧玻璃有很好的还原能力。适用于风挡玻璃、反光镜及玻璃门窗的清洁、上光,但不适宜抛光防霜栅格,且不要使用在已贴膜的玻璃上。密封存于通风阴凉处,且应远离火源。

使用方法:先将该剂用软布或海绵均匀涂满待整饰表面,稍等片刻,再用干净的软布作直线擦拭,直到擦亮为止。对已发乌陈旧的玻璃可重复抛光。

6.其他专业保护剂

(1)车裙装潢泡沫清洗剂

该剂采用聚合物溶剂、泡沫活性剂,能使被整饰表面形成保护膜。该剂使用方便,清洁、上光、保护一次完成并可延长被整饰车身的使用寿命。该剂适于前后保险杠及车裙装饰。

使用方法:先将物体表面污渍清除干净,再轻轻摇晃该剂使其均匀,然后直接喷在物体表面,稍后用洁布擦拭即可。

注意事项:该剂勿压、勿倒置、勿震动,并应远离儿童,勿入眼内。

(2)焦油沥青去除剂

该剂能有效地去除渗透于塑胶或漆面中的焦油沥青等酸碱性物质,适用于塑料制品以及漆面的整饰与翻新。

使用方法:将该剂直接喷于待处理表面,自然干燥后擦净即可。

(3)异味消除剂(超浓缩型)

该剂是一种强力除臭剂,用于消除难闻气味,使空气清新。它适用于汽车驾驶室内,亦可作为抽湿机的添加剂,还可用于废物贮存箱的除臭。该剂有 11 种香型,即:草莓香型、柠檬香型、薄荷香型、乳香香型、新车香型、樱桃香型、灌木香型、乡野香型、茉莉香型、椰奶香型及绅士香型。

使用方法:将异味消除剂按 1:100~1:50 的比例与水稀释成溶液,然后喷雾清新空气。

注意事项:该剂应密封直立存放,温度应保持在 0~40℃;若有溢出物,要用大量水将溢出物冲净。该剂若溅入眼内,应立即用大量清水冲洗并进行诊疗;若沾到皮肤上,要用清水冲洗干净;禁止该剂进入口中。

(4)昆虫焦油清除剂

该剂为全新改良配方,增加了多种清洁剂和上光剂,能清除漆面和镀铬表面的昆虫污渍、焦油、沥青、树汁、颜料斑点及顽固污渍。

使用方法:先轻轻摇晃该剂使其均匀,倒入柔软干布少许,再反复擦拭污渍处直到清除干净,最后用干净软布擦净即可。

注意事项:该剂禁止入口并应远离儿童。

(5)多功能防锈剂

该剂具有除锈、防锈、抗潮、润滑和渗透松动等多项功能。主要用于去除发动机、底盘表面的锈迹并进行防锈处理;也可用于电器进水受潮后的排水处理和螺栓及车门润滑,用途十分广泛。

使用方法:先将该剂喷、浸或涂刷于物体表面并短时间放置,以使化学成分渗入,然后用手工工具擦掉即可。若锈迹严重,可再涂一次。

注意事项:该剂易燃,因此贮藏容器应盖严并远离火源,使用时不能吸烟,不要倾倒入排水管道中,应于通风处保存。

(6)万能除锈剂

该剂用于铁和大多数不含铁的金属(包括不锈钢)等的清除锈、水垢、灰尘、水泥和氧化层。

使用方法:先根据锈迹的轻重程度,最大可稀释至1:15比例的水溶液;再将待洗物浸于该水溶液中,直至锈迹消溶;然后用清水彻底清洗。

注意事项:该剂会灼伤皮肤,应远离儿童。使用时应穿戴手套、护目镜、靴子等防护用品,避免其接触皮肤和眼睛。不能与漂白剂、强碱、氧化剂等混合。

(7)车用香品类

①气雾型车用香品

该产品属于气雾型,由香精、溶剂和喷射剂组成。该产品中含有除臭剂,能除去车内异味。可用于车内,可营造舒适温馨的氛围。

使用方法:可直接把该产品喷洒在车内,气味挥发后将充满整个空间。注意:该产品属于易燃物,应按易燃品安全要求使用和保存。

②固体型车用香品

该产品为固体,由香精和一些固体材料混合而成。其外包装为各种小型艺术品,可放置车内适当地方,既美化、装饰车内环境,又不断放出幽香气味,从而营造温馨的气氛。

使用方法:直接将该产品放置在车内适当的位置即可。

(8)液态车用香品

该产品属于液态型,使用非常广泛。它由香精和挥发性溶液混合而成,盛放在具有艺术品位的容器中。既具有使用功能,又具有装饰效果。

使用方法:可直接将该产品喷洒在车内,也可将容器盖打开,放在车内适当位置,让其自由挥发到车内空间。

注意事项:该产品的香味与颜色有很大的关系,这虽然没有形成标准,但也达成了一定的共识。在使用时,要认真阅读产品说明书和注意包装及香液的颜色。

(9)电路干燥剂

该产品能快速恢复分电器、火花塞、点火线圈等电路系统所需的干燥状态,使受潮湿的车辆快速起动并提供持续的保护。

使用方法:先将其摇匀,再直接喷涂在待处理表面上即可。

（10）发动机漆膜保护剂

该产品是特殊透明保护漆，能防止金属漆膜老化及玷污油垢等，能保持发动机外观清洁。使用温度范围在 20～80℃ 之间，主要用于发动机及其配件表面的防护，但不可用于以桐油为基料的油漆表面保护。该剂为易燃品，应注意防火。

使用方法：先用发动机清洗液彻底清洗发动机表面并干燥；再将该产品均匀地喷涂在发动机表面上，干燥约 20min 后再喷涂一次，再过 20min 后，即完成对发动机表面的保护。

（11）发动机、底盘保护剂

该产品为超级附着性材料，其防锈、防潮、耐湿等性能特佳。该产品耐酸碱、耐磨，具有弹性、防撞性、防震性、隔音性好等特点，适用于车辆底盘的保护。

使用方法：先将底盘冲洗干净并吹干，再按该产品使用要求将其均匀地喷涂在底盘表面上，然后风干或吹干。

（12）燃油系统强力清洗保护剂

该产品用于清洗燃油系统积炭效果显著，能在汽车正常运行过程中自动清洗油路、化油器、进气支管、喷油嘴等部位，保证燃油正常雾化，消除发动机的颤抖、爆燃和功率损失等故障，迅速恢复发动机的动力性和驾驶性能；消除进气门、燃烧室、活塞顶、活塞环等处的积炭，恢复正常的压缩比，解决发动机工作粗暴、敲缸等问题，使汽车运行更加平顺；可节省燃油 7%～15%，降低排放，减少空气污染；能保护燃油系统各部件，防锈、防蚀；对尾气净化装置和各传感器无损害。其适用于汽车、摩托车、船舶、工业内燃机等燃油系统的清洁保护，主要针对已行驶 20km 以上或燃油系统性能降低的车辆使用。

使用方法：按每罐 325mL 兑 60～90mL 润滑油的比例直接加入到燃油箱中，清洗后，定期使用 BG202 或 BG203（发动机燃烧促进剂或积炭清洗剂）进行保养。

注意事项：清洗完毕之后要调整好汽车的点火正时和怠速，不得使该产品触及油漆表面，不得接触眼睛和皮肤。

（13）冷却系高效清洁剂

该剂具有超强的清洁力和高效的溶解性，能在发动机运行的过程中彻底清除冷却系统内的水垢，恢复冷却系统各管路的流通能力，确保其具有良好的散热性能。

使用方法：按使用说明书的要求将适量的该剂加入冷却液中，让发动机工作 6～8h 后排出冷却液，最后重新加注冷却液即可。

（14）发动机润滑系统清洁剂

在发动机不解体的情况下，通过专业设备或直接添加的方式来清洁润滑油路系统，改善润滑油的抗氧化性，减少活塞环与气缸壁之间的摩擦，能有效降低发动机噪声和油耗，提高汽车的动力性和经济性，延长发动机的使用寿命。

(15)刮水器精

该产品是界面离子浓缩剂,不损伤车身钢板和漆膜,能快速清除污垢,不产生伤害眼睛的折光,可延长刮水器的使用寿命。

使用方法:将该产品直接注入刮水器的喷水箱中即可。

(16)离合器及制动系清洁剂

离合器及制动系清洁剂是一种高效清洁剂,可快速简便地去除离合器片及制动蹄片上的油脂、制动液、烧蚀物与胶质等污物,能有效改善制动效能和离合性能。

具有如下特点:

①不需拆卸,能快速清洁制动装置和离合器。

②去除各种影响制动效能和离合性能的胶质、油污及烧蚀物等,防止离合器打滑。

③改进制动效能,消除制动噪声。

④干燥后无残渣。

⑤可清洁制动分泵、制动底板、制动鼓和制动凸轮轴等各部位。

⑥该剂不含四氯化碳、硅有机化合物以及汽油溶剂,遇火不燃,使用安全。

使用方法:先将清洁剂喷在需要清洁的部位,使之风干,如有必要可重复清洁。使用时应注意保护橡胶件,免除清洁剂的侵害。

注意事项:①不要用于清洁聚碳酸酯塑料零件;②该剂为压力罐装,注意贮存温度不要过高,且不要猛烈撞击。

二、汽车部分保护用品介绍

表 5-3　汽车部分保护用品性能及使用方法

用品名称	性能和适用范围	使用方法和注意事项
增强型发动机超级保护剂	该产品为高效摩擦改进剂,能显著降低摩擦阻力,节省燃油,提高动力性;能防止润滑油在高温重负荷下氧化,提高油的品质,并延长换油周期;能中和酸性物质,防止发动机部件腐蚀;能极大降低噪声,使发动机运行平稳;具有极佳的清洁分散能力,可有效地清除发动机内部的油污和其他沉积物,保持活塞环、液压挺杆和发动机其他部件的清洁;能降低润滑油消耗,减少尾气排放。定期使用该产品可保持发动机的最佳性能,防止"拉缸"、"烧瓦",可延长发动机寿命2倍以上 　　所有的汽油、柴油发动机均适用	每次更换润滑油时,将该产品按每罐325mL兑4～5L润滑油的比例加入发动机的曲轴箱内,确保油面处于正常位置;新车、大修后的车和正常使用的车,应定期使用该产品,对发动机进行保养 　　行驶3万公里以上的发动机,在首次使用该产品前,应先用清洗剂清洗发动机;首次使用该产品时,应按汽车保养手册要求正常更换润滑油,可延长换油期1倍以上

续表

用品名称	性能和适用范围	使用方法和注意事项
铝钢圈靓丽保护漆	该产品是以人造树脂为基础的涂料;具有耐磨损、耐腐蚀、耐撞击、耐污染等特性,可提供持久的保护;喷涂后,不会粘着灰尘,该产品为银色 适用铝合金制品和钢圈等表面的保护	拆除轮胎、螺母,除去铁锈和污垢;将该产品均匀地喷涂在待保护物的表面上即可 该产品为易燃品,应远离热源和火源保存
塑胶漆	该产品为塑料制品表面装饰保护用涂料,喷涂后可长期光亮如初 适用于汽车保险杠、挡泥板、扰流板、塑料装饰板等部件的表面作为装饰保护	该产品使用前,应将塑胶漆搅拌均匀;将被喷涂物表面清洗,除去一切污垢后干燥,做好喷涂前的表面处理;喷涂距离为 20cm,以交叉喷涂方式喷涂;本桶漆用完后,应倒置容器,放出容器内的可燃气体,用丙酮清洗喷嘴
发动机漆膜保护剂	该产品是特殊透明性保护漆。能防止金属漆膜老化及玷污油垢等;能保持发动机外观清洁;使用温度范围在 20~80℃之间 适用于发动机及配件表面防护	先用发动机清洗剂彻底清洗发动机表面并干燥;将该产品均匀地喷涂在发动机表面上,约 20min 干燥后再喷涂一次,再等 20min 后,即完成对发动机表面的保护 不可用于以桐油为基料的油漆表面保护;该产品为易燃品,按易燃品要求使用保存
思高洁防污保洁剂	该产品能在纺织物表面形成一层保护膜,可使一般油污及水性污物不会沾附吸收纺织品的纤维内,而会形成水(油)珠于表面上,只要用布或拭纸轻轻地擦拭,即可不留痕迹;该产品不会明显改变纺织品的颜色、触感和透气性 适用于车内纺织品的清洁保护	先将待保护的纺织物品清洗干净并干燥,然后将该产品均匀地喷涂在纺织物表面即可
真皮保护剂	该产品能使发硬的皮革制品表面变得柔软光滑;可延缓皮革老化,提高光亮度,并伴有令人愉快的香味 适用于所有车辆的皮革制品护理	将该产品喷洒于皮革制品表面即可
排气管保护漆	该产品能保护排气管,防止腐蚀;具有高的耐热性,耐热温度可达 700℃;具有高的粘着力,不脱落 适用于汽车排气管	该产品使用前,应摇动容器,使保护漆均匀;彻底清洗排气管表面,将污垢、油渍清洗干净;在距离表面 25cm 处,以交叉方式进行喷涂;20min 后再喷涂一次,并使之干燥 使用完毕,容器需倒置,放出容器内的可燃气体;用丙酮清洗喷嘴,保持喷枪和喷嘴干净

续表

用品名称	性能和适用范围	使用方法和注意事项
蓄电池接线柱保护剂	该产品喷洒在接线柱上,可形成一层长效性红色保护薄膜;该产品能耐高温,保护蓄电池接线柱和电线接头,耐腐蚀、耐酸化及产生铅锌氧化物质,导电性好,能防止过大电压降	彻底清洗蓄电池接线柱及电线接头等;先摇动容器使本产品成分均匀,然后将其喷涂在接线柱周围 因该产品容器为压力容器,应避免在阳光下或50℃以上温度下暴晒;该产品用完后,切勿燃烧本容器或在容器上打洞;该产品切勿喷洒在火焰或热的物体上;用完后的空容器需妥善处理,不得乱放,不得放入垃圾箱中
仪表板上光剂	该产品是天然润光剂,能在被涂物表面形成光滑的保护膜;该产品能防止紫外线、泼水、抗氧化,并能防静电、粉尘,使塑胶不龟裂、不变色 适用于汽车塑胶、橡胶、合成革制件、桃木制件表面、后视镜等上光	先将被涂物表面清洗干净并干燥;将该产品均匀地喷涂在干净的表面上,可使被涂物表面焕然一新
透明保护防锈树脂	该产品能保护金属制品,使其免于生锈、腐蚀,保持原有外观 适用于汽车门槛、头灯框、车门内部沟槽等部位的防锈护理	使用该产品前,应摇动容器使之均匀无沉淀;将小塑胶管插入车体的沟槽处,喷涂时不断将容器往复移动;在喷涂过程中,如果不慎溅到漆膜上,可用汽油擦净 该产品为易燃品,注意使用保存;用毕后,应倒置容器,放出容器内的可燃气体,并将空容器放到指定箱中,不得乱扔;喷涂完工后应清洗喷枪;在常温下该产品硬化需1h
特级防锈剂	该产品属于润滑油脂类防锈剂;能防止点火线圈漏电,迅速恢复原特性;能防止生成铁锈,除去强烈湿气;能够保护被涂物表面,不会造成新的污染 适用于任何需要防锈的金属物品	先将需喷涂物表面清洗干净并干燥;将该产品均匀地喷涂到被保护物的表面上即可 该产品为易燃品,应按易燃品要求使用和存放
干性防锈剂	该产品为干性防锈剂,能去除腐蚀,并与生锈部分产生氧化,使其永远不再生锈;能长时间停留在物体表面而不消失;能耐300℃高温 可使易生锈的金属物体不再生锈	先除去金属物体表面的油污、锈蚀及污垢;将该产品均匀地涂抹在金属物体上,若涂三层可永不生锈 该产品为易燃品,应按易燃品要求使用和保存;该产品中含二氯甲烷,操作时应避免吸入肺部,并防止接触皮肤和眼睛

续表

用品名称	性能和适用范围	使用方法和注意事项
汽车底盘防噪声、防锈剂	该产品是以橡胶为基体材料的一种防锈剂；具有防腐蚀和隔音的效果；喷涂在垂直方向的表面上而不会流淌　　主要用于汽车底盘及前后挡泥板的防护	先清洗并干燥被涂物表面；将该产品均匀地喷涂在防锈表面上　　该产品为易燃品，应按易燃品要求使用和保存；操作时应避免使该产品与眼睛和皮肤接触；使用时，不可喷涂到变速装置、油箱、转向轴、差动器轴、弹簧通气导管、制动器及任何需要转动的部件上

复习思考题

1.汽车美容用品是如何分类的？

2.汽车清洗剂在美容中的作用如何？

3.简述研磨剂的基本性能。

4.简述汽车蜡的作用和种类。

5.汽车保护用品有什么作用？

第六章

汽车美容项目操作

应知目标：

1.了解汽车美容的主要项目。

2.掌握汽车美容的主要内容。

3.掌握汽车各美容项目的作用。

4.掌握各美容项目的验收标准。

应会目标：

1.会应用各美容项目的工具和设备。

2.会选用各美容项目的用品。

3.学会各美容项目的操作方法。

4.会用先进技术解决美容中的疑难问题。

通常所说的汽车美容护理大体上可以分为三大类：一类就是汽车车表美容，其主要内容有汽车清洗、去除沥青和焦油、新车开蜡、汽车打蜡、镀铬件翻新和轮胎翻新；第二类就是汽车车饰美容护理，主要内容有车室美容护理、发动机美容护理、行李厢清洁；第三类就是汽车漆面美容护理，主要内容有漆面修复美容（包括漆面深划痕处理、喷漆等）、漆面护理美容（包括漆面失光处理、漆面浅划痕处理）。

第一节　汽车车表美容项目操作

一、车表美容工具、设备及用品

1.洗车

（1）设备、工具与用品

高压清洗机、泡沫清洗机、鹿皮、韩国布、不脱毛纯棉毛巾、板刷、洗车液、玻璃清洗剂、沥青、轮胎清洗剂等。

（2）注意事项

不宜用碱性洗车液洗车；北方冬季应用调温式清洗机。

2.汽车打蜡或封釉

（1）设备、工具与用品

打蜡机、封釉振抛机、打蜡海绵、不脱毛纯棉毛巾、各种蜡和釉等。

（2）注意事项

应根据环境、漆面情况合理选用蜡和釉。

二、汽车车身清洗

1.冲洗

①右手持高压清洗水枪，左手按高压清洗机的启动按钮，启动高压清洗机。

②调整高压清洗水枪的压力阀，将水枪的喷水压力调整到 0.30MPa 左右。

③进行高压清洗水枪试喷，根据需要调整水枪的水花喷雾。

④用高压清洗水枪从上至下（如图 6-1 所示从车顶棚至车的下部）将沾在车身表面上的泥沙冲掉。如果车身较脏，可反复冲洗。

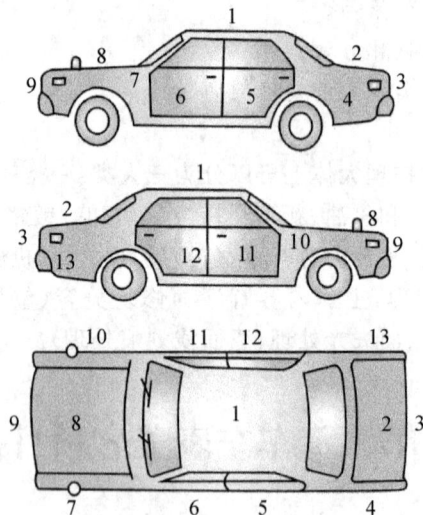

图 6-1 车身清洗顺序

⑤用高压清洗水枪冲洗车身前部。

⑥用高压清洗水枪冲洗车身后部。

⑦用高压清洗水枪冲洗车身下部。

作业注意事项：

①冲洗车身时，车身表面温度宜在60℃以下，环境温度宜在0～40℃。

②冲洗车身时，水枪离车身距离应该在15cm以上。

③冲洗车身时，水枪水花与车身宜成45°夹角。

④冲洗顺序为从上到下，即从车顶棚至车的下部。

⑤冲洗汽车前部的栅网部位时，应使用雾状水流，不得直接用水柱对着发动机散热器或空调冷凝器的散热片冲刷，以免造成损伤。汽车挡泥板处安装有塑胶拱罩的，必要时应拆下清洗。注意还要冲洗挡泥板及翼子板的内侧。

⑥应全面冲洗汽车底盘，彻底清洁车身边缘部分、弯曲部位、挡泥板等较为隐蔽的地方。注意冲洗汽车的车轮及制动盘部位、翼子板处的挡泥板、车前的栅网部位、车身表面、门内边框和车裙等各处的泥沙、污物。

2.上液

使用超浓缩洁车香波洗车液洗车的目的是清除车身表面的尘垢、油污和静电。

①用量杯量取超浓缩洁车香波，按照1∶160的比例兑水，配制成香波洗车液，并倒入进水阀。

②关闭进水阀，接上高压气管，打开进气阀。

③将气压表压力值调到0.30～0.40MPa。

④打开喷头开关，均匀地将泡沫状香波喷洒于车体上。

作业注意事项：

①喷洒泡沫香波时应有规律地上下抖动喷头，这样利于泡沫香波喷洒均匀和节约泡沫香波。

②喷洒泡沫香波的顺序是从上到下。

③当再次加水时，应先关闭进气阀，然后打开排气阀，将罐内的气体排出后，再采用以上方法进行加注。

④香波洗车除了用多功能高压泡沫清洗机外，还可以用手工洗车，即按规定的配兑比例，配制一塑料桶的香波洗车液，然后用洗车海绵蘸洗车液清洗，但不得使用洗衣粉、肥皂水、脱蜡洗涤剂等。

3.擦拭

用洗车海绵蘸上香波洗车液，擦拭车身一遍。如果沾染物不易清除，可反复擦拭多遍。

作业注意事项：

擦拭车身上下部位的海绵应分开使用,以免沙粒刮伤车身漆面。

4. 冲净泡沫

用高压水花将车身上的泡沫冲洗干净。

作业注意事项:

①冲洗时宜从上而下进行。

②冲洗时要将车身接缝处、拐角处的泡沫等残留物冲洗干净。

5. 清除顽迹

对于残留在车身上的一些顽迹,可使用全能水配合无尘棉布进行仔细擦洗。

6. 擦干

①拧干有洗车液的无尘棉布,沿着与汽车行驶相垂直的方向擦干车身漆面上的洗车液。实际上,擦干洗车液的过程也是清除车身表面尘垢、油污的过程。

②用充足的清水将洗车液完全冲洗干净,并及时用合成羊皮巾将水分擦干。要求是:擦干车身水分,擦干漆面、玻璃、门内边框、保险杠等处水分;除去缝隙和接口处水分;保证全车无水迹,玻璃无污迹。

③冲洗作业完成后,按一下高压清洗水枪泄压阀。

④断开电源,并将水管和枪头放在指定位置。

⑤全部结束作业时应断开总电源。

作业注意事项:

①在未冲掉车身表面上的泥沙之前,千万不要用毛巾或其他物品蘸水擦洗,否则会使车身漆面被泥沙刮伤留下划痕。

②因车裙和轮胎部位的泥沙较多,所以不可用擦过该部位的海绵、毛巾再去擦其他部位,以免擦伤车身漆面,留下划痕。

7. 洗车效果

车身清洁可因使用的洗车液的不同而获得不同的清洁效果。

(1)不脱蜡洗车

不脱蜡洗车是最常见的日常洗车,是指使用高压清洗水枪,配合超浓缩洁车香波洗车液,除去车身上的尘土、污垢。不脱蜡洗车洗不掉车身上原有的蜡。

(2)脱蜡洗车

脱蜡洗车是指使用脱蜡液(主要成分是树脂)洗掉车身上原有覆盖的保护、光洁蜡。脱过蜡的车身必须重新打蜡,否则车身漆面会很快氧化。日常使用的洗涤灵、洗衣粉等都属强力脱蜡液,用它们洗车对车身漆面会产生较大的损伤。

(3)洗车蜡洗车

洗车蜡又称天然打蜡香波,是一种含水蜡的洗车液。用洗车蜡洗车除了有洗车功能外,还兼有打蜡功能,它可在漆面上形成一层保护膜,但光泽的保持时间不长。

三、汽车车身漆面开蜡、除蜡

所有的汽车车身漆面都需要进行打蜡保护,只是打蜡的时间和使用蜡的品牌有区别。在汽车美容的清洗过程中,首先必须将车身残蜡去除干净,否则会在下次打蜡时,因旧蜡覆盖在底层,而极易产生局部新蜡附着不牢的现象;其次,旧蜡的存在同样会对以后的上新蜡和漆面抛光产生不良的影响。

①先用干毛巾将车身表面的水珠擦干。

②再向车身表面喷敷超能开蜡剂,要求喷敷均匀。

③待开蜡剂在车身表面上保持 5min 左右后,用湿毛巾将车身擦净。

④用超浓缩洁车香波洗车液将全车擦洗一遍,并用清水冲净。要确保车身表面无残余蜡,光泽均匀。

作业注意事项:

①新车开蜡后,应及时打蜡,即上新蜡。

②开蜡、除蜡作业的环境温度应不低于 15℃。

③用湿毛巾擦拭车身开蜡剂时动作应轻柔,以防划伤漆面。

四、去除车身上的沥青及其他附着物

汽车车身的裙部容易沾上沥青及其他附着物。其清除程序如下:

①先进行一遍漆面的开蜡、除蜡,方法同上。

②再取一定量的发动机外表清洗剂,喷敷在脏污处,并保持 3～5min。

③用湿毛巾、海绵反复耐心地擦拭脏污处,将附着物彻底除去。

④用超浓缩洁车香波洗车液将全车擦洗一遍,并用清水冲净,用干布擦净。

⑤如果车身其他部位也有类似的顽迹、附着物,也可用以上的方法进行清除。

五、打蜡护理

漆面打蜡护理是汽车车身漆面美容护理的最后一个环节。打蜡是在车身漆面上形成一层保护膜(隐形车衣),防止紫外线、酸雨等有害气体及其他有害物质对车身漆面进行侵蚀,以延缓车身漆面的老化,从而让车身美容效果历久弥新。

1. 车蜡的选用原则

车身漆面打蜡护理使用的车蜡的品种、牌号很多,应按以下原则选用:

①根据车身漆面的色彩选择相应颜色的色彩车蜡。

②高级轿车宜选用品质优良的高级车蜡。

③新车应选用彩色上光车蜡,可以保护车身的光泽和颜色。

④夏天宜选用具有良好抗高温、抗紫外线损伤功能的防紫外线车蜡。

⑤行驶环境较差的车身应选用保护作用突出的树脂车蜡。

2.漆面打蜡护理操作方法

①用超能开蜡剂配制成洗车液,去除车身漆面上的粉尘、油渍及污垢。

②用清水将车身上的残留物清洗干净,擦干,并确保车身干燥。

③视情先对车身表面进行研磨、抛光,再进行上蜡作业。

④将少量蜡涂抹在海绵上。

⑤用大拇指和小拇指夹住海绵,以手掌和其余3个手指按住海绵,从外向内均匀地推抹涂蜡的海绵。

⑥根据蜡品的使用要求,自然干燥若干分钟后(以不粘手为度),再用干净的绒布从外向内轻轻地揉擦几遍。

⑦在汽车车门、挡泥板等转角处,要仔细用海绵打蜡、推抹。

⑧用法兰绒布再揉擦一遍蜡面。也可用抛光机对蜡面进行增亮抛光。但前提条件是车蜡要完全干燥;电动抛光机的转速要控制在 1000r/min 以下。车身经过打蜡处理后,漆面将光亮如镜。

作业注意事项:

①打蜡作业时,要确保车身表面温度降到常温,不应在阳光的直接照射下打蜡。

②对挡风玻璃下方的塑料板、前后车牌、转向灯、后视镜座、尾灯总成等胶质装饰件及其周围的细小部分及缝隙,均应进行清洁、上蜡处理,且不应存留打蜡残渣。

③打蜡操作时,每次打蜡面积不宜过大;手的用力要均匀,不能随意画圈,也不宜涂抹过厚的蜡,力求薄而均匀;打蜡层要均匀过渡;电动抛光机的转速要调慢些。

④打蜡护理的频率应根据车辆长期行驶的环境、停放的场地不同来掌握。一般多在良好道路上行驶又有车库停放的车辆,每隔8~12个月打蜡护理一次;车辆行驶环境不好,又以露天停放为主,宜每隔4~6个月打蜡护理一次。目视感觉光泽感下降,手触摸不光滑时,就可打蜡。

六、不锈钢件、电镀件的清洁护理

①先使用超浓缩洁车香波并配合使用各种软毛刷、纯棉毛刷洗不锈钢件。

②接着可以使用以下方法之一对不锈钢件、电镀件进行增亮处理。

● 使用黏土。不锈钢件、电镀件表面不光滑、失去光泽,是因为其表面粘附有金属氧化物、灰尘颗粒以及其他化合物颗粒。具体方法是:将黏土揉捏成零件表面的形状,配合使用全能水,在需抛光的零件表面反复擦拭,不断地将锈迹颗粒等卷入黏土中,直至金属表面光亮如新。

● 使用抛光剂。具体方法是:将金属表面清洗干净、擦干;然后轻轻摇晃多功能抛光剂,并置少许于纯棉抛光布上,对需要抛光的部位反复擦拭,直至光亮度满意为止;最后用清水冲干净。若表面锈垢严重,应先使用多功能防锈剂进行除锈,然后利用以上方法进行处理。

七、塑胶饰件的清洁护理

塑胶饰件的清洁护理可使用塑胶护理剂来完成。塑胶护理剂不含硅,是一种多功能的护理剂,可使清洁上光、养护一次完成。

①用超浓缩洁车香波清洁塑胶饰件外表。

②用不起毛的软布蘸少量的塑胶护理剂擦拭塑胶饰件表面,直至达到清洁、光亮满意为止,然后用清水冲洗干净。

③对于塑料饰件上面的顽迹,也可以使用黏土进行清洁。

八、轮毂、轮胎的清洁护理

汽车轮毂主要有铝合金轮毂和钢制轮毂两种。轮毂的清洁是要除去轮毂上的氧化锈蚀层。氧化锈蚀层是由空气、水分与腐蚀性物质混合后对金属表面的化学腐蚀作用引起的。

1.轮毂的清洁护理

①轮胎表面经过高压水花冲洗后,用全能水喷敷。

②用大、中号的刷子或海绵仔细地刷洗掉车轮辐条、叶片上的泥土、污垢。

③用小号的刷子仔细地刷除轮辐上的顽迹。

④将轮毂清洁剂均匀地喷敷于铝合金或钢制轮毂上,尤其是辐条、叶片等细微处。

⑤停留 3～5min 后,用软毛巾将轮毂擦拭干净,直至恢复其原有的金属光泽。

2.轮胎的清洁护理

轮胎上除了粘有一些灰尘、泥土外,还可能被一些酸碱性物质污染,使轮胎面出现花白现象。此类污染物用清水很难清除,而超浓缩洁车香波只能除去尘土。规范的轮胎清洁护理应当这样进行:

①首先用高压水并配用软毛刷将轮胎上的泥土除去,再用超浓缩洁车香波作进一步的清洗,而后擦干。

②待 3～5min 后,将轮胎增黑护理剂均匀地喷涂于轮胎上。轮胎增黑护理剂呈乳膏状附于轮胎上,并很容易使脏物与泡沫一起落下,如此反复 2～3 遍。

③对于轮胎上的某些顽迹处,可在使用轮胎增黑护理剂后再配合使用软毛巾擦拭。轮胎自然晾干后,便会产生黝黑、亮丽的光泽。

注意事项:

在清洁护理过程中不得去掉或移动轮毂上的平衡铅块。

第二节　汽车车饰美容项目操作

一、内饰美容工具、设备及用品

1.内饰美容

(1)设备、工具与用品

吸尘/吸水机、蒸汽清洗机、喷壶、皮革、塑料、化纤织物清洗剂、皮革上光保护剂、地毯清洗剂等。

(2)注意事项

不能用碱性清洗剂;化纤织物清洗剂可用于清洗地毯。

2.发动机外部美容

(1)设备、工具与用品

高压清洗机、塑料刷子、发动机外部清洗剂、喷壶、不脱毛纯棉毛巾等。

(2)注意事项

不宜用酸碱类清洗剂。

二、汽车车饰美容的作用

1.让你拥有健康

汽车内饰中的地毯、座椅、空调风口、行李厢等处,经常接触潮湿的空气或水渍,在特定的环境中,这些地方最易令细菌滋生,使内饰霉变,散发出臭气,不但影响了室内空气环境,更重要的是威胁乘员的身体健康。

2.延长车辆使用寿命

①车室的清洁、杀菌、除臭,可以有效地防止各种污物对车室如地毯、真皮座椅、纤维织物等的腐蚀,加之使用专门的保护品,对塑料件、真皮及纤维品进行清洁上光保护,可大大延长内饰件的使用周期。

②发动机清洁翻新作为内饰美容的一部分,它对汽车发动机性能的影响非常大。油脂、灰尘及污物的附着,不但影响发动机的美观,还易造成发动机附件的故障。更主要的是影响发动机的散热能力,加速发动机运动辐的磨损,使发动机使用寿命降低。

三、车饰美容护理的基本内容及程序

车饰美容是一项系统的清洁护理施工作业,因此既要明确施工项目的内涵,又要遵循严格的合乎规范的施工程序,只有这样才能有效地组织施工,提高工效,节省时间,保证作业质量,提高企业服务水平。

1.车饰美容护理施工基本程序

①车饰除尘。除尘作业是内饰清洁的第一项工作,一般选用吸尘器及毛巾进行。在除尘时应遵循从高处到低处的原则,即首先进行顶棚除尘,然后依次是侧面、座椅、仪表台、后平台及地毯等。

②车饰清洁。清洁作业应在除尘后进行,目的是清除附着或浸渍在内饰表面的污物。基本用品是毛巾及有关清洁护理品。在车室清洁时也要求遵循由高处到低处的原则,即从顶棚到纤维织物、真皮、玻璃、仪表板、门边,最后清洁地毯、脚垫等。

③车室净化。除尘及清洁作业主要清除灰尘及污迹,对于车室内的有害细菌无法彻底清除,为此,在车室美容中要进行高温蒸汽杀菌或喷施空气清新剂。

④塑料皮革上光保护。使用专门的塑料、皮革上光保护剂对其进行上光保护。根据产品不同,可采用擦涂和喷施方法。无论采取哪种方法,都要注意涂抹均匀性。

2.车饰美容具体施工项目

由于车饰美容属于系统化美容施工作业,因此,在遵循一般性原则的基础上,特制定以下具体美容施工项目:

①车室初步清洁处理。主要作业是吸尘及除去车室表面的浮灰,清除烟灰,取出脚垫并清洗。

②车室顶棚药剂除污、清洁处理。

③前后空调风口除污、清洁处理。

④置物箱、音响、排挡区除污、清洁处理。

⑤方向盘、仪表板塑面药剂除污。

⑥前后边门绒布及皮面药剂除污、清洁处理。

⑦前后座椅除污、清洁处理。

⑧车窗玻璃清洗剂除污、清洁处理。

⑨车室地毯清洗剂除污、清洁处理。

⑩全车室除臭、消毒处理。

⑪塑料件、真皮上光保护处理。

⑫暖风烘干处理。

四、车饰美容项目操作

1.绒毛座椅的清洁护理

绒毛座椅的清洁应注意以下三个方面问题:一是必须对绒毛座椅进行消毒,除去绒毛表面和渗进内部的沾染物和油垢;二是要保持或恢复绒毛即纤维性材料本身的柔顺性,绒毛座椅面不应该有毛球;三是要求使用的清洁剂不能影响绒毛材料的颜色,绒毛座椅面不应该有褪色。因此,必须采用专用的清洁剂进行清洁护理,绝对不能用漂白粉。因为漂白粉对绒毛制品的柔顺性、光亮度和颜色都有很大的影响。

绒毛座椅的清洗方法有两种:一是手工清洗法,二是机器清洗法。

(1)手工清洗法

将丝绒清洗剂喷敷到污物、油脂处,稍停片刻,用纯棉质毛巾用力括在脏污处,挤出溶有油污和污物的液体。还可用小刷子配合清洗。丝绒清洗剂具有清洁、柔顺和着色三种功能,因此清洁、护理可以一次性完成。

(2)机器清洗法

①拧开蒸汽清洗机加水口。

②将丝绒清洗剂装入蒸汽清洗机中,并加水至刻度最高位置(必须在不加压的条件下进行)。

③拧紧蒸汽清洗机加水盖口。

④插上蒸汽清洗机电源。

⑤合上蒸汽清洗机预热开关。

⑥当蒸汽清洗机压力表指示 0.35～0.40MPa 后就可进行清洗作业。

⑦用小扒头清洗座椅表面,边扒边吸,若绒毛较脏,可反复清洗几遍。也可边用小扒头扒,边用毛巾擦洗。

⑧用小扒头边扒边吸座椅靠背上的污物。

2. 皮革座椅的清洁护理

汽车上使用的皮革有真皮革与人造革两种。真皮革与人造革的共同特点是其表面有许多细纹,这些细纹容易吸附污垢,且很难彻底清除干净。因此,清洁护理时切不可使用清水或洗衣粉,否则不仅清洗不干净,还会影响美观,产生裂纹而影响其使用寿命。

清洁护理皮革座椅必须使用专门的清洁产品——皮革保护剂。皮革保护剂不仅能迅速清洁上光,还能有效地去除静电,增强保护功能。对于较脏的皮革表面,要先使用丝绒清洗剂进行预处理。因为有些污垢可能硬结在皮革表面,使用丝绒清洗剂能有效地润湿和分解油污,使下一步清洁工作能顺利进行。

皮革座椅的清洁护理步骤如下:

①将皮革表面用软布揩擦干净,除去其上的尘土、水汽。

②将丝绒清洗剂喷到皮革座椅表面,稍停片刻。

③用干净毛巾或软刷子仔细擦拭皮革座椅表面的丝绒清洗剂,直至污垢被全部清除。

④将皮革保护剂均匀地喷敷在皮革座椅表面,并用干净毛巾反复擦拭,直至皮革光亮如新。若光亮度不够,可多遍喷敷擦拭。

3.车内顶棚的清洁护理

车内顶棚因其位置特殊,且绒布具有吸附性,故除吸附有烟雾、粉尘及人体的头部油脂外,基本不会沾上其他污染物。车内顶棚的清洗方法有两种:一是手工清洗法,二是机器清洗法。

清洁护理车内顶棚时使用的护理用品为丝绒清洗剂。丝绒清洗剂可以清除车内顶棚上吸附的污物。

(1)手工清洗法

①用软布将绒毛上的尘土、污物揩擦干净。

②在车内顶棚喷上丝绒清洗剂。

③片刻之后,用一块洁净的纯棉布将污液吸出,再从污迹边缘向中心擦拭。污垢严重时可多次重复操作。

④污垢清除干净后,用另一块干净的棉布顺着车顶的绒毛方向抹平,使其恢复原样。

(2)机器清洗法

①用干净的毛巾包裹扒子,并打开高温蒸汽干洗、消毒机的蒸汽开关,调节出气量,调整至适中。

②用软布将绒毛上的尘土、污物揩擦干净。

③用高温蒸汽干洗、消毒机的小扒头边扒边吸,进一步清洁绒毛。

④对于绒毛上的大面积顽迹,可先喷敷丝绒清洗剂,而后用高温蒸汽干洗、消毒机将高温蒸汽清洗液喷敷在待清洁的绒毛顽迹上。

⑤喷敷高温蒸汽清洗液后,再配合毛刷刷洗绒毛上的顽迹,即可收到良好的清洁护理效果。

作业注意事项:

停止作业时,必须关闭蒸汽开关。当水位低于限位线时,需及时补充干净的自来水。

4.仪表盘、排挡区、置物箱、方向盘、脚踏板的清洁护理

在清洁护理仪表盘、排挡区、置物箱、方向盘、脚踏板的过程中,不应将丝绒清洗剂、全能泡沫清洗剂、塑胶护理剂等喷涂到电器、开关、皮革座椅、靠背及车身漆面上。

仪表盘、排挡区、置物箱区多为塑胶制品,外表存在较多细条纹,其上沾染物多为灰尘,容易清除。

(1)仪表盘的清洁护理

①插上电源,开启吸尘、吸水机。

②用吸尘、吸水机除去仪表盘处的灰尘,特别是条纹、褶皱、边角处的灰尘。

③在仪表盘处喷敷丝绒清洗剂或全能泡沫清洗剂,反复擦拭仪表盘,即可光亮

如新。

作业注意事项：

①换个地方吸尘时，必须使吸尘、吸水机处于关闭状态。若要吸水，必须把过滤网取出，且在断开电源的状态下操作。

②当贮水桶的水位达到极限时，应及时把水倒掉，方可继续使用。当吸尘、吸水机出现异常响声时，必须立即断开电源经专业人员检查无误后方可继续使用。

(2)排挡区的清洁护理

①插上电源，开启吸尘、吸水机。

②用吸尘、吸水机除去排挡区的灰尘，特别是条纹、褶皱、边角处的灰尘。

③在排挡区喷敷丝绒清洗剂或全能泡沫清洗剂。

④反复擦拭排挡区，即可光亮如新。

5.置物箱的清洁护理

①插上电源，开启吸尘、吸水机。

②用吸尘、吸水机除去置物箱区的灰尘，特别是条纹、褶皱、边角处的灰尘。

③在置物箱处喷敷丝绒清洗剂或全能泡沫清洗剂。

④反复擦拭置物箱，即可光亮如新。

6.方向盘的清洁护理

方向盘多为人造革或真皮材料制成，其上沾染物多为人体油脂，不易清除。

①将丝绒清洗剂喷敷在方向盘皮革上，稍停片刻。

②用软毛刷刷洗方向盘。

③用软毛巾擦拭方向盘。

若方向盘上油脂严重，可反复喷敷、刷洗、擦拭，直至干净。

使用塑胶护理剂进行上光护理：如果方向盘外面包有外套，可将外套拆下，单独进行清洁上光处理，而后再装上。要求清洁护理后，方向盘不应有粘手、打滑的现象。

7.脚踏板的清洁护理

①用湿布将脚踏板擦净。

②在脚踏板处喷敷全能泡沫清洗剂。

③用小毛刷刷洗脚踏板。

④用软布擦拭脚踏板。

8.车门内衬、地毯和脚垫的清洁护理

(1)车门内衬的清洁护理

车门内衬有绒质和皮质两类，可采用与绒毛座椅、皮革座椅相同的清洁方式进行。

①在车门内衬处喷敷全能泡沫清洗剂。

②用软布擦拭车门内衬。

（2）地毯的清洁护理

地毯的清洁首先应进行吸尘处理，应注意各个死角，然后再使用丝绒清洗剂配合高温蒸汽干洗、消毒机进行清洁护理。对于难以清洁的角落，可采用人工清洁的方式处理，方法同"绒毛座椅手工清洗法"。

（3）脚垫的清洁护理

车内脚垫多为塑料和皮革制品，其清洁护理方式如下：

①取出脚垫用高压清洗水枪冲洗。

②晾干脚垫。

③用塑胶护理剂对脚垫进行上光。

9. 空调通风口的清洁护理

空调通风口的材料多为硬质塑料、栅格式。其沾染的污垢多为粉尘、沙土。沾染较为严重时，应拆下栅格清洗。沾染不很严重时，可按下列程序进行清洁：

①用高温蒸汽干洗、消毒机在空调通风口处将异味、污物彻底清除。

②在空调通风口处喷丝绒清洗剂或全能泡沫清洗剂，并用小毛刷刷洗该处的栅格窗。

③用软布擦净空调通风口。

10. 车厢异味的清除

将空气清新剂喷于空调通风口或地毯下面；然后起动发动机，打开空调5min，进行车厢内室异味的清除和杀菌处理；最后打开车门让空气自然流通，即可清除车厢异味。

（1）光触媒技术

光触媒技术是一种清除车厢异味、净化车厢空气的技术。

光触媒是以纳米二氧化钛为代表的一类具有光催化功能的光半导体材料。在光的照射下，光触媒能够发生如同光合作用的光催化反应，产生出氧化能力极强的氢氧自由基和活性氧，可以氧化、分解各种有机化合物，破坏细菌的细胞膜和固化病毒的蛋白质，从而分解有机污染物，杀死细菌、病毒。所以，光触媒具有极强的防霉、去污、除菌、除臭、自净、净化空气等功能。

使用光触媒前应充分将其摇匀，在距离喷涂表面30～40cm处凌空喷涂，不能直接对准表面喷涂。先在车内大面积喷涂一次，待干后再喷涂一次。

请勿过量喷洒光触媒，以免车内深色内饰发白。喷涂过程中如出现白色乳液点，即用湿布擦拭。光触媒禁用于玻璃、反光镜和皮革制品。

11. 玻璃的清洁、抛光及防雾、防水处理

汽车玻璃就像人的眼睛一样不能有灰尘，应保持其干净、透亮，这样，既利于行车安全又明亮美观。

玻璃的清洁不能用水，因为玻璃内侧常吸有烟雾、油斑薄膜，清水难以去除；而玻璃

外侧则与车身漆面一样,会存在交通膜。用水擦洗玻璃不但费力费时,而且清洁不彻底,将会留下烟膜、油膜和交通膜。

(1)前挡风玻璃的清洁、抛光处理

①将粘附在前挡风玻璃上的污斑、昆虫和沥青等用橡皮刮刀去除。

②用万用清洁剂进行预处理,除去前挡风玻璃表面的尘污。

③在前挡风玻璃上涂满挡风玻璃抛光剂,并稍待片刻。

④用干净软布作直线运行擦拭前挡风玻璃,直至将其擦亮为止。

前挡风玻璃经过这样的抛光处理后,不仅有增亮作用,还有光滑、防止灰尘二次沉降的功能。

作业注意事项:

去除前挡风玻璃上的污斑、昆虫和沥青等时,不可用刀等铁质材料,以防划伤玻璃。

(2)前挡风玻璃的防雾、防水处理

● 前挡风玻璃内侧的防雾处理:

①使用万用清洁剂对前挡风玻璃内侧进行清洗,使之洁净。

②均匀地在前挡风玻璃内侧喷涂玻璃清洁防雾剂。

③待玻璃清洁防雾剂干透后,用软布将前挡风玻璃内侧擦净。玻璃经过这样的处理后,将具有长效防雾功能。

● 前挡风玻璃外侧的防水处理:

①使用万用清洁剂对前挡风玻璃外侧进行清洗,使之洁净。

②均匀地在前挡风玻璃外侧喷涂玻璃清洁防雾剂。

③待玻璃清洁防雾剂干透后,用软布将前挡风玻璃外侧擦净。玻璃经过这样的处理后,将具有长效防水功能。

(3)后挡风玻璃的清洁、抛光处理

①将粘附在玻璃上的污斑、昆虫、口香糖或透明胶残痕等用塑料或橡皮刮刀去除。

②将万用清洁剂喷敷在后挡风玻璃上,除去后挡风玻璃表面的尘污。后挡风玻璃外侧涂满挡风玻璃抛光剂,并稍待片刻。

③用干净软布作直线运行擦拭后挡风玻璃外侧,直至将其擦亮为止。

④后挡风玻璃内侧有防雾、除霜栅格或贴有玻璃膜的,可使用软布配合玻璃清洁剂进行仔细清洗。

作业注意事项:

①抛光后挡风玻璃内侧时,不可使用玻璃抛光剂,否则,不但不能抛光玻璃,反而会将栅格损坏或将膜面擦出花痕,影响美观与采光。

②清洗后挡风玻璃时,如果不慎破坏了防雾、除霜栅格线条,可用修复工具将断裂的地方用导电涂料粘接起来。

③用软布擦拭后挡风玻璃内侧时,要求软布的擦拭方向与防雾、除霜栅格的线条方向平行,切不可相交,避免损坏防雾、除霜栅格线条。

12.玻璃雨刷器的清洁护理

①用全能泡沫清洗剂冲洗玻璃雨刷器,除去其上的尘土、污物。

②用软布擦掉玻璃雨刷器上的灰尘。

③将雨刷精喷敷于玻璃雨刷器的橡胶上。

④用软布细心擦净玻璃雨刷器。

13.汽车发动机、底盘外表件的清洁护理

使用汽车发动机、底盘外表件的美容用品与美容工具进行全面的汽车发动机、底盘外表件的清洁护理。具体内容有:发动机外表及外表件的油污清除、锈迹和锈斑清除;发动机外部防护剂的喷涂;底盘外表及外表件的油污清除、锈迹和锈斑清除;底盘外部保护蜡的喷涂。

(1)发动机外表件的清洁护理

做好发动机外表件的清洁工作很重要,其目的有两个:一是清洁美观;二是便于发现发动机的异常变化,消除隐患。

发动机的清洁护理程序与步骤如下。

● 擦拭外表,除去油迹:

①打开发动机室盖,可以发现没有经过清洁护理的发动机室是很脏的。如果发动机表面有严重的油污、沥青或漏油现象,可用超能开蜡剂喷涂于油污、沥青处。

②3～5min后,用细小的刷子或干净的软布将发动机表面擦拭干净。

● 覆盖、包裹电气部件:

冲洗发动机前,应对保险(配电)盒、发动机、分电器、汽车控制主电脑,以及各功能的控制模块、传感器及接插件等进行覆盖、包裹,防止其受潮、损坏。另外,如果发动机空气滤清器的通风口是朝外的,也必须用塑料袋包上或用毛巾堵住,以防进水。

● 清洗发动机:

①使用低压水冲洗发动机外部及发动机车室处的灰尘、泥土和污渍。

②使用发动机外表清洗剂溶解油污。发动机外表清洗剂具有迅速溶解发动机污垢及油渍,且不伤及汽车车身漆面、橡胶件、塑料件等功能。使用方法为:先摇匀发动机外表清洗剂,然后将其均匀地喷洒于发动机的外部。15min后用清水冲洗。

③遇有顽迹与细小部位,可配合使用小毛刷刷洗或用干净的软布擦洗。

注意事项:

①不得使用高压水冲洗发动机外部及发动机车室处的灰尘、泥土和污渍。

②在用低压水(用一根塑料管接在自来水龙头上)清洗发动机时,应该拆卸蓄电池接头,并将点火开关置于"OFF"处,使用备用电池使车辆处于不间断供电状态,再测试

发动机的机体温度,要求机体温度在50℃以下。温度过高会损坏发动机。

● 清除锈迹:

生锈是一个缓慢的氧化过程,开始时金属制品表面可能会出现一些细小斑点,然后斑点逐渐扩大,颜色变深,形成片状或层状的锈迹。清除锈迹,首先应将锈迹消灭在萌芽状态,即在发现点状小锈斑时就进行除锈,这是很重要的。使用锈斑去除剂可以消除各种锈迹和锈斑。具体做法如下:

①先完成以上发动机清洁护理程序的前面两个步骤。

②将锈斑去除剂喷涂在锈迹处,约10min后,配合使用小毛刷或软布将锈迹轻轻除去,并用清水冲洗干净。

● 高压气体吹干:

用高压气体吹干发动机上的所有零件,特别是零件的隐蔽处、铰链活动处及狭窄缝隙处。

● 喷涂发动机外部防护剂:

使用多功能发动机外部防护剂喷涂发动机外表面及发动机车室内表面的方法是:将发动机外部防护剂罐置于距发动机表面约25cm处,以交叉方式喷涂;待全部干燥(约20min)后,再喷涂一次;待再次完全干燥后即可。

该防护剂层既有排水、防潮、润滑、防锈作用,还有增加美观,便于冲洗、除垢等功能。

发动机外部经以上方法清洁护理后,变得非常干净、焕然一新。

清洁护理完成后,起动发动机前应将电路系统彻底风干。

(2)底盘外表件的清洁护理

汽车底盘外表件的清洁护理包括底盘部位的清洁护理,排气管的清洁护理,轮毂、轮胎的清洁护理,变速器、转向器、驱动桥、离合器及制动器等总成的不解体清洁护理。

● 底盘部位的清洁护理:

未经过外表清洁护理的汽车底盘总是非常脏的。底盘部位的清洁护理步骤如下:

①用高压清洗机冲洗汽车底部的底盘各部位,以除去粘附其上的灰尘、泥土、沥青及油渍等。

②配合使用汽车底盘外表清洗剂等,冲刷其上的各种顽迹。

③将多功能防锈剂罐安装到喷枪上。

④将多功能防锈剂均匀地喷涂于底盘外表上。操作方法为:将多功能防锈剂罐的喷枪口距底盘表面约25cm处,以交叉方式喷涂;待全部干燥(约20min)后,再喷涂一次;待再次完全干燥后即可。经过喷涂后的汽车底盘洁亮如新。

● 排气管的清洁护理:

①用高压清洗机冲洗排气管外部,除去其上的泥土、油渍等。

②配合使用底盘外表清洗剂、毛刷进行刷洗,除去其上的各种顽迹。

③如果排气管内部积炭严重,必须拆下并配合使用专用除炭剂进行清洁维护。

④将排气管保护漆喷涂于排气管外表面上。操作方法为:将排气管保护漆罐置于距排气管表面约 25cm 处,以交叉方式喷涂;20min 后,再重复喷涂一次;待完全干燥后即可。

五、汽车车室污染与预防

车内污染是指汽车内室挥发性污染物超出正常指标。目前国家还没有出台汽车内室空气质量检测的标准,主要参照居民室内质量检测标准得出数据,并提供对比指标供车主参考。居民室内挥发性有机物正常指标一般应在 $0.5mg/m^3$ 以内,车内的挥发性有机物一般是指甲醛、苯等高浓度挥发性有机污染物。

随着 2004 年 1 月一场因车内苯含量超标引发的人命官司在北京市开庭审理,车内空气质量问题逐渐成为全社会关注的焦点。据中国装饰协会室内空气监测中心对 200 辆车进行检测的结果表明,若参照居民室内空气质量标准,有近九成的汽车都存在车内空气甲醛或苯含量超标的问题,大部分车辆甲醛超标都在五六倍以上。为此,采取有效措施,净化车内空气、为司乘人员营造洁净的车内空间已是当务之急。

1. 汽车内室污染的来源

(1)汽车材料

对新车而言,如果汽车下了生产线就直接进入市场,各种配件和材料的有害气体和气味就没有释放期,安装在车内的塑料件、地毯、车顶毡、座椅等均达不到环保要求,这样会直接造成车内的空气污染。

(2)装饰材料

在进行车内装饰时,一些含有有害物质的装饰材料,如地胶、座套垫、胶粘剂等随之进入车内,这些装饰材料中含有有毒气体,主要包括苯、甲醛、丙酮、二甲苯等,这些有毒气体必然会造成车内的空气污染。专家认为,内部装饰豪华的轿车更容易产生污染,其内部装饰选用的真皮、桃木、电镀、金属、油漆、工程塑材等材料如果处理不当,就会辐射出有害物质。

(3)发动机

如车厢密封不好,发动机通过排气管、曲轴箱、燃油蒸发等途径排放的碳氢化合物、一氧化碳、氮氧化物、苯、烯烃、芳香烃等污染物会窜入车厢,使空气质量下降,此污染以车厢内置式发动机尤为突出。

(4)交通污染

汽车在行驶中,道路上汽车排放的废气、灰尘等污染物进入车内造成车内污染,污染物主要有碳氢化合物、一氧化碳、二氧化硫、氮氧化物、颗粒物等。

（5）空调风口

当空调开始工作时，空气中的湿气会集中到空调出风口的附近，加之这部分区域不容易干燥，每次开空调时都会积聚一些水汽，久而久之便成为霉菌繁殖的温床，往往是空调一开，异味便遍布车内每个角落。另外，空调蒸发器若长时间不进行清洗护理，就会在其内部附着大量污垢，所产生的胺、烟碱、细菌等有害物质弥漫在车内狭小的空间里，导致车内空气质量差，甚至缺氧。

（6）霉变污染

夏季高温潮湿季节，由于车内棉麻制品吸湿，若不及时晾晒干燥，会造成霉菌滋生，产生霉变污染。

（7）人体自身

随着车辆使用时间的增长，人体自身带来的体味、汗味、灰尘味、汽油味以及残留在车内的香烟味等必然使车内空气恶化。由于车内空间较小，更容易造成污染。

（8）交叉传染

患有传染性疾病的乘客乘坐公共交通车时会产生交叉污染。专家在公交车厢内的拉手、背扶手、车窗等部位，均检出有乙型肝炎表面抗原阳性的唾液、汗液等。

2. 车内空气污染对人体的危害

在车内污染物中以甲醛、苯和 TVOC 对人体的危害最为严重。

（1）甲醛对人体的危害

甲醛是一种无色易溶的刺激性气体，令人容易感觉到刺眼、刺鼻。甲醛主要来自车椅座套、坐垫和车顶内衬等材料上的阻燃剂及装饰材料中的胶粘剂、油漆等。

甲醛可经呼吸道吸收，其水溶液"福尔马林"可经消化道吸收。现代科学研究表明，甲醛对人体健康有较大的影响。当车内空气中含量为 0.1mg/m^3 时就有异味和不适感；当含量为 0.5mg/m^3 时可刺激眼睛引起流泪；当含量为 0.6mg/m^3 时会引起咽喉不适或疼痛；浓度再高可引起恶心、呕吐、咳嗽、胸闷、气喘甚至肺气肿；当达到 30mg/m^3 时可当即导致死亡。长期接触低剂量甲醛可以引起慢性呼吸道疾病、女性月经紊乱、妊娠综合征，引起新生儿体质降低、染色体异常，甚至引起鼻咽癌。高浓度的甲醛对神经系统、免疫系统、肝脏等都有毒害。甲醛还有致畸、致癌作用，据流行病学调查，长期接触甲醛的人，可引起鼻腔、口腔、鼻咽、咽喉、皮肤和消化道的癌症。

（2）苯对人体的危害

苯为无色浅黄色透明油状液体，具有强烈芳香的气体，易挥发为蒸气，易燃有毒。车内的苯主要来自粘合剂、漆料的溶剂、合成橡胶、人造革等材料，同时油漆、橡胶、皮革、合成树脂中也含有甲苯和二甲苯。

苯会危害人的造血功能，可致贫血、感染、皮下出血等。长期低浓度暴露会伤害听力，导致头痛、头昏、乏力、苍白、视力减退及平衡功能失调，皮肤反复接触导致红肿、干燥、起水疱。苯对人体有致癌作用,能发展为白血病,还影响生殖系统如出现月经不调等。

甲苯对人体中枢神经系统的麻醉作用,会导致出现植物神经功能紊乱症状以及黏膜刺激症状,重者甚至抽搐、神志不清,有的可出现癔病样症状。慢性中毒者常出现神经衰弱综合征,亦可导致脑病及肝肾损害。

二甲苯会使皮肤产生干燥、皲裂和红肿,会损害人的神经系统,还会使肾和肝受到暂时性损伤。

苯污染对人体的危害,与饮水污染、食物污染不同,苯污染有长期性和差异性的特点。苯污染具有很长的潜伏期,可能三年五年毫无征兆,也可能很快发病。此外,人的免疫力有很大差异,同样在有污染的环境中工作,有人敏感、有人茫然不觉、有人很快中毒。

(3)TVOC 对人体的危害

"TVOC"是总挥发性有机化合物的简称,挥发性有机物常用 VOC 表示,它是 Volatility Organic Com-pound 三个词第一个字母的缩写,但有时也用总挥发性有机物 TVOC 来表示。

TVOC 分为烷类、芳烃类、烯类、卤烃类、酯类、醛类、酮类和其他八类,车内 TVOC 主要来自油漆、粘合剂、隔热隔音材料、装饰材料、地毯等。

TVOC 能引起人体免疫功能失调,影响中枢神经系统功能,出现头晕、头痛、嗜睡、无力、胸闷等症状;还可影响消化系统的正常功能,出现食欲不振、恶心等症状,严重时可损伤肝脏和造血功能,出现变态反应等。

3.车内空气污染的防治

(1)治理源头

①汽车生产厂家应在车内选用环保材料,新车应有一定的污染释放期,确保进入销售市场的汽车能够达到环保要求。

②加强汽车装饰市场的管理,禁止销售安装可产生空气污染的装饰品及施工材料。

③国家应尽快制定颁布相关标准,对车内进行环保检测,不合格的新车不允许出厂,并且要及时采取措施。

(2)积极预防

为避免在汽车内受到有害气体的危害,车主应采取以下预防措施:

①购买新车后,应当像新装修住房那样,尽可能地保持车内外空气的交换,以便尽早让车内的有害气体挥发释放干净。

②进入车内后,应尽快打开车窗或开起外循环通风设施,引进新鲜空气,不能在封闭车窗、车门状况下长时间行车,更不能在封闭的车内睡眠或长时间休息。

③在开启空调和暖风时,使用车内外空气交流模式,尽量避免长时间使用车内自循

环模式。另外,要定期清洗车内空调,尽量保持车内空气新鲜。

④尽量选择在开阔、空气流动大的线路行车。

⑤根据车外空气状况,及时调整车内空调循环系统。在遇到堵车严重的地段和时段或跟随尾气排放可能超标车辆行驶时,应当把空调、暖风开关暂时调到车内自循环模式,开窗行驶的车辆应暂时关闭车窗。

(3)车内杀菌消毒

其主要方法如下。

①臭氧消毒:

臭氧是氧气的同素异形体,又称活氧、三子氧、超氧、富氧,它由一个氧分子(O_2)携带一个氧原子(O)组成,化学式为 O_3。

臭氧与氧气相比,臭氧质量密度大、有味、有色、易溶于水、易分解。由于臭氧是由氧分子携带一个氧原子组成,决定了它只是一种暂存形态,携带的氧原子除氧化用掉外,剩余的又组合为氧气(O_2)进入稳定状态。所以臭氧工作中没有二次污染产生,这是臭氧技术应用的最大优越性。

臭氧广泛存在于地球表面 20km 以外的臭氧层,因其能吸收太阳辐射中的绝大部分紫外线,保护地球生物免受伤害,而广为世人关注。空气中也存在微量臭氧,瀑布区、海边、森林区含量最多,产生的方式是太阳光的紫外线被小水滴聚光后,将水滴内的氧气反应变为臭氧。尤其在下雨天打雷时,闪电会产生大量臭氧。空气中这些微量臭氧有效抑制了自然界中细菌、霉菌的异常繁殖而保持生态平衡。

汽车上专用臭氧消毒设备的消毒原理是:在通电后消毒器将空气(氧气)激活后产生气体等离子体,经激发、电离、分解、复合生成臭氧,利用臭氧极强的氧化催化和分解作用进行快速杀菌。

②负离子消毒:

负离子是指带一个或多个负电荷的离子。空气中带正电荷或负电荷的微粒(如氧分子)称为空气离子(如氧离子)。一个负氧离子所带的电荷与一个电子的电荷相等。

元素的原子由原子核(包括质子和中子)和电子组成,电子围绕原子核旋转。原子核中的质子呈正极性、中子呈中性、电子呈负极性。在通常情况下,电子的负电荷和质子的正电荷相等,两者平衡使原子的总电荷量为零。

在某些外界能量的作用下,原子外层的电子运动的速度加快到一定程度时,会逸出轨道与其他中性原子结合,这一原子“俘获”电子之后负电荷量增加,呈现负极性,称之为“负离子”。而失去电荷的原子负电荷量减少,呈现正极性,称之为“正离子”。

负离子净化空气的原理:带负电荷的负离子吸附在带正电荷的尘埃和细菌上,导致这种较大微粒脱离人们呼吸的空气掉到地面上。大部分漂浮的尘埃和细菌本身带正电荷,当然负离子是带负电荷。在负离子浓度高的地方,它们能够中和那些漂浮的尘埃微粒。这就导致了漂浮的尘埃之间的电磁吸引,使它们积聚在一起。结果这些微粒就变得越来越重以至不能漂浮在空气中,只能毫无危害地飘落到地面上,于是它们再也没有机会进入人们的呼吸系统。鉴于此,即使在落地之前被吸入,由于它们的体积变大也会被上呼吸道所过滤拦截。当然,没有连续的负离子输出,那些变大的微粒又会重新返回到空气中。离子发生器通过连续的使用,确保那些微粒远离人们的呼吸系统。研究表明,负离子对细菌和病毒有一种生物的功能,通过多种方式的接触使它们灭亡。

③光触媒消毒:

触媒是一种化学物质,又称催化剂。该物质本身能降低化学反应所需要的能量,而促使化学反应的发生或加速反应,但自己却不发生变化,这种使反应发生或是加速反应速度的效应就称触媒。

光触媒就是在光参与下发生反应的催化剂,它在光源照射下利用特定波长光源的能量来产生触媒的作用,使周围氧气及水分子激发成极具活性的 OH^- 及 O^{2-} 自由离子基,这些氧化力极强的自由基几乎可分解所有对人体或环境有害的有机物质及部分无机物质。TiO_2 作为一种光触媒,在光作用下能产生超乎一般化学氧化剂氧化能力的空穴/电子对,能把有机物彻底氧化为 CO_2 和 H_2O,从而彻底消除污染。由于细菌和病毒也都为有机微生物,故也能将之彻底杀灭。

④活性炭消毒:

活性炭是一种由含炭材料制成的外观呈黑色,内部孔隙结构发达、比表面积大、吸附能力强的一类微晶质碳素材料。活性炭材料中有大量肉眼看不见的微孔,正是这些微孔使得活性炭能"捕捉"各种有毒、有害气体和杂质。活性炭是常用的一类空气净化材料,主要用来吸附空气中的微量有毒气体,比如氨气、甲醛、苯类等。

第三节　汽车漆面美容护理

一、车身漆面美容工具、设备及用品

1.浅划痕及漆面失光

(1)设备、工具与用品

研磨/抛光机、研磨、抛光、还原、增艳剂、遮蔽胶带纸等。

(2)注意事项

抛光后要进行还原处理。

2.深划痕

(1)设备、工具与用品

色漆修补笔、砂纸、研磨蜡、鹿皮等。

（2）注意事项

喷晶亮清漆。

二、汽车漆面美容的作用

汽车车身系统的保养重要性超过任何系统。也就是说，若钣金及面漆不良，而仍不注意保养，汽车的使用价值将大打折扣，即使其发动机状况再好，也无法保证车辆的使用寿命。

汽车日常运行及停放绝大多数时间处于露天环境中，毫无遮掩地遭受风吹、雨淋、日晒及酸雨等具有氧化性物质的侵蚀，使漆面逐渐粗糙失光。另外，由于许多人为因素，如行车当中不注意与其他物体或车辆刮擦，甚至有些人时常恶作剧地划伤停放在路边或生活区的车辆，造成漆面很大伤害。

①车辆美学的需要。现代汽车，尤其是轿车，不仅追求线条流畅的外形，而且对其外观的装饰要求也越来越高。随着科学技术的发展，色彩鲜明且保色性优良的轿车随处可见。随着我国加入WTO，进口轿车大量引入，这对爱车族来讲是莫大的喜讯。但当您的爱车在使用中出现失光，不同程度的划伤及破损时，此时请别忘了，漆面处理会给您全新的感觉。

②汽车保养的需要。当汽车漆面出现失光、划痕及破损时（由于这些缺陷有的已经超出了涂层范围，伤及金属基材），如果不及时进行漆面处理，会使基材金属产生腐蚀，漆面破损恶化，影响汽车钣金的使用寿命。

③环境美学的需要。人们已越来越多地关注自己的生存环境，例如污染、噪声等。随着社会进步，在国内许多城市已着手环境美化工程，汽车作为城市形象移动广告，无疑是环境的重要支撑，保持良好的车表形象，创造美好生存环境，已成为都市爱车族的新思维。

三、汽车漆面失光的原因

1. 日常保养不当

①洗车不当。洗车时选用碱性较强的清洗剂，久而久之，漆面易出现失光。

②擦车不当。车表附有尘埃，不宜用抹布或毛巾擦拭。因尘埃中有一些硬质颗粒状物质，在擦拭时，易使车表漆面出现细小划痕。

③不注意日常打蜡保护。日常保护中不打蜡或不及时打蜡，使漆面受到紫外线、酸雨等不应有的侵蚀。

④暴露环境恶劣。

汽车行驶环境中存在酸雨和盐雾及其他化学微粒，会对漆面造成一定腐蚀。

汽车停放环境不容忽视。汽车有 80% 左右的时间处于停车状态,在无库房情况下,沿海区域易受盐雾侵蚀;化学工业区易受化学气体及酸雨侵蚀;北方冬季易受寒冷风雪的侵蚀。

⑤汽车运行中形成交通膜,造成漆面失光。

2. 透镜效应

所谓透镜效应是指当车表漆面上存有小水滴时,由于水滴呈扁平凸透镜状,在阳光的照射下,对日光有聚集作用,焦点处的温度高达 $800\sim1000℃$,从而导致漆面被灼蚀,出现肉眼看不见的小孔洞,有些深达金属基材,这一现象在汽车美容行业中常被称为透镜效应。由于透镜效应致使漆面被灼伤,若灼伤范围较大,分布密度较高,漆面就会出现严重程度的失光。因此,在汽车使用中应注意:一是炎热天气用冷水给车表降温,要擦净漆面残存水滴;二是在雨过天晴阳光灿烂时,要将车表雨滴擦净。

3. 自然老化

车辆在运行及存放中,即使您对车辆各方面保护工作都很细致,漆面暴露在风吹、日晒及雨雾环境中,久而久之也会出现自然氧化、老化现象。

四、汽车漆面失光处理

1. 确定漆面失光的原因

①自然氧化导致的失光。漆面无明显划痕,用放大镜观察漆面斑点较小,这类失光原因大多是氧化还原反应所致。

②浅划痕导致的失光。漆面分布较多的浅划痕,特别是在光线较好的环境中,如在阳光的照射下十分明显,导致漆面光泽受到严重影响。

③透镜效应引起的失光。用放大镜仔细观察漆面,若发现漆面有较多的斑点,则说明漆面受透镜效应侵蚀严重,光泽受到不同程度的影响。

2. 漆面失光处理工艺程序及方法

①自然氧化不严重或浅划痕导致的失光处理方法。由于上述原因导致的漆面失光,通常可采用抛光研磨的方法进行处理(详见漆面浅划痕处理工艺程序及方法)。

②自然氧化严重或透镜效应严重引起的失光。由于上述原因导致的漆面失光,要求进行重新的涂装翻新施工(具体步骤及方法详见喷漆涂装)。

五、车身漆面抛光

汽车车身漆面因长期与空气、酸雨等直接接触,容易受到侵蚀。如果汽车长时间停在室外,受到的侵蚀将更加严重。如果不及时将侵蚀去除,势必会使车身漆面的油分过度损失,漆面亮度和厚度大大降低,从而产生漆面发白的现象。

使用电动抛光机并配用合适的研磨盘、抛光球及抛光剂对车身漆面进行抛光护理,可以达到消除侵蚀的目的。具体操作如下：

①抛光前应先使用脱蜡液将车身表面除蜡，并用超浓缩洁车香波洗车液将车身表面擦洗一遍，再用清水冲净，用干布擦净。

②根据车身漆面受侵蚀程度的不同，选用合适的研磨盘、抛光球及抛光剂。

③将抛光球安装在电动抛光机上。

④检查抛光球安装牢固后，插上电动抛光机电源。

⑤调整好电动抛光机转速旋钮，转速一般选择在 1000～1500r/min。

⑥双手握住手柄，起动电动抛光机。

⑦取少量抛光剂喷敷于待抛光的车身漆面上。

⑧将研磨盘或抛光球用水充分润湿后，甩去多余水分。

⑨先从车身顶棚开始抛光。

⑩抛光后车身行李厢。

⑪抛光车身后翼子板。

⑫抛光车身后保险杠。

⑬抛光车身两侧车门。

⑭抛光车身发动机盖。

⑮抛光车身前翼子板。

⑯抛光车身前保险杠。

⑰抛光车身侧面。

⑱抛光作业完毕后，将电源插头拔下，拆下抛光球，并将抛光球清洁干净。

作业注意事项：

①抛光时要始终保持工作盘与车身漆面相切，或将工作盘平放（平压）于车身漆面上，力度要适中。

②抛光中需要调换转速时应先关掉抛光机电源开关，再调整转速旋钮。

③车门手把、车裙边角处无法用抛光球抛光到的地方可用手工抛光弥补。具体方法是先用超能开蜡剂均匀喷敷，并用软毛巾擦拭，再将抛光剂涂抹其上，用软毛巾擦拭抛光。

④如果遇到车身漆面有轻度划痕和中度划痕，可将抛光剂涂于划痕处，沿着与划痕垂直或斜交的方向反复进行抛光。抛光时，应按一定的顺序，不可随意进行；应每小块作一次处理，不可大范围喷敷、抛光。

⑤抛光作业完成后应检查前后刮水器的喷水嘴，应无堵塞，且喷水良好。抛光工序完成后，全车应整洁，无油污、氧化物、粘附性杂质；玻璃、保险杠、饰条、轮胎、轮辋等表面、边角部位及缝隙处应没有残留物；车身漆面应色泽一致，亮度均匀，没有划痕。

六、车身漆面划痕处理

1.车身漆面划痕的类型

车身漆面划痕可以分为以下 5 种：

①发丝划痕。洗车、擦车或轻微摩擦而产生的细划痕，未穿透透明漆层，一般凭手摸觉察不出凹痕处。发丝划痕≤25.4μm。

②微度划痕。比发丝划痕要深，但未穿透色彩漆层。微度划痕<76.2μm。

③中度划痕。可见底漆，但未划破底漆层。中度划痕<127μm。

④深度划痕。可见电解漆，但未见金属。深度划痕>127μm。

⑤创伤划痕。金属受到严重伤害的划痕。创伤划痕>152.4μm(已伤金属)。

不同的划痕创伤有不同的处理方法，应根据各自的特点采取相应的护理措施。

2.车身漆面划痕的处理

(1)发丝划痕的处理

①用超能开蜡剂配制成洗车液，将车身漆面洗净。

②用软毛巾将车身擦干。

③用干净的布遮挡空气滤清器进气口、橡胶件、镀铬件。

④选用电动调速抛光机，配用清洁的海绵材质抛光盘或纯羊毛抛光盘，并将抛光机转速调整至 1200～1500r/min。

⑤将强力抛光剂画圈似的倒在抛光盘上。

⑥以慢速或中速，并与划痕成垂直的方向左右移动电动调速抛光机，再逐渐向前推进。

⑦研磨一遍后若效果不理想，还可进行第二遍或第三遍，直至抛光剂呈干末状。

⑧研磨后将车身漆面的抛光剂擦净。

⑨有条件时最好使用防静电海绵清理掉所有的残留物，不要用水冲洗。

⑩涂上超豪华纯釉，并进行封釉作业；进行最后的打蜡作业；如果要求更佳效果，可用强灯微烤后再抛光一次。

作业注意事项：

①发丝划痕的处理应该在室内、干净、无风环境中进行。

②在进行研磨作业时，不应研磨到车身漆面之外的其他部件。

③研磨时不应研磨过甚，磨穿漆面。

④研磨时应保持研磨盘和漆面处于常温状态。

⑤研磨后的漆面应是均匀的哑光色。

⑥若使用还原抛光剂或魔彩抛光剂对漆面做抛光处理，方法同上。

(2)微度、中度划痕的处理

● 研磨法：

①用超能开蜡剂配制成洗车液，除去车身污垢、残蜡。

②选用电动调速抛光机，配用海绵材质抛光盘，并将抛光机转速调至 1200r/min。

③使用普通漆微切研磨剂，以 1200r/min 的转速打磨 1～2 遍。

④使用 1500～2000♯砂纸进行人工水磨，直到划痕消失为止。

⑤重复"发丝划痕的处理"步骤中的④～⑩项一遍。

● 喷涂法：

①用超能开蜡剂除去划痕处和周围的污垢、残蜡（务必彻底除蜡）。

②在车身的特定部位（不同汽车的位置不同）获取车身漆码标记，以此漆码标记选择或调制出所需要的面漆。

③用专用过滤器过滤面漆，并将面漆倒入喷枪。

④先将喷枪在试纸上试喷，直到喷射均匀为止。其标准是：试纸上的面漆能够以同样的漆量和速度下流并基本同时终止。

⑤把喷枪口置于距划痕约 50mm 处，以常速沿划痕作覆盖式喷涂。隔 2～3min 再覆盖一遍，直到把划痕全部覆盖住为止，不宜过厚。

⑥用蘸过稀释剂的布或水砂纸将溅在划痕周围的面漆擦掉。

⑦进行干燥。晴天情况下自然干燥约需 8～10h，灯烤干燥约需 40min。

⑧用普通漆微切研磨剂或用 2000～2500♯砂纸将新喷上的漆面磨平。

⑨重复"发丝划痕的处理"步骤中的④～⑩项目一遍。

七、漆面护理

根据汽车车身漆面状况和保护效果的不同，汽车车身漆面护理的方式也不同。常见的护理方式有漆面增艳护理、漆面封釉护理和漆面打蜡护理。

漆面增艳护理可单独作为一种护理方式，也可与漆面打蜡护理组合使用，方法是先进行汽车增艳护理后再进行漆面打蜡护理。

漆面封釉护理是依顺序由漆面增艳护理、漆面封釉护理和漆面打蜡护理 3 道工序组合而成的。

漆面打蜡护理可单独作为一种护理方式，也可与漆面封釉护理组合使用。

1. 漆面增艳护理

漆面增艳主要是针对汽车车身漆面受自然界有害物质轻微侵害的汽车车身漆面。漆面增艳的主要功能是去除自然界有害物质轻微侵害和抛光时留下的光环现象，还原原车的色彩。漆面增艳护理使用的护理用品为万能还原抛光剂或魔彩抛光剂。

漆面增艳护理的操作方法如下：

①用超能开蜡剂配制成洗车液,去除车身的污垢、残蜡。

②将还原抛光剂或魔彩抛光剂均匀地涂抹于车身表面。

③在电动抛光机上装上工作盘和波纹海绵轮,并将电动抛光机转速调至1200~1500r/min。

④增艳抛光的程序从顶棚开始,由上而下进行,直至达到增艳的效果。

作业注意事项:

①电动抛光机的转速选择不宜超过要求的转速范围。

②保持电动抛光机按一定的方向、次序进行抛光,不可无序乱抛光。

③若更换不同品种、牌号的抛光剂,必须同时更换与之相适应的海绵轮。

④严禁使用纯羊毛或人造混纺纤维轮进行增艳护理作业。

2.漆面封釉护理

漆面封釉护理又称镜面釉镀膜护理。漆面封釉可在漆面上形成一层坚韧且有一定深度的光亮膜,能起到耐清洗、防酸雨、抗氧化、防紫外线和防褪色等作用,并具有抵御硬物轻度刮伤、不怕火、不怕油污、耐酸碱、让漆面持久光亮如新等功能。漆面封釉使用的护理用品为超豪华纯釉。

漆面封釉的操作方法如下:

①用超能开蜡剂配制成洗车液,去除车身漆面上的粉尘、油渍及污垢,并研磨、抛光,直至漆面出现光亮效果。

②用干净柔软的无尘纸或者漆面清洁巾,将漆面上的抛光残留物清除干净。

③摇匀超豪华纯釉并均匀地涂敷在漆面上,停留1min左右。

④在电动抛光机上装上工作盘和波纹海绵轮,并将电动抛光机转速调至1000~1200r/min,进行振抛封釉。要反复振抛,使超豪华纯釉经过加热、挤压进入漆孔,形成牢固的保护层。漆面封釉的操作程序仍为从上到下。身漆面经封釉处理后将光亮如镜。

作业注意事项:

①漆面封釉的作业注意事项同"漆面增艳护理"。

②漆面封釉应选择阴凉、干净无尘的地方操作,避免在室外阳光下和相对湿度较大的地方进行。

③漆面封釉后的车辆在8h内不得用水冲洗车身。

④应在超豪华纯釉产品规定的周期内完成全套封釉作业,并按规定时间进行釉面定期护理。

八、漆膜护理新技术

1. 硅膜封釉

使用不同的封釉产品，可以得到不同的釉面效果。硅膜封釉是一种新的封釉技术。

硅膜是在汽车车身漆面上产生一层有机硅镀膜的简称。硅膜的主要成分是有机硅，而有机硅的最大特点是：它和有机物、无机物的融合性都非常强，在漆面上能形成一层非常牢固的屏蔽层，不仅可以使汽车车身漆面增艳，更重要的是对车身漆面有持久保护的作用，使其新亮到永久。

漆面的硅膜封釉处理操作方法类似于"漆面封釉护理"。但要注意在封釉镀膜（涂抹、振抛）作业结束后，应使用红外线烘干机加温车身硅膜15～30min，以让渗透入深层的有机硅镀膜快速固化成形，形成立体网状结构的保护膜。

2. 车漆镀膜

所谓车漆镀膜就是在漆膜表面涂镀一层硬度高、弹性好、抗氧化的保护膜。这种保护膜所用材料不含任何石油成分，不含研磨材料，而是由金属原子、氟素高分子体、透明纤维分子采用特殊工艺精制而成，具有防护力强、光洁明亮、强度超高、清洗方便、无副作用、效果持久等特点，彻底克服了以往漆膜保护产品容易氧化的不足。经过镜面镀膜技术处理后，汽车外表的镜面亮度明显提高，保护膜本身的硬度可为普通漆膜的4～5倍，其持久性是打蜡的100倍，为封釉的12倍。而且至少在2年内，洗车维护不需要任何清洁剂，仅用清水冲洗就能清除污垢。

车漆镀膜与封釉的区别：

①产品原料不同。封釉产品中的"釉"是从石油中提炼出来的，再加上一些辅助原料配制而成。受原料所限，釉容易氧化，不持久的问题无法解决。镀膜产品中的"膜"是从植物及硅等环保又稳定的原料中提炼合成的，避免了在漆膜表面造成"连带氧化"的问题，并可长期保持效果。

②操作工艺不同。封釉时为使釉与漆膜充分结合，要用高转速的封釉机（振抛机）把釉加压封入漆层，在这种压力作用下经常会造成漆膜损伤。镀膜采用了温和的涂抹及擦拭的附着方式，靠"膜"本身的分子结合力附着在漆膜上，避免了漆膜损伤。

③作用效果不同。封釉是将"釉"加压封入漆层中，与漆膜结合到一起。其优点是与漆膜融为一体，增亮效果明显。不过因为它本身的易氧化性，所以会连带周围的漆膜共同氧化，导致漆膜发污，失去光泽。镀膜采用不氧化原料及稳定的合成方式，并以透明的"膜"的形式附着在漆膜，避免漆膜受外界损伤，同时也避免了保护剂本身对车身漆膜的影响，可长期保持车身漆膜的原厂色泽。而且由于"膜"本身结构的紧密，很难破坏，使得它可以大幅度降低外力对漆膜的损伤。

④划痕处理不同。当封釉的漆膜出现划痕时，一般通过研磨的方式进行处理，即用

高转速研磨/抛光机将划痕磨平。当镀膜的漆膜出现划痕时,一般通过填充的方式进行处理,即用低转速研磨/抛光机配合海绵盘,将透明的填充剂填入划痕中,并抹平。因此,在处理划痕时,后者大大降低了漆膜的损耗。

电喷镀膜操作方法:

①清洁车身采用"双色清洗上光蜡"将车身清洁干净。

②研磨抛光新车采用色彩还原剂,旧车采用三合一梦幻修复剂,对车身进行研磨抛光,抛光时转速不宜超过 1400r/min。

③清洗车身再用"双色清洗上光蜡"将车身清洗干净,并保持干燥。

④擦拭车身先用吹风枪将车身缝隙中的水吹干,然后用无纺布蘸除油剂将全车擦拭一遍,待除油剂干燥后用除尘布将全车轻抚一遍。

⑤遮盖用纸胶带和报纸对车身不需镀膜的部位进行粘贴遮盖。

⑥擦拭车身按第④条方法将车身再擦拭一遍。

⑦喷涂汽车蜡选择与车身颜色相近的电喷镀膜专用蜡加入喷枪,并把喷枪的气阀、流量及扇面调整至合适的工作状态,进行均匀喷涂。

⑧烤干汽车蜡,用红外线烤灯将汽车蜡烤干,再用纳米毛巾擦拭干净。

⑨漆膜密封将全车封钻石镜面釉,并用红外线烤灯烤干,然后用纳米毛巾擦拭干净。

⑩其他护理在做完电喷镀膜后,还应该对车身其他部分,如玻璃、轮胎、轮毂、保险杠等进行外饰护理。

电喷镀膜应注意以下事项:

①必须在无尘的环境中进行镀膜施工。

②严禁在高温下进行操作,注意通风。

③注意将边角和缝隙处处理干净。

④严禁用除尘布直接擦除油剂或在除油剂未干的情况下使用除尘布。

复习思考题

1.汽车清洗的方法有哪几种?

2.高压清洗机洗车的操作要领是怎样的?

3.如何对车身附着的顽渍进行清洗?

4.新车为什么要开蜡?什么是研磨、抛光、打蜡、封釉、镀膜?

5.如何修复浅度、中度漆膜划痕?

6.简述车饰美容的主要项目和基本方法。

装饰篇

第七章

汽车内外装饰

应知目标:

1. 了解汽车内外装饰的主要项目。
2. 熟悉汽车内外装饰的目的及作用。
3. 掌握汽车内外装饰各项目的主要内容。
4. 掌握汽车内外装饰各项目的实施要点及注意事项。

应会目标:

1. 会应用汽车内外装饰各项目的工具和设备。
2. 会根据实际情况选用合适的装饰方法。
3. 学会汽车内外装饰各项目的操作方法。
4. 会用先进技术解决汽车内外装饰中的疑难问题。

汽车装饰是通过增加一些附属的物品,以提高汽车表面和内室的美观性,这种行为叫做汽车装饰。所增加的附属物品,叫做装饰品。

目前我国汽车美容市场对汽车装饰需求迅速增长,汽车装饰技术发展速度是世界少有的。掌握汽车装饰技术是专业美容工作者必备的技能。

第一节　汽车内部装饰

汽车内部包括驾驶室和轿车、客车的车厢,是司乘人员在汽车运行中的生活空间。汽车内部装饰是对车内篷壁、地板、控制台等外表面,通过加装、更换面料及放置饰品等方法改变其外观,以营造温馨、舒适的车内环境。

一、座椅装饰

1.座椅的结构

汽车的座椅基本上都是由汽车配件厂专门生产的。座椅的主骨架和形体，一般是按人体工程学原理，以保证乘坐舒适、安全而设计的，其基本结构为复合型。汽车座椅的结构是与车型和用途分不开的。

(1)轿车座椅的典型结构

目前，轿车座椅的典型结构为复合型结构，由骨架、填充层和表皮三大部分组成。

①骨架。座椅的骨架主要用金属材料制作。它的主体是金属焊接结构，起到座椅的定型和支撑人体的作用；靠背和坐垫处一般是用薄钢板冲压而成，根据人体工程学的原理设计，以乘客乘坐时可以获得最舒适的形体要求为准则。

②填充层。为了增加人们乘坐时的舒适感，在座椅的骨架上增加填充物。以前，用棉花等植物纤维来充当填充物，但它易变形，造型不佳。现在塑料工业得到很大的发展，人们使用发泡塑料制作定型的填充物，具有柔软舒适、不易变形、造型美观、弹性良好等优点。

③表皮层。轿车座椅的表皮层是座椅质量和装饰的亮点所在。特别是轿车的座椅，是设计师们考虑的重点部位。

表皮层使用的材料，主要是纺织布料、人造革材料和优质的真皮材料等。外形与填充层的形状相贴服。在制作工艺上很讲究，要求裁剪精确，缝制精细，贴服平整合体，以显示座椅的精美外形。

(2)客车的座椅结构

由于一般客车和高级豪华客车的要求不同，座椅的结构也有所不同。

①一般客车座椅。一般客车的座椅结构简单，主要是满足乘员的最起码乘坐要求，在造型和舒适性方面考虑较少。目前，市场上主要有两种类型的一般座椅：木质座椅和塑料座椅。木质座椅常用在公交车上，是在铁制支撑架上，装钉上长型木条或木板，就制成了简单的座椅；塑料座椅是用 SMC 塑料制成的座椅，固定在座椅支撑架上，构成单人椅或多人椅。

②豪华客车的座椅。所谓客车的豪华座椅，只是在外形、制作材料和形体结构上稍微讲究一些。其质量介于普通客车座椅和轿车座椅之间。如 XC/ZY、XC/JZ 系列豪华座椅，造型新颖，美观大方，符合人体工程学的原理。XC/ZY600 型可拆卸式乘客座椅以及 ZY650、ZY610 型乘客座椅，具有曲线流畅、柔度适中、乘坐舒适等特点。如图 7-1 所示。

图 7-1　乘员座椅示图

2.座椅的分类

以轿车为例,按座椅的使用功能来分类,可分为驾驶员座椅、乘客座椅和儿童座椅三种。

(1)驾驶员座椅

驾驶员座椅安装在驾驶员的座位处。由于驾驶员在开车时必须集中精力,始终注视前方,灵活机动地处理各种交通路况。为了有利于驾驶员的驾车,对座椅的舒适性、方位(高低、前后、左右)的可调性要求高。所以,驾驶员座椅总成的结构复杂,性能可靠,调整使用灵活,如图 7-2 所示。

(2)乘员座椅

乘员座椅要求乘坐舒适,这与驾驶员座椅要求一样。但对调整方面无过多的要求,一般乘员座椅只在

图 7-2　驾驶员座椅

一些豪华车上才有角度调整机构,即俯仰角度可在一定范围内调节,以期达到提高乘员舒适性的目的。

(3)儿童座椅

儿童座椅在我国的市场中地位还很低,这是不正常的。几乎所有发达国家都有相应的法规来规定儿童座椅的使用范围。特别是在瑞典,在1982年制定了法规,对7岁以下的儿童乘车,车上应有保护儿童的安全装置,目前这种安全装置的使用率已超过95%,其中60%的儿童座椅是面向后面的。

儿童座椅的结构和安装方法,也是经过研究和试验来确定的,3岁以下的儿童头部的周长占人身长的60%,因此头部受力比较大。8岁以下的儿童脊椎尚不成熟,不能承受和成人相同的安全带强作用力。由上可知,保护儿童在车内不受伤,关键是保护儿童的头部。经研究试验确定,面向后部的儿童专用座椅,能将冲击的力分散到背部,抑制头部的运动,这是目前最好的解决方案。儿童专用座椅如图7-3所示。

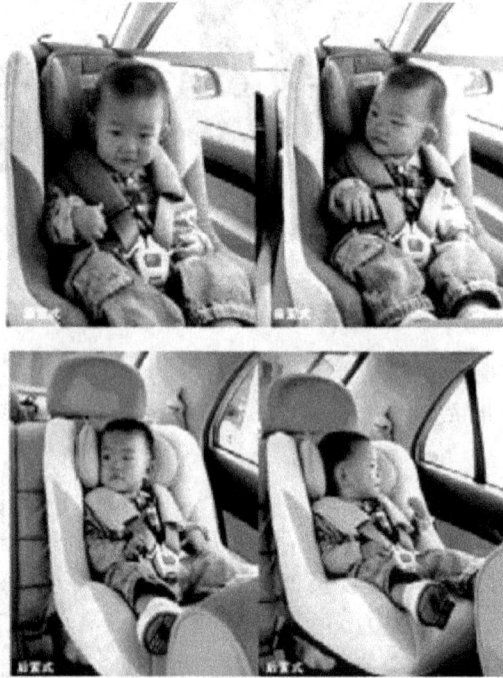

图7-3 前置式和后置式儿童座椅

1996年时,瑞典0~15岁的儿童95%乘车时备有安全保护装置,3岁以下的儿童坐面向后面的专用座椅上,这是儿童在撞车中受伤少的主要原因。儿童专用座椅上也专门设置了安全带,可使轻度受伤的可能性降低 96%。儿童座椅有不同的型号,这是因为,在不同的成长期儿童身体的状况不同。

3.座椅的装饰

座椅的装饰主要是集中在表皮层,主要是对表皮层材料的选用和加工制作。表皮层材料主要用棉纺织物、化纤及混纺等纺织物和皮革等。目前,以化纤混纺织物和皮革最广泛,以真皮装饰为最豪华。在座椅的装饰中,还可以通过功能扩展、加装精品等方式来提高座椅的装饰性和使用性。

用真皮座椅可提高汽车内部的装饰档次,而且真皮不像绒布、纺织品装饰座椅那样易污,顶多是灰尘落在其表面,不会堆积在座椅深处。在夏天,真皮的散热性好,能给人比较舒适的乘车环境。但是使用时要小心,以防尖锐物划伤真皮表面。此外,真皮座椅受热后易出现老化现象,需及时护理,护理不当也会导致过早老化,表面失去光滑,甚至开裂。

（1）真皮座椅的优缺点

真皮座椅的优点是:

①提高汽车配备档次,让汽车能够在视觉上、触觉上都有一个好的心理感觉,而且可使汽车增色不少。

②真皮座椅不像绒布座椅那么容易藏污纳垢,容易清理。

③真皮座椅的散热性比绒布座椅要好,在炎热的夏日,真皮座椅只会表面较热,轻拍几下,热气会很快消散。所以,长时间坐在皮椅上时,也会使体热散去,而不像绒布座椅那么吸热。

真皮座椅的缺点是:

①使用起来必须尽量小心,以免碰到尖锐的物品,而使真皮表面损伤。

②真皮座椅受热后会出现老化现象,如果不理会,易过早失去光泽。

③真皮座椅在乘坐上要比绒布座椅滑,虽然厂家在座椅表面做皱褶或反皮处理,以降低滑感,但与绒布比,同一椅型真皮座椅的乘坐感还是要滑一些。

（2）真皮的类型

真皮制品由动物面革制作。为正确选择真皮制品,必须掌握不同面革的特点及表面特征。

①黄牛皮。毛孔细小,呈圆形,分布均匀紧密,毛孔较直地深入革内,排列不规则,革面丰满光亮,皮板柔软,纹细,结实,手感坚实而富有弹性。

②水牛皮。水牛皮皮面毛孔比黄牛皮大,毛孔数量稀少,皮革表面弹性相对较差,易出现松弛,且皮革表面略显粗糙,硬质感觉比黄牛皮明显,透气性较好。

③羊皮革。羊皮皮面较牛皮薄,柔软性优于牛皮,毛孔排列均匀细腻,质感柔顺。分山羊皮和绵羊皮两种:山羊皮纹路是在圆弧上排列 2~4 个粗毛孔,周围有大量绒毛

孔；绵羊皮皮板薄，手感柔软，毛孔细小，呈扁圆形，由几个毛孔构成一个组，排成长列，分布很均匀，但不结实。天然羊皮在阳光辐射、高温时会散发出膻味，生产中去除异味工艺复杂，制作成本高。

④猪皮革。毛孔粗大，一个毛孔三根毛，呈三角排列，毛眼相距较远，皮层表面不平整，革面粗糙，柔软性差。

⑤马皮革。毛孔椭圆形，不明显，比牛皮革孔略大，斜入革内呈山脉形状有规律排列，革面松而软，色泽昏暗。

上述皮革中唯有牛皮可做汽车座椅座套。牛皮中以黄牛皮最好，水牛皮次之。高档轿车也有采用单皮座椅。

(3)真皮的识别

①皮质真假识别

分辨原车皮椅的皮质或改装好的皮椅的皮质真假，可用以下方法进行识别。

●按压法鉴别。对已做好的座椅，可用按压法进行质量鉴别是很有效的。具体方法是：伸出食指，按压在座椅的表面，压住不放手，若是有许多细微的皮纹向手压处伸去，这表明座椅表皮是用真皮制作的。如果按下去以后，座椅表面没有细微的皮纹向手压处伸去，这就说明座椅的表皮材料不是真皮的，是人造革制作的。

●延展性法鉴别。如果是定做装饰，可在制作的装饰店找出制作时的边角料进行检查，如果制作座椅材料的边角料延展性能很好，还有较好的弹性，即拉边角料时，伸展较长，而不用力拉时，它还能缩回去一部分，这表明，这种材料是人造革的。而真皮的延展性差，回弹性也差。

●燃烧鉴别法。用制造座椅表层的边角料进行燃烧，看其燃烧时的现象。人造革的主要原料是塑料，很容易燃烧；而真皮是不易燃烧的，特别是真牛皮是很难烧着的。

●断面形状鉴别法。从边角料的断面形状进行仔细观察：真皮材料的断面表层结构紧密，可见毛孔，内层较粗糙一些，可见一些很细的纤维状的层纹，纤维细绒不易拉出。而人造革，特别是仿皮革，表面层光滑细密，无毛孔，而内层也较粗糙，有的纤维用夹子夹住可拉出，见断面整齐的切断状，比真皮的纤维粗而长。这些都是人造革的特征。

在鉴别时，可根据实际情况，综合选用上述方法，一般是能够把假货鉴别出来的。

②皮质档次的识别

从专业性的角度上讲，要从皮子的气味、密度、耐光性、耐迁移性、雾化性、热黄变、耐摩擦性等方面来判断其质量。由于多数车主不具有这方面的专业知识，判断起来比较困难，这里提供一个简单的方法。

●拉：首先用两只手拿住皮子的对角，然后稍用力向两边拉，好的牛皮拉起来变形不大，牢靠度较好、弹性好，延伸率和张幅适中。若皮面出现缝痕或露出浅白的底色，则说明皮子的弹性及染色工艺不过关。

● 看:一看皮质,头层皮皮面光滑,皮纹细致,色泽光亮且没有反光感,厚度为1.0～1.2mm且厚薄均匀。如果皮纹不明显,只是异常光滑,则说明皮质在加工过程中进行了磨面处理,或是用二层牛皮喷上颜色后压出皮纹制成。二看皮质的张幅大小,通常进口皮张幅有1.2～1.5mm²,次皮的张幅要小一些。

● 闻:就是闻一闻皮革的气味,好的牛皮有自然的皮香味,装上车后再次打开车门,有一股令人舒适的香气。劣质的牛皮通常有强烈的刺激味。

● 摸:就是用手摸皮面,质量好的头层皮摸起来手感好,柔软舒适、滑爽而且富有弹性,若皮面硬或发粘均为劣质皮。

● 刮:用指甲刮一刮,看看是否容易把漆皮刮掉。容易刮掉,则说明是劣质皮。

(4)真皮座套的选购与安装

①真皮座套的选购

● 商家选择。一般有实力的商家,裁剪、缝制、安装都是流水作业,缝制安装时间短、速度快、质量好。具有规模的商家还可提供上门服务,只要打一个电话,商家派人上门拆卸座椅,并提供皮样供选择,把座椅包上真皮后,交回来给车装上。

● 产地选择。同是真皮座套,由于产地不同,技术不一样,质量和价格也就相差甚多。世界皮革产地很多,但唯独欧洲(北欧、意大利、奥地利、德国等)皮革工业的历史较为悠久,真皮中最高档次的当数意大利黄牛皮,质地厚实;柔软光滑,有弹性。其次是泰国水牛皮,它水分充足,质地柔软,价格也低一档次。如果轿车属于一般档次,也可选择国产牛皮。国产牛皮一般质地较硬、色泽均匀度欠佳,但价格比较便宜。

● 颜色选择。汽车专用的牛皮颜色不多,主要有红、黄、黑、浅灰等,要根据轿车的颜色和车内的环境协调搭配,这样不仅坐着舒服,看着也觉得高雅华贵。

②真皮套的安装

购买了真皮座套后,直接套在座椅上即可。但使用时间稍长,座套易发生变形和移位。

为了解决座套的变形和移位,目前采用了座套胶粘法安装,可收到比较好的效果。

具体做法是:选用适当的胶粘剂,按胶粘剂的使用方法,将真皮座套粘贴在原座椅的表面上。

也可用胶条将安装好的真皮座套粘接到原座椅上。这种方式也比较好,粘贴牢固,甚至原真皮座椅的皮纹也可再现。

(5)真皮座椅的制作与安装

这种装饰方式是将原座椅表层的绒布或化纤织品拆除,然后照原样缝制一层真皮的座椅表皮并固定在座椅上。这样做,不仅可以保持原设计的线条,还可确保在长久使用情况下,椅面不至于变形或移位。这种方法应该是首选的。其工艺过程如下:

①拆卸座椅。更换真皮座套,必须先把原座椅拆卸下来,取下原来的座套。拆卸座椅应使用专用工具,因为汽车在制造中,对座椅的安全性有严格规定和要求,没有专用工具很难将座椅拆下。如用非专用工具硬撬猛敲,盲目施工,将造成拆卸部位变形。再装时,难以保证原车的安全可靠性。

②制板下料。要制作与座椅配套的牛皮座套,先要用原车座套制板,再根据板形对牛皮裁剪下料。其中制板非常重要,很大程度上决定着真皮座套制成后是否得体、好看。裁剪下料时还要考虑皮料的正确选用,牛背的皮质、皮面是一张皮子最好的部位,一般用于座椅的靠背及坐垫部分,因为座椅的这两处长期受压、受摩擦,也是我们最易观看到的部位。牛肚、牛脖的皮表面较差,一般用于座椅的裙部或不易看到的部位,皮与布一样都有一定的拉伸方向,有的皮椅坐了一两个月后就出现凹凸现象,多数是因为裁皮方向不当造成的。

③缝制加工。对裁好的皮料用缝纫机进行缝制,缝制应一次完成,不能修改,否则,皮料上会留下明显的针孔。做工要细,成品表面能看到的只有明线和"做缝",明线必须横平竖直,"做缝"要在 3mm 以上。否则,皮套在使用过程中可能由此开裂。

④褶皱处理。加工时对坐垫和靠背部位应进行褶皱处理或选用打孔皮,因为这两个部位在使用中长期受压,一定要预留伸缩量,以确保长期使用而不会变形。

⑤座套安装。牛皮座套制成后,在安装前先在座套下面垫上 12~15mm 厚的带网底的海绵,再套上座套,将卡钉装上即可。安装时应注意:一是不要划伤或撕裂皮套;二是套上后要通过拍打、拉拽将皮套贴实在座椅上;三是固定皮套的卡钉要选择防锈的,卡钉分布的尺寸、松紧要一致;四是坐垫与靠垫的合缝要对称整齐。

⑥装回座椅。车门、车内的空间有限,座椅的尺寸又较大,且比较重。回装时,既要避免划伤椅面,又不能碰到车漆,所以必须按照回装工艺要求去做。否则,稍有不慎,就会前功尽弃。

二、汽车桃木内饰

1. 桃木饰件概述

桃木饰件就是将桃木或仿桃木制品镶嵌在仪表板、中控板、变速杆头、门扶手、转向盘等部件外表面的一种装饰。桃木或仿桃木材料具有美观、高雅、豪华等特点,其独有的花纹图案可获得特殊的装饰效果。高中档轿车在内饰上配置木质材料以显示豪华气势,中低档轿车在内饰上配置仿木质材料以提高档次。因此,目前流行木质或仿木质内饰,以体现轿车的装饰高档化,如图 7-4 所示。

桃木亦名"降龙木",其实汽车上使用的桃木并不是真正的桃木,而是胡桃木、核桃木和樱桃木。真正的桃木是山桃木,也就是水果中桃子的母体。山桃木木材处理起来非常困难,它本身是果树,所以含有过高的糖分和果树胶,为了使它做成成品后不变形、

图 7-4　汽车桃木内饰装饰

不开裂,要经过泡、煮、焐、烘、凉等 81 道工序,处理周期长达三个半月。为此,汽车上使用的所谓的桃木其实均为胡桃木、核桃木和樱桃木。

最早采用桃木饰件的是半世纪前的英国劳斯莱斯汽车公司,当时的英国汽车内饰工艺师们以手工制作桃木和真皮内饰件,设计出了一辆具有皇室气派的高级轿车。其后著名汽车生产厂家纷纷效仿,如奔驰、宝马、宾利等,都采用此内饰设计,与其真皮或丝绒内饰搭配,色调和谐,风格统一,尽显非凡的典雅气派。

国内率先制作豪华桃木饰板,用于转向盘、排挡头等部件装饰的是一汽轿车股份公司,并首先在"小红旗"轿车上采用。上海通用与广州本田 Accord(阿科德)也随后进行试装,在 1999 年的北京国际汽车展览会上,展出了有豪华内饰的别克和阿科德样车,一汽大众的奥迪 C5、上海大众的桑塔纳时代超人也展示出了豪华内饰的样车。可见,国内各大汽车厂家认定进行车内豪华装饰是提高档次与增强竞争力的必然选择。

最引人注目的重新复苏生产并限量发售的顶级豪华轿车"迈巴赫",更是大量采用桃木配饰,除仪表板、中控台外,中央扶手、门内板、后扶手、调控板、后冰箱、杂物箱等更是超乎寻常地大面积采用了雅致的桃木配饰,整个内饰透出华丽富贵之气。这在劳斯莱斯上也有类似的体现,难怪人们把桃木配饰的多少与车的豪华程度联系起来。现在,世界各大汽车厂家的高档至中档汽车都有采用,形成没有此等内饰装置的轿车都不能称为豪华轿车的市场心态。

随着轿车内饰工艺的不断进步,出现了大量成本低廉的仿桃木花纹塑料覆盖件生产工艺。仿桃木几乎能够以假乱真。仿桃木饰件品种繁多,如出风口、仪表台、仪表盘、中控台面板、换挡基座、换挡手柄、转向盘把手、门内扶手上的控制台面等,为中高级轿车大量采用仿桃木饰件创造了条件。如福特蒙迪欧、尼桑风度、丰田佳美、本田阿库拉等都有仿桃木配饰。在国产轿车中有别克系列、奥迪 A6 系列、广本雅阁和奥德赛、风神蓝鸟。

由于桃木饰件有很大的市场,成本低廉、质量不高、做工粗糙的仿桃木贴面便成为许多经销商的赚钱法宝。这种产品视觉效果极差,能明显看出是塑料而不是木料,不但不能起到衬托内饰高雅、豪华的效果,反而显得低级俗气。

2. 桃木饰件的真伪辨别

桃木具有纹理优美、坚韧、不会变形等优点,成为高中档轿车内饰材料的首选。

按照传统方式,桃木的加工是相当精细和繁琐的。据劳斯莱斯汽车公司介绍,每辆汽车内的仪表板和车厢木饰,无论颜色及纹路都完全一致,拼缝接口处几乎看不出接缝的痕迹。再经最原始打磨工艺,即用蜂蜡打磨 8 次,令表面光滑如镜。整个制作过程大概需要两个星期才能完成。

仿桃木则是用塑料仿造桃木纹理制成的。由于现代的贴膜技术可令仿制品做得惟妙惟肖,以假乱真,纹路、光泽与真的木质材料极为相似。甚至行家也只能靠油漆辨别真伪,因为只有实木才需要多层油漆来防潮和防紫外线照射。当然,成批生产的塑料仿制品的纹路图案可能是件件都一样,而天然的木质内饰的纹路图案却是独一无二的。现在有一些塑料制品需要喷涂专用清漆等涂层材料以抗老化,缩小了仿制品与实木饰件的质量差距。还有一种制造方法,就是在塑料基体上粘贴一层极薄的桃木镶饰,看上去与实木饰件完全一样,因此可以自称为桃木装饰件。

3. 桃木饰件的选用

有些经济型轿车的车主为了追求个性化、差异化,纷纷通过自我改装仿桃木饰件来充实内饰,以此提高汽车档次。为了迎合个性的需要,市场上出现了一些豪华的仿桃木饰件。但是有些桃木饰件并非原厂的配套产品,往往是一些采用成本低且质量不高、做工粗糙的劣质仿桃木贴面,用户安装后不但没有起到衬托内饰高档、豪华的效果,反而显得低廉俗气。特别是经过一段时间的使用后,贴皮脱胶翘起,日晒高温后会褪色变形,显得老旧不堪,有的甚至影响车子质量与安全性能。轿车木质内饰主要起美化作用,要根据车型、档次及需求合理选用和安装,其造型、色彩搭配、材质感都应当给人以良好的感受,同时还应具有阻燃功能。

安装桃木内饰最好选用原厂标准件。原厂标准件是木质片与原装置的标准塑料或金属件复合为一体的部件,其表面经过非常严格的亮漆处理,面漆经过硬度、耐光性、高温(+90℃)与低温(-40℃)等长时间循环试验。用原厂标准件安装,不需用胶水或其他胶贴。

由于汽车厂自行开发至批量生产的复杂程序,新款或改装的车款须 1~2 年才能全面推向市场,因此未能及时满足国内市场对新产品的需求,形成有大量用户在购买新车后寻求改装以达到豪华效果的市场行为。但目前市场上有各种所谓豪华车内饰件,绝大部分不是原厂件的产品,用户安装后不但未能达到原厂豪华内饰设计的效果,反而影响汽车的质量与安全性能。以转向盘为例,它是汽车上很重要的安全件,与车辆操控有直接关系。目前市场大部分可购买到的豪华转向盘都不是原厂转向盘,主要分两种:一种是在原来转向盘上加皮套或木质塑料套,此装置大大影响驾驶员对车辆转向的操控,因为加上外套后转向盘总圆径与抓手部分的小圆径都加大,影响转向的行程,而外套使用时间长了与原转向盘的接触也不稳固。另一种是在自制转向盘上加一个通用的连接器。此装置比第一种的危险性更大,因为原厂转向盘的骨架是经过非常严格的原厂测验,除了保证正常使用外,发生意外时不会断裂。而上述转向盘绝大部分没有原厂骨架,只是自制木圆架或金属圈,车辆遇到撞击时驾驶员是非常危险的,而通用连接器不能把转向盘与转向柱像原厂一样直接连接在一起。汽车厂在作整车设计时,驾驶员的操控舒适性与安全性是非常重视的,而转向盘是驾驶员操控最多、最直接的部件,绝不能使用不符合原厂标准的部件。

目前市场上大部分的桃木饰件需要用胶水或双面胶纸粘贴,表面是一层印制木纹的软塑料或薄木片,胶贴完成后会发现大部分的圆弧位置没法贴合或很容易松脱,脱落后的胶纸或胶严重影响原塑料件的外观,整体效果除了不如原厂原件外,加上外贴件的厚度,更会影响一些开关按钮的行程。车辆在夏季露天停放,车厢内温度可达 80~90℃,部分表面软塑料因承受不了高温而脱落或发出异味。而表面桃木薄片因没有经过特殊加工处理,无论在夏季或冬季,都容易因热胀冷缩而破裂。

选装豪华桃木内饰的目的是要把爱车档次提高,如果安装不合标准的部件而影响整车的装饰效果、安全性与操作性能,则得不偿失。因此,选装时一定要慎重。

三、汽车氧吧

汽车氧吧是一种适合在汽车中使用的氧吧,主要作用是通过产生臭氧和负氧离子,实现消除空气中的臭味并强力杀菌、净化空气的作用。

臭氧的分子式是 O_3,比氧分子 O_2 多一个氧原子,在常温下为蓝色气体,有类似鱼腥的气味,因此得名为臭氧。臭氧是比氧气更强的氧化剂,对细菌、霉菌等微生物有极强的杀灭作用,有效分解果蔬代谢物,因此可迅速氧化分解有机污染物气体,如饰材味、油烟味、家具味等混杂的异味;还可以杀菌防霉、保鲜防腐。臭氧消毒灭菌有很多优势,比如高效、广普、无死角,此外由于臭氧稳定性差,很快自行分解为氧气和单个氧原子,单个氧原子又自行结合为氧分子,不存在任何有毒残留物,所以称无污染消毒灭菌剂。

此外,汽车氧吧还经常带有产生负氧离子的功能,负氧离子能有效激活空气中的氧分子,使其更加活跃进而被人体所吸收,能促进人体新陈代谢,提高免疫力,调节机能平衡,令人心旷神怡,被喻为"空气维生素"。当空气中产生了足够多的负氧离子后,人们即使身处斗室也可如身处森林和瀑布旁边一般,感觉心旷神怡。

随着有车族数量的不断增加,车内污染问题也逐渐引起人们的重视。汽车氧吧可以有效解决这个问题,通过产生臭氧和负氧离子,甚至带有光催化技术,发生光聚变反应催化分解90%以上的夹杂异味和有害气体,纯净空气,清除异味。汽车氧吧的功能有:①改善人体心脏、肌肉和肺的功能。②保证肌体和大脑的供氧,有效解除肌体和大脑神经的疲劳。③激活肌体多种酶,使人精神振奋,促进新陈代谢,提高工作效率。④杀菌防霉。⑤增强肌体抗病能力。⑥除烟、除尘和除味。⑦将香料装入氧吧中,代替汽车香座调节厢内空气。

选购汽车氧吧要从功能、使用便利性和价格三个方面考虑。有些汽车氧吧除了可以产生臭氧和负氧离子外,还带有各种空气过滤、中草药杀菌网、添加香味等功能,可以更有效地解决车内空气问题。需要说明的是,选购氧吧时要注意其产生臭氧的能力和使用时间,呼吸浓度过高或者长时间呼吸浓度较高的臭氧对人的身体有害,甚至造成中毒,因此使用一段时间后应该打开车窗,通风换气。

图7-5为上海博威汽车零部件有限公司生产的 ZS－615 汽车氧吧,是一种高效开放式负离子

图7-5　ZS－615汽车氧吧

发生器。它采用可控硅逆变高压,悬浮式放电组件,结构简单,效果良好,安全可靠。产生大量负离子的同时产生臭氧(O_3),并且浓度可以按照使用者的要求自由调节(本产品的最新技术),耗电极省,仅 1W 左右,因此可长期连续工作。

四、地板装饰

汽车的地板在底盘的上部,是车厢的基础部分,支承载在车内的各类设施和人员,要求有可靠的安全性,能稳固地起到支承功能。同时,它又是车厢与地面之间的隔离层,要求它能起到保温、隔热、防湿、防潮、防尘等作用,防止外部噪声进入车内。

地板与侧围、前围、后围和顶盖共同构成汽车的内室,是汽车一切使用功能的体现部位,为人们提供乘车的一切所需。

1.地板装饰材料的选用

(1)地板装饰材料选用的原则

对地板的装饰,主要是因为原地板陈旧或损伤需要装饰,可参照原地板使用的材料、色泽和地板构造,采用适当的方法进行装饰。

若是为了提高原车装饰档次,可在内饰改装的同时,对地板进行改装。这时须综合

考虑,使之与内饰和谐。可采用在原地板的基础上,选装汽车地毯,直接放置在地板上。

(2)地板装饰材料色泽的选用

地板装饰的颜色,最常用的是深灰色和红色。深灰色的地板,可使车内有一种洁净舒适的感受;红色,给人以兴奋的感受。在选择装饰材料的颜色时,还应考虑侧围、顶盖和座椅等的颜色,使整个内饰的色泽达到统一、和谐,给人以明亮、舒适的感受。

2.地毯装饰

20世纪60年代以前生产的汽车内饰地毯,都是经过测量、裁剪和缝制而成与汽车地板各式各样的凸起和凹坑相匹配的形状。如今所有生产厂和零配件市场的地毯都是成型的地毯,其形状与汽车地板形状相匹配。

(1)拆除旧地毯

大多数车的地毯很好拆除,从车门框上拆下防磨板,拉出地毯就行了。但也有的车辆须拆下座椅、安全带和松开脚踏板后才能拆下。拆除时应当注意,不管地毯与何处相连都不要硬拽,先拆下连接件,然后想办法拆下旧地毯,视具体情况而定。

(2)加衬垫

一般车用地毯下面都有衬垫,生产厂和零配件市场的成型地毯背面自带衬垫。对于不带衬垫的地毯必须另行制作衬垫,然后把它粘到地板上。地板的衬垫主要有三种:黄麻纤维毡、泡沫和再生材料产品。再生材料是环保型产品,13mm厚的泡沫塑料板也很好用,它能形成双向曲面而不会出现折痕;黄麻板隔离性能好,但价格高。用泡沫塑料制作地毯衬垫,应首先测量地板横向和纵向的尺寸。然后在每个方向上增加20%的余量,按此结果进行剪裁。剪裁完毕后,把泡沫塑料铺好,剪去多余的材料。粘贴时,只要在泡沫塑料的背面和地板上喷些胶,然后按下并粘贴,另一侧也用同样的方法进行处理。用黄麻毡和再生材料板制作地板的衬垫,需分几片来做。一片用于曲面的凸起部,两片用在两侧的地板上。对地板表面不平有较大的深坑时,每一个深坑部分需单独进行处理。在把衬垫平整地与地板贴牢后,就可以测量、剪裁、调整和缝纫地毯了。

(3)地毯的调整与安装

剪裁、调整和安装地毯的工作通常从变速器的隆起部分开始,然后分别向驾驶员一侧和乘客一侧进行。

测量变速器隆起处的面积。纵向尺寸从驾驶室前隔板量到后边座椅的底部,横向尺寸从一侧量到另一侧,并在测量结果上加上152mm。测量驾驶座和乘客座侧的地板面积时,前后距离也是前到隔板,后到座椅底部。大多数车的座椅不能完全遮住到车门之间的地板,所以此处地毯要一直铺到座椅的后面,也可以另用一小块地毯铺到此处。

从地毯卷上剪下三块面料,一定要保证地毯的绒毛倒向一致。首先,将一块地毯放在变速杆的前方,留出足够盖在驾驶室前隔板的余量,使地毯位于中央位置。地毯盖过隆起后,还分别在驾驶座和乘客座侧各留 76mm 的余量。然后,把紧靠变速杆前方处的地毯对折,用刀片剪开一个开口,大小能使变速杆手柄刚好通过。

把地毯套过变速杆后,在原来的开口的基础上切出放射型开口,使其能套过变速杆的护套。最后剪掉多余的地毯,并把毛边压到护套的下方。

安装离合器外壳凸起部分的地毯要一直延续到仪表板。安装时把地毯在凸起处向右折出一个折痕,从乘客座处的底部到驾驶座侧的底部标记出一条折痕。然后,用刀片沿这条线进行切割。

把整块地毯放在缝纫机上,在切口边缘缝制一条镶边,但前边的毛边不要缝制。对一切都满意后,便可粘牢地毯。并把其他的侧片地毯放好,在前边画一条线。沿 45°角一直剪到凸起处接缝的开始端,把地毯折起,然后沿凸起边缘画线。在切口前把地毯片折起。在背面画出一条线直到地板的前边缘。然后,把地毯取出,沿画出的线修剪地毯的边缘,并进行缝合。然后再粘贴上地毯。在粘贴前,一定要对座椅架和座椅安全带固定架处进行开口。如果没有开口就进行粘贴,就很难精确地切割出孔的位置。

最后,铺驾驶座处的地毯。驾驶座侧的地毯的裁剪缝制和调整安装与乘客座侧地毯的裁剪缝制和调整安装几乎相同。只是在一些老式的汽车上,操纵踏板(如加速踏板、离合器踏板、制动踏板)与地板相连或从地板孔中穿过。这些地方应当对齐并调整好。拆下加速踏板后,在地毯上切出一个和操纵杆相同的小孔,让操纵杆穿过地毯,把踏板安装在地板上。如果踏板穿过地板,必须在每个踏板前面各切出一条长缝。然后,用包边材料把这些切缝边包起来。在拐弯地方应裁剪出剪口,缓解张力。

3. 脚垫的装饰

中高档轿车上都铺有地毯,一旦有脏物、污垢留在上面,难以清理。选择一种防水、易擦洗的脚垫就十分必要。

(1)脚垫的种类

脚垫分为手工和成型脚垫两种。手工脚垫能够有效地防止灰尘和脏物的渗入,但其防水能力较差。成型脚垫是一次性压制而成的,中间无缝,防漏性好,且价格低廉,如果原车的地板不平、凹凸较大,则难以达到满意的外观效果。大多脚垫是橡胶制品,有些气味,颜色较少,用在高档车上觉得档次较低。现在可在车铺中买到小块的家用地毯,感觉也很不错,既显档次,又不算贵。

(2)手工脚垫的制作

首先调整好地毯,把脚垫处的地毯铺平。然后,用粉笔画出需要脚垫保护的区域的边缘。把脚垫和地毯一起拿到缝纫机上,在画出的区域把脚垫缝制到地毯上。也可从地毯上裁剪一块大小合适的小块地毯,经常更换,便于清洗。

五、汽车隔音

汽车噪音危害调查表明,机动车辆噪音已经占到了城市噪音的85%。人们长时间接触噪音,会耳鸣、多梦、心慌及烦躁,或直接引起听力下降甚至失聪。据不完全统计,由车辆噪音间接引发的交通事故占整个交通事故的60%。汽车噪音来源有以下几个方面:①车辆本身发出的机械噪音;②轮胎与地面摩擦的路噪;③高速行驶产生的风噪;④来自外部各方的混合噪音。

不同类型汽车噪音的特性及单部汽车各个部位的噪音来源都是不同的。这其中发动机噪音所占的比重最大,通过对发动机盖、挡火墙、两边裙墙及翼子板的共振及密封,可以有效地控制并降低发动机舱的噪音,减少发动机噪音传入驾驶室。当车辆在良好平直路面高速飞驰,车辆行驶的高速噪音又成为另一个主要的噪音源。其中后备厢是一个很大的噪音源,因为其内部是一个大空腔,会产生很大的共振。因此加装降噪设备就不能忽略后备厢。车辆的空气动力性能通常影响车辆的摩擦噪音。而通常容易产生风噪的主要部位是车门。对车门采取措施,不外乎在车门内安装减振材料和吸音材料,以及加强车门的密封性。

1.引擎隔音

对于发动机的噪音,如果发动机本身平稳性能和静音性能不优秀,可以在引擎盖下贴一层覆膜——一种高级吸音泡沫声学材料,可吸收和消耗大量发动机的噪音,同时可以抑制引擎盖的振动和阻隔来自发动机的热量,有效率达97%,同时保护车漆表面不会因长期受高温而损伤;在冬季或在寒冷地区,这层薄膜还可以起到保温作用以保护引擎舱内机件不至于冻裂。但需要注意的是,所有的隔音材料必须符合相关的防火等级要求,以保证车辆安全和降低车子重量。

为了获得更佳的隔音效果,引擎室挡火墙上也可以使用吸音棉或吸音制振垫进行隔音,方法是将吸音棉或制振垫剪成一小块(因引擎室挡火墙上管线密布,故需要剪成一小块),大小视汽车的实际情况贴上吸音棉或制振垫,即完成引擎室隔音,可有效抑制引擎声浪传入车内。

2.门、框等隔音

门框隔音,可以用隔音棉条或隔音胶条,或隔音羊毛毡条贴在门框接缝处,即完成门框隔音。这样一来,可以有效抑制风切声及一些车外传入的嘈杂声。

车门隔音需要拆装车门,像门内把手等就需要拆卸有螺丝的地方,最后将门板拆下来。在拆下的门内以及门板位置贴上吸音棉或制振垫,然后装上即完成车门隔音。这样可以有效减少车门因喇叭或车外的噪音所引起的振动或噪音,同时也可增强内室的音响效果。

3. A、B、C 柱及车顶隔音

A、B、C 柱隔音、补强。把 A、B、C 柱上的空洞用 PU 发泡剂灌上约 40％的发泡剂（因发泡剂会发泡膨胀），即可有效防止由金属震动所引起的异音以及增强车体刚性，完成 A、B、C 柱的隔音工程。

车门户定隔音。拆开车门户定饰板，如果是卡榫固定就拆卡榫，如果是螺丝固定就拆螺丝，把饰板拆下。从拆下的卡榫孔灌上 PU 发泡剂，约 40％即可，这样可有效防止由金属共振所引起的异音以及底盘噪音，更可增强车体刚性及完成车门户定隔音。

车顶天花隔音。把可以拆螺丝卡榫的都拆下，再贴上吸音制震垫或吸音棉，如此可有效抑制车顶因震动或下雨所引起的噪音。

4. 室内底盘隔音

室内底盘隔音必须把地毯拆开，需拆门户定饰板、座椅、中控台。饰板有螺丝拆螺丝，没有的就用点巧力拆。该拆的部分都要拆，后座椅椅面一般都有固定的卡榫拆开或有固定的扣环拉取，然后在室内的底盘部分贴上吸音制震垫，再贴上杂花隔音棉或吸音棉。

注意在贴隔音物料的时候不要挡住螺丝孔，然后把已经拆开的部位还原即可，好处在于有效抑制因车子行驶所引起的从底盘传来的行驶噪音。

5. 室外底盘隔音

室外底盘隔音首先把翼子板在引擎室的螺丝拆下，灌上 PU 发泡剂，约 40％的发泡剂即可，如此就可有效地降低轮胎的噪音，还可增强车体刚性。另外，还可以将翼子板底下那片塑料拆下，贴上吸音棉或是喷上隔音漆，即可有效抑制因车子行驶所翼引起的底盘噪音，也是最有效果的隔音方法。

汽车隔音降噪工程所采用的材料根据加装设计的不同而不同。有减震复合材料、泡沫吸音材料、厚浆强化覆盖材料和覆铝膜隔热隔音泡沫板等。减震复合材料主要用于车体钢板的强化处理；泡沫吸音材料有将声波转换为热能的能力，能取得最佳的吸音效果；厚浆强化覆盖材料能够在施工难以触及的角落、缝隙等处起到控制共振及震动的作用；覆铝膜隔热隔音泡沫板适合在汽车发动机舱内使用，除了拥有优秀的吸音效果，更能够反射达 97％的热量，减少传到发动机盖的热量，延长漆面的使用寿命。

一般来说，隔音工程无须改动车身结构、动力系统和电气油气线路，因此车主们不必太担心。但建议车主选择设施完善的店家进行改装。因为隔音施工必须保证在密封、敞亮、干净的车间内，由经过严格专业化培训的安装技师进行安装，而且在施工过程中需要严格遵照工艺流程，才能保证不会损伤车体及内饰件。

有很多车主认为，汽车隔音是一项非常简单的工作，只需在车内粘贴或添加一些像毛毡、石棉、海绵等材料就可以达到隔音效果了。其实这些材料对车辆的声音改善是微乎其微的，甚至由于这些材料的防火阻燃性差，还会为今后的车辆使用埋下很大的安全隐患。

　　另外,一些车主感觉自己的车噪音大其实是因为车辆本身就有故障,例如轮胎不规则磨损、悬挂或底盘损坏及发动机异响。这些问题并不能只依赖隔音工程得到解决,专业技师会替你发现问题并建议你维修后再进行隔音处理。

六、汽车顶棚内衬装饰

　　汽车的篷壁有许多颜色,但大多为浅色调,随着使用时间的增长往往会变色或褪色,也可能在使用过程中染上污物,污物有的可以清洗掉,但当用常规方法无法清除时就需要更换新的篷壁。此外,由于现代车篷壁的更新换代非常快,经常见到有些车的篷壁在色泽和面料上过时,则也要对篷壁进行更换。

　　1.汽车顶棚内衬的类型

　　汽车顶衬也称为车顶棚或顶子等,顶衬的种类、式样和颜色、面料及结构因不同的车型而异。汽车顶棚内衬层的结构基本上可分为成型型、吊装型和粘贴型三种。

　　(1)成型型顶棚的内衬

　　在汽车制造中,为了保证装配的质量,采用成型型结构的顶棚较多。成型型顶衬的结构是由基材、填充材料和表皮材重叠加工而成,如图7-6所示。基材使用的材料大多为浸树脂的再生棉或玻璃纤维、聚氯乙烯泡沫板。填充材料一般选用聚氨酯或聚烯烃树脂发泡体。表皮材料主要是PVC片材。目前,纺织品材料也越来越多地作为表皮材料。填充材料和表皮材料一起层压加工后,粘贴在基材上而构成了顶棚的内衬。

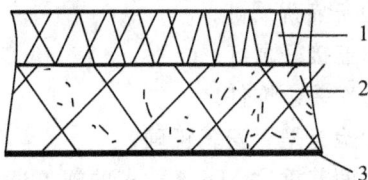

图7-6　成型型顶棚的内衬结构
1—基材;2—填充材;3—表皮材

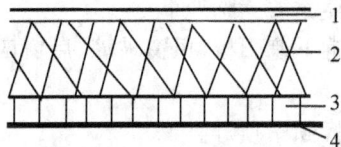

　　(2)吊装型顶棚的内衬

　　吊装型顶棚的内衬是用铁丝网吊起来的一种结构。表皮材料为PVC片材或PVC人造革或纺织品材料。为了隔热和

图7-7　吊装型顶棚的内衬结构
1—汽车顶盖板;2—隔热隔音层
3—铁丝网;4—内衬表材

隔音,把绝缘材料放在顶板和衬层之间,其结构如图7-7所示。吊装型内衬由隔热隔音层、铁丝网和表皮材料构成。

　　(3)粘贴型顶棚的内衬

　　粘贴型顶棚内衬是把填充材料和表层材料压成型之后直接粘贴在顶棚上,填充材料主要是聚氨酯发泡体、PVC发泡体,表层材料主要是PVC片材或纺织物等。

成型型顶衬应用广泛,特别是在轿车等小型车上;吊装型顶棚内衬和粘贴型顶棚内衬,一般用在大中型客车和旅行车上,生产的批量不大,但手工安装量较大。

2.汽车顶棚内衬的装饰方法

选择合适的汽车顶棚内衬后,安装方法也十分重要。要改变内衬的结构和装饰不是一件容易的事,需要大型且复杂的成型设备和加工手段。而一般情况下,汽车的内衬不易受到损坏(撞车事故除外),汽车顶棚的内衬表面则在使用一段时间后,表皮会有些变色、老化,或因擦洗不当,产生划痕,这时需对内衬表皮材料进行更换和装饰。由于批量小,最好用手工粘贴法进行维修装饰,这样可以节约成本,是最可行的方法。新款车更换顶衬较为简单,老款车则比较复杂。

新款车顶衬为抛压式顶衬,更换时可按如下步骤进行:

①在汽车装饰店选择合适的新顶衬。

②拆卸顶灯。

③移除顶衬周围的边饰件,这时由于定位件被移除,顶衬自动脱落。

④安装新顶衬。

⑤连接好顶灯。

⑥安装边饰件。

⑦检查是否安装正确。

下面着重讲一下老款车的施工过程。

(1)拆卸旧的顶衬

根据老车顶棚的具体结构,选用合适的工具,把顶棚内饰上有关的零部件,如顶灯、空调器、支承架等拆下并放置好。

具体参考步骤如下:

①拆下遮阳板、风窗玻璃、后窗四周的装饰条(若有三角窗,三角窗周围的装饰条也要拆下)。

②拆卸车顶灯。

③拆下密封条(若车门用的是揿压式密封条,直接拆下;若是老式密封条,可用刀沿靠近门框周围贴近密封条处把顶衬切开,这样可看到带有锯齿的卡板)。

④拆卸卡板。

⑤拆下顶衬。

⑥拆下拱型架。

(2)检查内衬及顶盖

当拆下内衬后,要认真检查顶盖的内衬是何种材料,结构形式是否有损坏及损坏程度如何、能否修复。这些内容都是重新装饰时所需的参考资料,可为制定新的装饰工艺提供依据,同时也为重新装饰提供质量保证。

（3）成型型顶盖内衬的装饰

它的装饰具体步骤如下：

①对内衬表皮进行重新装饰。

②对顶盖护板内表面进行清洗，除去表面上的污垢、异物，使之清洁干燥。

③把装饰后的内衬进行必要的清洗处理，主要是对内衬的贴附面（与顶棚内表面相贴附表面）进行清洗。

④按原顶盖与内衬的结构形式和安装方法，把装饰好的内衬安装在顶棚上。

⑤将拆下的零部件经过清洗干燥，按原方法安装复原。

⑥将安装后的顶棚进行全面清洗，去除安装过程中造成的尘垢或污物并喷涂内饰护理剂。

而对内衬表皮进行重新装饰可采用两种方法：

①将内衬表皮层材料（以 PVC 片材为例）采用合适的方法拆下，然后选用同类的质量优良的 PVC 片材，经适当的剪裁加工，用粘接法粘贴上，形成新的表皮层内衬。

②若原内衬表皮材料是纺织品材料，表层材料只有老化、褪色，没有其他破损，而且与填充层贴合都很结实牢固时，可按其形状尺寸，经适当的裁剪和缝制，使之成为一个整体的内衬表层，然后用胶粘法，把新的内衬表层直接粘贴在旧的内衬表层上，使整个顶盖总成的厚度略有增加，自然其隔热和隔音效果也有所提高。同时，也比前一种方法节约时间，即省去了拆下原内衬表层材料的工序。

（4）吊装型顶棚内衬的装饰

它的基本过程与成型型顶盖内衬的装饰类似。可采用简便方法来进行装饰，以顶棚护面没有腐蚀、锈蚀和划伤的情况下进行装饰。其步骤如下：

①拆下顶棚内衬上的顶灯、空调系统零部件及其他装饰件等。

②将内衬表皮的人造革用清洗剂进行清洗干净并擦干。

③按内衬表皮的形状尺寸，用新的优质同色的人造革进行剪裁，并缝制成一体，留足周边粘接后的裁剪余量。

④选用通用粘结剂 GH-20 进行粘接，先在原内衬表皮的人造革上均匀地涂上薄薄的一层胶液，稍晾干一下，再把新的内衬表皮粘贴在上面。

⑤按拆卸的反向步骤，把清洗并干燥后的顶灯、空调系统零部件及其他压条等装饰件安装好。在安装周边压条时，把内衬表皮周边的粘贴余量用刀片或剪刀裁掉后安装好压条。

⑥清洗护理，在内衬表皮装饰的最后，对表皮进行处理。即将仪表板清洁剂喷涂到内衬的表面上，然后用柔软的拭布进行擦拭，使人造革表面光泽明亮。

其中，第④步较为关键，一般要从顶棚内衬的中部开始，分别向前、向后粘贴，粘贴时注意平整，逐渐向前或向后展开。注意压平、压实，粘贴层中不要留有空隙、气泡，不得有褶皱。如有气泡时,可用柔软而有弹性的压板从中部往边缘赶压,把气泡排出,注意只能向一个方向赶压,不能往复进行。同理,对空隙和褶皱也用压板赶压,使之消除,最终达到光滑、平整、牢固等要求。

(5)粘贴型内衬的装饰

这种顶棚内衬,实际上可看作是把填充层和表层材料用粘贴的方法逐一粘贴到护面内侧上。如果顶棚护面没有锈蚀和损伤,其内衬的填充层一般也无损坏,对表皮层进行重新装饰。具体步骤如下:

①拆除内衬表层的 PVC 人造革。

②制作新的 PVC 人造革表皮。

③粘贴内衬表皮。

④将原来拆下来的顶灯、空调系统零部件和装饰件等清洗干燥后,按拆卸时的反向工序安装好。

⑤清洗护理。

粘贴型内衬的装饰主要注意两点:

①采用热空气枪把人造革边缘加热,使粘胶软化,然后用钳子夹着人造革边缘并拉出人造革粘合的周边。当拉出部分人造革周边后,继续向内部加热,使粘胶软化,把人造革整片从填充层上拆下。

②新的优质人造革颜色、花样应与旧的一样或相似,以达到装饰的效果。

七、仪表板的装饰

汽车仪表板是汽车内部最大、最复杂的总成之一。由于人们对汽车的性能要求越来越高,使用的各种仪表也越来越多,造成仪表板越来越复杂,要求越来越高。不但要满足承载各种仪表的安装,驾驶汽车安全运行的需要,而且成为车内最主要、最引人注目、最重要的装饰件。因此,对仪表板的装饰也就十分重要。

1. 汽车仪表板的性能要求

汽车仪表板有多方面的性能要求,其基本要求及方法简介如表7-1所示。值得指出的是,汽车仪表板是汽车内部最重要的功能性和装饰性总成。它直接影响汽车的使用价值和汽车的身价,也是市场竞争的一个亮点,世界各国的汽车生产厂家用尽心机和手段来使得仪表板满足各方面的性能要求。汽车仪表板从设计、制造、使用和维修的全过程都要考虑成本因素。仪表板设计时,首先要考虑简化仪表板的结构,方便仪表板的制造,有利于仪表的安装和驾车使用。一个好的设计应该是考虑仪表板的工艺性能,能用最通用的设备和简便的方法生产出来。其次,为了使汽车具有良好的经济性,必须在汽车的各总成设计时都尽量地减轻总成的重量。因此,汽车仪表板总成的设计制造中也要考虑这一问题。

表 7-1 汽车仪表板性能要求及方法简介

要 求	方 法
低成本	简化设计、优化制造过程、降低仪表板的重量
高安全性能	采用新材料和先进制作工艺,保证车辆受到撞击后,能最大限度地吸收撞击力,并传递给车架,以降低对驾驶员的伤害
良好的耐热性能	选用耐高温的材料来制作仪表板,保证仪表板在 100~120℃时能不变形,不失效,不影响仪表精度,不产生有害气体
降低噪声	采用热塑性材料的仪表板,可有效减低噪声和振动
装饰效果好	从各生产厂家精心挑选与汽车其他部分内饰相匹配的仪表板,可有效提高汽车的身价

总之,性能高、成本低、质量轻、安全可靠、美观实用,这是对仪表板的重要要求,也是各大厂家竞争的焦点和市场的卖点。

2.仪表板的结构类型

现代市场上的仪表板种类繁多,每种车型都有多种规格的仪表板。车型越多,自然仪表板也就越多了。我们按照仪表板的制作材料,可将其分为金属仪表板、塑料仪表板和复合仪表板。

(1)金属仪表板

金属仪表板主要是用薄的钢板和铝合金板冲压而成。按总成的方式可分为整体式和组合式两种。

整体式仪表板整体不大,基本上属于中型或小型,而形状较为简单,采用冲压技术制造出来。冲压完成后,还要对主体进行防锈、防腐蚀喷涂处理,以提高其装饰性。大部分的整体式仪表板表面粘贴了一层皮革或纺织物,有的还用真皮来装饰,这可以提高装饰的效果。

组合式仪表板比整体式仪表板要大,有的形状也比较复杂。从加工的角度来考虑,把其分块生产,然后再把各部分焊接在一体。在表面处理方面,它基本上与整体式仪表板一样。

(2)塑料仪表板

塑料仪表板的材料是塑料。塑料仪表板按总成的方式也可分为整体式和组合式两种。

整体式塑料仪表板由于塑料比金属有更加良好的成型性,使得可以用吸塑方法制造出形状复杂,且表面有花纹的形式,其装饰效果良好。

组合式塑料仪表板也是从生产的角度来考虑,把整体尺寸比较大的塑料仪表板分成几部分来分块制作,然后用塑料焊接或胶粘法把各部分焊接起来,成为一个整体。

（3）复合仪表板

汽车上常常使用复合材料的零部件，包括仪表板、门护板、顶盖内护板等。复合材料基本上是由表皮层（塑料、编织物、地毯等）、隔音减振部分（泡沫或纤维材料）和骨架等部分组成。由这种材料制成的零件除了能够满足一定的使用功能外，还能使人感觉舒适美观。此外，复合材料生产工艺简单，原材料价格便宜，因而发展很快，是汽车内部装饰用材的发展方向之一。

硬质仪表板中常用的塑料有 PP、PPO、增强型 AS（增强玻璃纤维）、超耐热 ABS、和 ABS/PC 等。软仪表板多采用 ABS 和改性 PVC 片材。它具有良好的回弹性，并能吸收 $50\%\sim70\%$ 的冲击能量，安全性高，耐寒耐热，坚固耐用。

3．仪表板的装饰

（1）简朴的装饰

整个仪表板总成结构很简朴，除必要的仪表以外，无其他装饰物。整个上表面和正面基本上平整，简洁光滑。上平面颜色较深，为中灰色，正面为白色，符合色彩的搭配，对驾驶员的安全驾车毫无影响。如图 7-8 所示。

图 7-8   简朴的仪表板装饰

（2）用真皮装饰仪表板

在汽车仪表板的装饰中，对仪表板的表皮装饰很重要，因为仪表板的表皮是最使人一目了然的地方。用真皮装饰仪表板是目前比较高级的装饰。一般认为，目前用优质的黄牛皮装饰就是豪华的了。如图 7-9 所示，这就是用真皮装饰的仪表板。

用真皮装饰仪表板的方法：

● 拆下原仪表板表皮。

针对原仪表板的情况，选用适当的方法，将原表板表皮拆下。以原表皮是胶粘式为例，先用热喷枪对表板边缘处加热，使粘胶软化，然后用通用尖嘴偏钳拉出人造革边，逐步向中部边加热、边拉起旧的人造革，直至把仪表板的旧人造革全部拉起拆下。

图 7-9　用真皮装饰的仪表板

当然,在拆下仪表板人造革之前,应首先将仪表板上的各种仪表和装饰件等全部拆下,并进行必要的清洗和保存,以备装饰后复原安装。

仪表板与车身之间一般都是采用螺钉固定,当把仪表等拆下之后,就可以把仪表板拆下了。仪表板拆下之后,才可以拆下仪表板的表皮。

● 缝制新的仪表板表皮。

①选择新表皮材料。一般情况下,是以原表皮材料为依据,选择新的与原表皮同类型规格的材料。若车主要求提高内饰档次,选用高级的材料也可。

②裁剪、缝制表皮。在裁剪时,应参照原人造革表皮的形状尺寸,考虑到真皮材料的延伸性不如人造革,所以对凸凹形状处的放样展开更应以准确贴合为原则,这就需要实际经验了,也就是裁剪师的水平了。

③检查缝制的新表皮。当缝制出新的表皮后,可先试贴一下,看看是否能贴合一致。能贴合为最好,有出入时可进行修改,以达到平整为原则。

● 粘贴仪表板表皮。

①选用适合的胶粘剂。以汽车用 841 胶粘剂进行粘贴,本产品在常温下使用和固化,也不需要加压,使用简便。

②粘贴时先在仪表板的填充层表面均匀地薄薄涂刷一层 841 胶,稍等片刻,用手轻轻触摸粘胶表面,不粘手时便可将仪表板的表皮对准,从中部开始向两边逐一展开,一手拉着表皮,一手轻压表皮与填充层表面接触,贴服无差异时,再用手压表皮与填充层表面粘贴上,压实贴平,并把边缘转拆到内侧粘贴牢固。若两人协调进行粘贴操作则更方便,也更有利于保证粘贴质量。

③检查粘贴质量。若表皮粘贴位置正确,无气泡、无皱纹,表面光滑、平整、无划伤,就达到了粘贴质量要求。

● 安装仪表板。

当粘贴后的仪表板完全固化之后(按粘胶使用要求而定,一般24h可达到粘接最高强度,即完全彻底固化),按拆下时的反向工序,把仪表板固定在车身上,然后装上各种仪表和其他附件、装饰件等,即完成了仪表板的安装。

● 清洗护理。

安装后的仪表板,还须进行清洗护理,以使整个仪表板总成面貌一新,达到重新装饰的效果。清洗护理方法:

①选用清洗护理材料。目前清洗护理材料很多,可根据实际情况选用。常选用全能泡沫清洁柔顺剂对仪表板进行清洗。本品具有泡沫丰富,去污渍能力强,能迅速分解并清除油污的作用。使用时,先将此清洗剂刷涂在仪表板表皮上,然后用柔软的拭布擦拭即可清洗仪表板上的一切污渍,使之清洁。

②选用真皮保护剂。本品能使发硬的皮革制品变得柔软光滑,延缓老化,提高光亮度,并伴有令人愉快的香味。使用时,将本品均匀薄薄地喷在仪表板的表皮上即可。这是喷在清洗后的清洁干燥的仪表板上进行的保护处理。

还可选用清洁护理二合一处理剂进行清洁护理。例如选用3M塑件皮革清洁保护蜡PN39040处理。本品含有清新柠檬香味,适用于一切塑料、橡胶、皮革材料。能清洁这类物件表面的污垢和油渍,并在被处理表面留下一层自然保护层,清洁润光,使灰尘不会聚集。

(3)用桃木装饰仪表板

桃木质地细腻,软硬适当,花纹清晰美观,是装饰材料中的优选材质。目前用桃木装饰已成流行之势,在汽车内室装饰中,特别是仪表板的装饰中,有回归大自然之感。目前,桃木装饰仪表板已有系列产品,不论是国产汽车还是进口汽车,都有桃木装饰的系列仪表板产品。

桃木装饰仪表板实例如图7-10所示。

桃木装饰仪表板总成中的其他零件:

①桃木装饰真皮转向盘。桃木装饰转向盘与装饰仪表板本体类似,也构成了装

图7-10　奥迪A6轿车桃木装饰的仪表板

饰的系列产品。它是以车型为系列,如本田系列、田野系列、金杯系列、富康系列、丰田系列、铃木系列、红旗系列、福斯系列等。

桃木装饰转向盘实例如图7-11所示。

②桃木码表饰框。在仪表总成中,为了使安装的仪表和仪表板总成更显高贵华丽,在仪表的周围安装了桃木码表饰框。

(a)福斯捷达王方向盘　　　　(b)日产蓝鸟方向盘

图 7-11　桃木装饰的真皮转向盘

桃木码表饰框与车型仪表安装位置形状有关，与车型配套，也同样形成了系列产品。所以形状各异，种类繁多。同类产品中，还有不同的规格，有各种不同的色彩，可以尽情选用。桃木码表饰框的形状举例，如图 7-12 所示。

用桃木码表饰框装饰仪表板之后，可使仪表板总成更显高雅华丽，如图 7-13 所示。

（4）用色彩装饰仪表板

色彩是装饰的一种不可缺少的手段。动人的色彩，给人以美的享受。在汽车仪表板的装饰中，色彩也起到了巨大的作用。

图 7-12　桃木码表饰框

图 7-13　桃木码表饰框装饰

①高贵的橘黄色装饰仪表板。在很多豪华高级的轿车内饰中,橘黄色的装饰不仅给人以温暖的感受,而且更显华贵高雅。如图 7-14 所示的内饰和仪表板的色彩,就是一个典范。

图 7-14　高雅的橘黄色仪表板

②稳重的深色装饰仪表板。在仪表板的装饰中,对色彩的要求很讲究,一般要求是在仪表板的上平面,应用较深的色彩,不产生反射光而影响驾驶员正常行车。在保证与整车室内色彩和谐的前提下,进行色彩的选装,如图 7-15 所示。仪表板的上平面选用中灰色,其他部位接近深紫色,给人以稳重感。

图 7-15　稳重的深色仪表板

③传统的灰色仪表板。在传统的内室设计中,以灰暗的色调为主。主要是考虑便

于清洁和防止前风挡玻璃反光等问题。目前这种装饰色调仍有相当的市场,也深受相当一部分人的喜爱,如图 7-16 所示。

图 7-16　平静淡雅的灰色仪表板

（5）人性化装饰的仪表板

在汽车内饰装饰中,目前比较注重情感氛围的营造。由于汽车的发展,人们已经不满足汽车只作为一种纯功能性的交通工具,不仅要求满足功能操作的有效性、安全性,人们还要求汽车能满足自己心理情感的需求,于是在仪表板的装饰中出了一些很个性化的事物。例如,大众公司新甲壳虫和奔驰公司 Maybach 超级豪华轿车,在纯功能性的仪表板旁边设计安装了装饰性的花瓶,很具有装饰新意,营造了一个重情感的氛围。如图 7-17 所示。

图 7-17　注重情感氛围装饰的仪表板

（6）用高科技精品装饰仪表板

由于科技的发展,使仪表的制造技术和性能有了极大的提高,各种小巧精制的仪表,为仪表板的布置和装饰创造了有利条件。特别是液晶显示技术和数控技术在仪表上的应用,以及组合仪表的出现,使仪表在仪表板上的布置更灵活、更有利于把仪表板装饰得更靓丽。如图 7-18 所示。

图 7-18　现代化装饰的仪表板

(7)仪表板装饰时的注意事项

①结合车辆实际进行装饰。在装饰仪表板时,必须结合车辆的类型、档次、新旧程度进行综合考虑,采用适当的方法进行装饰。例如低档车,绝不能进行豪华装饰;很破旧已近报废的车,更不必大动干戈进行装饰,这样没有必要。

②要与内饰协调。在仪表板装饰时,必须认清仪表板只是车内的一部分,对它的装饰应与内室其他相关部分协调,色泽应和谐,不要反差太大,影响整个内饰的装饰效果。

③装饰方法的选择要恰当。上述几种装饰方法,不是对每辆车都适用,只能根据车辆的实际情况和用车环境进行选用。以安装卫星导航系统的汽车为例,目前国内的主要大城市,电子地图系统几乎没有,即使你的车是高级豪华车,就是安装了卫星导航系统,你也无法使用。先进的设备只有在适合它使用的条件下,才具有使用功能。

④对仪表的选装要谨慎。汽车的各种仪表,每种都具有特定的功能和使用条件,是否符合装饰车辆的结构和使用条件,只有具有相当技能的人,才可能在这方面选用、改装汽车仪表的布置以及安装、调试。如果控制不好,会适得其反,甚至发生事故,对此必须谨慎行事。

⑤在装饰施工中注意粘胶剂的选用。粘胶剂各有各的特点和使用条件,要认真按使用条件要求选用。但有些胶的使用条件说得比较概括,若对被粘接物的品质了解不准确,容易出现粘接质量问题。对此,在施工粘接之前,应先用一点胶试用一下,看其效果如何,确有把握时,再正式投入使用。例如汽车 841 胶粘剂对密封隔热用的苯板就不适用。

八、扶手箱的安装

在驾驶室座椅与副驾驶室座椅之间安装一个箱状的扶手箱,可提高汽车的实用性及乘坐的舒适性。其安装方法如下：

　　①选择好与汽车内饰颜色及车型相适宜的扶手箱，将其放置在合适的安装位置。

　　②用手电钻对准扶手箱的固定孔，并往车厢底板上钻孔，再用螺丝旋紧、固定即可。

第二节　汽车外部装饰

　　汽车外部装饰是在不改变汽车本身的功能和结构的前提下，通过加装或改装前后保险杠、玻璃、天窗、大包围、扰流板、轮胎等外饰件，改变汽车的外观，从而使汽车更加靓丽、豪华和时尚，以满足人们的审美观和个性化需求。

一、汽车面漆的特种喷涂装饰

　　1.车身漆膜喷涂的目的

　　①延长使用寿命。车身漆膜喷涂主要是防止车身腐蚀从而延长车身使用寿命。

　　②提高装饰性和商品价值。汽车不仅应具有必需的使用功能，而且还是一个艺术品，在车身造型和装饰上体现出很高的艺术内涵。车身的艺术品位和装饰品位越高，越受人们的欢迎，越能激起人们的购车欲望。特别是在目前，市场竞争达到火热的程度，汽车商家们为提高产品的装饰性能，以其艳丽华贵的外表，达到提高商品的价值和市场竞争力的一个亮点。

　　③提高市场竞争能力。在世界汽车市场上，早已是产大于销，生产能力过剩。为了争得一席之地，世界各国厂商均使出浑身解数，从产品性能、新奇结构、内外装饰均在不断创新。目前，汽车以其艳丽华贵的外表，极大地提高了自身的商品价值，并以此作为市场竞争的一种手段，提高其市场的竞争能力。正因如此，厂商投入了极大的人力、物力对喷涂技术进行研究，尤其是将彩色画面等喷漆或印刷在汽车上的技术，恰恰符合了公众对强烈的"与众不同"要求的欲望，使多色花纹喷涂技术具有其强大的生命力和竞争力，展现其远大"前途"。

　　2.多色花纹喷漆技术

　　(1)多色花纹喷漆技术的概念及方法

　　多色花纹喷漆技术是在汽车车身外侧部位的复杂曲面上，按某种构思粘贴或喷涂彩色画面和花纹的一种装饰技术。主要施工方法有 4 种：①粘贴胶片制成彩色胶片贴在车身上。②胶片转印复制，即将胶片在被涂装面上加热复制转印。③气流涂装采用气流喷漆直接进行涂装。④喷射式印刷涂装直接采用印刷喷漆。研究表明，对于汽车车身外板这样的大面积涂装，从成本方面考虑，第④种方法为佳。其基本条件是：①相应的曲面形状改造，即要求喷涂设备不仅能喷涂在平面上，而且能在曲面上进行正常喷涂。②进一步提高了表面质量,主要是提高了色彩的鲜明度。③提高了漆膜性能,主要是提高了涂料的耐候性水平。

(2)多色花纹喷漆材料及设备

①喷涂着色原理

原色采用了蓝、红、黄三种喷墨基色及调色修正用的墨色喷墨,共计四色涂料颜色。将这四种透过性涂料进行反复喷涂,即将需要的色彩体现出来。这主要是利用一种减法混色涂装法来实现的。这种喷涂着色原理如图 7-19 所示。色彩的浓淡程度由调整漆的喷出量来确定,用于涂装的数据(CMYK 数据)取决于各色漆的喷出量。

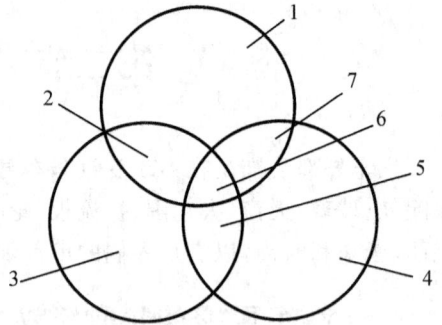

图 7-19　减法混色涂装法原理
1一蓝;2一绿;3一黄;4一红;5一橙;6一黑;7一紫

②喷涂材料

为了使彩色花纹图案达到要求的效果,对所用的涂料有较高的要求,主要要求涂料微粒化和高浓度化,使色彩达到平衡。目前使用晶莹透明的 UV 类涂料,使耐候性有了很大的提高,漆膜较薄,达到了漆膜色彩的再现性,使色彩复印机再现了与原画面同等水平的色调。

③喷涂设备及方法

通过高压气流将涂料喷射到被涂物表面上。喷射器如图 7-20 所示。

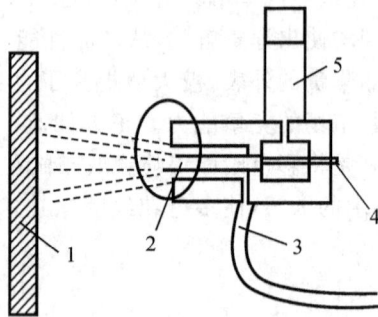

图 7-20　喷射器结构示意图
1一被喷涂物;2一喷嘴;3一高压空气;4一涂料控制阀;5一涂料

喷涂设备将原画面(彩图、照片)用扫描仪读入并通过电脑进行记录和编辑,以达到与原画面一致的最完美的涂装画面,然后通过控制器将印刷执行指令传输到涂装装置中,涂装装置按指令程序进行四种颜色的气流喷射,通过水平方向和垂直方向的移动,在被涂物表面进行涂装。

为保证汽车曲面部位涂装的鲜明度，使用了与曲面形状对应的装置。这种装置是在水平方向（X 轴）与垂直方向（Y 轴）的基础上增设了（Z 轴）随动机构，以保证喷嘴与曲面对应的运动轨迹。这种三维涂装装置，可进行最大角度为 30° 的曲面随动涂装。图 7-21 为涂装系统示意图。

在宽幅为 2～3mm（呈线状）范围进行喷涂，为提高喷涂质量，防止粉尘和振幅的影响，必须选择适合的喷嘴口径和喷嘴前端的形状，以减少气流喷射枪在喷漆时特有的粉尘和振幅，可提高装饰质量。粉尘幅度与喷嘴距喷涂物距离和气流压力有着密切的关系。当气压为 0.5MPa、喷嘴距离为 20mm 时，即能达到很高的装饰质量水平。

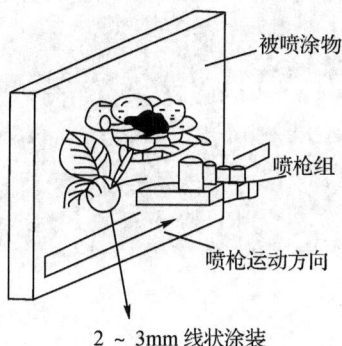

图 7-21　涂装系统示意图

丰田公司采用这种多色花纹喷漆技术，使轿车外观装饰极其美观，令人叹为观止。这种装饰技术摒弃了过去汽车业采用的喷漆方法，在新标准的花纹喷漆技术上得到了开拓发展，形成多样化，满足了汽车消费者的高标准装饰要求。

3.美术油漆装饰工艺

美术油漆装饰工艺属工艺美术的一种，它包括涂刷美术字、图案、石纹漆、木纹漆、花基漆、裂纹漆、锤纹漆、皱纹漆、彩纹漆等。美术油漆工艺不仅具有对被涂物的保护作用，而更重要的是美化装饰作用。

（1）美术字与图案的涂装

在汽车的外表面，经常需要用文字或图案进行涂装，以表达特殊装饰的需求。几乎在每辆车上都有文字的标识，如表示该车的所属，是某某单位，或某某人的；如以特殊的语言，表示个人对某些"明星"或体育活动的支持，以显示自己的"个性"。所以，以文字与图案在汽车外表进行装饰是非常普遍的和实用的。用文字和图案装饰效果如图7-22所示。

涂装的方法有三种：

①直接书法或绘画涂装。具有相当书法和绘画水平的操作者，可利用油漆笔或油漆刷，选择适当的色漆，直接将文字或图案书写或绘画到汽车外表特定的部位。这种操作方法没有相当的水平是办不到的，否则容易出现质量问题，影响装饰效果。

②刷涂法涂装。将需要的文字或图案在车身表面上描绘出底线，然后按底线进行涂刷文字或图案。这种做法比较简便，容易操作，但需要事先做出文字或图案的样板。

图 7-22　文字和图案装饰的汽车

样板的制作,需要由高水平的书法和绘画人员事先做好。现在计算机技术发展很快,可用电脑打字技术,做出所需的文字或图案,作为涂装的样板。

③漏板喷涂法。事先将需要的文字用薄纸板或薄铁板刻划成漏板,把漏板紧贴在需要的车身表面上,可用微型喷枪或前面介绍的喷漆器进行喷涂,使漆雾穿过有缝隙的漏板喷射到车身表面,形成需要的文字或图案。

涂装需要注意的事项:

①选择适合的相关工具和材料。在绘画时需选用大小规格适当的排笔、漆刷、油画笔、毛笔、粉笔、铅笔、直尺等有关工具。此外,还应准备一些辅助材料,如纸张、颜料和必需的涂料。材料和工具的选用原则上以方便和保证绘画质量为依据,与装饰的具体要求有关。例如装饰文字或图案较大,所选用的油画笔和漆刷就要大一些,反之则应小一些。

②涂料质量及施工黏度。涂料必须是适合车辆原漆膜的配套涂料。施工黏度应适当,黏度过大,不易流平,也不易施工,影响装饰效果;黏度过小或沾漆过多,易产生流挂,不能保证装饰质量。

③涂料颜色选择要适当。因装饰的车辆原漆膜有一定的颜色,在其上面涂装文字或图案,要求装饰后的文字或图案鲜艳并与原车颜色协调,给人以舒适的效果。一般常用的颜色相配关系是:大红底配白字、黄字,枣红底配黄字,黄底配红字、黑字,正蓝底配白字、黄字,淡粉红底配大红字,肉红底配黑字,粉红底配酱色字,水绿底配黑字,蛋壳青底配黑字(即鸭蛋清底配黑字),浅绿底配黄字,正绿底配白字,橘红底配白字,橘黄底配黑字,玫瑰红底配黄字,朱红底配白字等。一般忌用的是正蓝底配红字、正绿底配红字,大红底配黑字等。

(2)花基漆涂装

花基漆涂装也是美术油漆装饰的一种。根据用作花基的材料或方式可分为三种:用油漆做花的、用广告颜色做花的和用溶解法做花的。

①用油漆做花基漆的涂装。该方法适用于涂装面积不大,工作量也不大的面漆装饰。具体做法是在已干燥的浅色漆膜上做深色花纹图案,或在深色漆膜上做浅色花纹图案装饰时,先涂上一层深蓝或大红、紫红油性调和漆,尽量薄涂,在其未干时,随即用棉花拧成一团在蓝漆上反复旋过,旋成满花为止。如用的漆色不同时,其方法一样。使用的旋拧材料,如果是棉花,则花纹较细;如果用丝瓜瓢子旋花,则花纹较粗;如果用废布旋花,则花纹适中。采用不同的旋拧材料、不同的油漆及不同的旋拧方式,可做成千变万化的花纹图案,提高其装饰效果。当花纹干透之后(可以自然风干,也可用远红外干燥器或小型热风机吹干),涂上酯胶清漆或其他油性清漆即可。

②用广告色做花基漆涂装。该方法适用于较大面积和较大工作量的装饰涂装。施工方法基本上与油漆做花基漆涂装一样,不同的只是做花基的材料是广告颜料。涂上广告颜料后,在其未干之时,用布捆成的布把印花,印花时手法距离要均匀且密。如果需要换花型,可将布捆口翻动一下花样就变了,翻动一次,花样就变动一次,可以随心所欲变动。花纹干燥后,罩上酯胶清漆即可。

③溶解法做花基漆涂装。该方法一般装饰均可,大小面积不限,工作量不限。具体做法也是在干燥的白底漆膜上,涂满紫红色或棕黄色油漆后,待其未干时,用漆刷或长毛刷掸上溶剂汽油后,在未干的漆膜表面上即形成密密麻麻大小不规则的斑纹花基。待花纹干透后,罩上酯胶清漆或其他无色油性漆即可。

(3)彩纹漆涂装

彩纹漆涂装是一种新型的美术油漆工艺方法。将黏度适合的、密度小的调和漆少量陆续滴在水中,至漆液散开漂浮水面,漆膜面积占水面积的 50% 左右,将已涂好白漆而又干燥好的被涂物轻轻浸渍在水中时,即沾上漆膜,浸后吹去水面多余的漆,立刻取出,待漆膜干燥后,用酯胶清漆罩光即可。

彩纹漆的涂装方法又叫水面浮漆浸渍法。漆膜纹形既像彩云又像大理石,成纹自然,色彩缤纷,美观醒目。其工艺特点是:①材料来源广泛,使用的设备及工具简便;②不论是平面装饰或立体装饰均可;③只有不受水浸渍影响的饰件才能使用此法进行装饰,因此受到一定的限制。使用的材料有:①清漆、酯胶清漆或醇酸磁漆;②调和漆,颜料密度小的各色调和漆;③醇酸磁漆,长油度醇酯磁漆;④辅助材料,溶剂汽油、抹布。

使用的设备及工具:①搅拌片木制或铁片。小型的搅拌片为 $300mm \times 20mm \times 1mm$;大型的搅拌片为 $600mm \times 30mm \times 2mm$。②盛水容器。涂小型物件时,可用铁桶或铁盆,涂大型物件时可用水池(应有溢水口和自来水装置),其水容量视所涂物件的面积和体积而定。③盛漆容器。洁净的瓷杯或小瓷碗均可。④其他工具如手腻板、小型漆刮、油漆刷、旧口罩或棉纱、适合容器大小的搅拌漆液用的木棒等。

涂漆前的准备:①被涂物件不论是金属件或木制件,必须预先涂有干燥好的白色硝基磁漆(其色泽应均匀洁白、光滑),方能进行涂刷彩纹美术漆。②木制件涂漆时,浸渍水中取出后对所涂物件不应有副作用。也可先进行防水处理。③如果是涂立体物件，水的深度必须超过物件的高度。如果是涂板状或框架物件，水的面积必须超过物件的面积范围。④被涂物件以轻便灵活为宜，冬天的水温应在10℃以上。

彩纹漆涂装工艺：

①将盛水容器放满水。如水温低于10℃时，应将容器中的水加热至10℃以上，与室内温度保持一致。

②将需用的油性调和漆放置在小型容器中，每一容器内放小木棒一根，作为稀释漆液调色搅拌以及取滴漆液用。

③涂装彩纹漆的色彩调配：

● 黑色一般不单独使用，可用少量与大红色混合均匀作紫红色，滴放水面为一色涂装。

● 用少许黑色与中绿色混合均匀作墨绿色为一色涂装。

● 紫红色、墨绿色不要混合，应同时滴放水面作二色涂装。

● 大红色与中蓝色混合均匀作一色涂装。

● 中蓝色可作单一色涂装。

● 中蓝色、大红色不要混合，两者同时滴放水面为二色涂装。

● 中蓝色与大红色混合均匀后，再与中蓝色、大红色（不混合）三者同时滴放水面为三色涂装。

● 黄色、中蓝色、大红色（不混合）三者同时滴放水面为三色涂装。

④试滴漆液。漆液的黏度以滴到水面上后立即散开为宜。一般新开桶的漆可不用稀释；若存放较久的漆则需适当稀释后滴放水面，立即散开为宜。

待漆液散开时，选择或搅拌纹形，选择纹形时可用口吹气促使纹形自然，吹得若不理想，可用搅拌片以接触面小的侧面轻轻卷动，待纹形可观时，将物件轻轻浸渍水中，并将水面浮飘的余漆膜吹至旁边，或用废纸将余漆膜沾尽。如若是用水池涂装，可开放自来水让漂浮的余漆从溢水口放出，随即将被涂物件取出。在取出物件时，不能让水面的残余漆膜再沾上被涂物件，以免影响彩纹漆在物件表面形成的图形。

这时操作人员用棉纱、汽油将手擦净后，随即将口罩用汽油润湿，再将已涂彩纹漆物件边缘周围揩净，露出直线白边，使作为边缘的白色图案线较清晰可观。待彩纹漆干燥后，罩上酯胶清漆或醇酸清漆即可。

注意事项：

①涂彩纹漆盛水容器的水以静置为宜，只允许轻微转动。否则将影响纹形的形成。

②滴漆量不宜过多，否则将无纹形成而是一板块，需擦净后重新涂装。

③如果涂立体物件，漆液的滴放占水面的50%以上（涂二色以上的物件时），待漆膜交错散开后再行涂装。涂装时，将水面漂浮的漆膜从中心吹开，随即将立体物件在中

心点以 100mm/s 的速度全部浸入水中。水面多余的漆膜必须除尽后再将物件取出。否则残余漆膜会影响涂装质量。

④如果一次涂装效果不佳,则需将被涂物表面擦净后,重新进行第二次涂装。

⑤漆液滴在水面上若有气泡,一定要用废纸将水泡除尽,否则会影响涂装质量。

⑥漆液滴放水面后以 5min 内涂装一次完毕为宜。时间过长,会造成漆膜成纹不自然,影响涂装质量。

⑦涂装彩纹漆时,白漆必须干透,涂完彩纹漆时,彩纹漆也必须干透后才能罩光清漆。

⑧漆液黏度过大时成纹粗糙,黏度过小时颜色不鲜艳。可用样板进行调试,调试合格后再进行涂装。

⑨涂装一次物件后,若需继续涂装时,则需将水更换,即涂一次换一次水。

⑩冬天水温低,应将水温提高到 10℃ 以上。罩光时,室温在 15℃ 以上为宜。

4.珍珠汽车漆装饰

珍珠汽车漆具有很高的镜面光泽,珠光细腻柔和,装饰性极佳,同时还具有随视角而变化的闪色效应。所以,目前美欧、日等地区和国家的各大汽车公司,几乎所有的高级豪华轿车均采用珍珠漆涂装。

珍珠汽车漆是以各种天然或合成树脂为基料,按一定比例加入云母钛珠光颜料制成的新型涂料,属金属闪光涂料中的一种特殊品种。它的特性有:

①具有细腻柔和的"珍珠光泽效应"。珍珠汽车漆在施工中珠光颜料能在漆膜中获得有规则的定向排列,入射光线照射在漆膜表面时,漆膜能显示出类似丝绸和软缎般细腻柔和的珍珠光泽,这就是所谓的"珠光效应"。珠光效应是珍珠漆独有的特色,是区别于一般金属漆的重要标志。

②具有明亮闪烁的"金属闪光效应"。一般金属漆是依靠金属颜料片具有对光的镜面反射作用而在人们眼里产生"金属闪光效应",但漆膜却缺乏三维空间的立体感。而采用经过着色处理的珠光颜料,不但同样可获得一系列不同色泽的金属色珠光涂料,且珠光漆总是只反射部分入射光,而把大部分入射光透射到下一层晶片上,又重复一次反射和透射,使漆膜的丰满度优于常规金属漆。

③具有随视角变化的"视角闪色效应"。当透明片状颜料平行地分布在涂料中,入射光将在拆光指数不同的透明层界面发生光的多次折射和反射,在部分吸收和部分透过作用下,平行的各种反射光之间必然会发生光的干涉现象。这种随观察者角度不同而看到不同干涉色的现象,被称为"视角闪色效应"或"多色效应"。正是这种效应,才能使我们感受到珍珠汽车漆的全新色彩艺术的风韵。

④具有随曲率的变化而变化的"色彩转移效应"。采用干涉色幻彩云母钛珠光颜料制成的连续漆膜,能同时显示出两种截然不同的颜色,这种颜色的变化叫做"色彩转移

效应"。该漆色彩会随轿车车身曲率改变而发生变化,其色彩转移效应表现为从蓝到橙,从黄到紫,从红到绿等,即从一种原色变到它的互补色。正是这种"色彩转移效应",人们才能根据不同的需要设计出不同涂料的配方,以创造出各种奇妙和梦幻般的珍珠汽车漆。

⑤全新的环保型产品,以水作溶剂替代有机溶剂的水溶性混合色漆系统,是全新的环保型产品。施得乐银底漆(C型)总共有 58 种混合色漆,色调有 13000 种以上的配方,并能调配出世界上所有汽车漆系列的色调。它在市场上被认为是使用最方便的水溶性漆,只要经水(完全除盐的水)稀释,即可喷涂施工,覆盖力强,且符合全世界现行的所有法规。

由于珍珠汽车漆具有上述特性,有极高的装饰性和方便的使用性,用它装饰车身外表,可取得事半功倍的效果,真不愧为是当今世界汽车业高装饰用漆的主流。

由于各公司的珍光汽车漆有不同的配方,具有不同的特性,施工环境条件也不一样。所以,在以珍珠汽车漆装饰施工时,应按各自的珍珠汽车漆产品使用说明要求,按实际施工条件,综合考虑,制定出具体的施工工艺进行施工。

5. 车身漆面"镜面装饰"

车身漆面的"镜面装饰",一般可采取两种方法实现:一是选用能达到"镜面装饰"效果的涂料进行涂装;二是采取美容装饰的方法,可实现漆膜的镜面装饰效果。

(1)选用能达到"镜面装饰"的涂料

由于科技不断发展,新型的高性能涂料不断出现,选用适当的高性能涂料进行涂装,便可实现漆膜的"镜面装饰"效果。现举例如下。

● 达壮 DG 双组分高光泽低温烘漆

具有高光泽、高膜厚、耐酸碱、抗化学性高的双组分面漆。漆料中的高固体,适合于高级轿车、巴士及广告车等使用。当温度在 18℃ 以上时,建议使用超级催干剂来做全车大喷,以达到最佳的镜面效果。施工步骤:

①施工中 MS 调配比 DG 色漆三份,超级催干剂一份,稀释剂一份。

②超级催干剂与稀释剂的选择。催干剂与稀释剂的选择与施工环境温度有着密切的关系,如表 7-2 所示。

③施工黏度为 17~18s(DIN−4/20℃),涂料可使用 6h(20℃)。

④喷涂压力 0.3~0.4MPa。

⑤喷涂施工先用一般喷法喷一次,间隔为 10min,再湿喷一次,静置 15min,待部分溶剂挥发,再加温 60℃烘烤 45min,或 70℃烘烤 30min,自干时,20℃需 20h。

若是小面积维修喷涂施工,在修补的邻接处,总会留下喷漆的痕迹,可用 DG 接口剂 D868 处理,只要在边缘(新漆与旧漆交接处)喷上一道即可将修补痕迹消除。

表 7-2　超级催干剂与稀释剂的选择

施工温度	超级催干剂	稀释剂
18℃以下	D803(快干)	D808(快干)
18~25℃	D841(标准)	D807(标准)
25℃以上	D861(慢干)	D812(慢干)

● 达壮 BC 双工序色漆

达壮 BC 系列色漆系单组分磁漆,在施工中系 2 层涂装,先喷完素色漆与银粉漆后,再喷上清漆。干燥后漆膜具有高光泽的镜面效果和优越的耐候性,适用于高级轿车、巴士和商用广告车等涂装使用。BC 色漆在施工中的稀释比例为:BC 色漆 1 份,稀释剂 1 份(不要加入催干剂,部分塑料制品的施工除外)。喷涂施工步骤:

①稀释剂的选择与施工温度有关,见表 7-3。

②施工操作黏度为 15s(DIN-4/20℃);喷涂压力为 0.3~0.4MPa。喷涂时,先用一般方法喷第 1 次,间隔 10min,再以一般喷法喷第 2 次,静置 10min,再喷第 3 次。如此喷法,银粉直立而闪亮。达壮 BC 色漆不需烘烤干燥,干燥后经 15min(但不要超过 24h)就可喷涂清漆。

表 7-3　稀释选择与温度关系

施工温度	银粉漆	素色漆
18℃以下	D808(快干)	D808(快干)
18~25℃	D807(标准)	D808(快干)
25℃以上	D812(慢干)	D807(标准)

● 达壮 D800 清漆

该清漆系双组分,为达壮 BC 双工序色漆的配套清漆。干燥后漆胶具有高光泽的镜面效果。温度在 18℃以上时,建议使用超级硬化剂来做全车大喷,以达到最佳的镜面效果。施工中,MS 调配比为:D800 清漆 3 份、超级催干剂 1 份,稀释剂 1 份。施工步骤:

①超级催干剂与稀释剂的选择与温度有关,见表 7-4。

②施工。黏度为 17~18s(DIN-4/20℃)。在此温度下,涂料可使用 6h。

③施工方法。用一般方法喷涂第 1 次,间隔 10min,再湿喷第 2 次。喷涂完后静置 15min 后进行烘烤。60℃时烘烤需 45min,70℃时烘烤需 30min。自干时,20℃需 24h。

表 7-4　催干剂与稀释剂的选择

施工温度	超级催干剂	稀释剂
18℃以下	D803(快干)	D808(快干)
18～25℃	D841(标准)	D807(标准)
25℃以上	D861(慢干)	D812(慢干)

● 达壮 D880 双组分高膜厚超级清漆

该品为特殊配方,由高级树脂提炼而成的双组分低温烘漆。具有高膜厚、高光泽的优异镜面效果,且抗化学性、耐蚀性好,永保如新,是达壮 BC 二层涂装色漆的罩光漆。施工比例:达壮 D880 高膜厚超级清漆 2 份,超级催干剂 1 份,稀释剂 0.5 份。施工步骤:

①超级催干剂及稀释剂的选择与温度有关,见表 7-5。

②施工黏度及压力。黏度为 17s(DIN-4/20℃),喷涂压力为 0.4MPa,涂料在 20℃时可使用 3h。

③施工操作。先轻喷 1 次,间隙为 10～15min,再湿喷第 2 次;烘烤前需静置 15min。60℃烘烤时需 45min;70℃烘烤时需 30min,自干时 20℃需 20h。

表 7-5　超级催干剂与稀释剂的选择

施工温度	超级催干剂	稀释剂
18℃以下	D803(快干)	D808(快干)
18～25℃	D841(标准)	D807(标准)
25℃以上	D861(慢干)	D812(慢干)

达壮 D880 高膜厚超级清漆喷涂干燥后,要除去小沙粒、小流痕等缺陷,用 P1200 砂纸磨平,除尽表面尘垢,然后打蜡抛光,即可达到极高的镜面装饰效果。

(2)进行漆膜美容装饰达到镜面效果

● 采用至尊专业漆膜处理达到镜面效果

适用于所有类型漆膜的光洁美容处理,可产生完全光亮的镜面效果;采用波浪状的海绵轮,操作简便,有效散热,不伤漆膜,其魔术搭扣设计更易于磨轮更换。施工步骤:

①水磨。使用 3M 美纹砂纸(1200#、1500#、2000#),以同向磨平漆膜枯纹等缺陷,去除尘粒,并使用 2000# 美纹砂纸交叉方向细磨,可提高细磨效果,完全不产生深砂痕,操作简便轻松。

使用 3M260L 漆膜美容干砂纸(1000#、1200#、1500#)配合 PN05774 3M 干磨软垫与低速干磨机进行处理,能节省研磨时间,达到更佳的研磨效果。

②粗磨。使用 3MPN05973 美容粗蜡,配合 PN05723 白色波浪海绵轮及 PN05717

托盘与气动或电动抛光机,以 1500~2500r/min 的转速打磨,可一次轻易去除细小砂痕、垂流、氧化膜、美纹纸细砂痕等漆膜瑕疵,操作简易快捷,无任何过度切削的风险。

③抛光(镜面处理)。使用 3M 镜面处理剂能迅速去除粗蜡所产生的旋纹,如深色车所产生的圈状纹。深色车使用 PN05996,浅色车使用 PN05995,配合 PN05725 黑色波浪海绵轮和 PN05718 托盘及气动或电动抛光机,以 1500~2500r/min 的转速打磨抛光,可使漆膜完全光亮呈镜面效果。

④手抛光。使用 PN05997 3M 至尊美容手蜡、配合 PN01013 多功能擦拭纸,于交车前使用,可有效清除细部污垢,其持久性与强反光度可使漆膜保持长久的镜面效果。

● 封釉美容实现镜面装饰

①封釉美容实质。依靠振抛原理(实际操作中使用抛光机),将镜面釉压入漆膜纹理中,在漆膜表面形成一层保护膜,可抗高温,抗紫外线照射,抗酸碱氧化物等的腐蚀,提高漆膜硬度,防止出现小划痕,提高漆膜光洁度,使之达到镜面效果。

对陈旧漆膜在封釉过程中,不仅提高了漆膜光洁度,还可去除已形成的浅划痕。

②封釉美容处理的工艺过程。视车状除尽旧漆膜缺陷和表面污物→手工上磁釉→第一次燃气烘烤→红外线灯具照射→手工清洁表面→第二次上磁釉增加磁釉厚度→第二次燃气烘烤→红外线烘烤→手工清洁表面,完成全部封磁釉装饰工作,使漆膜达到镜面装饰效果。施工质量可保证五年不变。

③封釉美容的优点。封釉处理后的日常保养简便,可用煤油去除釉面上的油污,用洗衣粉溶液清洗车身,再用抹布擦净车身表面,不用打蜡、抛光,即可达到晶亮美丽的镜面效果,而且比打蜡、抛光更靓丽,更省钱、省时、省力,更经济实用。

● 用久洁超级汽车美容实现漆膜镜面装饰效果

具体操作方法如下:

①喷烤涂装或原漆膜出现缺陷时,使用 2000♯ 水砂纸进行打磨,消除漆膜缺陷,降低漆膜表面粗糙度值,为高质量的美容打好基础。

②使用高压清洁水冲洗表面,根据汽车的具体情况,选用中性洗车剂去除漆膜油污、污垢和异物等。

③擦去水迹,使车身表面干燥清洁。

④使用抛光机配上粗羊毛盘和 B003 中度研磨剂,进行漆膜第一次研磨抛光。

⑤配上细羊毛盘和 B010 抛光剂,对漆膜进行第二次研磨抛光。

⑥配上细海绵盘和 A001 光滑及色泽还原剂,进行第三次研磨抛光。

经过上述三次研磨抛光,可达到一般的镜面效果。若要求达到更高的质量要求,确保漆膜一年光亮,则需进行超级美容。

⑦配上细海绵盘和 A022 亮光强化剂,进行第四次研磨抛光。

⑧使用加压式振动盘和 A021 珐琅釉,进行第五次研磨抛光,可使漆膜质量进一步

提高,能确保漆膜一年光亮如镜。

(3)用研磨抛光方法实现汽车漆膜的镜面装饰效果

根据汽车漆膜状况,对汽车漆膜进行相应的研磨抛光处理,即可达到镜面装饰效果。常用的方法有以下三种:

①靠研磨抛光实现漆膜镜面装饰

采用研磨抛光实现漆膜镜面装饰方法,其涂层结构如图 7-23 所示。

一般研磨剂中都含有坚硬的浮石做的摩擦材料。根据其颗粒的大小,分为深切、中切和微切三类,主要用于治理色漆层出现的不同程度的氧化、划痕、褪色等缺陷。用微切型研磨剂进行处理,可使色漆漆膜达到镜面效果。

常用的研磨剂有:701-116 普通漆微切型,701-138 普通漆中切型,701-151 普通漆深切型。

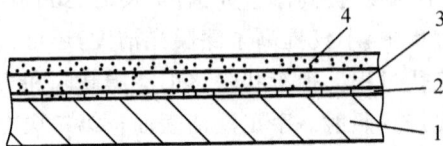

图 7-23　普通车涂层结构

1-车身基材(钢板);2-电泳漆;3-底漆;4-面层色漆

采用这种方法虽然简单,但是影响漆膜寿命。在研磨时,是以磨掉色漆表面有缺陷层为代价,若缺陷严重时,就无法用此处理实现镜面装饰,需采用修复美容来实现。

在研磨时,浮石颗粒坚硬,研磨速度快,且不发生质的变化。不能用于透明面漆漆膜的研磨镜面装饰。否则,会很快将透明漆膜除掉。

②打蜡抛光法镜面装饰

在普通色漆表面罩上一层透明清漆,可以实现镜面装饰。但这种透明清漆易出现发丝划痕,易受环境污染侵蚀变色,采用打蜡抛光可实现修复镜面装饰。

透明清漆层的作用主要有两个:一是增加色漆的亮度和反光度,二是保护色漆漆膜。

以微晶物、合成磨料及陶土,代替浮石颗粒而配成新的研磨剂,依然有切割功能,但不像浮石颗粒那样坚硬,在一定的温度条件下,该新型研磨材料可通过化学反应变小或变无。目前国内常见的新型研磨剂有:701-101 透明漆微切型,701-104 透明漆中切型,701-108 透明漆深切型。

这类新型透明漆研磨剂,也适用于普通色漆漆膜的研磨,但研磨速度较普通漆研磨剂低。

　　用研磨剂对透明漆膜进行研磨抛光,去除表面缺陷,可以提高透明漆的光泽。为了使光泽更好,实现镜面装饰,往往采用打蜡抛光法。打蜡抛光可以掩饰一些研磨抛光不彻底而存在的轻微缺陷,这是一般小型美容企业所常采用的方法。

　　采用这种方法的效果是刚刚打蜡抛光后,漆膜非常光亮,但这是一种虚光,不久便会黯然失色,不能达到最终的镜面效果。最好的车蜡,光泽可保持两三个月;蜡的光泽没了,汽车漆膜的光泽也就没了。

　　③靠化学反应实现研磨抛光镜面装饰

　　这种方法是在研磨剂的基础上,加入一些其他功能材料而组成。

　　抛光剂也分为微切型、中切型和深切型。微切型用于抛光处理极轻微的漆膜损伤,中切型用于处理漆膜中度缺陷及发丝划痕,深切型用于处理较深的漆膜发丝划痕及缺陷。

　　抛光剂的作用主要有三个:一是消除研磨造成的细微划痕,如发丝划痕;二是消除漆膜表面缺陷,如印痕、油污、异物、斑点、尘土等;三是为还原、打蜡做好准备。

　　在研磨抛光时,抛光机在一定的转速下所产生的热量,使汽车漆膜与抛光剂之间产生一种能量并发生化学反应,以消除漆膜的细微划痕,使漆膜显示出本身的光泽,然后打蜡抛光,使漆膜更加光亮夺目,达到镜面装饰效果。

　　目前市场上的抛光剂有:701-213专业深色抛光剂,701-215专业浅色抛光剂。

　　● 增光剂的使用:

　　①增光剂与抛光剂的唯一区别是增光剂中含有蜡的成分,而抛光剂中没有。

　　②增光剂可进一步完善抛光效果。

　　③增光剂的处理效果保持时间不长,接触几次水后蜡便会流失,光泽变暗。要获得长久光亮效果,应采用还原剂处理。

　　④增光剂实际上是一种抛光打蜡的二合一产品,可缩短处理时间。国外汽车拍卖行广泛采用此产品处理漆膜,既省钱又可获得短时极佳效果。常用的产品有701-217密封剂(防水)增光剂。

　　● 还原剂的使用:

　　使用还原剂,可使研磨抛光的效果得到进一步提高。目前常用的还原剂产品有:701-211通用型(无硅、无蜡型)还原剂,701-231超级还原剂。

　　在研磨材料中,硅化物合成树脂能起到抗水、抗高温和增光的作用,能较好地防止汽车漆膜氧化。但硅化物合成树脂未清洗干净或空气中有此物飘落,喷漆时就会出现浮漆(漆粘不上车体),也叫"鱼眼"。这就要求使用含硅的还原剂时,特别注意施工环境条件,防止"鱼眼"出现。

二、彩条及保护膜装饰

1. 彩条装饰

目前,用彩条装饰车身已非常普遍。几乎所有的汽车,都有色彩不一、大小不同的彩条装饰。

(1)彩条装饰的特点

一般的装饰彩条,均是由汽车制造厂家向有关配套厂家提出设计制造要求,配套厂家按设计要求向汽车制造厂家提供。所以,不同的厂家、不同的车型,各有特定的装饰彩条,彩条的品种因而非常繁多。

市场上的彩条所用材料,绝大部分是塑料制品和金属制品,以塑料最多。由于汽车工业的飞速发展,装饰配套件厂也如雨后春笋般发展起来了,配套装饰产品也层出不穷,为选购装饰件提供了方便。

以后饰条为例,其形状如图 7-24 所示。如用于本田雅阁装饰的电子冷光后饰条,其型号为 SKC-33001 本田雅阁 2.0/2.3。

图 7-24　汽车后饰条

1—电子冷光后饰条;2—高级不锈钢后饰条

高级不锈钢后饰条的型号见表 7-6。

表 7-6　高级不锈钢后饰条

产品型号	配套车型	数量(件)
SKG-49001	本田雅阁 2.0/2.3	1
SKG-49002	福斯帕萨特 B5(短型)	1
SKG-49003	福斯帕萨特 B5(长型)	1
SKG-49004	夏利 2000(长型)	1
SKG-49005	本田 2.3/2.0(长型)	1

(2)彩条装饰步骤

①选择彩条。在众多的装饰彩条中,应选择适合本车型需求又优质鲜艳的彩条作为装饰条。这种选择既是艺术水平和欣赏水平的体现,也是装饰者个性的体现。

　　②装饰前的清洗。在车身外表需要装饰的部位,用专用清洗剂进行手工清洗,消除油污、尘垢,使之清洁和干燥,为装饰彩条施工做好准备,以便保证施工质量。

　　③装饰彩条的施工。将彩条的衬纸撕掉,按要求的部位把彩条粘贴上。在粘贴过程中,边贴彩条,边用手对彩条进行贴压,排尽彩条与车身表面间的空气,不允许有气泡,要求贴实、贴牢。

　　粘贴彩条的要点:

　　①彩条粘贴后,必须平整、光滑,不允许有皱褶产生。

　　②彩条与车身漆膜之间不允许有空隙、气泡及异物存在。否则,会影响粘贴质量。出现空隙、气泡时,需压实排除。有皱褶或异物时,应返工重贴。

　　(3)彩条装饰操作及装饰效果

　　彩条的装饰操作如图 7-25 所示。

图 7-25　彩条的装饰操作

　　彩条的装饰效果可使汽车更加靓丽,如图 7-26 所示。

图 7-26　汽车彩条装饰

2.汽车彩艺贴膜和保护膜装饰

(1)汽车彩艺贴膜装饰

汽车彩艺贴膜,主要是起装饰作用。有时,特制的彩艺贴膜还可起到宣传广告作用。例如在一般的公交车上,经常可见到利用彩艺贴膜制作的产品宣传广告;还有一些大型的文体活动,用彩艺贴膜制成"海报"形式,粘贴到车身上,既起宣传又起装饰作用,一举两得。例如在拉力赛车上,有的车用彩艺贴膜为德国福斯机油作产品广告;在前门板面上用彩艺贴膜制作的汽车拉力赛活动及编号,都起到了宣传和装饰的双重作用。

汽车彩艺贴膜,绝大部分都是用塑料膜经过彩色印刷或彩色涂装加工而成,粘贴面上有优质的粘胶涂层,有足够的粘贴强度。优质的彩艺贴膜不收缩、不变形、不易脱胶,五年保证不褪色,并有多种图案和色彩可供选用。

彩艺贴膜品种规格多,大小差异大。大型公交车上用大的是彩艺贴膜,轿车上用的是中小型的。有的已制成系列产品,为对应车型产品配套。有的是通用产品,可供多种车型选用。例如立体电子冷光汽车贴饰,是一种小型的多品种贴饰,同类产品数量有1000多种,如图7-27所示。

图 7-27 立体电子冷光汽车贴饰

彩艺贴膜实际上是我们常见的不干胶特种产品,可以简便地粘贴在需要装饰的部位。立体电子冷光汽车贴饰产品技术精度高,装饰性强,可随心所欲贴到你想贴的地方。图案的选择和贴饰的部位,可体现出你的个性,如图7-28所示。

彩艺贴膜装饰施工步骤:

①贴膜选择。在众多的贴膜产品中,选择质量好、自己喜爱的图案进行装饰。

②清洗处理。将需要贴饰的部位进行清洗,除去油污、尘土、异物等,使之清洁干燥。

③饰膜贴装。撕掉贴膜内衬,将贴膜平整地粘贴在车身表面上。

(2)汽车保护膜装饰

汽车漆膜保护膜,具有超强韧性,无色透明,用于保护车身易受擦撞的部位表面,当汽车受到轻度擦撞时,不至于使漆膜受到刮伤掉漆,常用于保险杠、发动机罩、前后车

图 7-28　汽车彩艺贴饰

门、后视镜等部位的保护。

保护膜的装贴步骤:

①选择保护膜。如选用 3M 漆膜保护膜,其产品编号为 PN8591。

②清洗装饰部位,用清洁剂清洗需要装饰的部位,清除油污、尘土及异物等,使表面清洁、干燥。

③撕掉保护膜衬纸,将保护膜平整地粘贴到车身表面上。

④消除保护膜和漆膜之间的空隙和空气,使保护膜牢固地粘贴在车身上。

三、前阻风板和后翼板装饰

为了提高汽车的性能和装饰水平,现在逐步流行安装前阻风板和后翼板。

1. 前阻风板的安装

(1)安装前阻风板的目的

在行车过程中,特别是在高速行车时,伴随着汽车的前进,原来路面上静止的空气被搅得四处流逸,从而产生了阻力。

在轿车底盘下的气流会钻进车体底部不同形状的漏口里,由此而产生阻力,阻碍轿车行进。当气流通过轿车底部时,可对车体前部和发动机底部产生压力,这种压力使车体前端产生略为向上抬起的提升力,导致轮胎抓地能力降低,从而影响轿车转向的控制能力。

轿车前端在气流作用下,其受力状况如图 7-29 所示。

解决前端阻力和提升力,使之尽可能降低,提高行车安全性,这就是安装前阻风板的目的。

(2)降低前端提升力的措施

由于轿车在行车时,受到前端气流的作用而影响行车安全性。为减小前端阻力,降低提升力,目前可采取如下两种措施:

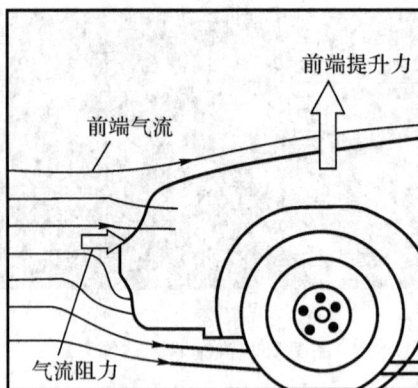

图 7-29　轿车前端无阻风板时的受力状态

①提高轿车底盘下面的平顺光滑性。为减小轿车底部空气的压力和阻力,可以使发动机下部及底盘下表面尽量平顺、光滑,减少凸凹变形的部位。这种方法已在昂贵的中置和后置发动机的轿车上采用。这种措施,增加了轿车重量,提高了制造和运行成本,制造安装不方便,但却提高了操纵稳定性,也就是行车安全性提高了。

②安装前端阻风板。在前保险杠的下部,安装一个前阻风板。这是普遍采用的措施。它是一块坚固的、裙幅式的板。安装阻风板后,阻风板对前端气流起到导流作用,减少前端气流从发动机下部和底盘下部通过,从而降低其阻力、压力和前端提升力。使前端气流比较通顺地从前端上部和两侧通过。安装前阻风板后,轿车前部受力状态如图 7-30 所示。

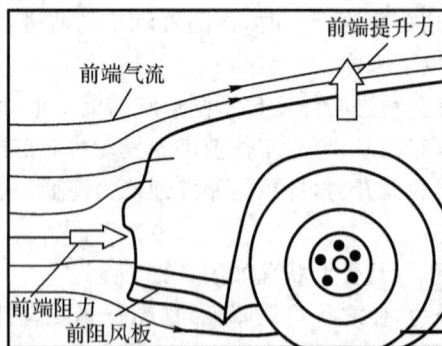

图 7-30　有阻风板时前端气流提升力状态

（3）前阻风板的安装

①选择前阻风板。目前，在汽车配件市场上，有同系列、多品种的前阻风板产品可供选择。应尽量选择同车型的规格产品，对质量保证和方便安装都有好处。若不是同车型的阻风板，则必须仔细阅读产品说明书，是否可通用安装，再仔细查对外形、安装位置和安装尺寸，以防安装时装不上。同时，还要检查配件质量，必须是合格产品。

②安装施工。仔细阅读产品说明书，特别要弄懂安装条件和施工要求，做好安装前的准备工作。前阻风板的安装，一般都是用螺钉连接，固定在车体前端的保险杠下部。所以，应准备好有关连接件和相关工具。在安装前，要对保险杠的相关部位进行清洗处理并擦拭干净，为安装做好准备。一般在安装前阻风板时，常常需要钻相应的安装孔，一般可用手电钻钻孔。

2.后翼板的安装

（1）安装后翼板的目的

轿车在行驶时，空气流对行车影响很大，有相当大的阻力。气流产生的阻力会在轿车压过的路面上产生刮起纸屑、沙尘等现象，并能看到纸屑、沙尘跟随汽车后面飘浮一阵。这种现象可证明空气对前进中的汽车所产生的阻力的存在。

在汽车行驶中，后端气流从顶部、两侧及底部流过，使轿车受到阻力和提升力的作用，因此影响轿车行驶的安全性，使操纵不稳定，也对轿车起到破坏作用。

无后翼板时，轿车后端气流及受力状况如图 7-31 所示。

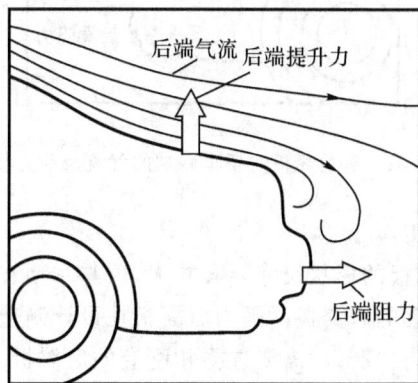

图 7-31　轿车后端无后翼板时的气流及受力状态

为减小后端气流对行车的影响，降低后端提升力及阻力，提高行车的安全性，可采取安装后尾翼的措施来实现这一目的。

（2）减小后端提升力和阻力的措施

①车型设计时应考虑气流的影响。汽车行驶时，紧贴车身轮廓的气流，叫做层流。

层流也对汽车造成阻力和提升力,影响行车的安全性,特别是对后窗影响较大。经过实验确定,后窗与水平线保持 25°左右时,其阻力和提升力较小。所以,许多两厢式车就是在此原理的基础上设计后窗的。例如雪佛兰 Corvette 和丰田 SuPra 汽车。

②紧闭的门窗。在行车时,如果车门窗开着,室内有大量的气流从前端进入,随后又从后端排出,在车内形成散乱的涡流,这时气流对车的阻力和提升力将显著增加。所以,在行车时紧闭车的门窗是非常必要的。

③安装后翼板。人们针对汽车后端的阻力和提升力问题,研制出后翼板(又叫扰流板)。

后翼板有不同的形状尺寸,但它们的共同特点是狭长,表面平滑,安装在车上且翘出车体,用以去除和扰乱气流,改变后端气流的流动状态,从而减少后端气流对车的阻力和提升力,如图 7-32 所示。

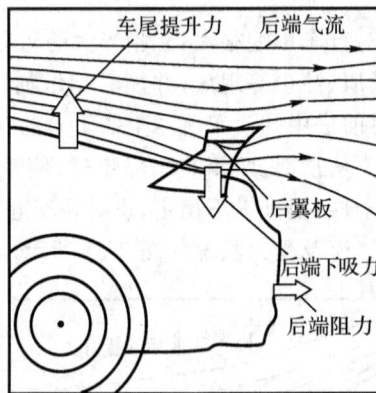

图 7-32　有后翼板时轿车后端的气流及受力状态

(3)后翼板的安装施工

①选择后翼板。后翼板的形状尺寸差异较大,这与车型有关。选择时,应按车型要求,尽量选用与车型相配套的后翼板。因为后翼板在设计制造时,均经过一定的研究试验而确定的,绝非随意所为。所以,需要选择相配套的后翼板。

若无配套的后翼板时,可按后翼板的产品说明书和车型状况,尽量选用近似车型的后翼板。因为有的后翼板可为几种车型通用。

目前市场上,有专门厂家生产前阻风板和后翼板,选择时要认真阅读产品使用说明书,注意是否符合产品使用要求的条件,一定要按要求的条件使用。

②清洗安装部位,一般后翼板都安装在行李厢盖板上,大都用螺钉连接。所以,可应用清洗剂擦洗行李厢盖板并擦干,保持干净整洁。

③按安装要求,钻后翼板的安装孔。这些安装孔是钻在行李厢盖板的相应位置上的。

④在行李厢盖的安装孔与后翼板的接合处涂上硅胶,以防漏水。

⑤将固定螺钉由行李厢内侧往外再固定锁紧。

⑥为了提高防漏水的可靠性,固定后,在固定架周围注入透明硅胶。

以上所述安装方法,稳定可靠,效果好。

有的后翼板可采用粘贴法安装。这种方法不在行李厢盖板上钻孔,不会发生漏水现象。但是,其稳固性和可靠性要差一些。使用一段时间后,有剥落掉下的现象发生。这可能与粘贴质量欠佳或粘胶质量不良有关。

3.安装前阻风板和后翼板时注意事项

①要特别强调与车型配套。前阻风板和后翼板在设计制造时,均是以特定的车型为依据,满足它的特定要求,达到安装的目的。若更换了车型安装,外部条件发生了变化,有可能导致相反的结果,会加大阻力和提升力,使操纵性能更加恶化。

②选用适合的材质产品。前阻风板和后翼板使用的材质,有合成纤维、塑料及金属。

使用塑料材质的前阻风板和后翼板,应注意使用环境,由于容易产生热变形,必须保证有足够的强度和使用寿命。

铝合金和不锈钢等材质制作的前阻风板和后翼板,能有足够的强度和刚度,不易变形,使用寿命长,但成本较高。

③安装位置应符合要求。前阻风板和后翼板的安装位置要合理,不得随意改变。最好是按产品使用安装要求的位置安装。若位置改变了,如上下改变、前后改变,均会导致使用效果改变,甚至使性能恶化。

综合上述,所有的轿车由于有了阻风板而减小了阻力。如旁蒂克(Grand Prix)的前阻力减少了该车总阻力的 5%～10%。前阻风板还能帮助冷却发动机,可作为安装防雾灯的底板等。

后翼板的观赏价值大于功能价值。有的汽车公司把后翼板当作开拓市场的要素和竞争的手段,从而可见它的装饰功能不一般。

福特公司 Tauraus SHO 车经安装后翼板后风阻系数有所下降,这证明后翼板既有使用功能又有装饰功能,有流行发展的趋势。

四、开天窗装饰

现代人追求的是时尚、潮流,车主们当然也少不了要追求车的品位。带天窗的轿车往往给人浪漫的色调,在美国每年有数万辆家用轿车在购买后被加装天窗,在韩国也有万辆以上。汽车天窗在国外有 100 多年的发展历史,已经成为汽车文化的一部分。我国轿车安装天窗起步相对较晚,但是发展很快,各大汽车制造商纷纷推出带天窗的轿车,绝大部分轿车都有天窗版可以选购。然而,出于成本及消费习惯的考虑,大约有80％的原厂车都没有安装天窗,很多车主都是在原车不带天窗的情况下加装了手动或电动天窗。天窗作为一种结构、做工都非常精密的装置,离不开精心的选择、安装、使用和维护。汽车安装天窗后的效果如图 7-33 所示。

图 7-33　别克轿车安装天窗后的效果图

1.汽车天窗的作用

(1)通风换气

天窗的主要功能是负压换气。汽车在正常行驶时,正面的气流越过天窗形成负压,将车内污浊的空气抽出,换气时不会卷入尘土,达到换气的目的。对于抽烟人士来说,开天窗意味着不用开侧窗便可将烟味排出。行驶中开侧窗通风时会产生较大噪音,且驾驶者直接受强风吹,增加疲惫感觉。汽车天窗利用空气动力学设计,开启时几乎没有通风噪音,用自然风以负压原理对车辆内部进行换气,从而提供清爽和湿润感,减轻驾驶疲劳,保持头脑清醒,确保行车安全。在潮湿的天气和寒冷的季节,启动时车内外往往由于温差,会产生很多雾气,挡住了司机的视线,若这时打开天窗,车内很快就会变得干净透彻,而且如果下雨也不必担心雨水吹进车内。

(2)开阔视野,增加采光

汽车天窗可以使驾乘人员视野开阔、亲近自然、沐浴阳光、驱除被封在车厢内的压抑感。特别是长时间在高速公路行驶时,风噪声使人心烦意乱,这时候,汽车的天窗可以让人心静舒适,远离噪音干扰。

(3)经济性和实用性

汽车天窗可使冬季室内憋闷的空气转换成轻松、舒适的自然空气,开启天窗使空气循环,可预防因使用空调而引起的头痛和冷房病;而在炎热的夏季又可以作为空调的辅助装置使车内的人们感受多倍的清爽,夏天经过阳光暴晒的车内温度可高达 60℃,这时打开天窗要比开空调降温速度快 2～3 倍,同时还可节约油耗三成左右。

（4）美化汽车形象

汽车天窗可提高汽车档次，使汽车更加美观。

（5）其他

①汽车天窗是车辆发生事故时的紧急出口处。

②在野外进行拍照、摄像和狩猎等时尚活动时，汽车天窗能充分利用。

2.天窗的分类

（1）按动力形式分

①手动式。天窗没有动力装置，要靠人手动推开或者关闭，价格比较低，一般用在经济型轿车上。

②电动式。带有电力驱动机构，只需操作开关即可自动开启和关闭，多用于商务车、高档车。

（2）按结构形式分

①内藏式。这种天窗开启时有不同的弧度。内藏式天窗安装工艺较为复杂，材质用料较为讲究，可阻隔99.9%的紫外线和96%以上的热能，具有防夹功能和自动关闭功能，配有独立的内藏式太阳挡板。它能与汽车的内装饰融为一体，看起来比较自然，犹如原装天窗。如图7-34所示。

②外倾式。这种天窗开启时向外、向后倾斜，大小有不同的尺寸，此类天窗结构比较简单。如图7-35所示。

图 7-34　内藏式天窗　　　　　图 7-35　外倾式天窗

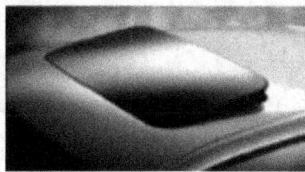

③上掀外滑式。这种天窗一般是手动式，先推起然后滑动至天窗全部打开；关闭时，先滑动到原位置，然后拉下关闭。如图7-36所示。

④敞篷式。这种天窗开启时完全打开，分段折叠在一起，敞开的空间大，结构紧凑。如图7-37所示。

图 7-36　上掀外滑式天窗　　　　　图 7-37　敞篷式天窗

从理论上讲,一部车可以安装任何一款天窗。专业天窗安装店会根据汽车的售价和车内空间、车顶尺寸帮助车主选择天窗。不同种类的天窗价格相差很大,进口天窗一般比国产天窗价格要高一些,目前加装天窗的价格在 1800～14000 元之间。手动天窗的价格一般在 3000 元以下;电动内藏式天窗的价格在 10000 元以上,而电动外滑式天窗的价格在 4000～7000 元之间。

3.汽车电动天窗的组成

汽车电动天窗主要由驱动机构、滑动机构、控制系统和开关等部分组成。

①驱动机构。它主要包括电动机、传动机构、滑动螺杆等,电动机用以提供动力,必须能够通过改变电流的方向而改变旋转方向,实现天窗的开闭。

②滑动机构。它主要由导向销、导向块、连杆、托架和前后枕座等构成。

③控制系统。它主要包括一个 ECU,用来接收开关输入的信息,通过运算和判断,控制天窗的开闭。

④开关。电动天窗的开关由控制开关和限位开关组成,前者产生控制信号,后者用来检测天窗所处的位置。

4.天窗的选择和安装

汽车天窗的品种较多,但都是生产厂家按车型配套设计制造的。目前国内外都有天窗的生产厂家和产品供应,可供装饰选择。

(1)选装天窗的依据

按车型选择天窗。目前市场上的天窗基本上都是按车型而配套的,所以首先应按车型进行选择。

在同类中应选需要的型号。一般在同类天窗中,有标准型、经济型及豪华型等区分。在条件允许时,一般都选用操作简便、功能齐全的豪华型天窗。当然,经济实用型的天窗也有一定的市场。

(2)天窗的安装

选购了好的天窗,还必须进行高质量的安装。如安装质量较差,使用一段时间后,便会出现天窗开启不灵、车顶渗水等现象。

天窗产品对安装技术、安装材料和装配工艺要求很高。在选择天窗服务商时,需谨慎,务必选择经验丰富,并有完善售后服务保障体系的安装服务商。为此,安装前应对安装店仔细考察:一是要找一家有封闭车间的安装公司,安装汽车天窗是一项非常精细的工作,安装过程中绝对不能受到任何外界干扰;二是要观察一下店家对所经销天窗的性能、材质、规格及产地是否精通;三是要看一下店家是否有天窗厂家授权的安装证书,因为安装天窗需要非常强的专业技术;四是要选择有专业工具的店家,这很重要,如果天窗切口处理得不好会直接影响到汽车今后的防水问题;五是要选择服务信誉好的店家,这样安装后的保修、维护及零配件更换能够得到保障。因为天窗不光要有精细安装,还要有定期维护,应定期对天窗的密封机构、滑动机构、泄水机构、驱动机构进行有效的维护,这都是由专业的天窗安装公司来完成的。

天窗的内外两层框架的合并是关键技术,要边合并边做密封处理。只要安装得科学合理,一般天窗是不可能发生漏水现象的,天窗安装完毕后必须做淋水试验。

内藏式天窗一般在边框上有4～6个固定支撑点,用螺钉固定在车门纵梁上,无须车顶承重。外倾式天窗安装后要保证天窗的内外框架用12～16个螺钉夹紧在车顶上,使天窗与车顶基本连成一体。

(3)加装天窗注意事项

①认真选择天窗的类型、规格和品种。天窗的类型规格繁多,必须按车型要求和天窗安装使用条件,综合考虑而选定。

②选择天窗必须与车型配套协调。在选择天窗的种类、规格时,应与具体车辆配套协调。高档车,应选用豪华型天窗。若低档车选用豪华天窗,则天窗会出现许多多余的功能,既不协调也不经济。

③天窗装饰应不影响车辆寿命。在设计制造天窗时,是按具体车型精心设计制造的,从结构、材料和制作工艺上都有科学依据,并经过一定的试验检测。只要选择合理,安装、使用正确,将不会影响车辆寿命。

④天窗装饰应不影响车辆的安全性。天窗的主体材料是玻璃和框架系统等,这些材质的性能与风窗和侧窗等相似,玻璃应采用强化安全玻璃,有防盗和安全系统。天窗装饰应不影响车辆的安全性。

⑤天窗新产品在汽车装饰中推广应用。天窗的结构和材质不断推陈出新,新产品层出不穷。例如具有特殊变色功能的玻璃材料,能有效地过滤紫外线和其他有害辐射物,并使车内保持一定的亮度;另外,乘客在车内还可以调节玻璃的透明度,既能清楚看到车外的景色,又能使车内有良好的光线氛围。这些新产品,为提高天窗的功能创造了条件。天窗装饰发展很快,在国内的小红旗、神龙富康、金杯海狮、五菱、哈飞松花江、昌河、桑塔纳、捷达等车上均已批量加装天窗。

5.天窗的使用和保养

很多车主以为装上天窗就一劳永逸了,其实天窗也同样需要车主的精心保养与呵护。一般来讲,天窗的寿命很长,有的甚至在车辆报废后仍然可以使用。随着时间的推移,风、尘土和阳光会对天窗产生腐蚀,如果不及时保养,会对天窗的密封性产生很大的威胁。在极为颠簸的道路上最好不要完全敞开天窗,否则可能因天窗和滑轨之间振动太大而引起相关部件变形甚至使电机损坏。有很多天窗发生的故障都是人为因素造成的,比如手动式天窗的锁扣或摇柄不慎拧反了方向对天窗造成损害。

天窗玻璃面板的设计有隔绝热能和紫外线的功能,要用软布和清洁剂清洗,不能使用黏性清洁剂。太阳挡板的清洗同样也不能使用黏性清洁剂。天窗由橡胶密封圈来密封,以确保天窗完全防水。用细细的滑石粉经常保养可延长密封圈的使用寿命。雨季使用天窗最大的顾虑就是漏雨,天窗的正确使用和保养能有效避免漏水。进入雨季之前需打开天窗,用软布仔细清理一下框架里的沙子,清理后涂抹少许机油,就可以避免漏水。冬季行车时车内温度会较高,要注意冰雪融化和洗车后的防冻,洗车无论是用冷水还是热水,只要没有完全擦净,车辆在行驶中天窗边缘残留的水分都有可能结冰,所以洗车后应打开及关闭天窗,确保擦干天窗周围所有部位,以防产生冰冻现象。如果天窗周边冻住,不要强行开启。只有做好天窗的养护工作,才能真正享受到天窗所带来的情趣。

五、汽车玻璃装饰

1.车窗玻璃装饰

车窗玻璃为驾驶员及乘员提供清晰的视野、挡风并防止异物侵入,保护乘客的安全。早在 20 世纪二三十年代,玻璃已装在美国福特汽车厂出产的 T 型车上,当时是用平板玻璃装在车厢的前端,使驾车者免除风吹雨打之苦。随着汽车的不断发展,玻璃技术已经完全渗入汽车行业之中,成为汽车技术领域中不可缺少的一员。作为汽车被动安全设施之一,汽车玻璃必须满足以下安全因素:良好的视线,足够的强度,意外事故时对乘员起到保护作用。

汽车挡风玻璃一般都做成整体一幅式的大曲面型,上下左右都有一定的弧度。它采用曲面玻璃,首先从空气动力学的角度出发,因为现代轿车的正常时速大都超过100km/h,迎面气流流过曲面玻璃能减少涡流和紊流,从而减少空气阻力,加上窗框边缘与车身表面平滑过渡,玻璃与车身浑然成一体,从视觉上既感到整体的协调和美观,又可以降低整车的风阻系数。另外,曲面玻璃具有较高的强度,可以采用较薄的玻璃,对轿车轻量化有一定的意义。现代轿车的曲面挡风玻璃做到弯曲拐角处的平整度要高,不能出现光学上的畸变,从驾驶座上的任何角度观看外面的物体均不变形,不炫目。以前轿车玻璃通常用整齐的条带沿玻璃边缘修饰或保护,现在轿车上的玻璃都采用陶瓷釉,即所谓"黑边框"。

(1)普通汽车玻璃的分类

常见的汽车玻璃有以下两种:调质(钢化)玻璃和层压玻璃。

①调质玻璃。调质玻璃是将普通玻璃板加热与淬火而成,使其内部存有内应力,这种内应力使玻璃具有很高的抵抗物理冲击的能力,调质玻璃的抗力比普通玻璃高出 4 倍。当受到强大冲击时,将碎成粒状,不致对人产生伤害。此外,由于经过了热处理,其耐温度变化的能力增强。一块 5mm 厚的普通玻璃,温度变化大于 70℃就会破裂,而调质玻璃约能承受 170℃的温度变化。

②层压玻璃。层压玻璃是由两块普通玻璃胶合而成,中间夹有一层薄膜,经强力胶

压制而成。当它破裂时,会形成特殊形状和大小的碎片,中间夹薄膜可以防止石块或其他飞掷物件穿透另一面,亦能防止碎玻璃飞溅。层压玻璃可以保证驾驶所需的最小能见度。

(2)新型汽车玻璃

传统的汽车玻璃具有良好的光学和机械性能,随着科学技术的进步以及汽车玻璃工业的发展,各种新型汽车玻璃不断涌现,除了具有上述功能外,还能够满足许多特殊的要求。现举例介绍如下。

● 防污玻璃

利用 TiO_2 与光媒进行作用,在玻璃表面上涂敷 TiO_2 薄膜,通过太阳光(紫外线)激发,TiO_2 中产生电子和空穴,使水和氧通过,将玻璃表面上粘附着的有机污水分解。利用这种玻璃制作汽车车窗,可使玻璃防污和清洁。

● 憎水性玻璃

由憎水性玻璃制成的汽车车窗,可提高驾驶员雨天对车外信息的可见度。这是在驾驶室前面的风窗玻璃外侧表面,采用有机氟树脂作为憎水剂进行涂敷,涂膜由几至几十纳米厚,当汽车以 50~60km/h 的速度行驶时,玻璃表面的雨滴即可飞溅离开。憎水剂有机氟树脂不能永久保持,需定期对玻璃进行涂敷,才能保持憎水效果。

● 电热风窗玻璃

电热风窗玻璃是在组合玻璃的车内侧玻璃表面涂敷透明的导电膜构成。由于是在透明导电膜上通电对玻璃加热,可将玻璃上面的冰霜熔化或防止玻璃模糊,这在高寒地区的冬季行车非常适用。

● 紫外线阻断玻璃

由于大气臭氧层空洞的扩大,为防止紫外线将汽车玻璃烤晒老化变形破碎而研制出的这类玻璃。这类玻璃有两种类型:

①紫外线吸收剂涂敷型。在汽车玻璃表面上,涂敷一层紫外线吸收剂——氧化铈层,这样,紫外线对玻璃的侵蚀将极为困难,而且还可保持玻璃对可见光线的透过率在70%以上。

②紫外线吸收剂本体型。将紫外线吸收剂熔化在基体中可构成玻璃的本体型。还可将红外线吸收剂熔入玻璃中,可使玻璃具有防紫外线和隔热的双重功能。这类玻璃可将 400nm 以下的紫外线光和 1100nm 附近的红外线光大幅度阻断。利用这类玻璃做成的汽车车窗,乘员在车内有凉意,从而减轻汽车空调的负荷,具有多功能效果。

● 隐避玻璃

隐避玻璃是休闲车后门常用的着色玻璃的总称。这类玻璃有涂敷型和本体型之分。涂敷型因反射率高,呈现反射镜调谐外观。本体型中熔有着色剂组分,其反射率与普通玻璃相同。隐避型玻璃的可见光透过率为 30%左右,这种玻璃不仅具有隐避功能,而且还可降低太阳光的入射,兼有控制车厢内温度的效果。

　　(3)车窗玻璃的去油膜和抛光

　　前挡风玻璃是否有油膜存在,雨天时最容易测试出来。若前挡风玻璃上面的雨水结成水珠且不规则,表示有油膜存在。通常较干净的玻璃,雨水会形成一层非常均匀的水膜,平均地附着在玻璃的表面。若油膜污染严重,雨天或夜间行驶时,会严重影响驾驶视野,需要进行清洗。

　　如果玻璃只是轻微的污迹,不用车身清洁剂,用毛巾使劲擦,可以立刻擦干净,同时去除油膜。若普通的方法难以清除,可用清除油膜专用的化学合成剂来擦拭。将脏物完全清除干净后,再涂上防止玻璃表面附着脏物、油膜的车窗保护剂,保护剂吹干后会变白,这时,只要用柔软的布将它拭去即可。一般来说,涂上保护剂后,玻璃的透视性会有很大的改观,这些保护剂除了能完全清除玻璃油膜外,还能填补玻璃上的细孔,使玻璃更光滑,形成一层保护膜,使油膜不易附着在前挡风玻璃上,而且能让雨刷更轻易地扫除玻璃上的水。

　　据了解,一般车辆如果行驶达到5万公里或以上,汽车玻璃受到的损伤较为严重,最好能进行汽车玻璃抛光修复。不过,只有在划痕比较浅的情况下,才可以进行抛光处理,大面积深度伤痕通过手工操作一般无法研磨达到精密的效果,这种情况建议更换新的玻璃。在进行抛光处理时,尽量使用高精度的仪器。因为使用精密度不高的抛光机,在高温的研磨下容易出现歪歪扭扭的面,操作不好会出现因研磨玻璃造成更加严重的损伤。抛光处理可以把粗糙的玻璃表面修整划痕,通过去掉油膜,排除用肉眼不易发现的微细划痕,磨平玻璃毛孔无任何痕迹。最后用抛光机和含氟的抛光剂进行研磨,玻璃会变得崭新如初。

　　(4)车窗玻璃的修补

　　在高速行车时,挡风玻璃常会被石子或其他硬物弹裂。遇到这种情况,如果为了一个小裂痕就换掉整块玻璃,不仅浪费,而且实在是不值得;如果置之不理,风压又会让裂缝越扩越大,不仅影响美观,还会对安全造成威胁。车窗玻璃的修补主要是在裂缝中填补液态胶质,消除缝隙。填补玻璃所用的材料是一种透明度很高的液态胶质,靠紫外线加热可迅速凝固,强度可达原玻璃的90%以上。施工过程也不是很复杂,主要工具是一支类似针管构造的真空注射器,功能是将玻璃伤口内的空气抽掉,然后填以玻璃修补剂(液态胶质),经过反复几次抽、压后,修补的空间至少会有90%盛满了填补液,这时再用紫外线灯上下左右各照射2min,让修补液凝固。机器移开后,伤口的中心点还会有一个小缺口,这时再滴入浓度较高的修补剂,盖上玻璃片,同样用紫外线灯照射烘干后,用刀片将表面刮平,涂上打光剂,用布磨光即可。

　　通常一个圆形的伤口,在修补完成以后只会剩下一个小小的圆形痕迹或蛛丝状的裂纹;长条裂痕只会留下一条隐隐约约的线,而且只有在某个反光的角度,才看得到修补的痕迹,一般看到的仍是一块"天衣无缝"的好玻璃。而且修补处的强度可以保证,硬化后的胶质玻璃强度可达到原玻璃的90%以上。不过修补不是任何破损都可以做的,一旦玻璃已经断裂分离,或是破成碎片,都是不可修复的。

(5)车窗玻璃的安装

车窗玻璃的安装主要有前后挡风玻璃和门窗玻璃。门窗玻璃安装比较简单,现介绍挡风玻璃的安装。

挡风玻璃的安装,主要有镶嵌式安装和粘结式安装两种方法。

● 镶嵌式安装

镶嵌式安装是用丁基橡胶密封条将挡风玻璃四边镶嵌于车身窗框内。这种安装方式在国内生产的载货车、微型汽车、公共汽车与客车上使用。其安装方法如下:

①安装玻璃密封胶条之前,先在胶条唇口的槽内穿上一条直径3～4mm的尼龙绳,绳头伸出400mm长。

②在密封胶条和窗框止口处涂上一层肥皂水,将胶条镶在挡风玻璃上。

③将镶上胶条的玻璃放在车窗前面,并将密封胶条与窗框上的止口对好位置。

④从车里面抽出胶槽的绳子,使胶条唇口起翘压在窗框止口上,再从车外用掌心推压靠近装胶条处的玻璃表面,玻璃胶条即镶在窗框架上,安装时应从玻璃下缘中央开始向两边扩展。

⑤全部装好后,在车外用掌心敲打玻璃,使之与车身贴合,结合牢靠。

⑥加注粘结剂。先沿窗框和玻璃上各贴一层胶纸,然后向密封胶条与窗框及玻璃之间结合处加注粘结剂,待稍干后,揭去胶纸,并清除泄漏的粘结剂。

⑦安装挡风玻璃的外镶条。

● 粘结式安装

粘结式安装是采用聚氨酯胶直接粘结,利用单组分聚酯材料将挡风玻璃粘结在车身上。其安装方法如下:

①观察窗框上残留的聚氨酯胶的情况。如残留有聚氨酯胶,则安装时将与窗框粘结不紧的残留的聚氨酯胶清除。同时去除灰尘,将聚氨酯底涂涂在裸露的金属表面。如残留聚氨酯胶与窗框粘结紧密,则只需切除部分残留聚氨酯胶,使其高度适合于安装新的挡风玻璃,将聚氨酯底涂涂在刮伤的金属表面。

②使用玻璃清洁剂清理玻璃边缘。

③在玻璃边缘涂抹透明底涂,15s后擦去多余的透明底涂,干燥约5h。

④将聚氨酯底漆涂在透明底漆涂抹过的区域。

⑤将密封材料安装在窗框上。

⑥将聚氨酯胶挤在窗框上,其高度应高于密封材料,以保证玻璃安装的密封性能。

⑦将挡风玻璃放在正确的位置,压至适当的高度,安装外饰件。

⑧如有必要，可使用通用除胶剂除去多余的粘胶。

2. 车窗贴膜

车窗在给司乘人员提供与车外进行视觉交流的同时，也把烈日引进车内，尤其在炎热夏日，汽车在没有林荫的公路上行驶，即使打开空调也无法躲避烈日及紫外线对人体皮肤的侵害，骄阳的直晒会使司乘人员焦躁不安。如果在车窗上贴上车膜，可有效阻止阳光直射，给车内带来清凉。

(1)太阳膜的作用

太阳膜主要有以下作用：

①隔热降温。车膜可以减小光线照射强度，起到隔热效果，保持车厢凉爽。汽车防爆太阳膜的隔热率可达 $50\% \sim 70\%$ ，从而有效地降低汽车空调的使用，节省燃油，提高空调效率。

②防止爆裂。当汽车发生意外时，防爆车膜可以防止玻璃爆裂飞散，避免事故中玻璃碎片对司乘人员造成伤害，提高汽车安全性。

③保护肌肤。阳光中的紫外线对人体肌肤具有一定的侵害力，长期受紫外线照射易造成皮肤疾病。车膜可有效地阻挡紫外线，对肌肤起到保护作用。

④保护内饰。阳光中的红外线可将热量保留在椅垫和仪表盘等内饰件中，长期受红外线照射会引起内饰件老化褪色，车窗扭膜后对内饰具有较好的保护作用。

⑤改变色调。五颜六色的车膜可以改变车窗玻璃全部是白色的单一色调，给汽车增添美感。

⑥单向透视。车膜的单向透视性可以遮挡来自车外的视线，增强隐蔽性。

(2)太阳膜的结构与种类

①基本结构

不同的车膜结构差异较大，即使同为防爆隔热膜其结构也不尽相同。如 3M 汽车防爆隔热膜主要由透明基材、"易施工"胶膜层、感压式粘胶层、隔热膜层、安全基层及耐磨外层组成，如图 7-38(a)所示。Liumar 防爆隔热膜主要由保护膜、防粘层、安装胶＋紫外线吸收剂、深层染色聚脂膜、合成胶、金属层、防划伤层等组成，如图 7-38(b)所示。

现在还有一种高科技车膜叫"纳米太空膜"，这种车膜对光线有选择性吸收，它对紫外线的阻隔率接近 100% ，对红外线的透过率为 20% ，而对可见光的透过率则达 80% 以上。纳米太空膜与众多防爆膜采用的"金属反射"的原理不同。防爆膜是通过金属对光的反射与散射，达到隔热防晒目的，所以这种金属膜具有单面透光性，也就是我们通常所看到的汽车贴膜后"里面看到外面，而外面却看不到里面"的"镜面效应"。而采用纳米材料，由于它是有选择性地透过可见光，同时能反射紫外线、红外线等对人体有害光线，所以可以形象地将它比喻成"筛子"。

另外，由于材料不同，纳米膜不易发生金属膜那样褪色。

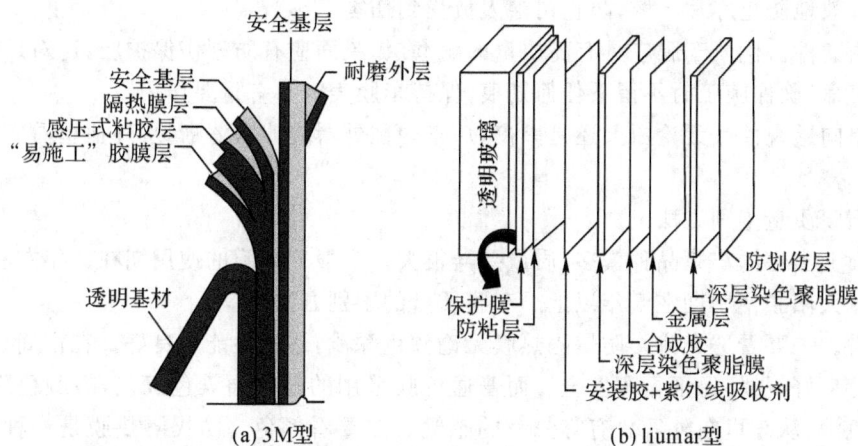

图 7-38　汽车太阳膜结构

②种类

车膜按颜色不同有自然色、茶色、黑色、天蓝色、金墨色、浅绿色和变色等品种；按产地不同可分为进口和国产车膜；按等级不同可分为普通膜、防晒太阳膜和防爆隔热膜等。

普通膜是一种染色膜，不含金属成分，只能减低透光度，保持车内空间的隐蔽性，时间一久就会慢慢褪色，这种膜隔热效果差，对视线影响也大。防晒太阳膜是一种"半反光纸"，其隔热率为 $40\%\sim50\%$，使用一两年后表面便会起氧化反应而产生变质。防爆隔热膜具有耐磨、半反光和防爆的功能，隔热率可以达到 85% 以上。

（3）太阳膜的性能与鉴别方法

● 太阳膜的性能：

①遮炫光率和透光率。良好的遮炫光率和透光率能降低阳光的炫目程度，既保证了驾驶员在各种气候环境下都能拥有清晰的视野，同时在其开车时也不会产生刺目的感觉。优质车膜的遮炫光率应在 $59\%\sim83\%$，透光率应在 $70\%\sim85\%$，无论颜色深浅，夜间视野清晰度都应在 60m 以上，无视线盲区。

②隔热性。隔热效果是衡量车膜质量的重要指标，优质车膜的隔热率可达 85% 以上。

③隔紫外线性能。优质车膜应能有效地阻挡紫外线，防止人体肌肤被紫外线照射受到伤害，同时降低车内真皮、塑料等内饰件在阳光直射下造成的耗损，延长其使用寿命。

④防爆性。优质的防爆车膜的结构中必须设有防爆基层，当风窗及门窗玻璃爆裂

时应能有效地防止碎片飞散,防止司乘人员受到伤害。

⑤耐磨性。优质车膜应具有高质量的耐磨层,膜面应有防划伤保护层,这对延长车膜使用寿命,确保施工时不留下任何划痕,保持车膜美观都有重要作用。

⑥单向透视性。无论白天还是黑夜,从车内往外看应非常清晰,从外往里看应比较模糊。

太阳膜质量鉴别方法:

市面上出售的车膜品种繁多,质量差异很大。一般普通膜的使用期在 2 年左右,优质的防爆太阳膜使用期在 5 年以上。车膜质量的鉴别方法是:

①看。一要看透光率。防爆隔热膜无论颜色深浅,透视性能均良好。在夜间、雨天也能保持良好视线,保证行车安全。而普通色膜采用的是普通染色工艺,靠颜色隔热,所以颜色深,从车里向外看总有雾蒙蒙的感觉。二要看颜色。防爆隔热膜是一种高科技产品,它采用金属溅射工艺,将镍、银、钦等高级金属涂于高张力的天然胶膜上,无论在贴膜过程中还是日后的使用过程中都不会出现掉色、褪色现象。防爆隔热膜的颜色多种多样,再加上自然柔和的金属光泽,令防爆隔热膜可以搭配各种颜色、款式的汽车。普通膜和防晒太阳膜是将颜色直接融在胶膜中,撕掉上层塑料纸后,用力刮粘贴面,会有颜色脱落现象,这种膜使用一两年就会褪色。三要看是否起气泡。撕开车膜的塑料内衬后再重新合上,劣质车膜会起泡,而优质车膜合上后完好如初。

②摸。防爆隔热膜手感厚实平滑,好的防爆隔热膜表面经过硬化处理,长期使用不会划伤表面。普通色膜手感薄而脆,摇动玻璃后,会在膜上留下道道划痕。

③试。剪下一小块膜,在地下摩擦或用化油器清洗剂试验,容易掉色的就是劣质膜,而擦不掉颜色的就是优质膜。另外,对车膜的隔热性只凭肉眼看和手摸是很难鉴别的,可以通过一个简单的测试方法来作比较:在一个碘钨灯上放一块贴着车膜的玻璃,用手感觉不到一丝热的是优质车膜;而立即有烫手感觉的,则是隔热性较差的劣质车膜。

(4)太阳膜的选用

①质量检查。选购车膜时,应按照上述车膜质量鉴别方法,对车膜的清晰度、透光率、隔热性能、防紫外线性能及防爆性能等进行仔细检查。

②颜色选择。在选择车膜颜色时,应考虑三方面的因素。一要选较浅的颜色,如绿色、天蓝色、灰色、棕色、自然色等,这些颜色看上去比较舒服,而且优质膜都是颜色浅又很隔热。二要与汽车漆面颜色合理搭配。目前的车身颜色主要有白、黑、红、蓝四种,它们约占车身所有颜色的一半。一般浅色的车最好使用色彩鲜明的太阳膜,这类膜大多透明度较高,也不会影响隔热效果。挑选颜色时,应注意不能在阳光下看其深浅,而要将它放在车窗上,并把车门窗关好,再仔细查看。否则,看到的颜色可能和它实际的颜色不一样。三是根据个人的爱好来搭配颜色。

③前挡膜的选择。前风窗玻璃是驾驶员获取交通信息的主要通道,为不影响安全行车,前挡膜的透光率必须大于 70％。因此,前风窗玻璃必须选择反光度较低、色系较浅的车膜。如果汽车前风窗玻璃斜度较大,在粘贴时必须注意尽量避免产生反射及波纹。现在市面上有一种完全无色的高档透明膜,尤其适合前风窗玻璃使用。这种膜也称白膜,其最大特点就是可以阻隔波长较短的红外线和紫外线,而对大部分可见光则不加阻拦。所以,既不会对视野产生影响,又能起到隔热作用。

另外,选购车膜时,还要看其是否有质量保证卡。好的膜,保质期通常为 5 年,长的可达 8 年。在保质期内正常使用,隔热膜不褪色、金属层不脱落、膜层不脱胶。

(5)太阳膜的粘贴

防爆太阳膜的表面涂有一层水溶性胶粘剂,其上有一层透明保护膜。施工时必须将这层透明保护膜撕去,在需贴膜的玻璃和胶粘剂上喷上清水,将防爆膜粘贴于玻璃表面上,用塑料刮刀将其刮平,去除内部的气泡和多余的水分,晾干后,防爆膜便能牢固地粘附于玻璃上。

将防爆膜贴于平面玻璃上并不难,但汽车玻璃多为曲面结构,这就决定了防爆太阳膜的装贴是一项操作技术性高、工艺难度大的工作,必须按照特定的工序进行。其基本步骤如下:

①准备。车膜粘贴前需做好以下准备工作:一是环境准备,为确保车膜粘贴质量和效果,整个安装车间要做到封闭无尘;二是工具准备,应准备喷雾器、不起毛的擦洗布、棉毛巾、擦洗垫、刮刀和可替换刀片、清洁剂板和超级刮板、重型切刀(可断开刀片)、白塑料硬卡片、放工具的围裙等工具;三是调制粘贴溶液,粘贴溶液由 1.14L 清水与 6 滴中性溶液配制而成。

②玻璃外侧的清洁。在玻璃外侧喷洒清水,用手触摸一遍,因为人手的敏感度最强,能感触到稍大的尘粒;然后,用专用刮刀清除粘附的污垢;同时,要注意玻璃橡胶压条缝隙的清洁;最后,喷洒一遍清水。

③下料。

a.粗裁剪。根据玻璃尺寸裁剪合适的太阳膜,裁剪的尺寸要稍微放大一点,给定型裁剪留出余地,裁剪时要注意防皱。

b.定型裁剪。将待贴玻璃外表面喷湿,把裁下的防爆膜贴合在玻璃上(应将防爆膜有保护膜的一面朝外),用裁纸刀沿玻璃轮廓修整,使其与轮廓相吻合。

由于车窗玻璃有一定的弧度,对于不能吻合的部位,用电热吹风机进行适当收缩,一边加热一边用塑料刮刀挤压玻璃上的气泡和水分,使防爆膜变形,直至与玻璃的曲面完全吻合。特别注意,温度不可过高,以免损坏太阳膜。

④粘贴。

a.玻璃内侧的清洁。玻璃内侧面为真正的贴膜面,清洁时一定要彻底。首先对驾驶室进行喷雾处理,包括空间、座椅和地板,使空气中的灰尘能沉降下来,减少座椅和地板扬尘对贴膜的影响。在玻璃上喷洒清水,用刮刀将粘附物刮除干净。

b.粘贴防爆膜。粘贴前应进一步清洁待贴玻璃,保持玻璃的清洁,在玻璃表面喷洒一层清水,将裁剪好的防爆膜的保护层去掉,在胶层上喷上一层清水,这样可以减少膜的粘性,并容易去掉静电引起的吸附物。

将膜贴到玻璃上,左右滑动,正确定位后,再往膜上稍微喷点水,用刮刀由中间向两边刮压,将玻璃和膜之间的水分和气泡挤出。最后完成边角处的刮贴。

⑤检查。车膜粘贴完毕后应仔细检查粘贴质量:一是检查粘贴是否牢固,尤其是边角部位;二是检查有无气泡;三是检查车膜有无褶皱;四是检查有无刮痕。如发现问题应返工。

粘贴注意事项:

①粘贴前,必须保证玻璃的绝对清洁,玻璃上残留有任何细微的粉尘时,均会影响防爆膜的粘附力和透视率。

②粗裁剪时,裁定的尺寸要稍微放大一点,以便给贴膜时留有余地。

③电热吹风机的温度不可过高,以免损伤防爆膜。

④前风窗玻璃粘膜尤其要慎重。一是对膜的质量要求严,透光度要高,隔热性要好,防爆性要强;二是前风窗玻璃的弧度大,面积大,必须整张贴,所以施工的难度高,这就要求在贴膜时需选择好的商家,不仅要注意膜的质量,还要观察其贴膜工艺水平如何。

⑤在隔热膜粘贴后的两三天内,不要升降车窗。

⑥在隔热膜粘贴后5～7天内,不要用水清洗车窗及开启除雾开关,如果要清理车内玻璃请用毛巾或海绵小心擦拭。让膜在这些日子里保持干燥,由于水分未干,有些变形或泥浆是正常的。记住,膜干得越快越好。

六、车身大包围装饰

1.大包围的作用

汽车大包围是指车身下部宽大的裙边装饰。它一般由前包围、侧包围和后包围组成,在一些车型上还包括轮眉、挡泥板和门饰板等。现在很多车型都安装了大包围,加装大包围后,汽车变得更加美观,给人以雍容气派之感,车身富于动感。

车身大包围的学名是车身"空气扰流组件",源于赛车运动,用于改善车身周围的气流对运动中车身稳定性的影响。而目前国内市场上的"大包围"大多不具备这种功能,而更多是为美观而设计的,不过汽车在安装大包围后使车身加长、重心降低,提高了汽车行驶的稳定性。一般的大包围是由生产厂家根据不同的车型设计而成的,通常会有几种型号,每一种型号包含几个车身不同部位的组件,选用大包围时根据车型及汽车的具体情况(如颜色),按照与车身协调并且不影响汽车安全性的原则,通用性不高。随着人们对汽车消费理念的提高,现在有一些大型的汽车装饰店已经具有为顾客专门制作大包围的能力,迎合了消费者要求汽车外貌独一无二的需要。图 7-39 和图 7-40 分别为 POLO 和标志 206 大包围的效果图。

图 7-39　POLO 大包围的效果图

图 7-40　标志 206 大包围的效果图

2.大包围的分类

目前,市面上的大包围按照制作材料的不同主要可以分为两类。

（1）玻璃钢

利用玻璃钢制作大包围套件,制作方便,对模具和生产设备要求不高,成本低廉,所以一般的大包围材料首选玻璃钢。但是由于材料物理性能的缺陷,玻璃钢大包围比较脆,抗冲击能力极低,而且由于塑性低,其安装、打孔过程比较麻烦。

（2）合成橡胶

合成橡胶(PU)是目前高档汽车所采用的汽车外装饰件材料,由于其抗冲击、不易变形、不易断裂、耐候性好($-40\sim+80$℃)且环保无公害等诸多优点,PU 汽车大包围已成为国际汽车装饰业界公认最适合做汽车装饰板的原材料。同时 PU 大包围由钢模做成产品,规格标准;安装非常容易,两名工人约 10min 可以安装一台车(为汽车厂家节约大量的安装费用及时间);PU 大包围采用 PU 液体原料灌注而成,外形平、光滑,表面喷涂亮漆后,外观非常靓丽。

3.大包围的制作和安装

（1）大包围制作

下面以传统的玻璃钢大包围为例,简单介绍一下大包围的制作工艺。

首先用玻璃钢做成大包围的形状,称为主模,然后在主模的内部喷涂胶衣,它是大包围的表面,其性状决定着大包围的表面性状,等胶衣干后,把预先裁好的纤维往主模上铺,一般要铺 3～5 层,等待 1～4h 玻璃钢干透后即可脱模,最后将毛坯进行打磨处理,喷涂专用的玻璃钢（FRP）底漆后再经过喷面漆和烤漆之后,大包围的制作就完成了。

（2）大包围的安装

大包围的安装过程相对来说比较简单,前包围、后包围、侧包围的安装步骤基本相同,现按其中的一种介绍如下。

①准备好安装所需的工具和材料。一般常用的工具有手电钻、锤子、螺丝刀、活动扳手、钳子等,准备好大包围及其附属零件并按照安装说明做好各种处理工作。

②对大包围的安装部位进行擦拭和清洗,去除油污和污垢,使之清洁、干燥。

③在车身上安装大包围的相应部位贴上保护用的皱纹纸,防止在安装过程中碰坏车身油漆。如图 7-41 所示。

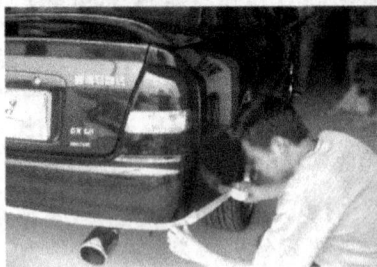

图 7-41　贴保护纸

图 7-42　试放

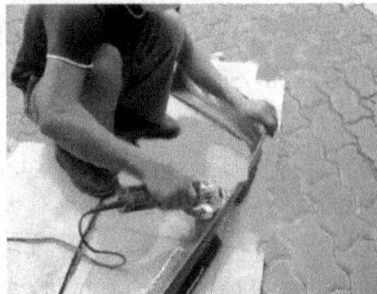

图 7-43　修整大包围

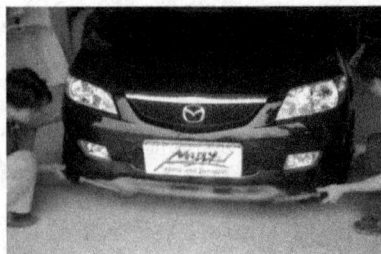

图 7-44　安装大包围

④将大包围在车身上相应位置试放一下,观察两者的贴合程度。如图 7-42 所示。注意安装侧包围时应该把车门打开,安装后包围时注意排气管。

⑤取下大包围,按照试放的效果对大包围进行修整,将大包围修边角和去毛刺,按照安装要求在车身下端钻好安装孔,并去掉孔边周围的毛刺。如图 7-43 所示。

⑥安装大包围,施力时应注意技巧,要使车身与大包围紧密地贴合,避免用力过猛而造成它们的损伤。必要时可以在大包围内侧与车身贴合的位置涂上专用的胶水,如图 7-44 所示。

⑦拧上固定螺钉,最好在螺帽上涂上油漆,使之与车身颜色协调。至此,大包围的安装过程基本完成。安装后的效果如图 7-45 所示。

图 7-45 安装包围件后的效果

4.安装大包围的注意事项

对车主来说,加装汽车大包围应注意以下事项:

①汽车是否加装大包围,要根据使用的实际情况决定,只有完全在平坦良好的道路上行驶才能加装大包围。

②应选用高质量的产品,因为高质量的玻璃钢大包围,无论坚固程度还是表面光洁度都远远强于一般产品。

③最好不要选用需要拆掉原车保险杠才能安装的大包围。因为玻璃钢的抗撞击能力非常差,所以选用将原保险杠包裹其中的大包围不会影响车辆的牢固性。但如果一定要选用拆保险杠的大包围,可将原保险杠中的缓冲区移植到玻璃钢包围中,以起到保护作用。

④应该到有经验的改装店加装大包围,因为这些改装店有制作玻璃钢的能力,大都会免费为车主修复不慎碰坏的包围,令车主不必为包围的一点小损伤就得花钱去换一个新的。

七、车轮装饰

1.汽车轮胎总成的构成

汽车轮胎总成是由车轮和轮胎构成的。它支承着全车的重量,使汽车得以在道路上行驶,对汽车的运行性能有重大的影响。

2.车轮的组成

车轮是由轮辋和轮辐组成。轮辋和轮辐也可以是整体式的,而目前整体式结构最普遍。对小型车轮而言,如轿车的车轮就属这一类。

3.车轮的分类

(1)按制造材料分

①钢质车轮。制造的材料为钢材,可铸造加工而成,也有焊接加工而成的。对大型车轮,一般是焊接加工而成的;对小型车轮,也可冲压加工而成。如一些微型车的车轮就是冲压加工而成。

②铝合金车轮。从 20 世纪 80 年代中期发展起来的铝合金车轮,是采用低压铸造加工而成的。轮辋和轮辐是连成一体的,且有各种不同的花式外形装饰,也是一个精美的艺术品。如图 7-46 所示。

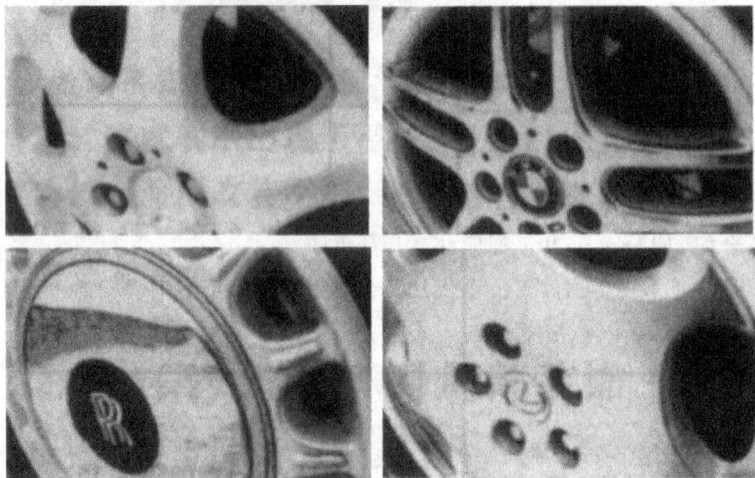

图 7-46　花式铝合金车轮

这种铝合金车轮,具有重量轻、散热快、舒适性好、外观精美等优点。有大小不同的规格,以 13in 至 17in 最多,主要为轿车选用。

③镁合金车轮　这种车轮比铝合金更轻,性能更好,外形更加优美,常被高级轿车

和豪华轿车选用。

(2)按尺寸大小分

以车轮的外径尺寸不同,可分为小、中和大三类。

①小型车轮。外径小于17in的车轮,为小型车轮。

②中型车轮。外径为17～22in的车轮,为中型车轮。

③大型车轮。外径大于22in的车轮为大型车轮。

4.车轮的装饰

(1)选择装饰车轮

目前对车轮的装饰,主要为选装法。在汽车配件市场上,车轮是作为总成商品出售的。有各种型号、规格的车轮,有标准型和豪华型之分。可根据具体车型和车主的需求,选购需要的车轮进行装饰,以达到车主满意为标准。

(2)车轮饰盖的装饰

车轮饰盖位于汽车外部的醒目位置,是重要的外装饰件。高品质的饰盖能烘托出整车的造型效果,提高车辆的价值。

对车轮饰盖的要求:

①造型优美,质量可靠。因为饰盖的位置醒目,如造型欠佳,会降低整车的装饰效果,使之"弄巧成拙";要求质量可靠;必须有足够的强度,结构可靠,装卡牢固,不能轻易掉下。否则,一是饰盖容易破裂,二是饰盖破裂掉落容易引起不安全事故。特别是在城市车辆行人均多的情况下,飞落的饰盖易碰伤其他车辆或行人,后果是不堪设想的。饰盖掉落在街上的事是时有发生的,所以必须引起重视。

②色泽配合要协调。车轮有色泽,整车也有各种颜色,要求装饰的饰盖色泽必须与车轮和整车协调一致,达到和谐美观。

车轮饰盖的选装:

①选择质量可靠、色泽协调的车轮饰盖,做好安装准备。

②对车轮及饰盖进行清洁处理,清除尘土污物,使车轮和饰盖清洁、干燥。

③车轮饰盖是靠钢丝卡簧固定支夹固定在车轮轮圈上的,要有足够的拆卸力,才能将饰盖拆下,以保证其使用的安全性。

5.车轮装饰时的注意事项

在车轮装饰中,必须保证车轮和饰盖的质量,防止使用次品、不合格品,应选择正规厂家的优质品。

车轮安装时,要做动平衡试验,以保证运转平稳。但装上轴头的车轮饰盖后,在一定的车速下,若出现抖动,这就表示出现了不平衡。这时,如果更换原厂的新轮饰盖,仍有抖动时,应以不装饰盖为佳,而用改装不用饰盖的铝合金车轮为好,既可提高车轮装饰的档次,又解决了安装饰盖出现的不平衡问题。这一点是绝对不应该忽视的,特别是在高速行驶时,动平衡是行车舒适和安全的保证。

八、底盘封塑

汽车底盘喷涂防护一般称为"封塑",又称为汽车底盘装甲。

底盘喷涂不同于以前的底盘防锈处理。普通的防锈处理是在汽车底盘涂上一层油脂来隔除水分,当汽车行驶一定的里程之后,防锈效果会渐渐消失,会造成新的腐蚀。底盘喷涂防护能形成高固化、低黏度、耐腐蚀的底盘保护层,可防止水分对汽车底盘部件造成锈蚀,防止沙石堵塞零部件孔隙、缝隙,弹射损害,固定并避免螺丝松动,隔除车底部噪声传播和减缓温度传递,以增加车内舒适感。底盘喷涂质量的好坏与所用的材料有很大的关系。

底盘喷涂是将一种高附着性、高弹性、高防腐防潮的柔性橡胶树脂厚厚地喷涂在底盘上,使之与外界隔绝,以达到防腐、防锈、防撞功能。封塑材料能牢固地附着在底盘上,不但可以间接延长车辆使用寿命,同时还可隔除一部分来自底部的杂音。

封塑后的车辆底盘好像有一层塑胶粘在车底,用手摸有柔性感觉,没封塑的车辆摸到的感觉就是钢板,硬硬的。今后新车出厂前基本上都要进行底盘封塑,所以,如果底盘已经封塑,那就没有必要再封塑了。

1. 喷涂部位

底盘喷涂防护的部位主要有底盘钢板、轮弧、翼子板内侧、油箱外壳等易生锈部件。对水箱、空调冷凝器、发动机、减震器、排气管、弹簧、车身等部位则不能喷涂。

2. 喷涂方法

①底盘封塑前要使用专用的去污剂去除底盘上附着的沥青、油污,并进行烘干,任何污渍都会影响到封塑的牢固程度。将车举升到适合冲洗的高度。采用中性清洗剂对底盘进行彻底清洗,擦拭干净。需喷涂部位有无浮渣、锈迹,若有应铲除、砂光。做到无尘、无水、无油、无锈迹等污渍。

要对传动系统、制动系统、排气系统的散热部分进行遮挡,以免封塑后影响这些部件的正常运转。基于安全的考虑,隔热护罩、排气管、油管、制动系统、球笼等部位不得喷涂。

②用汽车防护罩将整车罩起来,防止喷涂时污染车身。用举升机将车辆提升至比操作人员高半米左右的高度。

③拆除汽车的前后四个车轮,并将前后四个车轮制动器用报纸进行包裹并且扎牢。

④用报纸将减震器、转向节等等有相对运动的接合表面,以及排气管、清音器等不得喷涂的部位,包裹起来,并且扎牢。

⑤充分摇动喷涂防护材料 2min,打开罐盖(应按说明书使用),插入底盘喷涂防护专用喷枪,接上 0.6~0.8MPa 高压空气,喷枪在距离喷涂表面 25~50cm 处由前往后

均匀地喷涂。喷枪上有流量调节螺钉,应根据实际情况选择合适的流量。为防止流痕和松垂,一次不能喷太厚。

⑥待晾10～15min后用手指触摸,当感觉不粘手时喷第二层。需喷三层,厚度达3mm以上。喷涂防护材料要过12h才会完全干透,这时方可去除包裹材料,并按原样装好车轮。

⑦经过喷涂防护的车身底盘,干透后应触摸不粘手,按下不变软。

⑧喷涂完工后,用热风吹干或晾干。然后拆掉遮盖纸。对未喷涂的部位,只要不影响传动、转动及散热的部位,可刷涂透明保护漆,以保护刷涂部位不锈蚀又不影响散热和运动,从而达到对底盘全面彻底的装甲保护。

3.喷涂的注意事项

①喷涂时操作人员应佩戴防护面罩或护目镜和手套,防止喷涂防护材料进入眼睛。

②喷涂防护材料和稀释剂有一定刺激性,含易燃物质,喷涂必须选择开放、通风处。喷涂完成24h内车辆勿近火源,现场严禁吸烟。

③在喷涂翼子板内侧部位时,应先将翼子板内衬塑料防护板拆下。

④不得将涂料喷涂到发动机油底壳、变速器、排气管、消声器等部位,也不要喷涂到转向、制动、传动、悬架等部位,以免干燥后影响其正常运转。

⑤为了提高隔音和防撞的效果,必须进行二次喷涂处理,中间要间隔20min,等第一层喷塑干燥之后再实行第二次喷塑。旧车由于底盘清洁的工作量较大,需要的时间也较长,大约需要3h。

⑥施工后,一般需24h才能自然干燥,在这期间应避免涉水行驶。

⑦做完防锈护理的底盘在高压喷水冲洗后几乎不挂水珠,才可起到很好的防锈保护作用。

九、车身局部装饰

在车身的外部装饰中,有些较小部位,看起来装饰量不大,若装饰起来,也非常显眼,引人注目。

1.眼线装饰

(1)装饰的部位

眼线,也称眼眉,在前车灯上表面部位附着的装饰件。这是将车拟人化的表述。将前照灯(左、右)均加上了眼线装饰,如同女孩描眉一样,楚楚动人。

(2)眼线装饰施工

①眼眉材料选择。眼眉材料大多是类似彩条那样的不干胶制品,应选择质地好、寿命长、颜彩丰满、粘贴牢固的眼眉材料。

②将眼眉材料按装饰部位的形状,剪裁成长短、宽窄、形状相匹配的眼眉。要特别

注意左右眼眉是对称的,不要有差异。

③将粘贴眼眉的部位用拭布擦拭干净,以确保粘贴牢固。

④将眼眉的衬纸撕掉,把眼眉平整地粘贴到前照灯上部匹配的部位,不得有皱褶、气泡等缺陷。

⑤使用独特的眼线装饰,可使汽车增添魅力。如图 7-47 所示。

图 7-47　眼线装饰

2.车身贴花装饰

(1)车身贴花装饰的发展

①车身贴花装饰的产生。汽车车身贴花工艺在国内早已存在,只不过以前都限制在整车配套装饰市场。从 1988 年起,广州的汽车售后市场才开始有了车身贴花产品,便产生了售后的车身贴花装饰。当初许多车主买贴花装饰产品的主要目的,是为了车子年审的需要,以便顺利通过年检。而现在市场上十分流行的车身贴花装饰,已出现在许多色彩张扬、车身面貌异于同类的汽车上,但都是通过车身贴花“变脸”而来的。

②车身贴花装饰的实质。车身贴花装饰,其实质是前面介绍过的彩条装饰、贴膜装饰的一类。但是具体装饰的工艺方法、贴花与贴膜的制作材料和品质所不相同而已,也可以说是类似。贴花比较随意、简便,而彩条和贴膜比较正规,这是从产品的品质比较而言。贴膜和彩条是由汽车配套厂家生产,有严格的技术工艺要求。而贴花就不一定了,有的是印刷厂生产的,品质差异较大。

③车身贴花装饰的发展。随着车主对个性化汽车产品的需求急剧膨胀,加上车型改装投资较大,而且也比较麻烦。所以,很多车主自然将注意力放在改变车身图案上,这就使得汽车车身贴花装饰很快在全国汽车市场上流行开来,贴花产品也由固定车型的贴花,发展到各种形式、内容多样的随意贴,而且色彩、样式千奇百怪,应有尽有。

(2)贴花装饰工艺

①选择贴花材料。目前市场上贴花产品内容多样,且色彩、样式千奇百怪,应有尽

有。选择贴花材料的依据:一是车主的个性化需求,是贴花选择的根本依据。二是选择知名厂家的正规优质贴花产品。三是若需常有新鲜感,不时变换车身"面孔",则可选择色彩鲜艳,寿命不需太长,可三两个月"变脸"一次或四五个月"变脸"一次的贴花产品。若不需短期变换,则可选购寿命长、质量好的贴花产品。好的贴花产品一般可使用8~10年。

②清洗贴花装饰部位。用车身专用清洗剂清洗车身装饰部位,若为全车身装饰,则清洗全车身外部,消除一切污垢、异物,使车身洁净干燥。

③涂胶粘贴。根据贴花产品的使用要求,将粘胶涂布在粘贴的部位,然后将贴花的衬纸撕掉,贴在车身表面上,将贴花粘贴平整,不得有皱褶或气泡,保证粘贴质量。

如果贴花产品没有提出粘胶的品种和具体操作方法,可根据贴花的材质和车身面漆材料,选用适用的胶粘剂进行粘贴。也可查阅有关手册,如《机械设计手册》第1卷第3篇第3章。一般选用101胶(乌利当胶)也可。现将此胶的使用方法介绍如下:

①101胶为双组分

甲:端羟基线型聚酯聚氨酯丙酮溶液。

乙:聚酯改性二异氰酸酯醋酸乙酯溶液。

②配比:随用途不同而异。如一般使用的配比为甲:乙(体积比)=100:10~100:20。贴花使用的比例按100:10即可。

③工艺条件:25℃时为0.5~1天(适用期);固化时压力为0.03~0.05MPa。常温下需5~6天,100℃时为1.5~2h,130℃为0.5h。

④用途及特点:有良好的粘附性、柔软性、耐水性和耐磨性,且能耐稀酸和油脂。

此胶也可用于胶接金属(铝、铁、钢)及非金属(玻璃、陶瓷、木材、皮革、塑料、泡沫塑料),还可用作尼龙等制物、皮革、涤纶薄膜的涂料。

(3)贴花装饰时的注意事项

①贴花质量差异大。目前市场上的贴花装饰质量差异较大。其主要原因是贴花品质差异问题。一些进口贴花产品的质量担保可达8~10年,这些产品都集中在汽车生产厂家手里,或厂家指定的服务维修站里,市场上少见。而出现在市场上的贴花产品质量较差,使用寿命短,时间不长便出现脱落和变色等问题。脱落后,车身表面留下难看的胶状物,有的甚至使车身漆膜遭到腐蚀破坏。

②贴花印刷技术推动贴花装饰。贴花印刷技术的发展,使车身贴花内容形式发生了飞跃性突破,先进的彩色印刷设备、先进的彩色印刷技术以及特殊的颜料是发展车身贴花装饰的根本保证,目前在这方面国内产品不如进口的正规产品。所以,在选择贴花产品时,要特别注意这一点。

③选择正规装饰公司进行贴花装饰。正规的装饰公司对贴花产品质量有一定的信誉保证,对贴花产品质量、粘胶性能及使用方法有比较清楚的认识,这有利于保证粘贴

质量,不会因为贴花装饰失误而造成车身漆膜腐蚀损坏。不然,就会造成"美容不成反毁容",得不偿失。

3.中栅框装饰

在轿车前端,两前照灯之间,这个部位是最显眼的,也是设计师们进行装饰设计的重点部位。例如奔驰车设计制造的散热器护栅,通风口下边缘处最大,向上逐渐变小。这种布置除了产生鲜明的视觉冲击外,更重要的是提供了充足的冷风,造型独具匠心,更有超级装饰感受,显示出艺术的魅力。如图7-48所示。

在国内车上,对这部分的装饰也用尽了心思,有各种不同的散热器护栅,还采用了不锈钢栅框进行装饰,其效果也不错。如奥迪、红旗轿车,就采用了不锈钢栅框进行装饰,其装饰效果也很好,如图7-49所示。

图 7-48　散热器护栅的超级装饰　　　　　图 7-49　不锈钢栅框装饰

十、车身表面保护膜的装贴

车身表面保护膜又称为"犀牛皮"或"犀牛皮"保护膜。

汽车在使用过程中,会遇到磕磕碰碰。为了对这些易损伤的部位进行保护,可采用装贴车身表面保护膜的方法。它是一种特殊的透明树脂,因其像犀牛皮一样坚韧,故得名。许多名车在出厂前便在汽车易损伤的部位粘贴了这种保护膜,国产轿车中的别克,桑塔纳2000、3000等车型的一些重要部位也做了"犀牛皮"保护膜处理。

车身易损伤的部位如图7-50所示。

1.保护膜的装贴

车身表面保护膜的装贴方法如下:

①选择合适的尺寸。装贴前应根据待贴部位的宽度选择合适的尺寸,"犀牛皮"的宽度尺寸有70mm、80mm、100mm、150mm和200mm等多种规格。

②清洁待贴表面。应使用专用清洗剂对待贴部位表面进行彻底的清洁。

③车身表面保护膜的装贴。撕去"犀牛皮"的保护膜,将涂胶面直接粘贴于清洁的部位。再用塑料刮刀压实,去除内部的气泡即可。

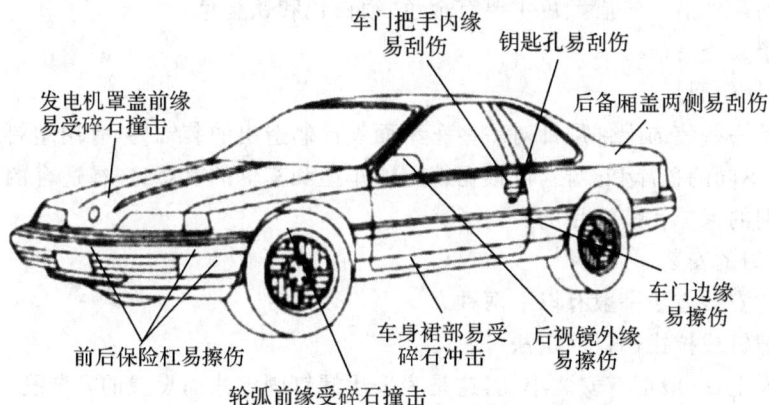

发电机罩盖前缘
易受碎石撞击

车门把手内缘
易刮伤

钥匙孔易刮伤

后备厢盖两侧易刮伤

车门边缘
易擦伤

后视镜外缘
易擦伤

车身裙部易受
碎石冲击

前后保险杠易擦伤

轮弧前缘受碎石撞击

图 7-50　车身易损伤部位

2.保护膜的更换

汽车受到严重的刮碰时,保护膜也会损坏,应及时进行更换。更换时如果用力撕剥,会将面漆涂层一起剥离下来。因此,在更换时可用电热吹风机对粘贴部位进行均匀加热,使胶的粘结力降低,然后一边加热,一边小心将其撕下。最后将新的保护膜按要求换上。

十一、防撞条的安装

防撞条是汽车防撞抗震的塑料胶条,它粘贴在汽车前后保险杠的四个转角处,厚度约 20mm。若转弯时碰到障碍物,便能借助保险杠上凸起的防撞条而保护车身。防撞条分前、后保险杠的左、右转角各一条,总共四条。粘贴时应注意前、后、左、右的对称性。其安装方法如下:

①将保险杠清洗干净,用无尘棉布蘸上工业酒精,擦拭保险杠上欲粘贴部位和防撞条的背面。

②用热风枪将防撞条双面胶烤热,撕去防撞条双面胶上的衬贴。

③再次用热风枪烤热防撞条贴合面处的胶面。

④用热风枪对车身相应部分进行加热,以使安装更牢固。

⑤将防撞条压紧、固定在保险杠转角处的合适位置。

十二、翼子板轮眉的安装

1.翼子板轮眉的功用

汽车上的轮眉不仅起到保持轮弧的作用,还是非常美观的金属装饰件,它安装在车身翼子板的最外沿。轮眉颜色主要有金色、银白色和钛金色。

2.翼子板轮眉的选装

(1)选择轮眉

轮眉是一些装饰配件厂针对一些车型而设计制造出的装饰件,有用塑料、金属材料制作的,有不同的色泽和规格,可根据特定的车型和车辆的状态,选择适合的轮眉,安装后达到预期的保护和装饰目的。

(2)轮眉的安装

轮眉的安装方法一般有以下两种。

①用螺钉或拉拔铆钉固定法

在轮眉上,一般都有安装小孔,这是为采用螺钉固定法而设置的安装孔。

在安装前,需对安装部位进行清洗,对轮眉也要擦拭,去除尘土、污物,保持清洁干燥。要特别注意对翼子板凸缘唇的内缘污垢必须清洗干净,使之清洁干燥。

按照轮眉的小孔,在翼子板凸缘上配钻安装孔,去除孔边上的毛刺。

在安装部位的固定处,涂上硅胶,即在翼子板和轮眉的相应位置均需涂上硅胶,使螺钉或拉拔铆钉固紧,使其接合紧密,不积水。这样不易产生锈蚀。这种安装方法,对用金属材料制作的轮眉很适用。如图7-51所示。

②胶粘法安装

有的轮眉是用保护膜之类的塑料制作的,有的是不干胶产品。对这样的轮眉,用粘贴安装非常容易。

图 7-51　不锈钢轮眉装饰

先将安装轮眉部位擦拭干净,清除污物、尘垢,并使表面干燥。

撕掉轮眉上的衬纸,将轮眉平整地粘贴在轮弧上。

十三、车轮饰盖的安装

车轮饰盖(轮毂盖)用于遮挡轮辋,对汽车轮毂进行装饰。车轮饰盖按材料区分,主要有铝合金盖和塑料盖两种。

1.安装方法

先将轮毂清洗干净,选择与车型匹配的车轮饰盖。让车轮饰盖端口对准轮胎气门嘴。双手托住车轮饰盖,往里面稍微用力一按即可。

安装后应检查安装是否牢固,可用双手抓住车轮饰盖表面的沟槽左右摇动及往外拉。如感觉松垮则应分析原因,拉出重装,或重新选择与之相匹配的车轮饰盖安装。

2.安装注意事项

车轮饰盖的安装是用不锈钢钢丝卡和固定支夹固定在车轮轮圈上的,在选购时要注意饰盖的装配性,如果卡口不紧,弹簧材料不过关,则易导致饰盖脱落。特别是在高速行驶中,脱落饰盖对于行车、行人都是相当危险的。

十四、车牌架的安装

车牌架是用于固定车牌、套住车牌外边沿的一种长方形的框架,起装饰和保护车牌的作用。材料多为不锈钢,其外表标有车型标志,也有标注祝福文字和其他图案的。安装方法如下:

①把车牌拆下,在车牌套内贴上泡沫双面胶,以防止汽车行驶时由于颠簸使得车牌架与车牌之间撞击,发出响声。

②将带有车牌套的车牌装入车牌架内。

③用螺钉固定在保险杠的安装位置处,如图 7-52 所示。

④将螺钉的装饰帽拧在螺钉上,使之更雅观。

图 7-52　车牌架的安装

复习思考题

1.驾驶员座椅与普通乘员座椅有何不同?为何要为儿童专门安装儿童座椅?

2.真皮座椅如何鉴别?

3.汽车顶棚内衬分哪几类,各有何特点?

4.比较真皮装饰仪表板与桃木装饰仪表板有何异同?并观察国内新款车的仪表板

装饰有何特点。

5. 美术油漆装饰有哪几种工艺方法,各种方法的实施要点是什么?

6. 简述汽车彩艺贴膜的施工方法。

7. 前阻风板和后翼板装饰的目的是什么?

8. 天窗的作用是什么,如何分类?

9. 太阳膜有什么作用,如何选择和安装?

10. 简述车身大包围的制作和安装过程。

11. 车身表面保护膜的装贴方法是什么?

第八章

汽车精品的选装

应知目标:

1. 了解汽车可选装的设备和用品的种类。
2. 掌握汽车部分选装设备和用品的主要内容。
3. 掌握汽车部分选装设备和用品的实施步骤与要点。

应会目标:

1. 会使用安装时用到的工具和设备。
2. 学会部分汽车选装设备和用品的装饰方法。
3. 会用先进技术解决装饰中的疑难问题。

汽车精品是一些汽车附属装备,包括音响、倒车雷达、防盗装置。新一代汽车还包括车载视频系统等,是高科技发展的产物。汽车精品致力于把汽车营造成一个流动的生活空间,是浓厚的汽车文化生活的体现,为提高汽车的功能起着显著的作用。

第一节　汽车防盗设备的选装

一、汽车防盗设备的类型与功能

汽车防盗装置主要是指汽车防盗器。汽车防盗器就是一种安装在车上,用来增加盗车难度,延长盗车时间的装置,它是汽车的保护神。将防盗器与汽车电路配接在一起,就可以实现防止车辆被盗、被侵犯,保护汽车的目的。

汽车防盗器有诸多类型,市面上出售的防盗器按结构大致可分为三类:机械式、电子式和网络式。这些防盗器各有所长,各有所短。

1. 机械式防盗器

　　机械式防盗器是采用金属材料制作的各种防盗器,包括转向柱锁、转向盘锁(又称拐杖锁)、踏板锁(离合器踏板锁、制动踏板锁)、车轮锁及排挡锁等,如图 8-1 所示。

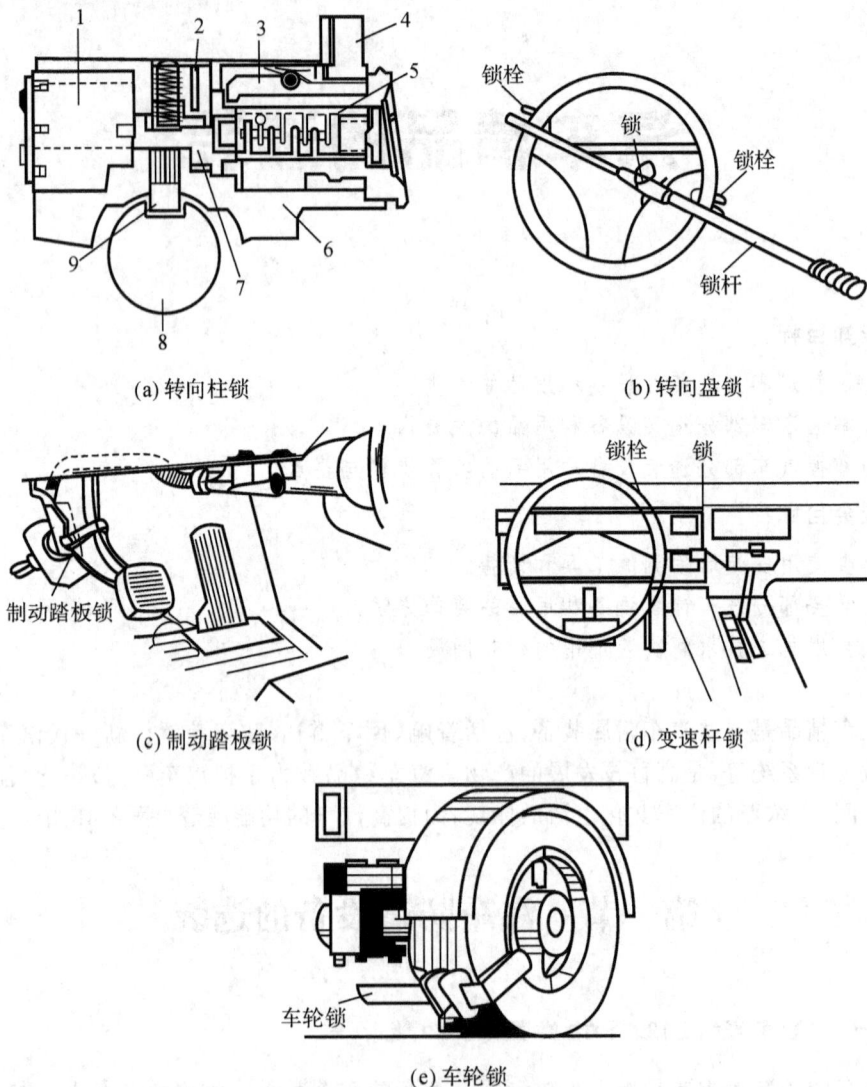

(a) 转向柱锁

(b) 转向盘锁

(c) 制动踏板锁

(d) 变速杆锁

(e) 车轮锁

图 8-1　机械式防盗装置

1—点火开关;2—锁止器挡块;3—开锁杠杆;4—开锁按钮;5—钥匙筒

6—转向柱管上托架;7—凸轮轴;8—转向柱;9—锁杆

所谓转向盘锁,就是大家熟悉的拐杖锁,该锁在 5～10s 内基本上就可以被小偷打开,或使用液压剪、激光枪不到 1s 就可以解决问题。方向盘锁是一根长杆,锁在方向盘上,使其无法转动,卸下时也应考虑车内空间。这种防盗器多用于面包车、微型车。目前排挡锁成为车主的最爱,因为此防盗系统既简便又坚固,这套材质采用特殊高硬度合金钢制造,防撬、防钻、防锯,且采用同材质镍银合金锁芯和钥匙,没有原厂配备钥匙,绝无法打开,钥匙丢失后,可使用原厂电脑卡复制钥匙。排挡式防盗器安装在手挡部位,锁定排挡,使排挡不能移动,即使启动发动机,想开走车子也是比较困难的。

机械式防盗器优点是价格便宜,安装简便;缺点是防盗不彻底,每次拆装麻烦,不用时还要为其找地方放置。

2. 电子防盗

电子防盗是汽车防盗的中坚力量。"电子防盗"也称微电脑防盗装置,简而言之就是给车锁加上电子识别,开锁配钥匙都需要输入十几位密码的汽车防盗方式。它是随着电子技术的发展而迅速发展起来的一种防盗方式。按类别来分,常见的主要有插片式、按键式和遥控式三种电子防盗方式。

电子防盗的两个最大的卖点就在于它的密码解锁和报警声,其中密码解锁根据密码的发射方式的不同分为定码式和跳码式两种。定码式防盗器的特点是密码量少,工作原理主要是利用密码扫描器或解截码器,通过它们接收到的空间无线电信号截取主机密码,从而通过复制解除防盗系统。现在,因为它密码重复的几率比较大,已经基本被淘汰。跳码式防盗器的工作原理则是通过在防盗工作过程中,不断变化的大量密码函使得主机能确认由车主发出的信号来工作。它的优点就是密码量多,不容易出现重复。

在报警声中,最主要的是不要误鸣。过去的电子式防盗器在雷声和剧烈的震动、碰撞中往往会发出恼人的叫声,不但扰民,自己听了也觉得心惊肉跳。现在的电子式防盗器在这方面也取得了不错的长进,比如常见的科警电子防盗器,一般就只有在窃贼试图剪断防盗线路的时候才会立即动作,清静了不少。

对于中高档轿车,多数安装的是电脑控制的智能型电子遥控防盗器,具有报警、发动机远距离熄火、远距离控制中央门锁等功能。在使用时,应注意停车时挡位应置于空挡。其主要配置为:主机或探测器部分、门控部分、喇叭等。

3. GPS 防盗

GPS 防盗开辟了汽车防盗新时代。GPS 防盗利用接收卫星发射信号与地面监控设备和 GPS 信号接收机组成,卫星连续不断发送动态目标的三维位置、速度和时间信息,保证车辆在地球上的任何地点、任何时刻都能收到卫星发出的信号。因此,只要每辆移动车辆上安装的 GPS 车载机能正常工作,再配上相应的信号传输链路(如 GSM 移动通信网络和电子地图),建一个专门接收和处理各个移动目标发出的报警和位置信号的监控室,就可形成一个卫星定位的移动目标监控系统。

GPS卫星定位汽车防盗系统属于网络式防盗器,它主要是靠锁定点火或启动来达到防盗的目的,而同时还可通过GPS卫星定位系统(或其他网络系统),将报警信息和报警车辆所在位置无声地传送到报警中心。

二、电子式防盗器的选用

现在汽车防盗器品牌多,价格差异也很大,各个品牌的防盗器从设计原理、元器件的选择、加工工艺及其功能设计上都有很多的不同。正是由于这些不同,决定了防盗器的寿命、性能及价位各不相同。

选择防盗器要考虑多方面的要求,可从以下几个方面着手:

①根据汽车的档次选用合适的防盗装置。

②从设计和质量方面选择防盗器。主要看下面几点。

● 是否采用了FR4双面板设计。FR4双面板设计的优点是元器件焊点牢固,防盗器的抗震性强,对于安装在每天处于震动、颠簸中的汽车防盗器来说,抗震性强可延长其使用寿命;防盗器主机小,便于隐藏安装。

● 是否采用了多重电路保护系统。多重电路保护系统的优点是可适应于更大范围的蓄电池电压变化,不会因蓄电池电压过低,造成防盗主机电脑死机,且抗干扰能力强。

● 采用的电脑是否记忆时间较长。

● 是否较多地采用了贴片元器件。

● 采用的元器件是否具有较好的耐温性和耐压性。

③如对质量方面不太了解,考虑产品的品牌。好的品牌往往具有可靠的工艺和设计水准。

④考虑售后服务,选用具有良好售后服务的商家可免除你的后顾之忧。

综上所述,选择防盗器应注意以下几点。

①应注意结合自身需要。

②看工艺及其功能是否安全、实用、方便且具有环保性。

③应注意防盗产品是否通过公安部的检测(须经过公安部安全与警用电子产品质量检测中心检测达到我国标准的产品,检测有效期为4年)。

④要重视高质量的安装技术和良好的售后服务。千万不要单纯追求价格低廉的产品,以免被假冒伪劣产品蒙蔽,得不到应有的售后服务保障。

目前,汽车上装用的电子式防盗器大多采用跳码式电子防盗器装置。市场上常见的防盗器有捍将、铁将军等。它们的主要功能如下。

1. 捍将 RG88A 汽车防盗器

捍将 RG88A(机心标志号为 RG88CS)汽车防盗器由遥控器、系统主机、报警警号(扬声器)等相关部件组成。系统钥匙密码采用滚动码(跳码)加密识别技术,整个系统由 6 片集成电路组成,它们分别是:遥控发射编码芯片(RT 1762AN),遥控接收信号放大、震动传感器(BA10324AF),+5V 稳压电源(HJ78L05),滚动码解码和系统控制 CPU(28M20－6KM9),CPU 外置存储器(93C46VB)和负载驱动器(TDG2003AP)。

其主要功能有防盗设定、静音防盗设定、解除防盗、自动二次防盗、防抢(反劫持)功能、求救(吓阻)功能、寻车功能、报警扬声暂停、中控锁自动化控制、LED 指示灯、断电状态记忆;紧急解除功能、开门闪灯、警戒触发提示、遥控开启后备厢、应急防盗设定、点火报警、打开车门报警等。

2. 捍将 SG－210AH 汽车防盗器

捍将 SG－210AH 汽车防盗器由遥控器、系统主机、报警警号(扬声器)、电子震动探测传感器及相关附件组成,另外可以选配无线发射和接收装置。系统钥匙密码采用滚动码(跳码)加密识别技术,整个系统由 7 片集成电路组成,它们分别是:遥控发射编码芯片(RT 1760N),遥控接收信号放大(LM358),+5V 稳压电源(HT7251 或 HT78L05),滚动码解码和系统控制 CPU(PIC 16C58A－04/P 或 18V8－1KM1),负载驱动器(TDG2003AP),CPU 外置存储器(93C46VB),电子震动传感器(HA17324)。

其主要功能有防盗设定、静音防盗设定、解除防盗、自动二次防盗、防抢(反劫持)功能、寻车功能、求救(吓阻)功能、报警扬声暂停、中控锁自动化控制、LED 指示灯、断电状态记忆;紧急解除功能、全自动防盗、震动传感器(感应器);暂时关闭功能、两段式震动感应触发报警、打开车门报警、传感器报警等。

3. 铁将军 A838 可视双向汽车防盗器

铁将军 A838 可视双向汽车防盗器(机心型号为 QC2288－4),由双向液晶显示遥控器、双向接收/发射组件、系统主机、报警警号(扬声器)、电子震动探测传感器(或超声波物体位移探测传感器)及相关附件组成。整个系统由 13 片集成电路组成,它们分别是:遥控发射器控制 CPU(LPC764BDH),遥控器高频发射/接收芯片(NRF401),遥控器电源升压(T3),遥控器 LCD 高压背光升压(428),接收/发射组件+5V 稳压电源(HT78L05)(贴片),接收/发射组件高频发射/接收芯片(NRF401),系统主机+5V 稳压电源(HT78L05),系统 CPU(PUC16C57－RC/P),外接存储器(93C45B),系统复位(HT7044A 或 HT7033A),传呼感应信号放大(HA17358),负载驱动(ULN2003A),震动传感器(HA17358 或 LM358M/F)。另外,遥控器还有一软封装 LCD 显示驱动 CPU 组件板。

其主要功能有有声防盗设定、静音防盗设定、解除防盗、二次防盗、自动提示和自动投入(程式选择)、反劫持功能、紧急求救、遥控开启行李厢、中控锁自动化控制、车门未关防盗提示、声光寻车、开门闪灯、LED指示灯工作状态提示、断电记忆功能、打开车门报警、点火启动报警、传感器报警、呼叫车主等。

除以上功能外,所有控制功能均可以通过遥控器液晶显示屏图形显示。遥控器遥控距离不小于100m,报警回传距离不小于300～500m。

4.铁将军858-C(Steel mate 868A)遥控启动型汽车防盗器

铁将军858-C(机芯标志为铁将军858A)遥控启动型汽车防盗报警器由遥控器、系统主机、报警警号(扬声器)、电子震动探测传感器及相关附件组成,另外可以选配无线发射和接收装置。系统钥匙密码采用三态IC编码加密识别技术。整个系统由11片集成电路组成,它们分别是:遥控发射编码芯片(PT2262),遥控接收信号整形、放大(5223),＋5V稳压电源(HT78L05),解码处理(PT2272－L4),系统控制CPU(AGL858C),系统复位(HT7044A)、负载驱动(TDC2003AP)(两片),遥控启动检测(MC14093BCP),多路位功能自动控制(CPUI/O端品扩展)(MC14051BCP),电子震动传感器(HA17358)。

其主要功能有防盗设定、静音防盗设定、解除防盗、防盗提示、车门未关防盗提示、自动二次防盗、车门未关安全警示、防抢(反劫持)功能、紧急呼救、寻车功能、遥控启动、LED指示灯、中控锁自动化控制、扬声器暂停、驻车制动未拉起提示、打开车门报警、点火启动报警、传感器报警等。

为防止车辆丢失,在经济条件许可的情况下尽量选用先进的防盗设备。

三、防盗装置的安装

防盗器的安装方法与防盗器质量同样重要,且由于防盗器的安装不良而造成的损失更是惨重的。因此,选择好的、有经验的安装商是十分重要和必要的,也是对汽车使用的基本保证。

首先,正确选择防盗器的安装商。

有经验的汽车防盗器安装商不仅对防盗器有全面的认识,而且对汽车电路非常熟悉和了解,他们判断汽车电路不是靠死记硬背,而是靠电路理论知识。尤其是当今时代,车的更新换代越来越快,只有靠电路知识才能正确判断汽车线路。选择防盗器的安装商时要考虑以下几点:其店是否具有防盗器的经营、安装资格,包括营业执照及公安机关颁发的资格证书等;其销售的防盗器是否注明产地,这是防盗器今后能否得到售后服务和故障保修的基本保障;其店是否持有防盗器生产厂家的授权书,这表明此店是否对此品牌的防盗器有比较全面的了解,并得到了厂家的安装培训及认可;防盗器安装完毕后,不要忘记向厂家索要加盖安装公司公章及电话的防盗器保修卡。

其次,汽车防盗器的安装必须严格按照操作规程。其步骤如下:

①详细阅读产品说明书。

②认真阅读产品配线图。

③判断产品各零部件接口方式和位置。

④保证连接可靠、绝缘性能优良。

⑤安装完毕须进行功能测试。

第二节　汽车音响设备的选装

一、汽车音响的组成与类型

1.汽车音响的组成

汽车音响一般包括主机、功率放大器、扬声器(喇叭)和天线等部分。汽车音响系统组成的结构如图 8-2 所示。

(1)主机

主机有低档、中高档之分。低档主机比如 FM/AM 收音机、卡带式放音机等模拟主机,它们频响窄、噪音大;中高档主机有车载 CD 播放器、VCD 播放器、DVD 播放器、MP3 播放器、MD 播放器、FD 播放器等数字主机。作为目前比较流行的数字主机,车载 CD 播放器一般采用弹簧、气囊双重避震方式或电子避震方式来提高汽车音响的收听效果,通常可以分成两大类:一类是单片 CD 播放器,能与原车音响位置相吻合,但抗震性差;另一类是多片 CD 播放器,一次可放 6～12 个碟片,安装在行李厢内,抗震性好,操作简便。

判断一台主机的好坏,最直观的就是看它的技术指标。主机的技术指标主要包括以下几个。

● 输出功率:现在主机上标注的功率绝大多数为音乐输出的峰值功率,在 40～60W 之间,功率越大越好。

● 频率响应:人耳所能听到的频率范围在 20～20000Hz 之间,因此该指标最少要达到这个数值,而且越宽越好,下限频率越小、上限频率越大越好。

● 信噪比:指的是音乐信号与噪声的比例,单位为分贝(dB)。该数值越大越好,一般高档的产品都在 100 分贝以上,声音干净,清晰度高。

● 谐波失真 THD:该指标体现声音再现的还原度,数值越小表示还原度越高。

(2)功率放大器

功率放大器将主机输出的声音进行功率放大,用来驱动喇叭。它一方面将主机输出的数字信号转换成模拟信号;另一方面具有分频功能,使音乐具有层次感、音域感。

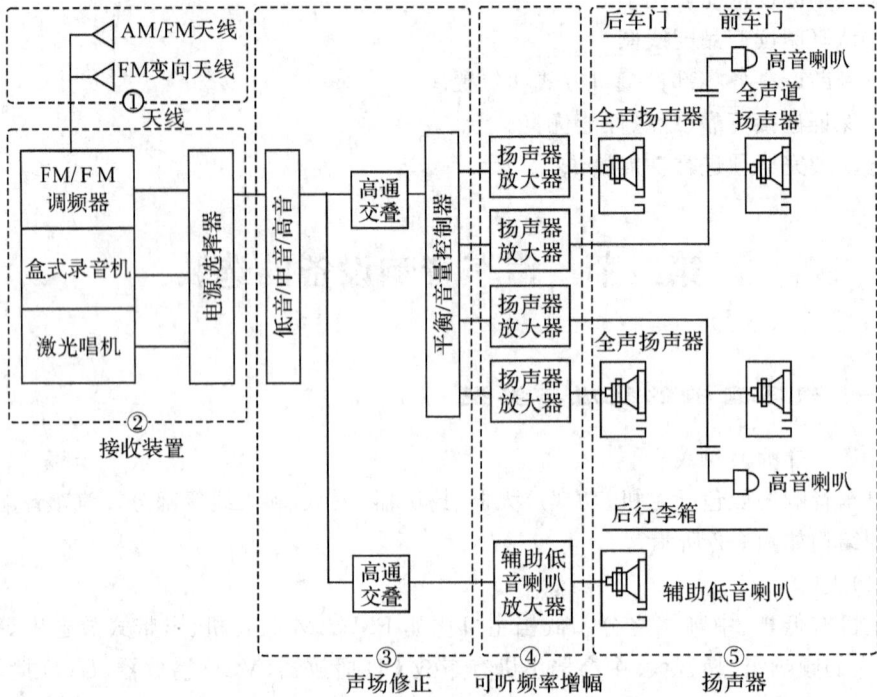

图 8-2　汽车音响系统的结构

　　一般主机内都有内置功率放大器,但功率较小、信号动态范围小,所以性能不如外置功率放大器。外置功率放大器可使信号动态范围增大,输出功率增大,同时其抗干扰能力强。

　　按照不同的用途,功率放大器大致可以分为以下几类。

　　● 专门为驱动低音喇叭设计的功率放大器:内置次声滤波器,省去了外接滤波器。

　　● 带均衡器的功率放大器:可按个人喜好或不同的车厢空间调校音色。

　　● 5 声道功率放大器:通常使用 2 声道或 4 声道的功率放大器来驱动前、后喇叭,低音喇叭则由另一只功率放大器来驱动,这样占用空间太大,如果使用 5 声道功率放大器只要一个就能解决问题了。

　　● 多片 X 卡功率放大器:独特的 X 卡为功率放大器提供了多种分音选择,有高通、低通、带通,甚至是超音频的滤波器。

　　● 电子分音器模块式功率放大器:这些控制模块让你选定哪一种信号到功率放大器以及到功率放大器的 RCA 输出,选定所需要的频率及分音点。通过更换模块,可以使一个功率放大器变成多样化的功率放大器使用。

（3）喇叭

喇叭将功率放大器输出的声音还原,音响音质的好坏直接由喇叭来表现。最好的主机和功率放大器如果没有品质良好的喇叭与其配套,不可能得到良好的收听效果。喇叭按照作用可分为:全音喇叭、高音喇叭、中音喇叭、低音喇叭、超低音喇叭。全音喇叭可以重放各个频率范围的声音,但效果不是很好;高音、中音、低音喇叭只重放相应频率范围的声音,但效果好。

（4）其他设备

为得到更好的音质,可以在汽车音响中加装均衡器、声音处理器、电子分频器等,同时对音响线路加装电源分配器、保险装置,高品质线材对音响的效果也至关重要,应尽量选用4AWG的线材。

2.汽车音响的类型

汽车音响主要有卡带机和碟片机两种类型。卡带机是用录音磁带作为音源的,使用的是模拟技术。碟片机使用的音源有CD、MD、MP3、VCD、DVD等,使用的是数字技术。

汽车音响按档次可分为普通型、中级型、高级型、超高级型四种。普通型汽车音响安装于一些普通型车辆。中级型汽车音响多数系原车安装,少量机器有市场零售产品。高级型汽车音响基本上是原车安装。超高级型汽车音响是指CD激光唱机与收放机共用电路的机型,在汽车音响中凡与CD相关的机型均可列为超高级类型,其中包括单碟、六碟、十碟等。

目前中国市场音响主机是日系产品占主导地位,如阿尔派、松下、JVC、先锋、健伍、歌乐等,欧系产品有飞利浦、蓝宝等。阿尔派配套的汽车有奔驰、宝马。歌乐配套的汽车有日本尼桑车系。

我国汽车音响市场基本上有三种。一是以日本为中心的国外品牌产品,如阿尔派、先锋、菲利普、索尼、松下、中道等;二是以日系、韩系为特征的合资企业产品,如天津的大宇、现代,丹东的阿尔派,大连的松下,上海的先锋,上海和惠州的健伍,东莞的歌乐;三是国内品牌产品和一批杂牌产品,新兴的国产品牌如Freeway等以品牌营销模式进入汽车音响业。

二、汽车音响的选用与改装

1.汽车音响的选用

（1）主机的选配

主机的选配应重点考虑规格、音质、功能和性能等。

①规格。主机外形尺寸分1DIN和2DIN两种规格。欧洲车的尺寸为ISO标准尺寸(1DIN尺寸＝长185mm×高50mm×宽160mm),又称为DIN尺寸(DIN为德国工

业标准的缩写)，这是目前市场上销售的汽车音响的标准尺寸，通用J性极强。而日本车的尺寸一般为2DIN尺寸，高度是欧洲车的1倍，基本上可以与欧洲车通用，但有一些2DIN尺寸的特定产品则只能用于日本车。美国车的尺寸比较特别，与ISO标准相比，长度及宽度都略微放大，一般不能通用。国产汽车上的汽车收音机安装孔的尺寸大多也符合规定标准。而一些内饰造型比较独特的轿车，音响安装孔为非标准尺寸，在这种情况下，就只能选用原厂的音响设备，用户自己改造的余地比较小。适合安装1DIN机型的车有：富康、捷达、桑塔纳2000、三菱、奥迪、奔驰等。适合安装2DIN机型的车有：丰田、本田、别克、帕萨特、日产等。富康和奥迪A6两种车的中控台空位不是标准的DIN位设计，在安装主机时，需要特制的主机架才能装上。

②音质。应根据车主的喜好选择音响音质的类型。音质包括音区、音高、音色三方面。一般情况下，越高档的机型音质就越好，音响之间的差别一般体现在音色方面，如有的清晰、温暖，有的则是冷静型。

③功能。普通机型基本功能有以下几点：

● 音调的调节。就是音响的高、低音调节。低频的调节频率通常设定在45Hz，高频设定在12kHz，调节范围在±6dB之间。

● 响度的控制。通常当音量较小时，会发现高音、低音好像都没有了，整个声音没有层次感，可通过按LOUND功能键，对高音、低音自动进行提升。

● 预置均衡模式。可以对不同的音乐设置不同的频率曲线，对不同的声音频段进行适量的增强与调整。一般有摇滚(ROCK)、流行(POP)、爵士(JAZZ)和古典等音响模式。

● 环绕声均衡模式。主要有运动场、录音室、大厅、教堂等各种环绕效果。

● 声像定位处理。它可以把声像根据个人的需要进行定位，最理想的效果就是把声像定位在挡风玻璃中间。

④性能。主机的好坏主要有以下几个技术指标：

● 输出功率。主机所标的功率绝大多数为音乐功率，在40～60W之间，功率越大越好。

● 频率响应。频率范围应在20Hz～20kHz之间。

● 信噪比。指的是音乐信号与噪声的比值，单位为分贝(dB)，该数值越大越好。一般高档的产品都在100dB以上，声音干净、清晰度高。

● 谐波失真。该指标体现声音再现的还原度，数值越小表示还原度越高。

(2)功放的选配

选择一台理想的功率放大器，需从功放的类别、功放的技术指标、功放与扬声器的搭配等方面考虑。

(3)扬声器的选配

首先应考虑使用系统的类型。如选择音乐品质型系统(播放古典乐、交响乐、轻音乐等),应选择音质清晰、柔和的扬声器;如选择劲量型系统(播放迪斯科、摇滚乐等),应选择比较牢固和动态范围大的扬声器。从扬声器再现的声音选择粗略分析,美国品牌的特色多为节奏相对强劲且有动感,欧洲品牌的风格相对细腻、纤巧,日本品牌则兼而有之。

在选择扬声器时应考虑与主机功率相匹配,汽车前面扬声器最好选用套装产品(即高音、中低音分开),这样方便声场定位。因为高音有指向性,所以高音安装最佳位置应与人耳平行,后面的扬声器尽量选择直径大、低音特性好的,这样整体声音才会显得丰满。

2.汽车音响的安装

(1)器材搭配要风格统一

搭配的原则应该从音响系统整体考虑。主机与扬声器的音质不匹配,主机功率或功放功率与扬声器功率不匹配,选择扬声器只看功率不看灵敏度,都属于不合理的搭配,只会造成浪费。此外,依照车主喜好的音乐风格选择也是很重要的。汽车音响可大致分为两大流派:音质型,以古典乐、交响乐为主;劲量型,以流行乐、摇滚乐为主。主机、功放、扬声器都应按同一风格配置,如用重视低音效果的风格欣赏古典音乐,在音乐的层次和意境上都会相差很多。

(2)选择线材要注意屏蔽

线材分为信号线、电源线和扬声器线,最好选用高抗氧化,高电导率,外皮包有PVC、PE、PP等材料的线材。

信号线需要考虑屏蔽。选用双层屏蔽线材,可增强抗干扰性,防止杂音进入。

电源线要考虑传导性。汽车音响专用多芯铜线,不仅阻抗小,电导率高,而且线材的外皮耐高温、高阻燃、抗老化。使用线径过细的线材会发热造成热损耗,甚至会引发火灾。

扬声器线要使用耐高低温、抗老化的材料。线材宜选用钛金、镀银、无氧铜等材质。使用不同的线材,音质将略有差异。

(3)镀金保险座可防止短路

汽车音响是在颠簸震动、温度高、电流大的恶劣环境中工作,如果电源线外皮被磨破或车辆发生碰撞造成与车身短路,容易引发火灾。使用镀金保险座,可以防止短路和氧化锈蚀,确保车辆的安全。

(4)布线工艺要协调美观

布线工艺要协调美观,一是走线不能影响原车线路,制作低音音箱不能破坏车体,器材要与原车整体布局和颜色协调美观。二是布线要避开电脑和控制系统,避免因布线位置不合理,使车上用电器与音响系统互相干扰。音响的电源一定要选择主干线或蓄电池,避免大电流造成火灾。

高档的音响系统要对车辆进行吸音处理,并制作扬声器垫圈;需要打孔时也不能影响车的工作状况,防止引起火灾;低音音箱要根据扬声器单元所给出的数据,进行容积计算后按要求制作箱体。

(5)定位调试

音乐的原音还原尽量完美,应进行音量平衡定位、调整信号平衡、调谐尖峰失真、距离位置、音响等,才能发挥器材的最大潜能,使选配的器材达到最佳效果。

3.汽车音响的改装

一套高质量的汽车音响系统,可以一步到位安装,也可以选择逐步升级安装。

(1)一步到位安装

当新车没有安装汽车音响系统或车主有充足的经济实力,可以一步到位,安装一套需要的高级汽车音响系统。

(2)逐步升级安装

①选择好需要的扬声器和主机。选择扬声器时应根据:喜欢听的音乐的类型是什么;音质是喜欢硬朗的豪放型还是原汁原味的温暖型;对音乐质量要求的程度怎样。

主机应选择质量较好、抗震能力强、音乐纯度较高、样式美观的产品,输出功率略大一些为宜。

②加重低音扬声器。一方面适应现代音乐软件超低频较大能量部分的要求,另一方面可以弥补汽车飞驶时低频在听觉上的损失。

③由原机头内部功放推动前后扬声器改为外加功放推动,提高音质。做到这一步可达到整套系统的最佳组合。

第三节　行车及倒车报警装置的选装

一、行车报警装置

行车报警装置主要有汽车超速报警、防追尾报警、特定车道障碍物预警和行人避撞报警等四种装置。

1.行车超速报警装置

该装置由车速传感器、电子线路、报警器等组成。它的作用是可在汽车行驶速度超过一定数值时,发出报警声,提醒驾驶员适当减速或集中精力观察前方的交通情况。

2.防追尾报警装置

防追尾报警装置由装在汽车前面的激光发射器和激光传感器、与变速器相连的速度传感器以及装在驾驶室里的显示单元构成。这些部件由可以加快响应速度的纤维光缆相连。防追尾报警装置能够自动观察车前情况,在汽车与前面的车辆接近速度太快时提醒驾驶员。

该装置工作范围大约为100m,但是,只有当两车之间的距离在10~80m时,报警器才响。如果后面车辆的时速低于20km/h,则报警器不响。

当汽车接近弯路时,路边固定的反光镜会使报警器报警,以提醒驾驶员,而且分析电路会识别这些反光镜,只对第一个反光镜的反射报警,通知驾驶员前面是弯路。

3.特定车道障碍物预警装置

该种装置可识别本车道及相邻车道上的车辆及障碍物。在通过相应的多光束测距器测量绝对距离及其相对变化的基础上,车载电脑计算出相对接近车辆的行驶速度,因而能预报逆行车对自己是否构成危险。

4.行人避撞报警装置

该装置采用扫描激光雷达装置。激光雷达装于汽车的前部,并能发射一个垂直的激光带,以探测有无横过道路的行人。该系统能计算出汽车与行人的距离和行人的行走方向,探测的距离范围在35~60m内,这取决于行人衣服的颜色和布料。该装置在直路和弯路上都能工作。

当汽车前方与行人的距离短于预定值,有碰撞的危险时,蜂鸣器发出警告信号。如果驾驶员对蜂鸣器的警告没有反应,应急制动器将自行制动。

此外,许多其他报警装置相继出现。例如后方来车报警装置、车间距离报警装置、偏离车道报警装置、瞌睡驾驶报警装置等,车主可根据实际需要装用。

二、倒车报警装置

倒车报警装置主要有普通倒车报警、语音倒车报警和倒车雷达等三种装置。

1.普通倒车报警装置

这种装置可在汽车挂倒挡时发出间歇的蜂鸣声,提醒路人注意正在倒向行驶的车辆。一般中型货车在出厂时都装有这种报警装置。

2.语音倒车报警装置

这种装置可以在汽车挂倒挡时重复不断发出"倒车,请注意!"的声音,以提醒过往行人避开车辆而确保车辆安全倒车。

3.倒车雷达

(1)倒车雷达的功能

该装置能准确地测出车尾与最近障碍物间的距离,并在驾驶室用数字进行显示,特别适合在空间狭窄的地方,快速准确地泊位,倒车至极限安全距离(距障碍物0.5m)时,能发出急促的警告声提醒驾驶员注意制动,并能重复不断发出"倒车,请注意!"的语音警告声,提醒行人注意。

(2)倒车雷达的主要组成

倒车雷达品牌很多,其原理都是通过超声波感应器测距,通过显示提示装置将汽车的大体或准确位置反映给驾驶员,使驾驶员能快速、安全、准确地停车。

不同品牌、不同型号倒车雷达之间的主要区别有两点:一是超声波感应器有内置和外置之分,有数量之别;二是距离显示有方式不同,有语音型、数码型、荧屏型三段颜色等。

倒车雷达主要由发射、接收、数字显示和报警四大部分组成。发射部分由低频调制器、编码器、双稳态回路、功率发送器及发射探头等组成。接收部分由接收探头、第1级放大电路、第2级放大电路、整形回路、解码器及双稳回路组成。数字显示部分由时钟振荡器、计数器、译码及显示器组成。报警部分由电源电压监测电路、近距离检测、平滑电路、触发器及语音声光报警电路组成。

(3)倒车雷达的安装

倒车雷达的安装主要有粘贴式和固定式两种方式。

● 粘贴式安装

粘贴式安装采用粘贴式探头,只要将报警器探头粘贴在汽车适当的位置即可。具体方法如下:

①选择正确的安装位置。粘贴式探头一般安装在尾灯附近或后备厢门边。轿车倒车雷达粘贴式探头安装位置如图 8-3～图 8-6 所示。

安装的最佳宽度为 0.66～0.8m,安装的最佳离地距离为 0.55～0.7m。

②将附带橡胶圈套在探头上,引线向下,并与地面垂直,探头一般不安装在汽车最尾部,以免撞坏。如图 8-6(a)所示。

③确定探头安装位置,侧视 90°范围内应无障碍物,否则会影响探测结果,产生误报警。如图 8-6(b)所示。

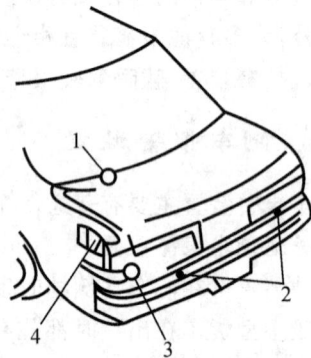

图 8-3　倒车雷达部件安装位置
1—蜂鸣器;2—探头;3—尾灯;4—控制主机盒

④探头贴合必须选择垂直方向,向上或向下均会影响使用。如图 8-6(c)所示。

⑤用电吹风将双面贴加热,然后撕去面纸,贴到确定部位,48h 后才能达到最佳贴合效果。

⑥显示部分应安装在仪表台易被驾驶员视线捕捉的位置。

⑦控制盒安装在安全、不热、不潮湿、不溅水的位置,通常将其安装在后备厢侧面。

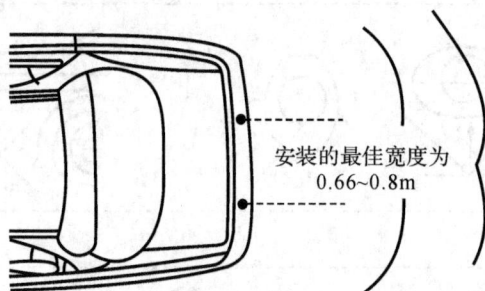

图 8-4　探头安装宽度

安装的最佳宽度为 0.66~0.8m

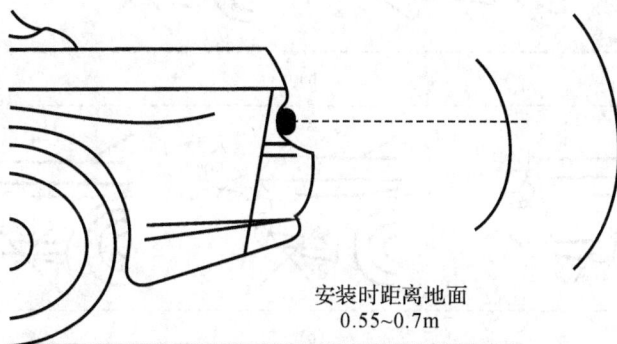

安装时距离地面 0.55~0.7m

图 8-5　探头离地距离

⑧蜂鸣器一般安装在后挡风平台上。

⑨探头屏蔽线应防止压扁刺穿，且要隐蔽铺设，以求美观。

● 固定式安装

固定式安装采用开孔式探头，在车尾或保险杠上开孔，探头颜色可用喷涂方法使其与车身或保险杠颜色相匹配。系统其他部件的安装方法与粘贴式安装相同，现介绍开孔式探头的两种安装方法。

①先将胶套安装在已打好的孔内，然后将已接好线的探头从基材背面安装在探头胶套上。这种方法使用前提是基材背面应有足够的安装空间。如图 8-7 所示。

必须以此图
水平粘贴

贴合前先套上
黑色橡胶圈

(a)

90°　　　　90°

(b)

大于
90°　　　　小于
90°

(c)

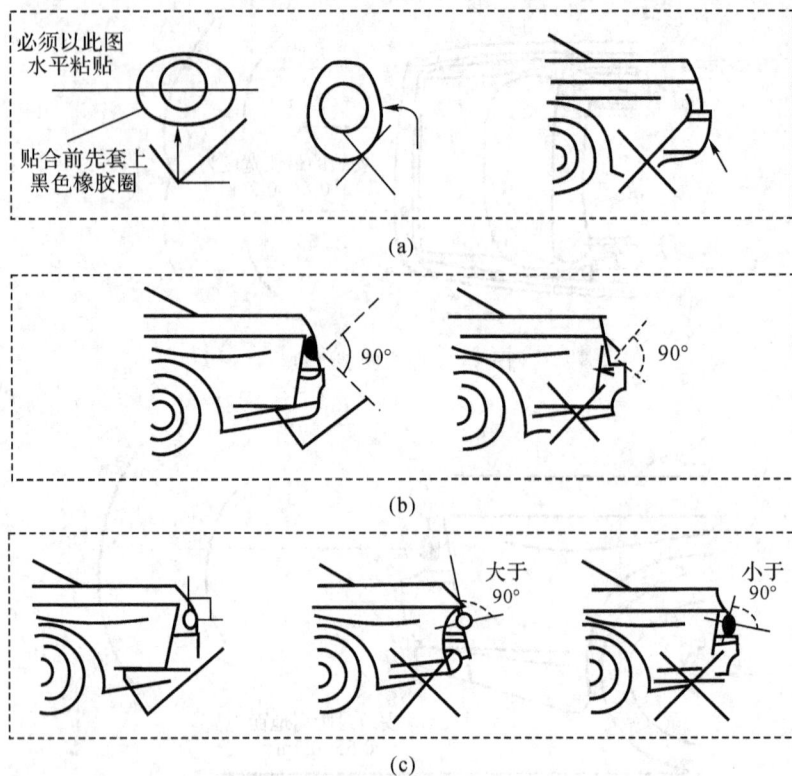

图 8-6　探头安装装置

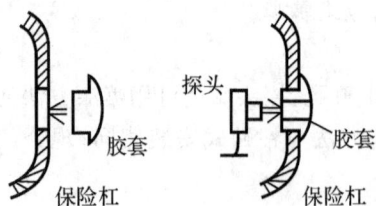

胶套

探头

胶套

保险杠　　　　　保险杠

探头

胶套

保险杠　　探头胶套组件

图 8-7　开孔探头安装方法一　　　　图 8-8　开孔探头安装方法二

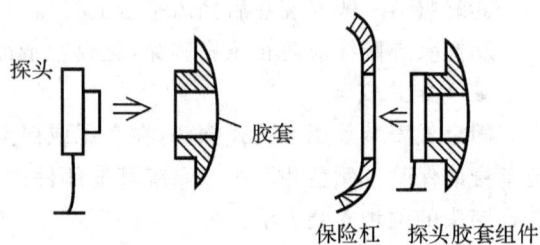

②先将探头套在胶套上,然后将探头和胶套一起塞进基材孔中。如图 8-8 所示。

第四节　汽车通信设备的选装

一、汽车通信设备的选装

移动电话给人们的生活带来极大方便,但司机在驾驶汽车行进过程中用手机通话会成为不安全因素。实验证明,开车打手机会导致驾车者注意力下降20%,如果通话内容重要,则驾车者注意力甚至会下降37%。国内研究也表明,行车中用手机拨号和通话时,发生事故的概率高达27.3%,是正常行车风险的4倍,世界上不少国家制定了严禁司机驾车时用手机通话的规定,我国也有相关法律限制司机驾驶时使用手机。正因为如此,车载电话系统得到了汽车生产厂商、通信设备生产商和广大车主的重视,发展十分迅速。目前,国内主要汽车生产厂商已经在其主要车型上,部分安装了车载电话系统。比如奥迪A6全系列、宝来1.8T和豪华型、帕萨特2.8V6、君威及风神蓝鸟等。

1.车载电话的作用

①车载电话具有声控免提功能,避免了开车打手机造成的危险。

②有DPS数字系统,可以过滤杂音,使得语音更清晰,避免了驾车者注意力下降,从而避免了撞车危险。

③车载电话的天线是放在汽车外面的,在汽车内,没有电子信号辐射,对人体是安全的。

④由于车内无电子辐射信号,所以不会对车内的精密仪器,如ABS系统、气囊产生干扰。

车载电话还可以延伸出很多功能,如多方通话、语音和数据切换,加上传真机或者电脑,就可以成为移动办公室。因此,它是符合未来人类商业活动以及生活形态的产品。

2.车载电话的分类

车载电话可以分为车载蜂窝电话和车载手机免提电话两类。

(1)车载蜂窝电话

车载蜂窝电话固定安装在车辆上,可以随车移动,它与交换台之间依靠无线电联系。为了有效利用无线电波,增加用户容量,必须利用相同频率的无线电波。为此,将通信区域划分为一个个小区,每个小区建立覆盖整个区域的基站,相邻小区的边缘存在重叠区,这样,当汽车行驶在这些区域时,通过信号的相互转换就可以保证通信不中断。

车载蜂窝电话的主要设备包括无线电发射/接收机、电话机和天线,一般用于高档商务车上,应用不如车载手机免提电话广泛。

（2）车载手机免提电话

车载手机免提电话是用手机作为通话器，配以声控系统，实现免提功能的车载电话。与车载蜂窝电话相比，车载手机免提电话结构简单，安装方便，成本低廉，是目前汽车通信的主流。车载手机免提电话主要包括如下三种。

● 低档的车载免提装置

它的电源使用点烟器直插式，采集声音信号并通过扬声器放大，安装简易。它的最大缺点是可听辨程度及音质都较差。使用者宜用快速记忆拨号，否则输入拨号极为危险。目前市场上此类车载免提装置比较多见，以中国大陆产品和中国台湾地区产品为主，价格在 300 元左右。如图 8-9 所示。

● 车载电话系统

它可与驾车者自有手机匹配，装置采用固定接驳电源，一般包括外置天线、分体式麦克风，备有接驳收音机设备，当使用电话时能自动触动收音机静音（mute）。此种装置由于具有数字信号处理技术，通话质量好，具有声控功能，使用方便。还有一些先进的车

图 8-9　低档的车载免提装置

载电话系统采用蓝牙技术，免提系统可以与进入车内的蓝牙手机形成小范围的无线局域网，蓝牙手机可以放在车上以免提系统为圆心的 10m 范围以内的任何一个地方，只要操作免提系统即可在开车时顺利地接打电话。

图 8-10 是奥迪 A6 车载电话系统的结构示意图。

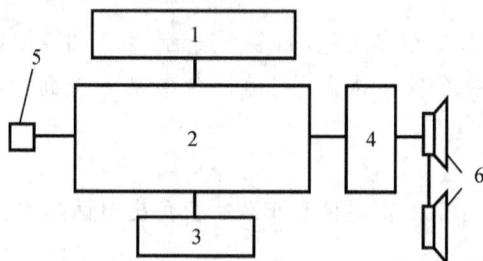

图 8-10　奥迪 A6 车载电话系统结构图

1—适配器（含螺旋导线的适配器可后装）；2—电话电控单元（接口）

3—天线；4—收音机；5—电话免提麦克风；6—收音机扬声器

车载电话系统的特点如下：

①通过置于车内部的免提麦克风和收音机的扬声器实现电话的车内免提通话。

②无论收音机是否打开或是否播放音乐，来电话自动静音并切换至电话模式。

③利用车内既有的集成外接天线接口，将电磁辐射导向车外，消除了电磁辐射对人体的危害。

④通过接通耳机或将适配器从支架上取下，可实现私人通话模式。

⑤手机自动充电、自动开机、自动设置手机的通话模式。

● 车载插卡电话

这是同时具有普通车载电话功能和免提声控功能的高档车载电话，售价6000元至1万元，市场上的摩托罗拉2700型车载电话就属于这种。它可装两个SIM卡，使用户可以选择不同的使用方式，其大功率的设计，大大提高了通信范围和质量。手机所具有的功能它应有尽有，而且操作简便，可满足不同用户的需求，真正为用户建立了一个移动的办公室。

二、汽车导航装置

全球定位系统(Global Position System，GPS)对于大家来说早已耳熟能详，是近年来开发的最具开创意义的高新技术之一。由于GPS是一种全球性、全天候、连续的卫星无线电导航系统，可提供实时的三维坐标、三维速度和高精度的时间信息。因其定位精度高、速度快，不受遮挡干扰等优点，应用几乎遍及国民经济各个领域。车载GPS导航设备是GPS应用的一个主要领域，是伴随着GPS的发展而出现的。GPS技术的成熟给车载导航系统的发展注入了活力。

我国整体经济的飞速发展加速了城市道路和城际公路网的建设，公路星罗棋布，给人们的驾车出行带来一定困难；汽车保有量的增长给城市交通带来了巨大的压力，交通拥堵成为制约城市和经济发展的瓶颈；物流运输网络的日益延伸，给驾驶员造成一定难度。导航对驾驶员来说是十分有必要的，可以避免很多弯路，在最短的时间内到达目的地，从而提高效率，降低成本。采用车载导航系统，并结合智能交通，可以对现有道路的通行能力进行最佳调配。同时，由于GPS可以对汽车进行精确定位，当汽车被盗窃、劫持时，车辆监控中心可以对汽车进行远程控制和精确定位，及时追踪和营救。

由于GPS提供的是三维空间大地坐标，导航需要二维平面坐标及其在地图上的相对位置，这样以数字地图、GIS和GPS为基础的计算机智能导航技术便应运而生。智能导航系统以计算机信息为基础，能自动接收和处理GPS信息，并显示载体在电子地图上的精确位置，同时可按最佳路径引导载体航行的技术系统。它以计算机为基础，吸收了RS快速采集数据、GPS高定位精度、数字制图和GIS空间分析与查询等技术的最新成果，从而极大地提高了它的自动导航能力和实用价值。

GPS 自主导航系统组成和功能如下：

①城市道路地理信息系统采用 1：10000 的地图作底图，进行道路矢量化和地名注记，新修道路采用 GPS 实测方法增补和更新；农村道路采用 1：150000 地图作底图。

②2 秒钟内产生一条最佳行驶路线和次佳行驶路线。

③GPS 实时定位精度为 20～25m（加地图匹配技术）。

④在道路的交叉口前 20m 左右，准确地用语音提示司机左拐或右拐，目的地前 20m 左右提示司机快要到达目的地。

⑤GPS 信号中断时，采用计程仪和后车轮转速差进行位置推算定位，推算误差为 3％。

⑥沿途可进行多种信息查询，包括单位、旅游点、交通信息等。

图 8-11 为美国 Garmin 公司生产的 StreetPilot Ⅲ 车载 GPS 导航仪，安装只需将地图下载到移动存储卡内，再将该设备固定到仪表板上即可。从数字地图中预置的数千个地标当中挑出想去的地方，只要按照语音提示去做就行了，Garmin 公司声称其精度在 9m 以内。在行驶过程中，StreetPilot Ⅲ 车载 GPS 导航仪不断地提醒下一个该转向的地方，如果转向错误，它还会重新计算行驶路线。驾驶员可以在液晶显示屏上看到第一个转向指示，还可以存储自己所需的路线。

图 8-11　StreetPilot Ⅲ 车载 GPS 导航仪

第五节　汽车香品的选用

一、香品的功能与类型

1.汽车香品的功能

①净化车内空气，清除车内异味、杀灭细菌，从而使车内空气清新。

②营造温馨舒适的乘车环境。车用香品可散发出宜人的芳香，使车内充满浪漫情趣。

③提高驾驶安全。车用香品可使驾驶员保持清醒、心情愉快，从而减少事故的发生

率,提高驾驶安全性。

2.车用香品的种类

现今市场上的车用香品种类繁多,按形态可分为气雾型、液体型和固体型三种。

①气雾型车用香品。主要由香精或溶剂组成,可分为干雾型、湿雾型等多种。这种香水里的除臭剂可以覆盖车内某些异味,比如行李厢味、烟草味、鱼腥味和小动物体味等,但挥发速度极快。

②液体型车用香品。也称车用香水。它由香精与挥发性溶剂混合而成,比固体香膏香味要浓,持续时间久、散发慢,常盛放在各种具有艺术造型的容器中,可用 2~3 个月,在车内用得比较广泛,具有气味浓香、使用便利等优点,但使用周期短,需不断地给以补充。

③固体型的车用香品主要是将香精与一些材料混合,然后加压成型,可用两个月左右。它具有香味清淡、使用周期长、无需补充等特点,也是常用的香品。

车用香品的香型和颜色是相互关联的,如黄色为柠檬香、草绿色为青苹果香、粉红色为草莓香、嫩绿色为松木香、紫色为葡萄香、乳白色为茉莉香、淡蓝或淡绿色为薄荷香、橘红为樱桃香等。

二、车用香品的选用

1.香品的功能

香品的功能主要有以下几点:

①净化车内空气。能够对车内的空气进行清洁、净化作用,能杀灭细菌、消除异味,保持车内空气清新。

②有利于行车安全。车内使用香品之后,空气清新,对驾驶员及乘客都具有头脑清醒,抗抑郁,使人镇定等功效,减少行车事故的发生。

③增添车内情趣。车用香品不但能营造温馨而舒适的车内小环境,而且能够增添浪漫的气氛,提高驾驶乐趣。

2.车用香品选购的原则

国内市场的车用香品主要来自日本、韩国和我国的台湾省。选购车用香品时,应根据车辆、季节及车主性别、性格、爱好等因素合理选用。

①根据季节气候选用。不同季节应选用不同的香品。在寒冷的冬季或炎热的夏季,车内开空调,应选用挥发性强的香品,以便有效地去除空调引起的车内异味及其他异味;而在冷暖适宜的春、秋季,可用自己喜爱的香型。

②按驾驶员及乘客的需求选用。驾驶员行车时,需要保持一定的平衡心态,车内的环境需保持温馨、宁静。所以,可选择清甜的鲜花香气、清凉的药草香气、宜人的琥珀香气等香型的香品。

③按情趣的需求选用。对于吸烟的车主，应选用除烟味香品，它能为吸烟及非吸烟者带来和谐的环境；也可选用浓郁的药草香、清新的绿茶香、甜润的苹果香等，这些香品可有效地去除烟草中的刺激气味。最好不要选用气雾型香品，因为大多数气雾型香品容易着火，对喜欢开快车的驾驶员，应尽量选用凝胶型等固体香品。

④根据性别选用。如果驾驶者是女性，专用乘车者也是女性，应选用各种清甜的水果香、淡雅的花香型香品。另外，动物造型的车用香水容器，因造型活泼可爱、风趣等特点，很受成熟女性的喜爱。

若驾驶者和专用乘车者均是男性，则选用香品的外观造型应比较单调，以古朴为准，并与内饰物浑然一体。

⑤根据车辆状况选用。因车辆状况差异很大，如大型货车与高级轿车，车内装饰差异甚大。在选择车用香品时，还要考虑与车内装饰协调，讲究整体和谐。

3. 车用香品使用应注意的事项

①在选购车用香品时，应根据香品的选购原则，仔细阅读香品的产品说明书，检查产品质量，察看包装及密封性能的好坏；注意产品的生产单位及日期、保质期等；要购买货真价实的优质产品，不要买过期的伪劣产品。

②为了使车用香品快速见效，可将选购的香品放置或喷洒在空调器的通风口处，利用气流的带动，香品的香味将很快充满车内。

③注意安放位置。车用香品在安放时要选择合适的位置，因为香水的位置安放不当，有可能会给车辆驾驶造成不安全因素。

④更换车用香品时，如果更换方法不当，将会造成不良的后果。当一种香品用完之后，不采取一定措施，而直接更换为另一种车用香品时，往往因前后两种不同香品的相互影响，甚至起化学反应，产生一些不利物质，不但达不到香品应有的效果，甚至适得其反。有时，还可能使乘员感到不舒适，严重影响驾驶员的情绪，甚至使人变得暴躁、易怒，或抑郁，这些都会影响行车安全。

当一种香品用尽，或未用尽而又需要更换香品时，首先将原有香品换掉，把车窗打开，使车内的原来香品气味散尽，待毫无残留时，才可更换另一种车用香品。

在更换时间上，最好选择在用完车以后，这样可以有充足的时间散尽旧香品味，使旧香品味彻底清除，在第二天开车一段时间后再换上另一种香品。最好不要在用车前或途中更换香品。

复习思考题

1. 汽车防盗器有哪些种类,各有何特点?
2. 如何选择和安装汽车防盗器?
3. 汽车音箱有什么特点,其包含哪些部分?
4. 倒车雷达有哪几种? 如何选择倒车雷达?
5. 车载电话可以分为哪几类,各有什么特点?
6. 简述导航装置的功能和作用。
7. 车用香品选购的原则是什么?

参 考 文 献

[1] 甘文嘉主编. 现代汽车美容与装潢. 上海:上海交通大学出版社, 2002

[2] 赵春奎主编. 高级汽车维修钣金工培训教材. 北京:电子工业出版社, 2003

[3] 赵春奎主编. 中级汽车维修钣金工培训教材. 北京:电子工业出版社, 2005

[4] 邹群主编. 汽车维修钣金工——职业技术资格培训教材. 北京:中国劳动社会保障出版社, 2006

[5] 丁海青主编. 汽车维修钣金工基本技术. 北京:中国电力出版社, 2007

[6] 程玉光主编. 汽车涂装技术. 北京:人民交通出版社, 2005

[7] 吴兴敏主编. 汽车涂装技术. 北京:高等教育出版社, 2008

[8] 姚时俊主编. 汽车美容经验谈. 北京:机械工业出版社, 2007

[9] 陈哲和主编. 汽车美容技能. 北京:中国劳动社会保障出版社, 2007

[10] 吴文琳. 吴丽霞主编. 汽车美容与装饰图解. 北京:人民邮电出版社, 2007

[11] 王玉东主编. 汽车美容与装饰问答. 北京:国防工业出版社, 2006

[12] 凌凯汽车资料编写组编著. 汽车钣金、涂装与美容. 北京:北京邮电大学出版社, 2006

[13] 阙广武. 程农主编. 汽车美容装潢工基本技术. 北京:中国电力出版社, 2007

[14] [美]Don Taylor编著. 汽车装饰与美容实用教程. 郭韬等译. 北京:北京理工大学出版社, 2001

[15] 阎文兵. 姜绍忠主编. 汽车美容与装饰. 北京:北京理工大学出版社, 2007

[16] 杨英. 袁东梅主编. 汽车美容. 重庆:重庆大学出版社, 2006

[17] 林皓琪主编. 汽车美容装潢[高级]——职业资格培训教材. 北京:中国劳动社会保障出版社, 2007

[18] 温家驷主编. 汽车厢内美容与维修. 北京:化学工业出版社, 2005

[19] 宋年秀. 曲金玉主编. 汽车装饰与车身修复技术. 北京:北京理工大学出版社, 2007

[20] 张德金主编. 汽车装饰美容实用手册. 北京:机械工业出版社, 2005

[21] 黄平主编. 汽车车身修复技术. 北京:人民交通出版社, 2006

[22] 李仲兴. 汽车装饰与美容. 北京:北京大学出版社. 2006

[23] 鲁植雄. 汽车美容. 北京:人民交通出版社. 2006